KB262986

기 출 분 석 문 제 집

1등급 만들기

한국사1
635제

Mirae N 에듀

핵심 개념 정리

시험에 자주 나오는
핵심 개념 파악하기

학교 시험에 자주 나오는 개념과 자료를 일목요연하게 정리하여 핵심 개념을
빠르게 파악할 수 있도록 구성하였습니다.

꼭 나오는 자료 시험에 자주 나오는 자료만 엄선하여 분석하였습니다.

문제로 확인 핵심 개념 및 필수 자료에 대한 이해를 확인할 수 있도록
해당 문제를 링크하였습니다.

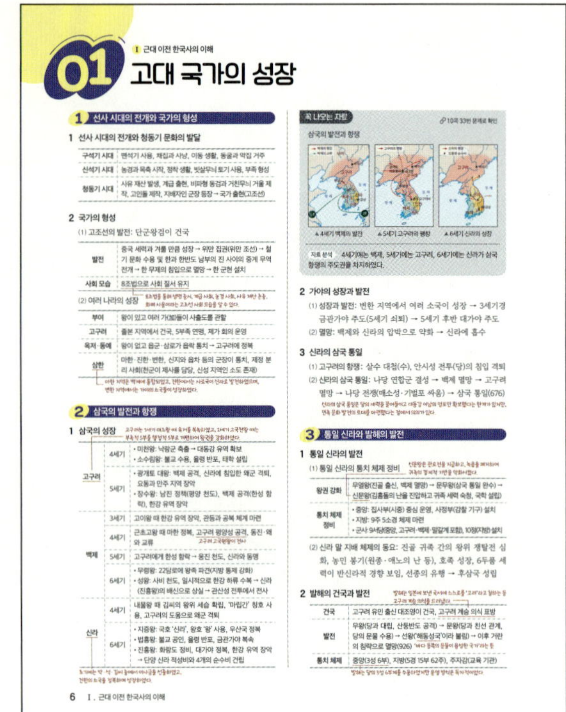

1등급 만들기 4단계 문제 코스

1등급 만들기 내신 완성 4단계 문제를 풀면 1등급이 이루어집니다.

STEP 1 기본 기출 문제로 핵심 개념 파악하기

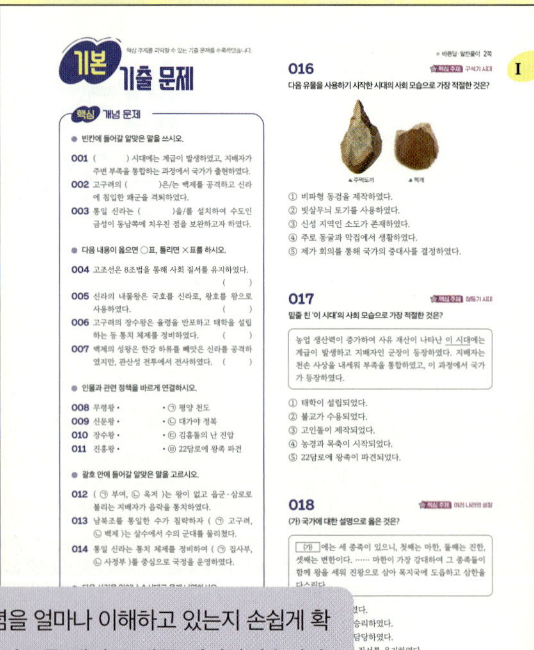

핵심 개념을 얼마나 이해하고 있는지 손쉽게 확
인할 수 있도록 개념 문제를 제시하였습니다.
또한 핵심 주제를 파악할 수 있는 기출 문제를
수록하였습니다.

STEP 2 실력 기출 문제로 실전 감각 키우기

기출 문제를 분석하고 고빈출 유형 문제를 엄선
해서 수록하여 문제를 풀며 탄탄하게 실력을 다
져 나갈 수 있습니다. 단답형과 서술형 문제의
대표 유형도 함께 수록하였습니다.

이 책을 펴고 있는 그대를 환영합니다.

밑줄을 긋고
형광펜을 칠하고
메모를 하고
틀리고 맞고를 반복할 그대

쿵. 쿵. 쿵

알아가는 즐거움으로
심장이 벅차게 뛰기를

이 책을 펴고 있는 그대를 응원합니다.

BETTER CONTENT BETTER LIFE

한국사1 635제

WRITERS

강승호 과천여고 교사
권승만 서울사대부중 교사
조용래 부개여고 교사
최효성 유신고 교사

COPYRIGHT

인쇄일 2025년 4월 28일(1판3쇄)
발행일 2024년 11월 15일

펴낸이 신광수
펴낸곳 ㈜미래엔
등록번호 제16-67호

중고등개발본부장 하남규
중고등개발2실장 김용균
개발책임 김문희
개발 황대근, 송지영, 유민재

디자인실장 손현지
디자인책임 김기욱
디자인 바이차이

CS본부장 장명진

ISBN 979-11-7311-134-1

* 본 도서는 저작권법에 의하여 보호받는 저작물로 협의 없이 복사, 복제할 수 없습니다.
* 파본은 구입처에서 교환 가능하며, 관련 법령에 따라 환불해 드립니다. 단, 제품 훼손 시 환불이 불가능합니다.

바른답·알찬풀이

알찬풀이로
핵심 내용 다시 보기

문제에 대한 정답과 알찬풀이를 제시하였습니다.
바로잡기 코너는 자세한 오답 풀이를 통해 어려운 문제도 쉽게 이해할 수 있습니다.

1등급 정리 노트 시험에 자주 나오는 핵심 개념을 다시 한 번 정리하였습니다.
1등급 자료 분석 까다롭고 어려운 자료에 대한 분석과 첨삭 설명을 제시하였습니다.
선택지 더 보기 시험에 출제될 수 있는 유사 선택지를 추가로 제시하였습니다.

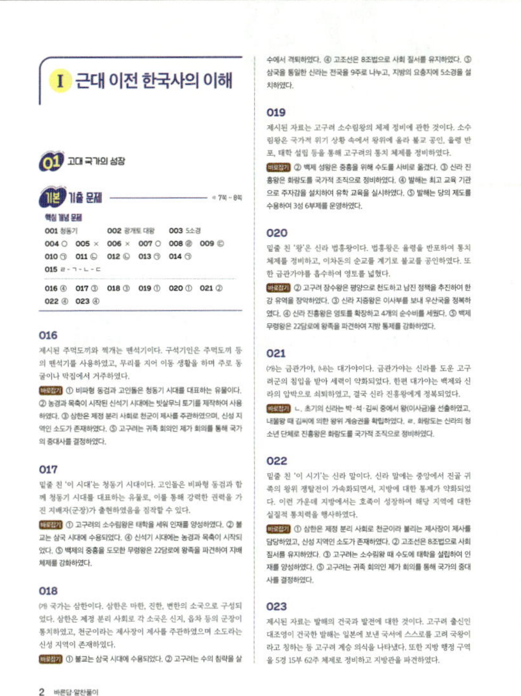

STEP 3 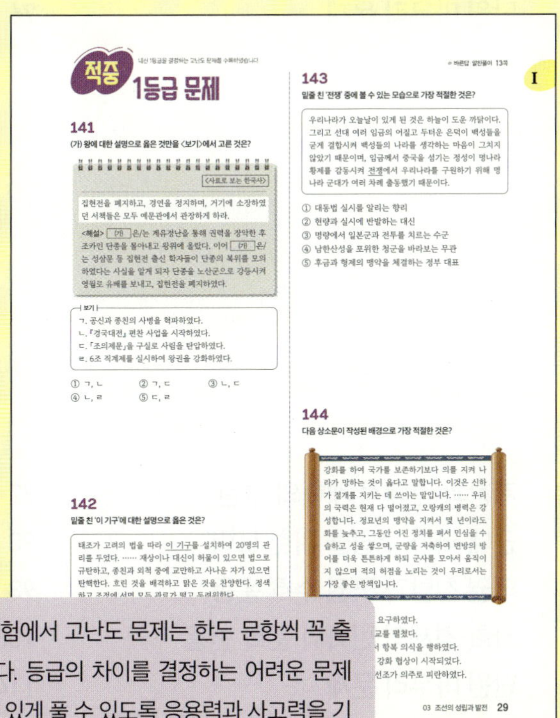

1등급 문제로 실력 향상시키기

학교 시험에서 고난도 문제는 한두 문항씩 꼭 출제됩니다. 등급의 차이를 결정하는 어려운 문제도 자신 있게 풀 수 있도록 응용력과 사고력을 기를 수 있는 고난도 문제로 구성하였습니다.

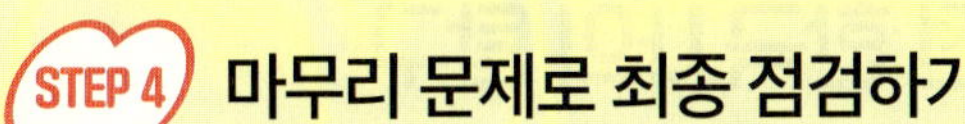

STEP 4 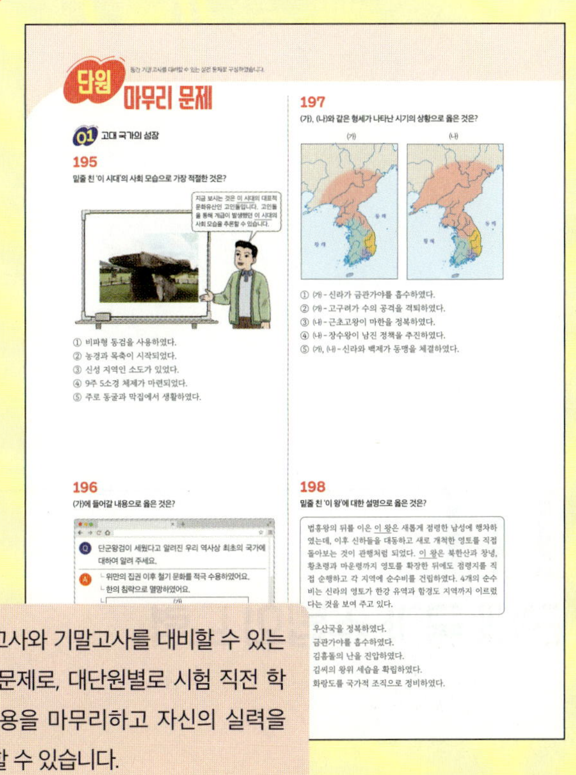

마무리 문제로 최종 점검하기

중간고사와 기말고사를 대비할 수 있는 실전 문제로, 대단원별로 시험 직전 학습 내용을 마무리하고 자신의 실력을 점검할 수 있습니다.

Contents

차례

I 근대 이전 한국사의 이해

01 고대 국가의 성장 · 06
02 고려의 통치 체제와 정치 변동 · 14
03 조선의 성립과 발전 · 22
04 조선 후기의 변화 · 30
단원 마무리 문제 · 38

II 근대 이전 한국사의 탐구

05 국제 관계와 대외 교류 · 44
06 수취 체제와 경제생활 · 52
07 신분제에 기반한 사회 구조 · 60
08 다양한 사상과 문화 교류 · 68
단원 마무리 문제 · 76

III 근대 국가 수립의 노력

09 개항과 근대적 개혁의 추진 · 82
10 근대 국가 수립을 위한 노력 · 90
11 국권 침탈과 국권 수호 운동 · 98
12 사회·경제의 변화와 문화 변동 · 106
단원 마무리 문제 · 114

교과서 단원 찾기 Search

9종 한국사 교과서의 단원 찾기를 제공합니다.

1등급 만들기에서 교과서 단원 찾는 방법

❶ 내가 가지고 있는 교과서의 출판사명과 공부할 범위를 확인한다.

❷ 1등급 만들기에서 해당 쪽수를 찾아 공부한다.

(예) 미래엔 한국사 교과서의 'I. 근대 이전 한국사의 이해' 단원에서 '1. 고대 국가의 성장' 10~19쪽 부분을 공부할 경우, 1등급 만들기의 6~13쪽을 공부하면 된다.

단원	강	1등급 만들기	미래엔	동아 출판	리베르 스쿨	비상 교육	씨마스	지학사	천재 교과서	한국 학력 평가원	해냄 에듀
I 근대 이전 한국사의 이해	01 고대 국가의 성장	6~13	10~19	14~25	10~21	8~17	10~21	10~21	10~19	9~24	8~21
	02 고려의 통치 체제와 정치 변동	14~21	20~31	26~35	22~29	18~27	22~31	22~33	20~26	25~32	22~33
	03 조선의 성립과 발전	22~29	32~41	36~43	30~37	28~35	32~41	34~43	27~34	33~38	34~41
	04 조선 후기의 변화	30~37	42~49	44~51	38~45	36~43	42~51	44~51	35~41	39~45	42~55
II 근대 이전 한국사의 탐구	05 국제 관계와 대외 교류	44~51	54~63	56~65	50~59	48~57	58~63	56~67	48~59	51~64	60~67
	06 수취 체제와 경제생활	52~59	64~75	66~75	60~67	58~65	64~73	68~77	60~71	65~74	78~87
	07 신분제에 기반한 사회 구조	60~67	76~85	76~85	68~77	66~73	74~81	78~83	72~83	75~82	88~95
	08 다양한 사상과 문화 교류	68~75	86~97	86~101	78~99	74~85	82~91	84~97	84~103	83~96	68~77
III 근대 국가 수립의 노력	09 개항과 근대적 개혁의 추진	82~89	102~109	106~111	104~111	96~105	106~113	110~117	110~116	107~116	108~111
	10 근대 국가 수립을 위한 노력	90~97	110~127	112~131	112~131	106~125	114~131	118~133	117~134	117~138	112~135
	11 국권 침탈과 국권 수호 운동	98~105	128~137	132~145	144~159	142~153	144~159	146~157	135~145	151~165	136~147
	12 사회·경제의 변화와 문화 변동	106~113	138~149	146~157	132~143	126~141	132~143	134~145	146~159	139~150	148~153

01 고대 국가의 성장

① 선사 시대의 전개와 국가의 형성

1 선사 시대의 전개와 청동기 문화의 발달

구석기 시대	뗀석기 사용, 채집과 사냥, 이동 생활, 동굴과 막집 거주
신석기 시대	농경과 목축 시작, 정착 생활, 빗살무늬 토기 사용, 부족 형성
청동기 시대	사유 재산 발생, 계급 출현, 비파형 동검과 거친무늬 거울 제작, 고인돌 제작, 지배자인 군장 등장 → 국가 출현(고조선)

2 국가의 형성

(1) 고조선의 발전: 단군왕검이 건국

발전	중국 세력과 겨룰 만큼 성장 → 위만 집권(위만 조선) → 철기 문화 수용 및 한과 한반도 남부의 진 사이의 중계 무역 전개 → 한 무제의 침입으로 멸망 → 한 군현 설치
사회 모습	8조법으로 사회 질서 유지

└ 8조법을 통해 생명 중시, 계급 사회, 농경 사회, 사유 재산 존중, 화폐 사용이라는 고조선 사회 모습을 알 수 있다.

(2) 여러 나라의 성장

부여	왕이 있고 여러 가(加)들이 사출도를 관할
고구려	졸본 지역에서 건국, 5부족 연맹, 제가 회의 운영
옥저·동예	왕이 없고 읍군·삼로가 읍락 통치 → 고구려에 정복
삼한	마한·진한·변한, 신지와 읍차 등의 군장이 통치, 제정 분리 사회(천군이 제사를 담당, 신성 지역인 소도 존재)

└ 마한 지역은 백제에 통합되었고, 진한에서는 사로국이 신라로 발전하였으며, 변한 지역에서는 가야의 소국들이 성장하였다.

② 삼국의 발전과 항쟁

1 삼국의 성장

고구려는 1세기 태조왕 때 옥저를 복속하였고, 2세기 고국천왕 때는 부족적 5부를 행정적 5부로 개편하여 왕권을 강화하였다.

고구려	4세기	• 미천왕: 낙랑군 축출 → 대동강 유역 확보 • 소수림왕: 불교 수용, 율령 반포, 태학 설립
	5세기	• 광개토 대왕: 백제 공격, 신라에 침입한 왜군 격퇴, 요동과 만주 지역 장악 • 장수왕: 남진 정책(평양 천도), 백제 공격(한성 함락), 한강 유역 장악
백제	3세기	고이왕 때 한강 유역 장악, 관등과 공복 체계 마련
	4세기	근초고왕 때 마한 정복, 고구려 평양성 공격, 동진·왜와 교류　고구려 고국원왕이 전사
	5세기	고구려에게 한성 함락 → 웅진 천도, 신라와 동맹
	6세기	• 무령왕: 22담로에 왕족 파견(지방 통제 강화) • 성왕: 사비 천도, 일시적으로 한강 하류 수복 → 신라(진흥왕)의 배신으로 상실 → 관산성 전투에서 전사
신라	4세기	내물왕 때 김씨의 왕위 세습 확립, '마립간' 칭호 사용, 고구려의 도움으로 왜군 격퇴
	6세기	• 지증왕: 국호 '신라', 왕호 '왕' 사용, 우산국 정복 • 법흥왕: 불교 공인, 율령 반포, 금관가야 복속 • 진흥왕: 화랑도 정비, 대가야 정복, 한강 유역 장악 → 단양 신라 적성비와 4개의 순수비 건립

초기에는 박·석·김씨 중에서 이사금을 선출하였고, 진한의 소국을 정복하며 성장하였다.

꼭 나오는 자료　🔗 10쪽 33번 문제로 확인

삼국의 발전과 항쟁

▲ 4세기 백제의 발전

▲ 5세기 고구려의 팽창

▲ 6세기 신라의 성장

자료 분석　4세기에는 백제, 5세기에는 고구려, 6세기에는 신라가 삼국 항쟁의 주도권을 차지하였다.

2 가야의 성장과 발전

(1) 성장과 발전: 변한 지역에서 여러 소국이 성장 → 3세기경 금관가야 주도(5세기 쇠퇴) → 5세기 후반 대가야 주도

(2) 멸망: 백제와 신라의 압박으로 약화 → 신라에 흡수

3 신라의 삼국 통일

(1) 고구려의 항쟁: 살수 대첩(수), 안시성 전투(당)의 침입 격퇴

(2) 신라의 삼국 통일: 나당 연합군 결성 → 백제 멸망 → 고구려 멸망 → 나당 전쟁(매소성·기벌포 싸움) → 삼국 통일(676)

신라의 삼국 통일은 당의 세력을 끌어들이고 대동강 이남의 영토만 확보했다는 한계가 있지만, 민족 문화 발전의 토대를 마련했다는 점에서 의의가 있다.

③ 통일 신라와 발해의 발전

1 통일 신라의 발전

(1) 통일 신라의 통치 체제 정비

신문왕은 관료전을 지급하고, 녹읍을 폐지하여 귀족의 경제적 기반을 약화시켰다.

왕권 강화	무열왕(진골 출신, 백제 멸망) → 문무왕(삼국 통일 완수) → 신문왕(김흠돌의 난을 진압하고 귀족 세력 숙청, 국학 설립)
통치 체제 정비	• 중앙: 집사부(시중) 중심 운영, 사정부(감찰 기구) 설치 • 지방: 9주 5소경 체제 마련 • 군사: 9서당(중앙, 고구려·백제·말갈계 포함), 10정(지방) 설치

(2) 신라 말 지배 체제의 동요: 진골 귀족 간의 왕위 쟁탈전 심화, 농민 봉기(원종·애노의 난 등), 호족 성장, 6두품 세력이 반신라적 경향 보임, 선종의 유행 → 후삼국 성립

2 발해의 건국과 발전

발해는 일본에 보낸 국서에 스스로를 '고려'라고 칭하는 등 고구려 계승 의식을 드러냈다.

건국	고구려 유민 출신 대조영이 건국, 고구려 계승 의식 표방
발전	무왕(당과 대립, 산둥반도 공격) → 문왕(당과 친선 관계, 당의 문물 수용) → 선왕('해동성국'이라 불림) → 이후 거란의 침략으로 멸망(926) '바다 동쪽의 문물이 융성한 국가'라는 뜻
통치 체제	중앙(3성 6부), 지방(5경 15부 62주), 주자감(교육 기관)

발해는 당의 3성 6부제를 수용하였지만 운영 방식은 독자적이었다.

기본 기출 문제

핵심 주제를 파악할 수 있는 기출 문제를 수록하였습니다.

I

핵심 개념 문제

● 빈칸에 들어갈 알맞은 말을 쓰시오.

001 (　　　　) 시대에는 계급이 발생하였고, 지배자가 주변 부족을 통합하는 과정에서 국가가 출현하였다.

002 고구려의 (　　　　)은/는 백제를 공격하고 신라에 침입한 왜군을 격퇴하였다.

003 통일 신라는 (　　　　)을/를 설치하여 수도인 금성이 동남쪽에 치우친 점을 보완하고자 하였다.

● 다음 내용이 옳으면 ○표, 틀리면 ×표를 하시오.

004 고조선은 8조법을 통해 사회 질서를 유지하였다.
　　　　　　　　　　　　　　　　　　(　　)

005 신라의 내물왕은 국호를 신라로, 왕호를 왕으로 사용하였다. 　　　　　　　　　　　(　　)

006 고구려의 장수왕은 율령을 반포하고 태학을 설립하는 등 통치 체제를 정비하였다. 　(　　)

007 백제의 성왕은 한강 하류를 빼앗은 신라를 공격하였지만, 관산성 전투에서 전사하였다. 　(　　)

● 인물과 관련 정책을 바르게 연결하시오.

008 무령왕 •　　　　　　• ㉠ 평양 천도
009 신문왕 •　　　　　　• ㉡ 대가야 정복
010 장수왕 •　　　　　　• ㉢ 김흠돌의 난 진압
011 진흥왕 •　　　　　　• ㉣ 22담로에 왕족 파견

● 괄호 안에 들어갈 알맞은 말을 고르시오.

012 (㉠ 부여, ㉡ 옥저)는 왕이 없고 읍군·삼로로 불리는 지배자가 읍락을 통치하였다.

013 남북조를 통일한 수가 침략하자 (㉠ 고구려, ㉡ 백제)는 살수에서 수의 군대를 물리쳤다.

014 통일 신라는 통치 체제를 정비하여 (㉠ 집사부, ㉡ 사정부)를 중심으로 국정을 운영하였다.

● 다음 사건을 일어난 순서대로 옳게 나열하시오.

> ㄱ. 백제 멸망　　　　　ㄴ. 고구려 멸망
> ㄷ. 기벌포 전투　　　　ㄹ. 나당 연합군 결성

015 (　　) - (　　) - (　　) - (　　)

016

다음 유물을 사용하기 시작한 시대의 사회 모습으로 가장 적절한 것은?

① 비파형 동검을 제작하였다.
② 빗살무늬 토기를 사용하였다.
③ 신성 지역인 소도가 존재하였다.
④ 주로 동굴과 막집에서 생활하였다.
⑤ 제가 회의를 통해 국가의 중대사를 결정하였다.

017

밑줄 친 '이 시대'의 사회 모습으로 가장 적절한 것은?

> 농업 생산력이 증가하여 사유 재산이 나타난 이 시대에는 계급이 발생하고 지배자인 군장이 등장하였다. 지배자는 천손 사상을 내세워 부족을 통합하였고, 이 과정에서 국가가 등장하였다.

① 태학이 설립되었다.
② 불교가 수용되었다.
③ 고인돌이 제작되었다.
④ 농경과 목축이 시작되었다.
⑤ 22담로에 왕족이 파견되었다.

018

(가) 국가에 대한 설명으로 옳은 것은?

> (가) 에는 세 종족이 있으니, 첫째는 마한, 둘째는 진한, 셋째는 변한이다. …… 마한이 가장 강대하여 그 종족들이 함께 왕을 세워 진왕으로 삼아 목지국에 도읍하고 삼한을 다스린다.

① 불교를 수용하였다.
② 살수 대첩에서 승리하였다.
③ 천군이 제사를 담당하였다.
④ 8조법으로 사회 질서를 유지하였다.
⑤ 지방의 요충지에 5소경을 설치하였다.

019
★핵심 주제 고구려의 발전

밑줄 친 '정책'의 내용으로 옳은 것은?

> 백제 근초고왕의 공격으로 고국원왕이 전사하는 등 국가적 위기 상황에서 즉위한 고구려의 소수림왕은 중국의 전진과 외교 관계를 맺어 대외 관계를 안정시켰다. 이어 국가 체제 정비를 위한 여러 정책을 시행하여 고구려의 안정을 되찾았다.

① 율령 반포
② 사비 천도
③ 화랑도 정비
④ 주자감 설치
⑤ 3성 6부제 운영

020
★핵심 주제 신라의 발전

밑줄 친 '왕'에 대한 설명으로 옳은 것은?

> • 왕 7년 율령을 반포하고 모든 관리의 공복을 정하였다.
> • 왕 19년 금관가야의 왕 김구해가 왕비와 세 아들을 데리고 항복하여 높은 벼슬을 주고 본국을 식읍으로 삼게 하였다.

① 불교를 공인하였다.
② 평양으로 천도하였다.
③ 우산국을 정복하였다.
④ 영토 확장 후 순수비를 세웠다.
⑤ 지방의 22담로에 왕족을 파견하였다.

021
★핵심 주제 가야의 성장과 발전

(가), (나) 소국에 대한 설명으로 옳은 것만을 〈보기〉에서 고른 것은?

> 낙동강 유역의 변한 지역에서는 철기 문화와 농경 문화를 토대로 가야가 성장하였다. 가야의 여러 소국 가운데 김해의 [(가)]이/가 3세기경 풍부한 철을 바탕으로 해상 교역을 주도하며 주변 소국을 이끌었지만 5세기 무렵부터 쇠퇴하였다. 이후 고령의 [(나)]이/가 성장하여 여러 소국을 이끌었지만, 백제와 신라의 압박으로 쇠퇴하였다.

| 보기 |

ㄱ. (가) - 고구려군의 공격으로 약화되었다.
ㄴ. (가) - 박·석·김씨가 돌아가며 왕위에 올랐다.
ㄷ. (나) - 신라 진흥왕에게 정복되었다.
ㄹ. (나) - 화랑도를 국가적 조직으로 정비하였다.

① ㄱ, ㄴ
② ㄱ, ㄷ
③ ㄴ, ㄷ
④ ㄴ, ㄹ
⑤ ㄷ, ㄹ

022
★핵심 주제 신라 말 지배 체제의 동요

밑줄 친 '이 시기'에 대한 설명으로 옳은 것은?

> 이 시기에는 중앙 정치가 혼란에 빠진 가운데 왕권이 점차 약화되었다. 그 결과 중앙 정부의 지방 통제력은 약화되었고, 지방에서는 군사력을 모아 스스로 성주, 장군을 칭하는 호족이 나타났다. 호족은 6두품 지식인, 선종 승려와 연대하여 새로운 사회를 건설하고자 하였다.

① 천군이 소도에서 제사를 지냈다.
② 8조법으로 사회 질서를 유지하였다.
③ 태학이 설립되어 인재를 양성하였다.
④ 진골 귀족의 왕위 쟁탈전이 벌어졌다.
⑤ 제가 회의에서 국가의 중대사를 결정하였다.

023
★핵심 주제 발해의 건국과 발전

(가) 국가에 대한 설명으로 옳은 것만을 〈보기〉에서 고른 것은?

| 보기 |

ㄱ. 수도를 평양으로 옮겼다.
ㄴ. 고구려 계승 의식을 나타냈다.
ㄷ. 중앙군으로 9서당을 설치하였다.
ㄹ. 5경 15부 62주의 지방 제도를 운영하였다.

① ㄱ, ㄴ
② ㄱ, ㄷ
③ ㄴ, ㄷ
④ ㄴ, ㄹ
⑤ ㄷ, ㄹ

실력 기출 문제

학교 시험에서 출제율이 높은 문제를 엄선하여 수록하였습니다.

1 선사 시대의 전개와 국가의 형성

024

(가) 시대에 볼 수 있는 모습으로 가장 적절한 것은?

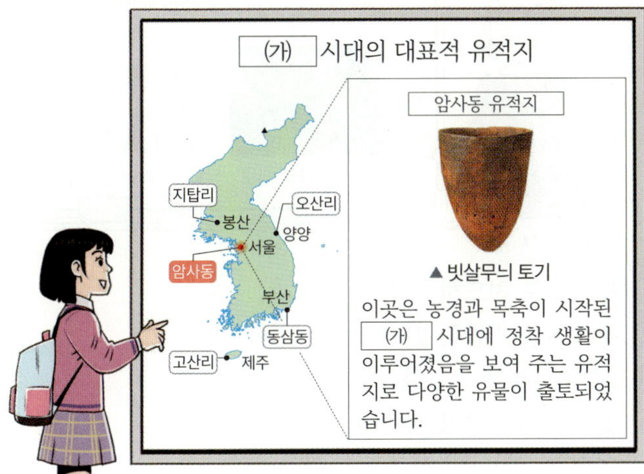

① 제가 회의에 참석하는 귀족
② 비파형 동검을 제작하는 장인
③ 고인돌 축조에 동원되는 남성
④ 소도에서 제사를 준비하는 천군
⑤ 움집을 지을 장소를 알아보는 부족

025

밑줄 친 '이 시대'에 대한 설명으로 옳은 것은?

① 율령이 반포되었다.
② 국가가 출현하였다.
③ 농경과 목축이 시작되었다.
④ 주로 동굴이나 막집에서 생활하였다.
⑤ 인재 양성을 위해 국학이 설립되었다.

026 빈출

(가) 국가에 대한 설명으로 옳은 것은?

> 연나라 사람 위만이 [(가)]의 복식을 하고 동쪽의 패수를 건너 준왕에게 투항하였다. …… 준왕이 위만을 믿고, 박사 벼슬을 주고 서쪽 100리 지역의 제후로 삼아 국경을 지키게 하였다. 위만은 따르는 무리가 많아지자 …… 준왕을 몰아내고 [(가)]의 왕이 되었다.

① 한 무제의 침략으로 멸망하였다.
② 신라에 침입한 왜군을 격퇴하였다.
③ 신지와 읍차 등의 군장이 통치하였다.
④ 주변국으로부터 해동성국이라 불렸다.
⑤ 철을 바탕으로 중계 무역을 전개하였다.

027

밑줄 친 '이들'에 대한 설명으로 옳은 것은?

> 이들은 대군장이 없으며, 각 마을에는 대대로 이어진 우두머리가 있다. 우두머리들은 스스로를 읍군 또는 삼로라 하며 읍락을 다스린다.

① 고구려에 흡수되었다.
② 천군이 제사를 주관하였다.
③ 김씨가 왕위를 계승하였다.
④ 여러 가들이 사출도를 다스렸다.
⑤ 제가 회의에서 중대사를 결정하였다.

028

밑줄 친 '이 국가'에 대한 설명으로 옳은 것은?

왼쪽의 유물은 솟대로 마을 입구에 세우는 나무 장대 등을 말한다. 솟대는 이 국가의 신성 지역인 소도에서 유래한 것으로 여겨지며 긴 장대 끝에 새 모양을 장식한 것이 많다.

① 고구려에게 흡수되었다.
② 위만이 권력을 장악하였다.
③ 5부족 연맹체로 건국되었다.
④ 신지·읍차 등의 군장이 있었다.
⑤ 순장 풍습이 있었고 영고라는 제천 행사를 열었다.

029

(가), (나) 사이 시기에 일어난 사실로 옳은 것은?

> (가) 고구려의 미천왕은 낙랑군을 몰아내며 중국 세력을 축출하였다. 이후 고구려는 전연의 침입으로 국력이 약해졌으며, 백제의 침략으로 고국원왕이 전사하였다.
>
> (나) 백제는 고구려의 남하에 대비하여 중국 남조와의 외교를 강화하였다. 그러나 고구려 장수왕의 공격으로 수도 한성이 함락되었다.

① 단양 신라 적성비가 건립되었다.
② 백제가 22담로에 왕족을 파견하였다.
③ 고구려가 신라에 침입한 왜군을 격퇴하였다.
④ 백제가 신라와 연합하여 한강 하류를 차지하였다.
⑤ 고구려에서 부족적 5부가 행정적 5부로 개편되었다.

030

다음 자료를 활용한 탐구 활동으로 가장 적절한 것은?

> 거련이 군사를 거느리고 와 수도 한성을 포위하자 개로가 아들 문주에게 "나는 당연히 나라를 위하여 죽어야 하지만 너는 난리를 피하여 나라를 다시 이어가도록 하라."라고 하였다. 이에 문주가 신하들을 데리고 내려가 웅진에 자리를 잡았다.

① 나당 연합군의 활동을 조사한다.
② 금관가야가 쇠퇴한 원인을 찾아본다.
③ 단양 신라 적성비의 내용을 분석한다.
④ 발해가 해동성국으로 불린 이유를 파악한다.
⑤ 장수왕이 추진한 남진 정책의 결과를 알아본다.

031

(가) 국가가 실시한 정책으로 옳은 것은?

이 문화유산은 신라의 수도였던 경주에서 발굴된 것으로 바닥에 (가) 의 광개토 대왕을 뜻하는 글자가 새겨져 있다. 이를 통해 당시 신라와 (가) 의 관계를 추론할 수 있다.

① 태학 설립
② 웅진 천도
③ 화랑도 정비
④ 당의 산둥반도 공격
⑤ 집사부 시중의 권한 강화

032

(가) 국가에 대한 설명으로 옳은 것은?

① 평양으로 천도하였다.
② 관료전을 지급하였다.
③ 3성 6부제를 운영하였다.
④ 22담로에 왕족을 파견하였다.
⑤ 여러 가(加)들이 사출도를 관할하였다.

033 빈출

삼국이 다음 지도와 같은 형세를 이룬 시기에 일어난 사건으로 가장 적절한 것은?

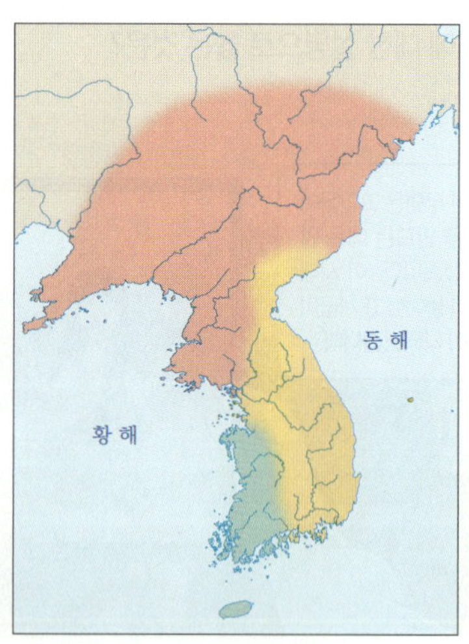

① 백제가 평양성을 공격하였다.
② 신라가 대가야를 정복하였다.
③ 신라와 백제가 동맹을 체결하였다.
④ 고구려의 공격으로 한성이 함락되었다.
⑤ 신라와 당의 군대가 매소성에서 충돌하였다.

034

(가) 국가에 대한 설명으로 옳은 것은?

> 수나라 군대가 살수를 반쯤 건너자 ___(가)___ 의 을지문덕이 군사를 보내어 공격하였다. 적장 신세웅을 죽이니, 적군이 무너져 도망쳤다. 수나라 9군의 장수와 병졸이 …… 도망쳐 압록수에 이르렀다. 처음 요하를 건넜을 때 9군의 군사가 30만 여 명이었는데, 요동에 돌아온 것은 단지 2,700여 명이었다.

① 9서당을 정비하였다.
② 웅진으로 수도를 옮겼다.
③ 당의 산둥반도를 공격하였다.
④ 요동과 만주 일대를 장악하였다.
⑤ 화랑도를 국가적 조직으로 정비하였다.

035

밑줄 친 '왕'에 대한 설명으로 옳은 것은?

> '신(新)은' 덕업이 날로 새로워진다는 뜻이고, '라(羅)'는 사방을 망라한다는 뜻이니 이를 나라 이름으로 삼는 것이 마땅합니다. …… 여러 신하들이 한뜻으로 삼가 '신라국왕'이라는 호칭을 올리자, 왕이 이를 따랐다.

① 국학을 설립하였다.
② 불교를 공인하였다.
③ 우산국을 정복하였다.
④ 한강 유역을 확보하였다.
⑤ 김씨 왕위 세습을 확립하였다.

036

다음 자료를 활용한 탐구 활동으로 가장 적절한 것은?

> • 소정방이 군사들을 시켜 성곽에 뛰어올라 당의 깃발을 세우게 하였다. …… 의자왕 및 태자 효가 여러 성과 함께 모두 항복하였다.
> • 이적의 군대가 뒤따라와서 한 달이 넘도록 고구려의 수도 평양을 포위하였다. 보장왕이 …… 이적에게 항복하게 하였다.

① 8조법의 내용을 분석한다.
② 신라의 삼국 통일 과정을 알아본다.
③ 백제가 웅진으로 천도한 원인을 조사한다.
④ 발해가 해동성국이라 불린 이유를 찾아본다.
⑤ 고구려의 남진 정책이 가져온 영향을 파악한다.

---

3 통일 신라와 발해의 발전

037

(가) 국가에 대한 설명으로 옳은 것은?

> 고구려 유민들이 중심이 되어 동모산 아래에서 나라를 세우고, 그 이름을 진국이라 하였다. 이후 나라 이름을 ___(가)___ (으)로 바꾸었다. …… 제2대 무왕이 군사를 보내 등주를 습격하였다. 이에 화가 난 당 현종이 군사를 동원하여 바다를 건너 공격하도록 하고, 신라의 성덕왕에게는 관작을 더해주며 ___(가)___ 의 남쪽 방면을 치게 하였다.

① 마한을 정복하였다.
② 주자감을 설립하였다.
③ 제가 회의를 운영하였다.
④ 감찰 기구로 사정부를 설치하였다.
⑤ 화랑도를 국가적 조직으로 정비하였다.

038 빈출

다음 정책을 실시한 왕에 대한 설명으로 옳은 것은?

> • 교서를 내려 문무 관료들에게 토지를 차등 있게 주었다.
> • 중앙과 지방 관리들의 녹읍을 폐지하고 해마다 직위에 따라 조를 차등 있게 주는 것을 법으로 삼았다.

① 마한을 정복하였다.
② 불교를 공인하였다.
③ 대가야를 정복하였다.
④ 김흠돌의 난을 진압하였다.
⑤ 고구려 계승 의식을 나타냈다.

● 바른답·알찬풀이 3쪽

039

(가) 국가에 대한 설명으로 옳은 것은?

> ☐(가)☐에서는 왕을 '가독부', '성왕' 또는 '기하'라고도 부른다. 왕의 명령은 '교'라고 한다. 주요 관청으로는 선조성, 정당성 등이 있다. …… ☐(가)☐의 땅에는 5경 15부 62주가 있다.

① 9서당을 설치하였다.
② 대조영이 건국하였다.
③ 낙랑군을 축출하였다.
④ 22담로에 왕족을 파견하였다.
⑤ 9주 5소경 체제를 정비하였다.

040

밑줄 친 '이 시기'의 사회 모습으로 가장 적절한 것은?

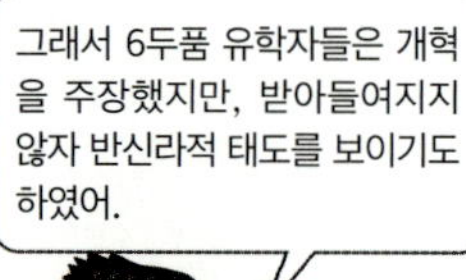

① 김흠돌의 난이 일어났다.
② 지방에서 호족이 성장하였다.
③ 8조법으로 사회 질서를 유지하였다.
④ 태학이 설립되어 인재를 양성하였다.
⑤ 제가 회의에서 국가의 중대사를 결정하였다.

| 041~042 |

다음 자료를 읽고 물음에 답하시오.

> ☐(가)☐이/가 기량과 함께 ㉠관산성에 쳐들어왔다. 군주 각간 우덕과 이찬 탐지 등이 맞서 싸웠으나 전세가 불리하였다. 신주의 군주 김무력이 병사를 이끌고 나아가 함께 싸웠는데, 비장인 삼년산군의 고간 도도가 빠르게 공격하여 쳐들어온 ☐(가)☐을/를 죽였다. 이에 군사들이 기세를 타고 싸워서 크게 이겼다.

041

(가)에 들어갈 왕을 쓰시오.

042

밑줄 친 ㉠ 상황이 발생한 이유를 서술하시오.

| 043~044 |

다음 자료를 보고 물음에 답하시오.

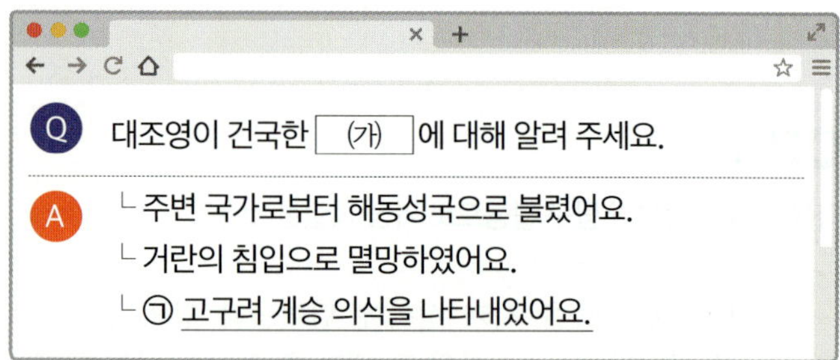

043

(가) 국가의 이름을 쓰시오.

044

밑줄 친 ㉠의 근거를 세 가지 서술하시오.

내신 1등급을 결정하는 고난도 문제를 수록하였습니다.

045

(가) 국가에 대한 설명으로 옳은 것은?

> 원봉 3년 여름, 니계상 참이 사람을 시켜 (가) 의 왕 우거를 죽이고 항복해 왔지만 왕검성은 함락되지 않았다. 죽은 우거왕의 신하 성기가 한(漢)에 반란을 일으키고 …… 좌장군이 우거왕의 아들 장항 등에게 성기를 죽이도록 하였다. 이로써 (가) 을/를 평정하고 4개의 군을 설치하였다.

① 거란의 침략으로 멸망하였다.
② 22담로에 왕족을 파견하였다.
③ 8조법으로 사회 질서를 유지하였다.
④ 관료전을 지급하고 녹읍을 폐지하였다.
⑤ 제가 회의를 통해 국가의 중대사를 결정하였다.

046

(가) 왕에 대한 설명으로 옳은 것은?

> • (가) 이/가 명을 내려 좋은 가문 출신으로 덕행이 있는 남자를 뽑아 화랑이라고 하였다.
> • 고령군은 원래 대가야국이다. …… (가) 이/가 대가야국을 공격해 없애고 그 지역을 대가야군으로 만들었으며, 경덕왕이 고령군으로 개칭하였다.

① 평양성을 공격하였다.
② 우산국을 정복하였다.
③ 금관가야를 복속시켰다.
④ 한강 유역을 차지하였다.
⑤ 당의 산둥반도를 공격하였다.

047

(가), (나) 사이 시기에 있었던 사실로 옳은 것은?

> (가) 백제 의자왕이 태자와 병사들을 거느리고 항복하였다. 무열왕은 항복 소식을 듣고 소부리성에 당도하였다.
> (나) 사찬 시득이 수군을 거느리고 당의 장수 설인귀와 소부리주 기벌포에서 싸웠다.

① 발해가 건국되었다.
② 고구려가 멸망하였다.
③ 살수 대첩이 일어났다.
④ 관산성 전투가 펼쳐졌다.
⑤ 원종·애노의 난이 발생하였다.

048

(가) 국가에 대한 설명으로 옳은 것은?

> (가) 의 국왕 대무예와 동생 문예가 싸운 뒤 문예가 당으로 망명해 왔다. …… 이에 무예가 자객을 보내 낙양에서 문예를 습격하게 하였고, 군사를 이끌고 마도산으로 와서 성읍을 공격하였다.

① 낙랑군을 축출하였다.
② 지방에 10정을 설치하였다.
③ 22담로에 왕족을 파견하였다.
④ 5경 15부 62주를 운영하였다.
⑤ 9주 5소경 체제를 마련하였다.

02 고려의 통치 체제와 정치 변동

1 고려의 성립과 통치 체제의 정비

1 고려의 후삼국 통일과 국가 기틀 확립

(1) **고려의 건국과 후삼국 통일**: 왕건의 고려 건국(918) → 송악(개성) 천도 → 발해 유민 포용, 신라의 항복(935) → 후백제를 격파하고 후삼국 통일 달성(936)

(2) 국가 기틀의 확립

태조	호족 통합(혼인 정책, 왕씨 성 하사), 호족 견제(기인 제도, 사심관 제도), 북진 정책(서경 중시), 흑창 설치, 훈요 10조 제시
광종	과거제 도입, 노비안검법 실시, 연호 사용(준풍), 공복 제정
성종	최승로의 시무 28조 수용, 지방관 파견, 유교 정치 이념 확립

꼭 나오는 자료

🔗 15쪽 64번 문제로 확인

최승로의 시무 28조

제7조 왕이 백성을 다스린다고 해서 집집마다 가거나 날마다 그들을 살펴보는 것은 아닙니다. …… 청컨대 외관(지방관)을 두시옵소서.

제20조 불교를 믿는 것은 자기 자신을 닦는 근본이고, 유교를 행하는 것은 나라를 다스리는 근원입니다.

자료 분석 성종은 12목에 지방관을 파견하였으며, 유교 사상을 바탕으로 통치 체제를 정비하고 국자감, 향교 등 교육 기관을 설립하였다.

2 통치 체제 정비

> 중서문하성의 낭사와 함께 대간으로 불렸다. 왕의 잘못을 논하는 간쟁, 잘못된 왕명을 거부하는 봉박, 관리 임명과 법률 개정 및 폐지 시 동의하는 서경의 권한을 행사하였다.

중앙	• 2성 6부제: 중서문하성(국정 총괄), 상서성(정책 집행) • 중추원(왕명 출납, 군사 기밀), 어사대(감찰), 삼사(회계) • 도병마사(국방), 식목도감(법제): 재신·추밀의 합의 기구
지방	5도와 양계, 주현과 속현, 특수 행정 구역(향·부곡·소)
군사	중앙군(2군 6위), 지방군(주현군과 주진군)
관리 선발	주로 과거와 음서를 통해 관리 등용, 잡과와 승과 실시
교육	개경에 국자감(유학 교육, 기술 교육), 지방에 향교 설립

2 문벌 사회의 동요와 무신 정권의 성립

1 문벌 사회의 형성과 동요

(1) **문벌 사회의 형성**: 문벌은 과거와 음서로 관직 진출, 과전과 공음전 등으로 경제적 안정, 왕실 등과 중첩된 혼인 관계를 통해 권력 유지

(2) 문벌 사회의 동요

① **이자겸의 난(1126)**: 인종의 외척 이자겸의 권력 강화 → 인종이 이자겸 제거 시도 → 이자겸이 척준경과 난 일으킴 → 인종이 이자겸 제거, 척준경 탄핵

② **묘청의 서경 천도 운동(1135)**: 묘청 등 서경 세력이 풍수지리설을 앞세워 서경 천도 추진(칭제 건원과 금국 정벌 주장) → 김부식 등 개경 세력의 반대 → 묘청 등이 서경을 근거지로 반란을 일으킴 → 김부식의 관군이 진압

2 무신의 집권과 농민·천민의 봉기

(1) 무신 정권의 성립

무신 정변 (1170)	정중부, 이의방 등이 정변을 일으킴 → 중방 중심으로 국정 운영, 무신 사이 권력 다툼 전개(집권자 여러 차례 교체)
최씨 무신 정권	• 최충헌의 권력 장악 후, 4대 60여 년간 지속 • 교정도감(최충헌 설치, 최고 권력 기구), 정방(최우 설치, 인사 기구), 도방 및 삼별초(군사 조직)

(2) 농민·천민의 봉기와 몽골의 침입

농민·천민의 봉기	무신 집권기 수탈, 신분 질서의 동요 → 망이·망소이의 난(공주 명학소), 만적의 신분 해방 운동(개경)
몽골의 침입과 무신 정권의 붕괴	몽골의 침입 → 강화도 천도 및 항전 → 무신 정권 붕괴 → 강화 → 개경 환도(1270) → 삼별초의 항쟁

3 원의 간섭과 공민왕의 개혁 정치

1 원의 간섭

(1) 원의 내정 간섭

영토 상실	쌍성총관부(화주), 동녕부(서경), 탐라총관부(제주) 설치
내정 간섭	원 황실의 부마국으로 왕실 호칭 및 관제 격하, 일본 정벌에 동원(정동행성 설치), 특산물과 공녀 요구, 몽골풍 유행

(2) 권문세족의 성장

> 일본 정벌 준비를 위해 설치되었으나, 정벌 실패 이후에도 그대로 남아 고려의 내정에 간섭하였다.

형성	원 간섭기의 지배 세력(친원 세력)
특징	음서로 관직에 진출, 도평의사사 등 관직 독점, 대농장 경영

2 공민왕의 개혁 정치

(1) 공민왕의 개혁

반원 정책	기철 등 친원 세력 제거, 왕실 호칭과 관제 복구, 정동행성 이문소 폐지, 쌍성총관부 공격, 몽골풍 금지
왕권 강화	정방 폐지, 신진 사대부 적극 등용, 전민변정도감 설치

(2) 신진 사대부와 신흥 무인 세력의 성장

신진 사대부	성리학 기반, 권문세족과 불교의 폐단 비판
신흥 무인 세력	홍건적·왜구 격퇴 과정에서 성장(최영, 이성계 등)

3 고려의 멸망
우왕과 최영의 요동 정벌 추진 → 이성계의 위화도 회군(1388) → 과전법 실시 → 이성계와 급진파 사대부가 고려를 무너뜨림(1392)

> 신진 사대부는 온건파(정몽주 등, 고려 유지)와 급진파(정도전 등, 새 왕조 개창)로 분화되었고, 급진파가 이성계와 조선을 건국하였다.

기본 기출 문제

핵심 주제를 파악할 수 있는 기출 문제를 수록하였습니다.

핵심 개념 문제

● 빈칸에 들어갈 알맞은 말을 쓰시오.

049 태조 왕건은 신라의 항복을 받고, (   )을/를 격파하여 후삼국을 통일하였다.

050 중서문하성의 낭사와 (   )의 관원으로 구성된 대간은 언론 기구의 역할을 하였다.

051 무신 정권을 장악한 최충헌은 (   )을/를 설치하여 최고 권력 기구로 삼았다.

● 다음 내용이 옳으면 ○표, 틀리면 ×표를 하시오.

052 광종은 유교적 소양을 갖춘 신진 세력을 육성하고자 과거제를 처음 실시하였다.   (   )

053 묘청은 무신 정권의 수탈에 저항하여 공주 명학소에서 봉기하였다.   (   )

054 신진 사대부는 성리학을 기반으로 삼아 권문세족과 불교의 폐단을 비판하였다.   (   )

● 인물과 관련 정책을 바르게 연결하시오.

055 광종 •   • ㉠ 서경 천도 시도
056 성종 •   • ㉡ 시무 28조 수용
057 인종 •   • ㉢ 노비안검법 실시
058 공민왕 •   • ㉣ 전민변정도감 설치

● 괄호 안에 들어갈 알맞은 말을 고르시오.

059 (㉠ 승과, ㉡ 음서)는 공신이나 5품 이상의 자손을 과거를 거치지 않고 관리로 선발하는 제도이다.

060 최우는 (㉠ 정방, ㉡ 도방)을 설치하여 인사 행정을 장악하였다.

061 고려 말 (㉠ 이성계, ㉡ 김부식)은/는 위화도 회군을 통해 권력을 장악하였다.

● 다음 사건을 일어난 순서대로 옳게 나열하시오.

ㄱ. 무신 정변   ㄴ. 이자겸의 난
ㄷ. 망이·망소이의 난   ㄹ. 묘청의 서경 천도 운동

062 (   ) - (   ) - (   ) - (   )

063

⭐ 핵심 주제 고려 태조의 정책

밑줄 친 '그'에 대한 설명으로 옳은 것은?

> 그는 궁예를 몰아내고 고려를 건국하였다. 이후 신라의 항복을 받아내고, 후백제를 격파하여 후삼국을 통일하였다. 그는 발해 유민을 적극적으로 포용하였고, 발해를 멸망시킨 거란을 적대시하였다.

① 과거제를 도입하였다.
② 훈요 10조를 제시하였다.
③ 전민변정도감을 설치하였다.
④ 22담로에 왕족을 파견하였다.
⑤ 화랑도를 국가적 조직으로 정비하였다.

064 빈출

⭐ 핵심 주제 고려 성종의 정책

다음 건의를 수용한 왕에 대한 설명으로 옳은 것은?

> 제7조 왕이 백성을 다스린다고 해서 집집마다 가거나 날마다 그들을 살펴보는 것은 아닙니다. …… 청컨대 외관을 두시옵소서.
>
> 제20조 불교를 믿는 것은 자기 자신을 닦는 근본이고, 유교를 행하는 것은 나라를 다스리는 근원입니다.

① 후삼국을 통일하였다.
② 노비안검법을 실시하였다.
③ 위화도 회군을 단행하였다.
④ 유교 정치 이념을 확립하였다.
⑤ 기철 등 친원 세력을 제거하였다.

065

⭐ 핵심 주제 고려의 중앙 정치 기구

(가)에 대한 설명으로 옳은 것은?

> 어사대 관원과 중서문하성의 낭사는 ▨ (가) ▨ (으)로 불리며 왕이나 고위 관리를 견제하고 감시하는 역할을 담당하였다.

① 6부를 관리하였다.
② 서경의 권한을 가졌다.
③ 국정 운영을 총괄하였다.
④ 왕명 출납을 담당하였다.
⑤ 도평의사사로 개편되었다.

066

다음 상황이 발생한 시기를 연표에서 옳게 고른 것은?

지난 해 봄 정월에 묘청 등이 서경에서 반역을 일으켰기에 신 등은 엎드려 명령을 받들고 정벌하러 나갔으나, …… 오랫동안 평정하지 못하였습니다. …… 금년 2월 19일 새벽을 기하여 몰래 군사를 충돌시켜 쳐들어가니 …… 역적들이 항복하므로 신 등은 성안에 들어가 백성들을 위로하였습니다.

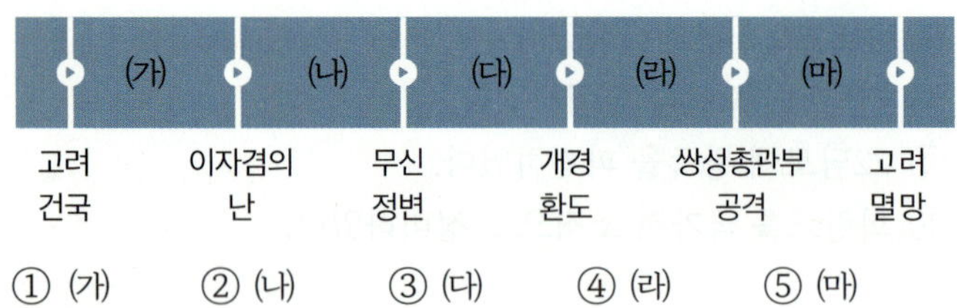

① (가) ② (나) ③ (다) ④ (라) ⑤ (마)

067

다음 사건이 발생한 시기의 상황으로 옳은 것은?

명학소의 망이가 무리를 모아 공주를 공격하여 함락하였다. 정부가 명학소를 충순현으로 승격시켜 무마하자 망이의 무리가 항복하였다.

① 홍건적이 침입하였다.
② 무신이 권력을 독점하였다.
③ 발해 유민이 고려로 망명하였다.
④ 원이 공녀와 특산물을 요구하였다.
⑤ 6두품 세력이 사회 개혁을 주장하였다.

068

(가) 왕에 대한 설명으로 옳은 것은?

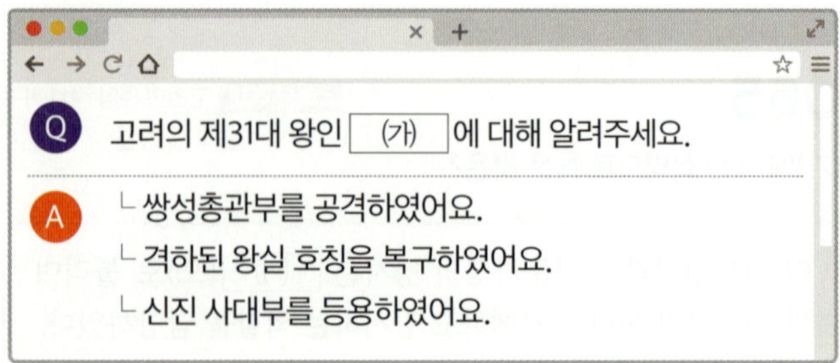

① 태학을 설립하였다.
② 훈요 10조를 남겼다.
③ 교정도감을 설치하였다.
④ 노비안검법을 실시하였다.
⑤ 기철 등 친원 세력을 제거하였다.

069

(가) 국가에 대한 설명으로 옳은 것은?

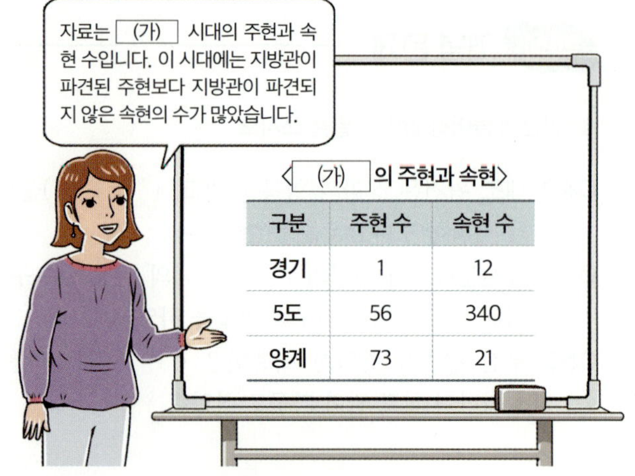

〈 (가) 의 주현과 속현〉

구분	주현 수	속현 수
경기	1	12
5도	56	340
양계	73	21

① 9서당 10정을 설치하였다.
② 22담로에 왕족을 파견하였다.
③ 5경 15부 62주를 운영하였다.
④ 관찰사를 파견하여 수령을 감독하였다.
⑤ 특수 행정 구역인 향·부곡·소가 있었다.

070

(가)에 들어갈 내용으로 옳은 것은?

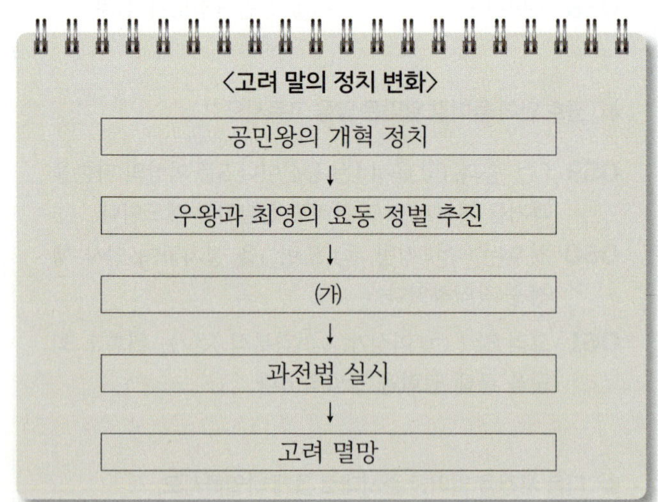

① 위화도 회군
② 교정도감 설치
③ 정동행성 설치
④ 묘청의 서경 천도 운동
⑤ 최승로의 시무 28조 건의

 실력 기출 문제

학교 시험에서 출제율이 높은 문제를 엄선하여 수록하였습니다.

1 고려의 성립과 통치 체제의 정비

071

밑줄 친 '이 왕'에 대한 설명으로 옳은 것은?

① 과거제를 실시하였다.
② 강화도로 수도를 옮겼다.
③ 평양(서경)을 중시하였다.
④ 전민변정도감을 설치하였다.
⑤ 12목에 지방관을 파견하였다.

072

밑줄 친 '왕'에 대한 설명으로 옳은 것만을 〈보기〉에서 고른 것은?

> 후주 사람인 쌍기는 사신 설문우를 따라 고려에 왔다가 병이 들어 돌아가지 못하고 남았다. 왕이 그의 재능을 아껴 후주에 알린 다음 관료로 발탁하였으며, 얼마 뒤 원보 한림학사로 승진시켰다. 쌍기는 왕에게 건의하여 과거제를 신설하게 하고, 과거 시험을 담당하였다. 이 뒤에도 과거 시험을 맡아 후학들에게 학업을 권장하니, 학문을 중시하는 기풍이 일어났다.

─┤ 보기 ├─
ㄱ. 후백제를 정복하였다.
ㄴ. 관리들의 공복을 제정하였다.
ㄷ. 준풍이라는 연호를 사용하였다.
ㄹ. 최승로의 시무 28조를 수용하였다.

① ㄱ, ㄴ   ② ㄱ, ㄷ   ③ ㄴ, ㄷ
④ ㄴ, ㄹ   ⑤ ㄷ, ㄹ

073

(가), (나) 시기 사이에 발생한 사실로 옳은 것은?

> (가) 견훤의 아들 신검이 아버지를 금산사에 가두고, 아우를 죽였다. 그러자 견훤이 …… 태조에게 만나기를 청하니 태조가 사람을 보내 맞이하였다.
> (나) 성종은 최승로의 건의를 수용하여 12목에 지방관을 파견하였다. 또한 개경에 국자감, 주요 지방에 향교를 설립하여 유교적 소양을 갖춘 인재를 양성하였다.

① 궁예가 몰락하였다.
② 교정도감을 설치하였다.
③ 이자겸의 난이 일어났다.
④ 노비안검법이 실시되었다.
⑤ 고려가 일본 원정에 동원되었다.

074 빈출

(가) 기구에 대한 설명으로 옳은 것은?

> 한국사 골든벨
>
> 다음에서 설명하는 기구는 무엇일까요?
> 식목도감과 함께 고려에서 운영하던 회의 기구로, 중서문하성과 중추원에 소속된 고위 관리들이 모여 국방 문제를 논의하였습니다.
>
> 정답은 (가) 입니다.

① 최충헌이 설치하였다.
② 왕명 출납을 담당하였다.
③ 재신과 추밀의 합의제 기구였다.
④ 국정을 총괄하던 최고 기구였다.
⑤ 어사대 관원과 함께 대간으로 불렸다.

075

다음 제도에 대한 설명으로 옳은 것은?

> 시험을 통해 벼슬에 나갈 수 있는 인재를 선발하는 제도로, 문과와 잡과 등이 실시되었다.

① 태조 왕건이 처음으로 실시하였다.
② 공민왕이 왕권 강화를 위해 폐지하였다.
③ 승려를 대상으로 한 승과가 실시되었다.
④ 5품 이상 관리의 자손을 대상으로 하였다.
⑤ 신흥 무인 세력이 성장하는 기반이 되었다.

076

다음 지방 행정 조직을 정비한 국가의 정책으로 옳은 것만을 〈보기〉에서 고른 것은?

| 보기 |

ㄱ. 모든 군현에 지방관이 파견되었다.
ㄴ. 지방의 요충지에 5소경을 설치하였다.
ㄷ. 국방상 요충지를 중심으로 진이 설치되었다.
ㄹ. 5도는 일반 행정 구역으로 안찰사가 파견되었다.

① ㄱ, ㄴ　　② ㄱ, ㄷ　　③ ㄴ, ㄷ
④ ㄴ, ㄹ　　⑤ ㄷ, ㄹ

2 문벌 사회의 동요와 무신 정권의 성립

077

다음과 같이 주장한 세력에 대한 설명으로 옳은 것은?

서경 임원역의 땅은 풍수지리를 하는 사람들이 말하는 아주 좋은 땅입니다. 만약 이곳에 궁궐을 짓고 옮기시면 천하를 다스릴 수 있습니다.

① 칭제 건원을 주장하였다.
② 금에 대한 사대를 주장하였다.
③ 위화도 회군을 통해 권력을 장악하였다.
④ 도평의사사 등 주요 관직을 독점하였다.
⑤ 여러 세대에 걸쳐 고위 관리를 배출하였다.

078

(가) 세력에 대한 설명으로 가장 적절한 것은?

이 유물은 ［(가)］의 호화스러운 삶을 보여 주고 있다. 고려 시대 ［(가)］은/는 여러 대에 걸쳐 고위 관료를 배출한 가문으로 과거와 음서를 통해 관직에 진출하였고, 왕실 등과 중첩적 혼인 관계를 맺으며 권력을 유지하였다.

▲ 금으로 된 귀이개

① 친원적 성향을 가지고 있었다.
② 신분 해방을 목표로 봉기를 계획하였다.
③ 도방과 삼별초를 군사적 기반으로 삼았다.
④ 성리학을 기반으로 불교의 폐단을 비판하였다.
⑤ 과전과 공음전을 기반으로 경제적 안정을 누렸다.

079

다음 자료를 활용한 탐구 주제로 가장 적절한 것은?

• 이자겸은 지군국사가 되고자 왕에게 자기 집에 와서 책봉해달라고 하면서 날짜도 강제로 정하였다. …… 그 뒤로 왕은 이자겸을 몹시 싫어하게 되었다.
• 묘청이 서경을 근거지로 삼고 반란을 일으켰다. …… 나라 이름을 대위, 연호를 천개, 군대를 천견충의군이라 하였다.

① 권문세족의 성장　　② 문벌 사회의 동요
③ 무신 정권의 수립　　④ 신진 사대부의 분화
⑤ 신흥 무인 세력의 등장

080

다음 상황이 발생한 시기를 연표에서 옳게 고른 것은?

의종이 궁 밖에서 문신들과 술을 마시고 시를 읊다가 되돌아가는 것을 잊으니, 호위 병사들의 배고픔이 심하였다. …… 이의방 등이 따라와 "문신들은 배불리 먹고 마시는데, 우리들은 모두 굶주리고 피곤합니다. 이를 참아야만 합니까?"라고 하였다. 정중부는 예전에 문신 김돈중이 자신의 수염을 태운 것에 악감정도 남아 있어 "그렇지 않다."라고 답하였다. 이들은 마침내 거사를 계획하였다.

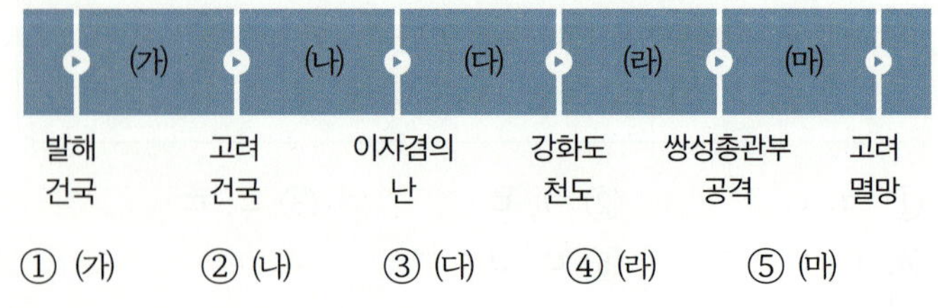

① (가)　② (나)　③ (다)　④ (라)　⑤ (마)

081

(가) 인물에 대한 설명으로 옳은 것은?

> ｜ (가) ｜이/가 대신들을 모아 강화 천도를 논의하였다. 유승단이 "작은 나라가 큰 나라를 섬기는 것은 도리에 맞는 일이다. 예와 믿음을 다하면 몽골이 왜 우리를 괴롭히겠는가? ……"라고 반대하였으나 ｜ (가) ｜은/는 듣지 않고 천도를 결정하였다.

① 정방을 설치하였다.
② 국자감을 설립하였다.
③ 서경 천도를 주장하였다.
④ 무신 정변을 주도하였다.
⑤ 사심관 제도를 도입하였다.

3 원의 간섭과 공민왕의 개혁 정치

082

(가) 세력에 대한 설명으로 옳은 것은?

> 원 간섭기에는 ｜ (가) ｜이/가 새로운 지배 세력으로 등장하였다. 이들은 이전부터 권력을 누렸던 가문도 있었지만, 몽골어 통역관 등 원과의 관계 속에서 새롭게 성장한 경우가 많았다.

① 도평의사사를 장악하였다.
② 성리학을 사상적 기반으로 삼았다.
③ 중방을 중심으로 국정을 운영하였다.
④ 주로 과거를 통해 관직에 진출하였다.
⑤ 개혁의 방향을 두고 온건파와 급진파로 나뉘었다.

083

다음 정책을 실시한 공통적인 목적으로 가장 적절한 것은?

> • 광종 7년, 노비를 자세히 조사해 옳고 그름을 가려내게 하자, 주인을 배반하는 자가 매우 많아졌다.
> • 신돈이 전민변정도감을 설치할 것을 요청하고 전국에 방을 붙여 알리기를 …… 이에 노비들이 주인을 배반하고 벌떼처럼 일어나 '성인이 나오셨다'고 하였다.

① 발해 유민 포용　　② 국가 재정의 확충
③ 반원 개혁 정책 추진　　④ 유교 정치 이념 확립
⑤ 신진 사대부의 경제적 기반 마련

084

다음 자료의 상황이 나타난 시기의 모습으로 옳은 것은?

> • 다루가치가 왕에게 말하기를, "선지(宣旨), 짐(朕), 사(赦)를 칭하니 어찌 이렇게 참람한가?"라고 하였다. 왕은 "분수를 넘어서려는 것이 아니라 조상 때부터 전해 오는 관례를 따랐을 뿐이오."라고 해명하고 선지를 왕지(王旨)로, 짐을 고(孤)로, 사를 유(宥)로 격을 낮추었다.
> • 관직 이름을 여전히 상국(上國)과 같은 것은 모두 고쳤다. 또한 충렬왕의 복식도 격하하여 자황포(赭黃袍)를 지황포(芝黃袍)로 고쳤다.

① 권문세족이 성장하였다.
② 노비안검법이 실시되었다.
③ 위화도 회군이 단행되었다.
④ 무신 집권자가 여러 차례 바뀌었다.
⑤ 진골 귀족의 왕위 쟁탈전이 벌어졌다.

085 빈출

(가) 왕에 대한 설명으로 옳은 것은?

① 교정도감을 설치하였다.
② 훈요 10조를 제시하였다.
③ 과전법 제도를 실시하였다.
④ 12목에 지방관을 파견하였다.
⑤ 기철 등 친원 세력을 제거하였다.

086

(가), (나) 시기 사이에 있었던 사실로 옳은 것은?

> (가) 이의방과 이고가 몰래 정중부에게 말하기를, "문신은 우대받아 배부르나, 무신은 모두 굶주리고 피곤하니, 이것을 어찌 참겠습니까?"라고 하였다. …… 정중부가 마침내 의종과 태자를 쫓아내고 어린 태손을 죽였다.
> (나) 군사가 위화도에 머물면서 좌·우군도통사가 글을 올려 회군을 요청하니 최영이 말하기를, "두 도통사가 있으니 스스로 와서 아뢰는 것이 옳다. 군사를 물리자는 말을 감히 내 입으로 하지 못하겠다."라고 하였다.

① 국자감이 설립되었다.
② 교정도감이 설치되었다.
③ 이자겸의 난이 발생하였다.
④ 최승로가 시무 28조를 올렸다.
⑤ 묘청이 서경 천도를 주장하였다.

087

밑줄 친 '이들'에 대한 설명으로 옳은 것은?

① 문신들을 제거하고 권력을 잡았다.
② 성리학을 사상적 기반으로 삼았다.
③ 묘청의 서경 천도 주장에 반발하였다.
④ 주로 음서를 통해 관직에 진출하였다.
⑤ 지방에서 스스로 성주나 장군을 칭하였다.

| 088~089 |

다음 자료를 읽고 물음에 답하시오.

> • 명학소의 망이가 무리를 모아 공주를 공격하여 함락하였다. 정부가 명학소를 충순현으로 승격시켜 무마하자 망이의 무리가 항복하였다.
> • 노비 ⎡ (가) ⎤ 등이 개경의 북산에서 나무를 하다가 공노비와 사노비들을 불러 말하였다. "…… 최충헌과 주인들을 죽이고 노비 문서를 불태워 이 땅의 천민을 없애자."

088

(가) 인물의 이름을 쓰시오.

089

위 사건들이 일어난 배경을 서술하시오.

| 090~091 |

다음 자료를 읽고 물음에 답하시오.

> 〈사료로 보는 한국사〉
>
> 기철 등이 권세를 믿고 임금을 능멸하여 방자하게 위세를 부려 …… 반역을 도모하고 사직을 위태롭게 하였다. 다행히 왕이 천지와 신령에게 도움을 받아 기철 등을 다 처형하였다.
>
> 〈해설〉 사료는 기황후를 등에 업고 권력을 휘두르던 기철 등 친원 세력을 ⎡ (가) ⎤ 이/가 제거하는 내용을 담고 있다. 이처럼 ⎡ (가) ⎤ 은/는 즉위 후 적극적인 반원 개혁 정책을 추진하여 원의 간섭에서 벗어나고자 하였다.

090

(가) 왕을 쓰시오.

091

밑줄 친 '반원 개혁 정책'의 내용 <u>세 가지</u>를 서술하시오.

내신 1등급을 결정하는 고난도 문제를 수록하였습니다.

092

(가) 왕에 대한 설명으로 옳은 것은?

> ┌ (가) ┐은/는 신라왕 김부가 항복하자 …… 김부를 사심관으로 임명하여 부호장 이하 관직 등을 주관하도록 하였다. 이에 여러 공신들도 또한 이를 본받아 출신지의 사심관으로 삼으니, 사심관 제도가 여기에서 비롯하였다.

① 후삼국을 통일하였다.
② 탐라총관부를 설치하였다.
③ 관리의 공복을 제정하였다.
④ 기철 등 친원 세력을 제거하였다.
⑤ 최승로의 시무 28조를 수용하였다.

093

(가) 기구에 대한 설명으로 옳은 것은?

> 최우가 ┌ (가) ┐을/를 자기 집에 설치하였다. 학문하는 선비들을 선발하여 여기에 소속시키고 비칙치라고 불렀다. 벼슬자리에 올릴 사람을 결정하여 의견을 달아 올리면, 왕은 그 명단에 다만 점을 찍어 임명할 뿐이었다.

① 공민왕이 폐지하였다.
② 왕명 출납을 담당하였다.
③ 간쟁, 봉박, 서경의 권한을 행사하였다.
④ 최씨 무신 정권의 최고 권력 기구였다.
⑤ 원 간섭기에 최고 정무 기구로 발전하였다.

094

다음 상황이 나타난 시기에 볼 수 있는 모습으로 가장 적절한 것은?

> 평양 사람인 조인규는 …… 국가에서 영민한 자를 선발하여 몽골어를 익히게 하였는데, 여기에 선발되었다. 자기 동료들보다 뛰어나지 않았으나 3년 동안 바깥에 나가지 않고 주야로 몽골어 공부를 게을리하지 않으니, 여러 관직을 거쳐 장군에 올랐다.

① 위화도 회군에 참여하는 장수
② 만적의 주장에 동조하는 노비
③ 금의 사대 요구에 분노하는 대신
④ 정동행성에서 문서를 살펴보는 관리
⑤ 홍건적의 침략으로 피란을 떠나는 농민

095

(가), (나) 기구에 대한 설명으로 옳은 것은?

> • ┌ (가) ┐은/는 여러 업무를 맡아 보았으며 그 안의 낭사는 간쟁과 봉박을 담당하였다. 건국 초기에는 내의성이라 불렸으며, 문종 15년에 ┌ (가) ┐(으)로 고쳤다.
> • 국가가 ┌ (나) ┐을/를 설치하여 시중·평장사·참지정사·정당문학·지문하성사를 판사로 삼고, 판추밀 이하를 사로 삼아 국방에 큰일이 있을 때 회의하였다. 이에 합좌라는 이름이 붙게 되었다.

① (가) - 국정을 총괄하는 최고 기구이다.
② (가) - 법률, 제도를 제정하는 회의 기구이다.
③ (나) - 6부를 관할하며 정책을 집행하였다.
④ (나) - 왕명 출납과 군사 기밀을 담당하였다.
⑤ (가), (나) - 대간으로 불리며 서경의 권한을 행사하였다.

096

밑줄 친 ⊙, ⓒ 왕에 대한 설명으로 각각 옳은 것만을 〈보기〉에서 고른 것은?

> • ⊙ 왕은 노비안검법을 실시하여 본래 양인이었다가 억울하게 노비가 된 자들을 해방시키고자 하였다.
> • ⓒ 왕은 전민변정도감을 설치하여 권세가가 불법으로 빼앗은 토지를 원래 주인에게 돌려주고, 억울하게 노비가 된 자들을 양인으로 해방시키고자 하였다.

> ┤ 보기 ├
> ㄱ. ⊙ - 과거제를 도입하였다.
> ㄴ. ⊙ - 12목에 지방관을 파견하였다.
> ㄷ. ⓒ - 쌍성총관부를 공격하였다.
> ㄹ. ⓒ - 대몽 항쟁을 위해 강화도로 천도하였다.

① ㄱ, ㄴ   ② ㄱ, ㄷ   ③ ㄴ, ㄷ
④ ㄴ, ㄹ   ⑤ ㄷ, ㄹ

03 조선의 성립과 발전

1 조선의 건국과 통치 체제의 정비

1 조선의 건국과 유교적 통치 체제 확립

(1) 건국(1392): 이성계와 정도전 등 급진파 사대부가 건국

(2) 국가 기틀의 확립

태조	한양 천도, 정도전 등 개국 공신이 국정 주도
태종	6조 직계제 시행, 사병 혁파, 호패법 실시, 양전 사업 단행
세종	집현전 설치, 의정부 서사제 실시, 경연 활성화, 훈민정음 창제
세조	6조 직계제 시행, 집현전과 경연 폐지, 『경국대전』 편찬 시작
성종	홍문관 설치, 경연 강화, 『경국대전』 완성(유교적 통치 체제 확립)

└ 세조는 세종의 둘째 아들(수양 대군)로 조카인 단종을 몰아내고 왕으로 즉위하였다.

> **꼭 나오는 자료**   🔗 23쪽 113번 문제로 확인
>
> 6조 직계제와 의정부 서사제
> - 의정부의 서사를 나누어 6조에 귀속했다. …… 의정부가 관장하는 것은 사대 문서와 중죄수의 심의뿐이었다.
> - 6조는 모든 직무를 의정부에 품의하고, 의정부는 가부를 헤아린 뒤 왕에게 아뢰어 (왕의) 전지를 받아 6조에 내려보내어 시행한다.
>
> ---
> **자료 분석**   6조 직계제는 6조가 직접 국왕에게 업무를 보고하고 시행하는 체제인 반면 의정부 서사제는 의정부가 6조에서 보고한 업무를 심의한 후 국왕의 재가를 받아 시행하는 체제이다.

2 통치 체제 정비

중앙	• 의정부(국정 총괄), 6조(정책 집행, 이·호·예·병·형·공조) • 사헌부, 사간원, 홍문관 → 3사(권력 독점과 부정 방지)
지방	• 8도에 관찰사 파견, 모든 군현에 지방관 파견, 향·부곡·소 폐지, 향리(실무 담당, 지위가 고려에 비해 낮아짐) • 지방 사족이 유향소 운영(수령 보좌, 향리 감시, 백성 교화)
관리 선발	• 과거: 문과·무과·잡과 시행, 양인이면 누구나 응시 가능 • 인사 제도: 상피제 운영, 서경권 행사(사간원, 사헌부)
교육	한성에 성균관(최고 교육 기관)과 4부 학당, 지방에 향교 설치

└ 가족이나 친인척과 같은 관서에 근무하지 않도록 하고, 출신 지역의 지방관으로 임명하지 않는 제도이다.

2 사림의 성장과 붕당의 형성

1 사림의 성장과 사화의 발생

(1) 훈구의 형성과 사림의 성장

① 훈구: 세조의 즉위에 공을 세운 세력, 고위 관직 독점

② 사림: 성종 때 중앙 진출, 주로 3사에 임명되어 훈구 비판

(2) 사화의 발생

① 무오사화: 연산군과 훈구가 김종직의 「조의제문」을 빌미로 사림 제거

② 갑자사화: 연산군이 생모 윤씨와 관련된 훈구와 사림 제거

③ 기묘사화: 조광조의 개혁(현량과 실시, 소격서 폐지, 훈구 대신의 위훈 삭제 주장) → 중종과 훈구 대신의 반발로 조광조를 비롯한 사림 세력이 피해를 입음

④ 을사사화: 명종 때 외척 간의 권력 갈등 속에 사림이 타격을 입음

2 붕당의 형성

사림은 지방에 교육 기관인 서원을 세워 학문적·정치적 결속을 강화하고, 향촌 자치 규약인 향약을 주관하며 향촌 지배를 강화하였다.

배경	사림이 서원과 향약을 통해 향촌 사회에서 세력 확대 → 선조 때 중앙 정계의 주도권 장악
형성	사림이 척신 정치의 청산과 이조 전랑의 임명 문제를 놓고 동인과 서인으로 분화 → 공론을 내세우며 정치 운영

3 왜란과 호란

1 임진왜란(1592~1598)

(1) 전개

발발	전국 시대를 통일한 도요토미 히데요시가 조선 침략
전개	일본군의 침략 → 선조가 의주로 피란 → 이순신의 수군(한산도 대첩 등)과 의병(곽재우 등)의 활약 → 명군 참전, 조명 연합군의 평양성 탈환, 행주 대첩(권율) → 강화 협상 전개(결렬) → 정유재란(1597) → 조명 연합군과 수군의 승리(명량 대첩) → 도요토미 히데요시 사망 후 일본군 철수 → 노량 해전, 전쟁 종결

(2) 영향

나라를 다시 세워 준 은혜

조선	• 토지 대장과 호적 상실 → 재정 악화 및 신분 질서 동요 • 국토 황폐화, 인구 감소, 명에 대한 숭상 분위기 확산(재조지은)
명	명의 국력 약화 → 만주에서 여진이 성장하여 후금 건국
일본	• 도쿠가와 이에야스가 에도 막부 수립(조선과 국교 재개) • 포로로 잡아간 조선의 기술자와 학자 등을 통해 문화 발전

2 호란의 전개

(1) 광해군의 중립 외교: 전후 복구 사업 실시(토지 대장과 호적 정비, 대동법 실시 등), 명과 후금 사이에서 중립 외교(국가 안정 도모)

명이 파병을 요청하자 강홍립이 이끄는 군대를 보내면서, 상황에 따라 대응하도록 지시하여 후금과의 충돌을 피했다.

(2) 인조반정: 중립 외교를 비판하던 서인 주도로 광해군을 몰아내고 인조 추대(1623)

(3) 정묘호란과 병자호란

정묘 호란	인조와 서인의 친명 배금 정책 → 가도에 주둔한 명군에 대한 조선의 지원을 차단하려 후금이 침략 → 화의 체결, 후금 철수
병자 호란	• 배경: 후금이 국호를 청으로 고치고 조선에 군신 관계 요구, 조선 조정 내 척화론 우세 → 청의 요구 거부 • 전개: 청 태종의 침입 → 인조가 남한산성에서 항전 → 삼전도에서 항복 • 결과: 청과 군신 관계 체결, 북벌론 대두

기본 기출 문제

핵심 주제를 파악할 수 있는 기출 문제를 수록하였습니다.

핵심 개념 문제

● 빈칸에 들어갈 알맞은 말을 쓰시오.

097 사헌부, 사간원, (　　　　)은/는 3사로 불리며 권력의 독점과 부정을 방지하는 역할을 하였다.

098 사림은 척신 정치의 청산과 (　　　　)의 임명 문제를 두고 동인과 서인으로 분화하였다.

099 임진왜란 당시 (　　　　)이/가 이끄는 수군이 한산도 등에서 일본 수군을 격파하였다.

● 다음 내용이 옳으면 ○표, 틀리면 ×표를 하시오.

100 세종은 6조 직계제를 실시하여 재상의 권한을 강화하고 왕권과 신권의 조화를 추구하였다. (　　)

101 연산군은 김종직의 「조의제문」을 빌미로 갑자사화를 일으켜 사림을 제거하였다. (　　)

102 조광조는 현량과 실시, 훈구 세력의 위훈 삭제 등의 개혁을 추진하였다. (　　)

103 임진왜란 이후 명의 국력이 약화되는 가운데 만주에서 성장한 여진이 후금을 건국하였다. (　　)

● 인물과 관련 정책을 바르게 연결하시오.

104 성종 •　　　　　• ㉠ 호패법 실시
105 세조 •　　　　　• ㉡ 홍문관 설치
106 세종 •　　　　　• ㉢ 의정부 서사제 실시
107 태종 •　　　　　• ㉣ 『경국대전』 편찬 시작

● 괄호 안에 들어갈 알맞은 말을 고르시오.

108 (㉠ 세종, ㉡ 세조)은/는 집현전을 설치하고 경연을 활성화하였다.

109 지방 사족은 (㉠ 유향소, ㉡ 춘추관)을/를 설치하여 향리를 감찰하고 백성을 교화하였다.

110 (㉠ 동인, ㉡ 서인)은 광해군을 몰아내고 인조를 새 왕으로 추대하였다.

● 다음 사건을 일어난 순서대로 옳게 나열하시오.

> ㄱ. 인조반정　　　　　ㄴ. 정묘호란
> ㄷ. 광해군의 중립 외교　　ㄹ. 인조의 남한산성 항전

111 (　　　) - (　　　) - (　　　) - (　　　)

112

밑줄 친 '이 왕'에 대한 설명으로 옳은 것은?

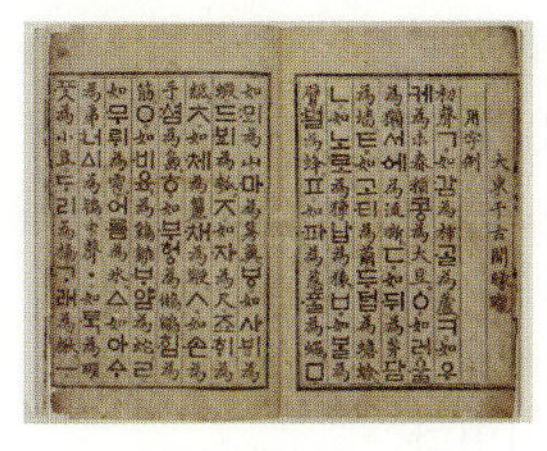

제시된 책은 『훈민정음 해례본』으로, 이 왕이 훈민정음을 창제한 이유와 글자를 만든 원리 등이 저술되어 있다.

① 『경국대전』을 편찬하였다.
② 의정부 서사제를 실시하였다.
③ 집현전과 경연을 폐지하였다.
④ 정도전 등 반대 세력을 제거하였다.
⑤ 무오사화를 일으켜 사림을 탄압하였다.

113 빈출

다음 제도에 대한 설명으로 옳은 것은?

> 의정부의 서사를 나누어 6조에 귀속했다. …… 의정부가 관장하는 것은 오직 사대 문서와 중죄수의 심의뿐이었다.

① 왕권 강화에 기여하였다.
② 조광조의 건의로 추진되었다.
③ 왕권과 신권의 조화를 추구하였다.
④ 재상에게 국정 주도권을 부여하였다.
⑤ 인사의 공정성을 확보하고자 시행되었다.

114

(가) 기구에 대한 설명으로 옳은 것은?

> 한국사 골든벨
>
> 다음에서 설명하는 기구는 무엇일까요?
> ① 권력의 독점과 부정을 방지하는 언론 기구입니다.
> ② 조선 성종 때 설치되었습니다.
> ③ 사헌부, 사간원과 함께 3사로 불렸습니다.
>
> 정답은 [(가)]입니다.

① 관리의 비리를 감찰하였다.
② 재상들의 합의로 운영되었다.
③ 국왕의 정책 자문과 경연을 담당하였다.
④ 국가의 큰 죄인을 담당하는 사법 기구이다.
⑤ 향리를 감찰하고 지방의 풍속을 교화하였다.

115

(가) 국가에 대한 설명으로 옳은 것은?

> (가) 은/는 대부분 과거를 통해 관리를 선발하였다. 과거는 문과·무과·잡과로 구분되었고, 그 중 문과를 가장 중시하였다. 음서의 혜택을 받는 대상은 줄었고, 고위직에 올라가기 위해서는 문과에 합격하여야 했다.

① 승려를 대상으로 승과를 실시하였다.
② 유학 교육 기관으로 주자감을 두었다.
③ 화랑도를 국가적 조직으로 정비하였다.
④ 수도에 태학을 세워 인재를 양성하였다.
⑤ 한성에 최고 교육 기관으로 성균관을 설치하였다.

116

다음 상황이 발생한 시기를 연표에서 옳게 고른 것은?

> 조광조가 아뢰기를, "지방의 관찰사와 수령, 서울의 홍문관과 육경, 그리고 대간들이 모두 능력 있는 사람을 천거하게 하십시오. 그 후 대궐에 모아 놓고 친히 여러 정책과 관련된 대책을 시험하신다면 인물을 많이 얻을 수 있을 것입니다."라고 하였다.

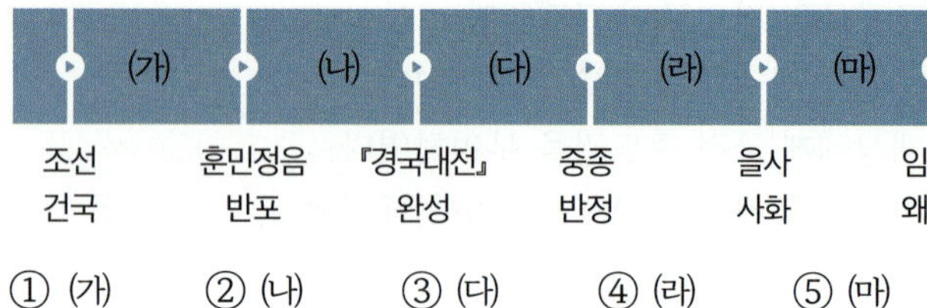

① (가)　　② (나)　　③ (다)　　④ (라)　　⑤ (마)

117

밑줄 친 '전쟁' 중 있었던 사실로 옳은 것만을 <보기>에서 고른 것은?

> 전국 시대를 통일한 도요토미 히데요시는 내부 세력의 불만을 밖으로 돌리고 정권을 안정시키고자 대외 침략을 감행하였다. 이에 조선에게 명을 정벌하러 갈테니 길을 안내하라고 요구하였고, 조선이 이를 거절하자 20만의 군대로 조선을 침략하면서 <u>전쟁</u>이 시작되었다.

| 보기 |

ㄱ. 강홍립이 후금에 투항하였다.
ㄴ. 인조가 남한산성에서 항전하였다.
ㄷ. 명이 조선에 지원군을 파병하였다.
ㄹ. 이순신이 이끄는 수군이 활약하였다.

① ㄱ, ㄴ　　② ㄱ, ㄷ　　③ ㄴ, ㄷ
④ ㄴ, ㄹ　　⑤ ㄷ, ㄹ

118

밑줄 친 '그'에 대한 설명으로 옳은 것은?

① 청과 군신 관계를 체결하였다.
② 『경국대전』 편찬을 시작하였다.
③ 김종직 등 사림 세력을 등용하였다.
④ 명과 후금 사이에서 중립 외교를 펼쳤다.
⑤ 「조의제문」을 빌미로 무오사화를 일으켰다.

119

밑줄 친 '이 전쟁'의 결과로 옳은 것은?

① 후금이 국호를 청으로 고쳤다.
② 만주에서 여진이 후금을 건국하였다.
③ 조선이 청과 군신 관계를 체결하였다.
④ 도쿠가와 이에야스가 에도 막부를 세웠다.
⑤ 김종직 등이 3사에 진출하여 훈구를 비판하였다.

학교 시험에서 출제율이 높은 문제를 엄선하여 수록하였습니다.

기출 문제

1 조선의 건국과 통치 체제의 정비

120

(가) 인물에 대한 설명으로 옳은 것은?

> 한국사 산책
>
> 조선의 문물 정비를 주도한 (가)
>
> 급진파 신진 사대부의 중심 인물로 이성계를 도와 조선 건국을 주도한 (가) 의 활동을 알아본다.
>
> 특집 1. 새로운 왕조 수립을 주장하다.
> 특집 2. 성리학 이념을 토대로 조선의 문물을 정비하다.
> 특집 3. 이방원이 일으킨 왕자의 난으로 제거되다.

① 학문적 성향이 동인으로 계승되었다.
② 재상 중심의 정치 운영을 강조하였다.
③ 훈구 세력의 위훈 삭제를 추진하였다.
④ 학문 연구 기관인 집현전을 설치하였다.
⑤ 임진왜란이 일어나자 지방에서 의병을 일으켰다.

121 빈출

(가)에 들어갈 내용으로 옳은 것은?

> 다큐멘터리 기획안
>
> • 기획 의도: 두 차례 왕자의 난을 통해 즉위한 국왕의 정책을 재조명한다.
> • 주제
>   1. 사병을 혁파하여 국왕의 군사권을 강화하다.
>   2. 양전을 실시하여 국가 재정을 안정시키다.
>   3. ______ (가) ______

① 무오사화를 일으키다.
② 6조 직계제를 시행하다.
③ 의정부 서사제를 실시하다.
④ 홍문관을 설치하고 경연을 부활시키다.
⑤ 대동법을 실시하여 민생 안정을 도모하다.

122

(가) 왕에 대한 설명으로 옳은 것은?

> (가) 은/는 즉위 후 집현전을 계승한 홍문관을 설치하고 홍문관원이 경연관을 겸하도록 했다. (가) 은/는 한강가에 독서당을 지어 관원들이 독서하게 하는 등 지극한 총애를 보였지만, 글로 이름을 떨친 사람이 세종 때만큼 배출되지는 못했다.

① 훈민정음을 창제하였다.
② 사병 혁파를 주도하였다.
③ 김종직 등 사림을 등용하였다.
④ 연산군을 몰아내고 즉위하였다.
⑤ 『경국대전』을 편찬하기 시작하였다.

123

밑줄 친 '이 기구'에 대한 설명으로 옳은 것은?

> 이 기구는 조선의 최고 정무 기관으로 고려의 최고 기구였던 도평의사사와 집행 기구였던 상서성이 합쳐져 만들어졌다. 이 기구의 수장은 정1품 영의정이며, 모든 관료를 관할하고 국가의 일반 행정을 총괄하였다.

① 왕명 출납을 담당하였다.
② 재상들의 합의로 운영되었다.
③ 서울의 행정과 치안을 다스렸다.
④ 3사로 불리며 언론 기능을 수행하였다.
⑤ 어사대의 관원과 함께 대간이라 불렸다.

124

(가)에 대한 설명으로 옳은 것은?

> 조선은 중앙에 성균관과 4부 학당, 각 군현에는 향교를 설치하여 인재를 양성하였다. 또한 지방에서는 사립 교육 기관으로 (가) 이/가 설치되어 선현 제사와 후진 양성을 담당하였다.

① 사림이 세력을 확대하는 기반이 되었다.
② 수령을 보좌하고 향리의 부정을 감시하였다.
③ 최고 교육 기관으로 유학 교육을 담당하였다.
④ 권력의 집중을 방지하기 위해 상피제가 적용되었다.
⑤ 5품 이상 고위 관료의 자손을 대상으로 운영되었다.

125

다음과 같은 지방 행정 조직을 정비한 국가의 정책으로 옳은 것만을 〈보기〉에서 고른 것은?

┤ 보기 ├
ㄱ. 지방관이 파견되지 않은 속현이 있었다.
ㄴ. 8도에 관찰사가 파견되어 행정을 총괄하였다.
ㄷ. 특수 행정 구역으로 향·부곡·소를 운영하였다.
ㄹ. 유향소가 설치되어 수령을 보좌하고 향리를 감시하였다.

① ㄱ, ㄴ ② ㄱ, ㄷ ③ ㄴ, ㄷ
④ ㄴ, ㄹ ⑤ ㄷ, ㄹ

2 사림의 성장과 붕당의 형성

126 빈출

밑줄 친 '이들'에 대한 설명으로 옳은 것만을 〈보기〉에서 고른 것은?

고려 말 온건파 사대부의 학풍을 계승한 이들은 중앙 집권보다는 향촌 자치를 추구하고, 왕도 정치의 실천을 지향하였다. 이들은 성종 초에 김종직을 필두로 중앙 정계에 진출하기 시작하여 훈구 세력을 비판하였다.

┤ 보기 ├
ㄱ. 선조 때 중앙 정계의 주도권을 장악하였다.
ㄴ. 세조의 즉위 과정에서 공을 세운 세력이다.
ㄷ. 서원과 향약을 기반으로 세력을 확대하였다.
ㄹ. 김종직의 「조의제문」을 구실로 사화를 일으켰다.

① ㄱ, ㄴ ② ㄱ, ㄷ ③ ㄴ, ㄷ
④ ㄴ, ㄹ ⑤ ㄷ, ㄹ

127

다음 인물에 대한 설명으로 옳은 것은?

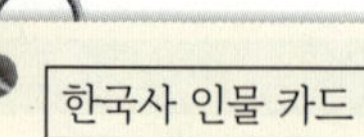

① 호패법을 실시하였다.
② 중종반정으로 왕위에서 쫓겨났다.
③ 재상 중심의 국정 운영을 강조하였다.
④ 친명 배금의 외교 정책을 추진하였다.
⑤ 임진왜란이 일어나자 의주로 피란하였다.

128

밑줄 친 '개혁'의 내용으로 옳은 것은?

중종의 즉위에 공을 세운 훈구 세력이 권력을 독점하고 막대한 재산을 차지하자, 중종은 훈구 세력을 견제하기 위해 조광조를 비롯한 사림을 등용하였다. 조광조는 여론을 앞세워 급진적 개혁을 추진하였다.

① 현량과 실시 ② 홍문관 설치
③ 대동법 시행 ④ 6조 직계제 추진
⑤ 집현전과 경연 폐지

129

다음 상황이 발생한 시기를 연표에서 옳게 고른 것은?

김효원이 장원으로 급제하여 (이조) 전랑의 물망에 올랐으나, 그가 윤원형의 문객이었다 하여 심의겸이 반대하였다. 그 후에 심의겸의 동생인 심충겸이 이조 전랑으로 천거되자, 외척이라며 김효원이 반대했다. …… 동인, 서인이라는 말이 여기에서 비롯되었다. 김효원의 집이 동쪽 건천동에 있고, 심의겸의 집이 서쪽 정릉동에 있었기 때문이다.

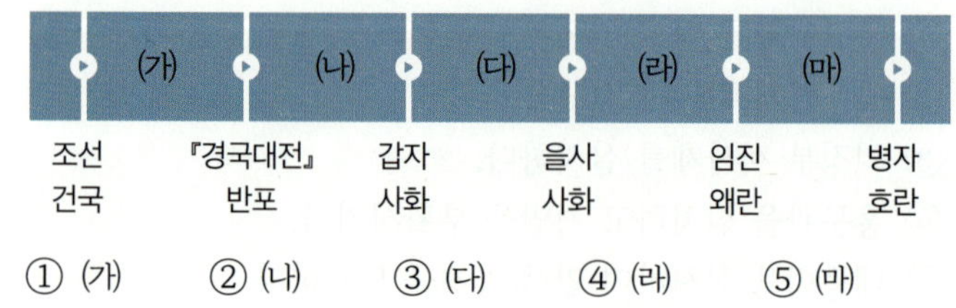

① (가) ② (나) ③ (다) ④ (라) ⑤ (마)

130

(가), (나) 세력에 대한 설명으로 옳은 것은?

> 사림은 척신 정치 청산과 이조 전랑 임명 문제를 두고 영남 지역 사림 중심의 ⃞(가)⃞ 와(과) 경기, 충청 지역 사림을 중심으로 한 ⃞(나)⃞ (으)로 분화하였다.

① (가) – 인조반정을 주도하였다.
② (가) – 이황과 조식의 학문을 계승하였다.
③ (나) – 기묘사화로 큰 타격을 입었다.
④ (나) – 척신 정치 청산을 강조하였다.
⑤ (가), (나) – 세조의 즉위 과정에서 공을 세웠다.

3 왜란과 호란

131 빈출

밑줄 친 '이 전쟁'의 영향으로 옳지 <u>않은</u> 것은?

> 책으로 보는 한국사
>
> • 도서명(저자): 『징비록』(류성룡)
> • 소개: 7년 동안 벌어진 <u>이 전쟁</u>을 되돌아보며 후대에 교훈을 주고자 집필하였다. 책에는 <u>이 전쟁</u>의 배경과 상황, 이순신 등 주요 인물의 활약상 등이 담겨 있다.

① 명이 쇠퇴하고 여진이 성장하였다.
② 훈구파가 중앙 정치를 주도하였다.
③ 조선에서 명을 숭상하는 관념이 높아졌다.
④ 일본의 도자기, 성리학 문화가 발달하였다.
⑤ 도쿠가와 이에야스가 새로운 막부를 수립하였다.

132

다음 자료를 활용한 탐구 활동으로 가장 적절한 것은?

> • 해가 질 무렵 출발한 왕의 어가가 숭례문에 도착하였을 때, 적이 이미 양철평(은평)까지 왔다는 소식이 전해졌다. …… 임금이 …… 남한산성으로 향했다.
> • 임금이 세자와 함께 …… 우리나라 임금에게 100보 가량을 걸어 와서 삼배구고두례를 행하도록 하였다.

① 왕자의 난에 대해 조사한다.
② 임진왜란의 주요 전투를 파악한다.
③ 병자호란의 전개 과정을 알아본다.
④ 하층민의 대몽 항쟁 사례를 조사한다.
⑤ 홍건적과 왜구의 침입 경로를 확인한다.

133

(가) 전쟁 중에 있었던 사실로 옳은 것은?

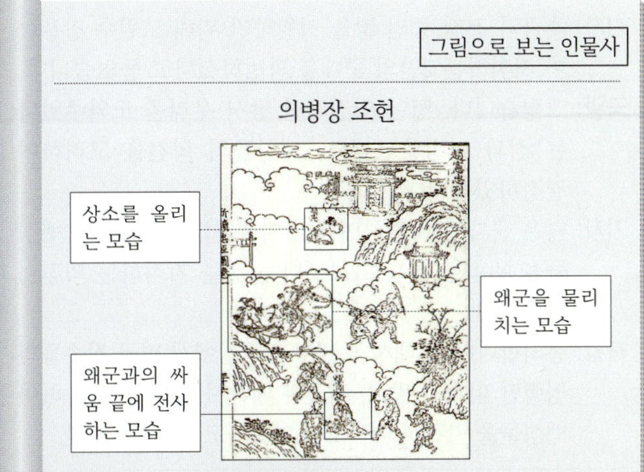

> 자료는 『동국신속삼강행실도』에 수록된 그림으로 ⃞(가)⃞ 당시 의병장으로 활약한 조헌의 행적을 표현한 것이다. 명 정벌에 필요한 길을 내어달라는 도요토미 히데요시의 요구를 담은 문서와 왜의 사신이 도착하자, 조헌은 상소를 올려 그 사신을 죽이자고 주장하였다. 이듬해 ⃞(가)⃞ 이/가 일어나자 그는 의병을 일으켜 왜군이 장악한 청주성을 수복하였으나, 이후 금산 전투에서 전사하였다.

① 북벌론이 대두되었다.
② 곽재우가 의병장으로 활약하였다.
③ 삼별초가 강화도에서 봉기하였다.
④ 청 태종이 이끄는 군대가 침략하였다.
⑤ 을지문덕이 살수에서 적을 격파하였다.

134

(가), (나) 시기 사이에 발생한 사실로 옳은 것은?

> (가) 승려 휴정이 의주로 피란한 선조를 알현한 뒤 전국 사찰에 승병을 일으킬 것을 요청하였다. 이에 유정과 처영 등이 거병하여 적군과 맞서 싸웠다.
> (나) 후금의 침략에 맞서 정봉수와 이립 등이 의병을 일으켰으나 역부족이었다. 후금도 후방을 안정시키는 것이 목적이었기 때문에, 조선과 후금은 신속하게 화의를 체결하였다.

① 갑자사화가 발생하였다.
② 쌍성총관부를 공격하여 되찾았다.
③ 광해군이 중립 외교를 전개하였다.
④ 조광조가 소격서 폐지를 주장하였다.
⑤ 김윤후가 처인성에서 적장을 사살하였다.

135

다음 자료의 '국왕'에 대한 설명으로 옳은 것은?

> 기자: 후금과 전쟁 중인 명을 지원하기 위해 도원수 강홍립이 지휘하는 2만의 군대를 파병하셨다고 들었습니다.
> 국왕: 그렇습니다. 명이 임진왜란 당시 우리를 도와주었다는 점과 파병을 원하는 대신들의 의견을 고려하여 결정하였습니다.
> 기자: 많은 군대를 차출하여 국방이 위험해졌다는 점, 백성들을 위험한 곳으로 보냈다는 점을 지적하는 의견이 있습니다.
> 국왕: 동의합니다. 그래서 도원수 강홍립에게 명군 장수들의 명령만 따르지 말고, 후금과 패하지 않는 전투를 하여 백성들을 안전히 데리고 돌아오라고 말했습니다.

① 『경국대전』을 완성하였다.
② 인조반정으로 왕위에서 쫓겨났다.
③ 청에 항복하고 군신 관계를 맺었다.
④ 조광조를 비롯한 사림을 등용하였다.
⑤ 일본군이 침략하자 명에 지원군을 요청하였다.

136

(가) 전쟁 중에 있었던 사실로 옳은 것은?

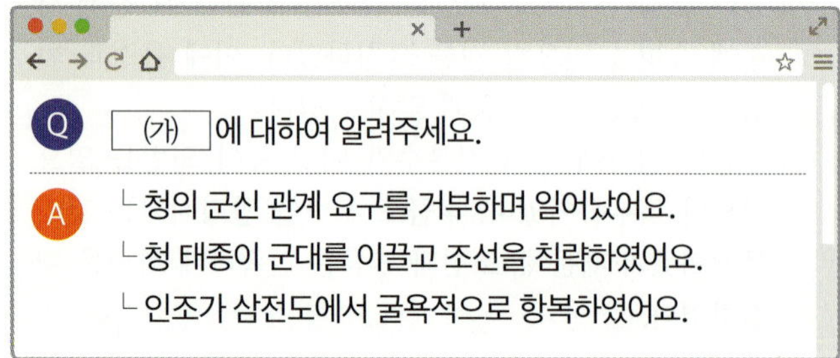

① 국왕이 남한산성에서 항전하였다.
② 명량에서 조선 수군이 승리하였다.
③ 조명 연합군이 평양성을 탈환하였다.
④ 강홍립이 항복하여 화친을 도모하였다.
⑤ 외척의 대립으로 을사사화가 일어났다.

| 137~138 |

다음 자료를 읽고 물음에 답하시오.

> 6조는 각기 모든 직무를 [(가)]에 품의하고, [(가)]은/는 가부를 헤아린 뒤 왕에게 아뢰어 (왕의) 전지를 받아 6조에 내려보내어 시행한다. 다만 이조·병조의 관직 제수, 병조의 군사 업무, 형조의 사형수를 제외한 판결 등은 종래와 같이 각 조에서 직접 (왕에게) 아뢰어 시행하고 [(가)]에 보고한다.

137

(가)에 들어갈 기구의 명칭을 쓰시오.

138

위 제도의 실시 목적을 서술하시오.

| 139~140 |

다음 자료를 읽고 물음에 답하시오.

> 노량 앞바다에서 이순신과 진린이 이끄는 조명 연합 함대는 퇴각하는 일본군을 공격하여 큰 성과를 거두었고, 이로써 7년간 벌어졌던 전쟁이 마무리되었다. 전쟁터였던 조선은 인구가 크게 감소하고 농토가 황폐해졌으며 국가 재정이 큰 타격을 입게 되었다. 또한 전란 속에서 여러 문화유산이 소실되었다.

139

밑줄 친 '전쟁'의 명칭을 쓰시오.

140

위 전쟁이 명과 일본에 미친 영향을 서술하시오.

적중 1등급 문제

내신 1등급을 결정하는 고난도 문제를 수록하였습니다.

141

(가) 왕에 대한 설명으로 옳은 것만을 〈보기〉에서 고른 것은?

> 〈사료로 보는 한국사〉
>
> 집현전을 폐지하고, 경연을 정지하며, 거기에 소장하였던 서책들은 모두 예문관에서 관장하게 하라.
>
> 〈해설〉 [(가)] 은/는 계유정난을 통해 권력을 장악한 후 조카인 단종을 몰아내고 왕위에 올랐다. 이어 [(가)] 은/는 성삼문 등 집현전 출신 학자들이 단종의 복위를 모의하였다는 사실을 알게 되자 단종을 노산군으로 강등시켜 영월로 유배를 보내고, 집현전을 폐지하였다.

> ┤ 보기 ├
> ㄱ. 공신과 종친의 사병을 혁파하였다.
> ㄴ. 『경국대전』 편찬 사업을 시작하였다.
> ㄷ. 「조의제문」을 구실로 사림을 탄압하였다.
> ㄹ. 6조 직계제를 실시하여 왕권을 강화하였다.

① ㄱ, ㄴ 　② ㄱ, ㄷ 　③ ㄴ, ㄷ
④ ㄴ, ㄹ 　⑤ ㄷ, ㄹ

142

밑줄 친 '이 기구'에 대한 설명으로 옳은 것은?

> 태조가 고려의 법을 따라 이 기구를 설치하여 20명의 관리를 두었다. …… 재상이나 대신이 허물이 있으면 법으로 규탄하고, 종친과 외척 중에 교만하고 사나운 자가 있으면 탄핵한다. 흐린 것을 배격하고 맑은 것을 찬양한다. 정색하고 조정에 서면 모든 관료가 떨고 두려워한다.

① 국왕 직속의 사법 기구이다.
② 수령을 보좌하고 향리를 감시하였다.
③ 사간원, 홍문관과 함께 3사라 불렸다.
④ 중서문하성의 낭사와 함께 대간으로 불렸다.
⑤ 경연을 주관하고 국왕의 정책 자문에 응하였다.

143

밑줄 친 '전쟁' 중에 볼 수 있는 모습으로 가장 적절한 것은?

> 우리나라가 오늘날이 있게 된 것은 하늘이 도운 까닭이다. 그리고 선대 여러 임금의 어질고 두터운 은덕이 백성들을 굳게 결합시켜 백성들의 나라를 생각하는 마음이 그치지 않았기 때문이며, 임금께서 중국을 섬기는 정성이 명나라 황제를 감동시켜 전쟁에서 우리나라를 구원하기 위해 명나라 군대가 여러 차례 출동했기 때문이다.

① 대동법 실시를 알리는 향리
② 현량과 실시에 반발하는 대신
③ 명량에서 일본군과 전투를 치르는 수군
④ 남한산성을 포위한 청군을 바라보는 무관
⑤ 후금과 형제의 맹약을 체결하는 정부 대표

144

다음 상소문이 작성된 배경으로 가장 적절한 것은?

> 강화를 하여 국가를 보존하기보다 의를 지켜 나라가 망하는 것이 옳다고 말합니다. 이것은 신하가 절개를 지키는 데 쓰이는 말입니다. …… 우리의 국력은 현재 다 떨어졌고, 오랑캐의 병력은 강성합니다. 정묘년의 맹약을 지켜서 몇 년이라도 화를 늦추고, 그동안 어진 정치를 펴서 민심을 수습하고 성을 쌓으며, 군량을 저축하여 변방의 방어를 더욱 튼튼하게 하되 군사를 모아서 움직이지 않으며 적의 허점을 노리는 것이 우리로서는 가장 좋은 방책입니다.

① 청이 군신 관계를 요구하였다.
② 광해군이 중립 외교를 펼쳤다.
③ 인조가 삼전도에서 항복 의식을 행하였다.
④ 명과 일본 사이에 강화 협상이 시작되었다.
⑤ 한성이 함락되어 선조가 의주로 피란하였다.

04 조선 후기의 변화

1 통치 체제의 변화와 붕당 정치의 전개

1 통치 체제의 변화
비변사는 16세기 초(중종 시기) 임시 기구로 설치되었다가, 명종 때 상설 기구가 되었다.

(1) 비변사의 기능 확대: 임시 기구 → 왜란과 호란을 거치며 최고 기구로 위상 강화, 의정부와 6조의 기능 약화

꼭 나오는 자료   🔗 33쪽 173번 문제로 확인

비변사의 기능 확대

임시로 비변사를 설치하였는데, …… 국가의 중요한 일을 다 맡긴 것은 아니었습니다. 그런데 오늘에 와서는 큰일이건 작은 일이건 중요한 것으로 취급되지 않는 것이 없습니다. 그 결과 의정부는 한갓 헛이름만 지니고 6조는 모두 그 직임을 상실하였습니다.

자료 분석 비변사는 임시 기구였으나 왜란과 호란을 겪으며 군사, 외교, 재정 등을 총괄하는 최고 기구로 위상이 높아졌다.

(2) 군사 제도 개편
포수, 사수, 살수로 구성된 직업 군인

중앙	5군영 체제(훈련도감, 어영청, 총융청, 수어청, 금위영)
지방	속오군(양반부터 노비까지 포함, 일종의 예비군)

2 붕당 정치의 전개

선조	사림이 동인과 서인으로 분화 → 동인이 남인과 북인으로 분화
광해군	북인이 정권 주도 → 인조반정으로 북인 몰락
인조	서인이 국정을 주도, 남인이 참여 → 붕당 간의 공존 유지
현종	자의 대비의 상복 문제를 두고 두 차례 예송 발생(서인은 신권 중시, 남인은 왕권 중시) → 붕당 간의 대립 격화
숙종	국왕 주도로 환국 발생, 서인과 남인의 대립 심화, 서인 분화(노론, 소론) → 붕당 간의 공존 붕괴 → 특정 붕당이 정권 독점(일당 전제화 현상)

환국의 과정에서 남인에 대한 대응 문제를 두고 서인은 강경파인 노론과 온건파인 소론으로 갈라졌다.

2 탕평 정치의 전개

1 영조의 탕평 정치

탕평책	탕평비 건립, 탕평파 중심 국정 운영, 산림의 존재 부정, 서원 정리, 이조 전랑의 권한 약화
개혁 정책	• 민생 안정: 균역법 시행, 신문고 부활 등 • 문물 정비: 『속대전』, 『동국문헌비고』 편찬

2 정조의 탕평 정치
수원 화성 건설에 정약용이 개발한 거중기를 사용하였다.

탕평책	노론·소론·남인을 골고루 등용, 규장각 기능 강화, 초계문신제 실시, 장용영 설치, 수원 화성 건설
개혁 정책	• 규장각 검서관에 서얼 출신 학자 등용(이덕무, 박제가 등) • 수령이 향약 주관 → 지방 사족의 향촌 지배 억제 • 통공 정책, 『대전통편』 편찬, 『무예도보통지』 편찬

3 세도 정치의 전개와 흥선 대원군의 개혁 정치

1 세도 정치의 전개
(1) 배경: 정조 사후 어린 순조기 즉위 → 외척이 권력 장악
(2) 전개: 순조, 헌종, 철종의 3대 60여 년 동안 안동 김씨, 풍양 조씨 등 세도 가문이 권력을 독점
(3) 폐단
① 권력 독점: 세도 가문이 비변사를 비롯한 주요 관직을 독점하고 5군영 장악 → 왕권 약화, 공론 정치 붕괴, 3사의 언론 활동 기능 상실
② 정치 기강 문란: 과거 시험에서 부정행위 만연, 매관매직 성행
③ 삼정의 문란: 지방관의 부정부패와 수탈 → 삼정(전정, 군정, 환곡)의 폐단 심화

2 농민 봉기의 전개
(1) 배경: 삼정의 문란 등 지배층의 수탈 심화
(2) 농민의 저항: 소극적 저항(소청, 벽서 등) → 적극적 저항(납세 거부, 시위 등)
(3) 농민 봉기의 전개
몰락 양반 출신인 홍경래는 평안도 지역의 상공업자, 농민, 임노동자 등을 규합하여 난을 일으켰다.

홍경래의 난 (1811)	• 배경: 평안도 지역 차별, 지배층(세도 정권)의 수탈 • 전개: 청천강 이북 지역 장악 → 관군에게 진압
임술 농민 봉기 (1862)	• 배경: 지방관의 수탈(삼정의 문란) • 전개: 단성 및 진주 농민 봉기 → 전국으로 확대 • 결과: 정부가 암행어사 파견, 삼정이정청 설치

3 흥선 대원군의 개혁 정치
(1) 통치 체제 재정비

세도 정치 타파	안동 김씨 등 세도 가문 약화
정치 기구 개편	비변사 축소·폐지, 의정부와 삼군부의 기능 부활
법전 편찬	『대전회통』, 『육전조례』 등 편찬
경복궁 중건	왕실의 위엄을 높이고자 실시 → 공사비 마련을 위해 원납전 징수, 고액 화폐인 당백전 발행, 토목 공사에 백성을 강제로 동원 등 → 양반과 백성의 불만 심화

임진왜란 때 불탔다.

(2) 민생 안정 정책
① 삼정의 문란 개선

전정	양전 사업 실시 → 토지 대장에서 누락된 토지에 세금 부과
군정	양반에게도 군포를 징수하는 호포제 실시
환곡	민간에서 자치적으로 운영하는 사창제 실시

② 서원 철폐: 붕당의 근거지이자 면세의 특권을 누리던 서원을 47개소만 남기고 철폐 → 백성의 생활 안정과 국가 재정 확충에 기여, 양반 유생의 반발 심화

핵심 주제를 파악할 수 있는 기출 문제를 수록하였습니다.

기본 기출 문제

핵심 개념 문제

● 빈칸에 들어갈 알맞은 말을 쓰시오.

145 임시 기구였던 (　　　　)은/는 왜란과 호란을 거치며 최고 기구로 위상이 높아졌다.

146 광해군 시기에 국정을 주도한 북인은 (　　　　) 을/를 계기로 몰락하였다.

147 정조는 신진 관리를 재교육하는 (　　　　)을/를 실시하여 개혁 세력을 육성하였다.

148 흥선 대원군은 경복궁 중건 비용을 마련하기 위하여 고액 화폐인 (　　　　)을/를 발행하였다.

● 다음 내용이 옳으면 ○표, 틀리면 ✕표를 하시오.

149 서인은 남인에 대한 대응 문제를 두고 노론과 소론으로 분화하였다. 　　　　(　　　)

150 영조는 탕평파를 중심으로 국정을 운영하며 산림의 존재를 인정하지 않았다. 　　　　(　　　)

151 정조가 죽고 어린 순조가 즉위하자 외척이 권력을 장악하는 탕평 정치가 전개되었다. 　　(　　　)

● 인물과 관련 정책을 바르게 연결하시오.

152 숙종　　　　•　　　•　㉠ 환국 주도
153 영조　　　　•　　　•㉡ 탕평비 건립
154 정조　　　　•　　　•㉢ 경복궁 중건
155 흥선 대원군•　　　•㉣ 수원 화성 건설

● 괄호 안에 들어갈 알맞은 말을 고르시오.

156 효종과 효종비가 사망하자 자의 대비의 상복 문제를 두고 (㉠ 예송, ㉡ 환국)이 발생하였다.

157 정조는 친위 부대인 (㉠ 장용영, ㉡ 규장각)을 설치하여 국왕의 군사권을 뒷받침하였다.

158 평안도 지역에 대한 차별과 세도 정권의 수탈에 저항하여 (㉠ 홍경래, ㉡ 곽재우)가 난을 일으켰다.

● 다음 정책으로 시정하려 한 폐단을 〈보기〉에서 고르시오.

┌─ 보기 ─────────────
│ ㄱ. 군정의 문란　ㄴ. 전정의 문란　ㄷ. 환곡의 문란
└────────────────

159 호포제 시행 (　　　　)
160 사창제 운영 (　　　　)
161 양전 사업 실시 (　　　　)

162

★ 핵심 주제 **비변사의 기능 강화**

(가) 기구에 대한 설명으로 옳은 것은?

┌─────────────────────────┐
│ 한국사 골든벨
│
│ 다음에서 설명하는 기구는 무엇일까요?
│ ① 군사 문제를 논의하던 임시 기구였어요.
│ ② 왜란과 호란을 거치며 최고 기구로 강화되었어요.
│ ③ 세도 가문이 독점하여 국정을 운영하였어요.
│ 　　　　　　정답은 　(가)　입니다.
└─────────────────────────┘

① 흥선 대원군에 의해 축소·폐지되었다.
② 정조가 국왕의 친위 부대로 설치하였다.
③ 임술 농민 봉기의 영향으로 설치되었다.
④ 재신과 추밀의 합의 기구로 운영되었다.
⑤ 유학자에 대한 제사와 후진 양성을 담당하였다.

163

★ 핵심 주제 **조선 후기 군사 제도 개편**

밑줄 친 '이 기구'에 대한 설명으로 옳은 것은?

┌─────────────────────────┐
│ 임진왜란 당시 일본군에 맞설 수 있는 새로운 군대의 필요
│ 성이 높아지는 가운데 정부는 급료를 받는 직업 군인으로
│ 구성된 <u>이 기구</u>를 설치하였다.
└─────────────────────────┘

① 서얼 출신 학자들이 등용되었다.
② 삼정의 문란을 개선하고자 하였다.
③ 5군영 가운데 마지막으로 설치되었다.
④ 포수, 사수, 살수의 삼수병으로 구성되었다.
⑤ 양반부터 노비까지 포함한 예비군으로 운영되었다.

164

★ 핵심 주제 **붕당 정치의 전개**

(가), (나) 시기 사이에 일어난 사실로 옳은 것은?

┌─────────────────────────┐
│ (가) 정여립 모반 사건과 정철의 왕세자 책봉 건의 사건을
│ 　　　계기로 동인은 남인과 북인으로 분화되었다.
│ (나) 서인은 남인에 대한 대응을 두고 강경파인 노론과 온
│ 　　　건파인 소론으로 갈라졌다.
└─────────────────────────┘

① 조광조가 현량과 실시를 주장하였다.
② 무오사화가 일어나 사림이 피해를 입었다.
③ 영조가 탕평파를 중심으로 국정을 운영하였다.
④ 자의 대비의 상복 문제를 두고 예송이 발생하였다.
⑤ 외척 가문이 권력을 장악한 세도 정치가 전개되었다.

165

밑줄 친 '왕'에 대한 설명으로 옳은 것은?

> 왕은 균역청을 설치하고 균역법을 실시하여 백성들의 군포 부담을 2필에서 1필로 낮추었다.

① 집현전을 폐지하였다.
② 탕평비를 건립하였다.
③ 『대전통편』을 편찬하였다.
④ 인조반정으로 몰락하였다.
⑤ 고액 화폐인 당백전을 발행하였다.

166

밑줄 친 '이 시기'의 상황으로 옳은 것만을 〈보기〉에서 고른 것은?

> 이 시기에는 안동 김씨, 풍양 조씨 등의 외척이 권력을 장악하였다. 이들은 순조, 헌종, 철종 대에 걸쳐 60여 년 동안 주요 관직을 독점하며 국정을 마음대로 운영하였고, 훈련도감을 비롯한 5군영의 지휘권을 장악하여 정권을 유지하였다.

| 보기 |
ㄱ. 홍경래의 난이 일어났다.
ㄴ. 삼정의 문란이 극심하였다.
ㄷ. 두 차례 예송이 발생하였다.
ㄹ. 비변사의 기능이 축소되었다.

① ㄱ, ㄴ　　② ㄱ, ㄷ　　③ ㄴ, ㄷ
④ ㄴ, ㄹ　　⑤ ㄷ, ㄹ

167

다음 상황이 발생한 시기를 연표에서 옳게 고른 것은?

> 임술년 2월 19일 진주 백성 수만 명이 머리에 흰 수건을 두르고 손에 몽둥이를 들고 무리를 지어 진주 읍내에 모여 서리와 하급 관리들의 집 수십 호를 태우니 행동거지가 가볍지 않았다. …… 이방 김준점과 포리 김희순에게 곤장을 수십 대 치고, 여러 백성이 두 아전을 불 속으로 던져 버렸다.

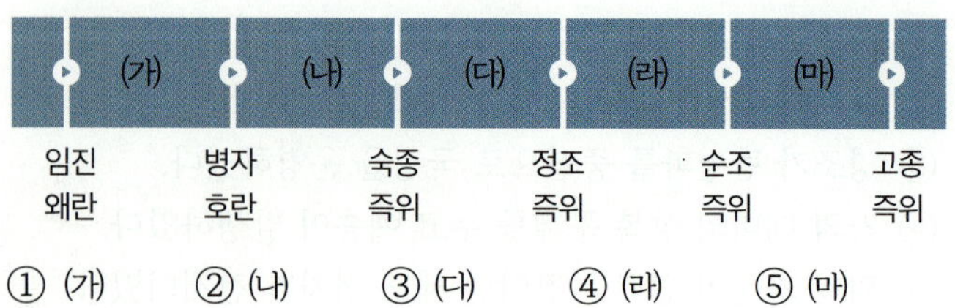

① (가)　② (나)　③ (다)　④ (라)　⑤ (마)

168

(가) 왕에 대한 설명으로 옳은 것은?

① 호포제를 실시하였다.
② 사창제를 실시하였다.
③ 훈련도감을 설치하였다.
④ 수원 화성을 건설하였다.
⑤ 『경국대전』을 편찬하였다.

169

(가) 인물에 대한 설명으로 옳은 것은?

> 한국사 산책
>
> 통치 체제 재정비를 주도한　(가)
>
> 고종의 친부로 권력을 장악한　(가)　이/가 추진한 여러 개혁 정책을 재조명한다.
>
> 특집 1. 안동 김씨를 비롯한 세도 가문을 약화시키다.
> 특집 2. 서원을 정리하여 국가 재정을 강화하다.
> 특집 3. 호포제를 실시하여 군정의 문란을 개선하다.

① 통공 정책을 실시하였다.
② 경복궁 중건을 추진하였다.
③ 『경국대전』 편찬을 시작하였다.
④ 환국을 통해 국정을 주도하였다.
⑤ 서얼 출신 학자를 규장각에 등용하였다.

실력 기출 문제

학교 시험에서 출제율이 높은 문제를 엄선하여 수록하였습니다.

1 통치 체제의 변화와 붕당 정치의 전개

170

(가), (나) 시기 사이에 있었던 사실로 옳은 것만을 〈보기〉에서 고른 것은?

> ㈎ 심의겸과 김효원의 대립이 더욱 심해져서 심의겸을 지지하는 무리는 서인이 되고 김효원을 지지하는 무리는 동인이 되었다. 이로써 조정 신하 가운데 주관이 뚜렷하여 독자적으로 행동하는 사람이 아니면 모두 동인이나 서인으로 나눠지게 되었다.
>
> ㈏ 임금께서 탕평책을 실시하여, "두루 화합하고 편당을 짓지 않는 것은 소인의 사사로운 뜻이다."라는 글을 써서 내리고 이를 새긴 탕평비를 향석교에 세우도록 하였다.

> | 보기 |
> ㄱ. 인조반정이 일어났다.
> ㄴ. 초계문신제가 실시되었다.
> ㄷ. 두 차례 예송이 발생하였다.
> ㄹ. 조광조가 현량과 실시를 주장하였다.

① ㄱ, ㄴ ② ㄱ, ㄷ ③ ㄴ, ㄷ
④ ㄴ, ㄹ ⑤ ㄷ, ㄹ

171

다음 자료를 활용한 탐구 활동으로 가장 적절한 것은?

① 탕평 정치의 한계를 분석한다.
② 세도 정치의 문제점을 파악한다.
③ 예송 논쟁의 전개 과정을 알아본다.
④ 인조반정이 일어난 계기를 조사한다.
⑤ 일당 전제화 현상이 미친 영향을 찾아본다.

172

(가) 군사 조직에 대한 설명으로 옳은 것은?

> **조선 후기 군사 제도 개편**
> • 중앙: 훈련도감, 어영청, 총융청, 수어청, 금위영 설치
> → 5군영 체제 마련
> • 지방: 일종의 예비군인 (가) 운영

① 정조의 개혁을 뒷받침하였다.
② 포수, 사수, 살수로 구성되었다.
③ 급료를 받는 직업 군인으로 구성되었다.
④ 임술 농민 봉기의 수습을 위해 설치되었다.
⑤ 양반부터 노비까지 모든 신분으로 편성되었다.

173 빈출

(가) 기구에 대한 설명으로 옳은 것은?

> 임시로 (가) 을/를 설치하였는데, …… 국가의 중요한 일을 다 맡긴 것은 아니었습니다. 그런데 오늘에 와서는 큰일이건 작은 일이건 중요한 것으로 취급되지 않는 것이 없습니다. 그 결과 의정부는 한갓 헛이름만 지니고 6조는 모두 그 직임을 상실하였습니다.

① 도평의사사로 개편되었다.
② 임진왜란 중에 설치되었다.
③ 환곡의 문란을 개선할 목적으로 운영되었다.
④ 국왕의 비서 기구로 왕명 출납을 담당하였다.
⑤ 왜란과 호란을 거치며 최고 기구로 발전하였다.

174

(가) 붕당에 대한 설명으로 옳은 것은?

> 인조반정으로 (가) 이/가 정권을 주도하는 가운데 남인이 정권에 함께 참여하였다. 이 시기에는 공론을 바탕으로 운영되어 서로의 학문적 견해를 존중하는 가운데 상대방을 견제하였다. 하지만 자의 대비의 상복 기간을 둘러싸고 (가) 와/과 남인의 대립이 격화되었다.

① 노론과 소론으로 분화하였다.
② 영조 때 국정 운영을 주도하였다.
③ 광해군의 중립 외교를 지지하였다.
④ 정조가 규장각 검서관으로 등용하였다.
⑤ 왕권을 중시하는 입장에서 예송에 참여하였다.

2 탕평 정치의 전개

175

(가) 왕에 대한 설명으로 옳은 것은?

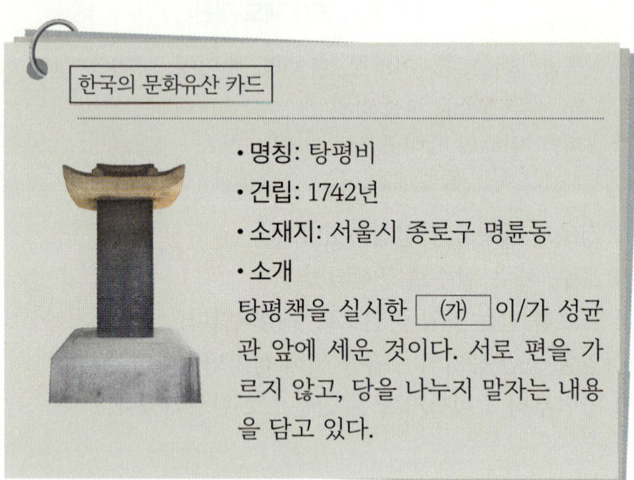

① 수원 화성을 건설하였다.
② 홍경래의 난을 진압하였다.
③ 이조 전랑의 권한을 약화시켰다.
④ 일종의 기부금인 원납전을 징수하였다.
⑤ 「조의제문」을 빌미로 무오사화를 일으켰다.

176

밑줄 친 '이 왕'에 대한 설명으로 옳은 것은?

자료는 이 왕의 명령으로 펴
낸 『무예도보통지』의 일부이
다. 이 책은 당시의 무예와
병기에 대해 종합적으로 알
수 있는 귀중한 자료이다. 편
찬에 참여한 이덕무와 박제
가는 규장각, 백동수는 장용영의 인재들로서, 두 기관은
이 왕이 설치하였다. 이를 통해 『무예도보통지』가 문관과
무관의 공동 작업으로 만든 책이라는 것을 알 수 있다.

① 탕평비를 세웠다.
② 수원 화성을 건설하였다.
③ 『경국대전』을 편찬하였다.
④ 환국을 통해 국정을 주도하였다.
⑤ 경복궁 중건을 위해 당백전을 발행하였다.

177

밑줄 친 '이 왕'에 대한 설명으로 옳은 것은?

붕당 정치가 전개되면서 이조 전랑 자리를 두고 붕당 간의
대립이 격화되었다. 이에 이 왕은 이조 전랑이 스스로 후
임자를 천거하고 3사의 관리를 선발할 수 있게 하던 관행
을 없애, 이조 전랑의 권한을 약화시켰다.

① 탕평파를 육성하였다.
② 『대전통편』을 편찬하였다.
③ 삼정이정청을 설치하였다.
④ 환국을 통해 국정 운영을 주도하였다.
⑤ 환곡의 문란을 시정하고자 사창제를 실시하였다.

178 ⭐ 빈출

(가)에 들어갈 내용으로 옳은 것은?

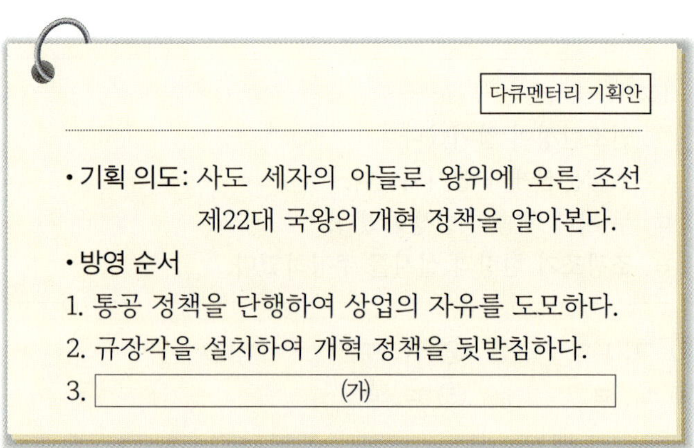

① 공론의 주재자인 산림의 존재를 부정하다.
② 경복궁을 중건하여 왕실의 위엄을 세우다.
③ 초계문신제를 실시하여 개혁 세력을 육성하다.
④ 훈련도감을 설치하여 군사 제도를 재정비하다.
⑤ 삼정의 문란을 시정하고자 삼정이정청을 설치하다.

179

(가)~(마) 시기에 일어난 사실로 옳은 것은?

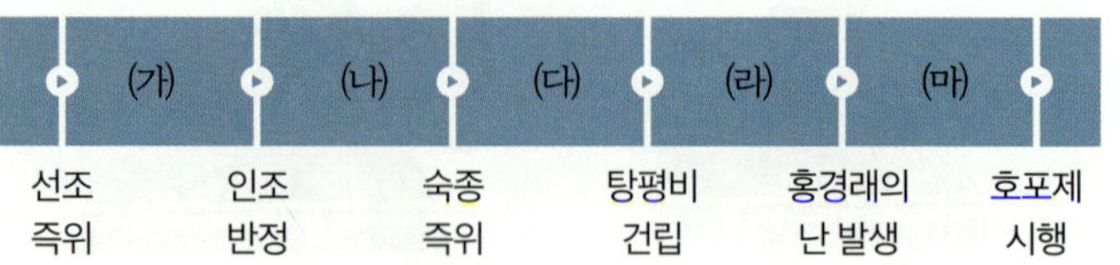

① (가) - 두 차례 예송이 일어났다.
② (나) - 임진왜란이 일어났다.
③ (다) - 임술 농민 봉기가 일어났다.
④ (라) - 장용영이 설치되었다.
⑤ (마) - 국왕이 환국을 주도하였다.

180

다음 상황이 나타난 시기에 있었던 사실로 옳은 것은?

> 지금 나이 어린 임금이 있어서 권세 있는 간신배가 날로 성장하여 왕의 외척인 김조순, 박종경 무리가 나라의 권력을 독점하고 제 마음대로 이용하였다. 어진 하늘이 재앙을 내려 겨울 번개와 지진이 일어나고 바람과 우박이 없는 해가 없었다.

① 환국이 발생하여 일당 전제화 현상이 나타났다.
② 세도 가문이 비변사의 주요 관직을 장악하였다.
③ 포수, 사수, 살수로 구성된 훈련도감이 창설되었다.
④ 서인이 국정을 주도하는 가운데 남인이 참여하였다.
⑤ 환곡의 문란을 시정하기 위하여 사창제가 실시되었다.

181 빈출

다음 사건에 대한 설명으로 옳은 것은?

> 홍경래는 괴수요, 우군칙은 참모였으며, 이희저는 소굴의 주인이요, 김창시는 선봉이었다. 또한 의주로부터 개성에 이르는 지역의 많은 부호와 대상인들이 모두 참여하였다.

① 진행 과정에서 당백전이 발행되었다.
② 삼정이정청이 설치되는 계기가 되었다.
③ 김부식이 이끄는 관군에 의해 진압되었다.
④ 평안도 지역에 대한 차별에 저항하여 일어났다.
⑤ 특정 붕당이 정권을 독점하는 결과를 가져왔다.

182

밑줄 친 '민란'에 대한 설명으로 옳은 것만을 <보기>에서 고른 것은?

> 진주 안핵사 박규수가 아뢰기를, "이번에 진주에서 민란이 일어난 것은 전적으로 백낙신이 재물을 탐하여 백성들을 지나치게 수탈했기 때문입니다. ……"라고 하였다.

| 보기 |

ㄱ. 평안도 차별이 원인이 되었다.
ㄴ. 세도 정치 시기에 발생하였다.
ㄷ. 북인이 몰락하는 계기가 되었다.
ㄹ. 삼정의 문란이 원인이 되어 일어났다.

① ㄱ, ㄴ   ② ㄱ, ㄷ   ③ ㄴ, ㄷ
④ ㄴ, ㄹ   ⑤ ㄷ, ㄹ

183

(가) 인물이 집권한 시기에 있었던 사실로 옳은 것은?

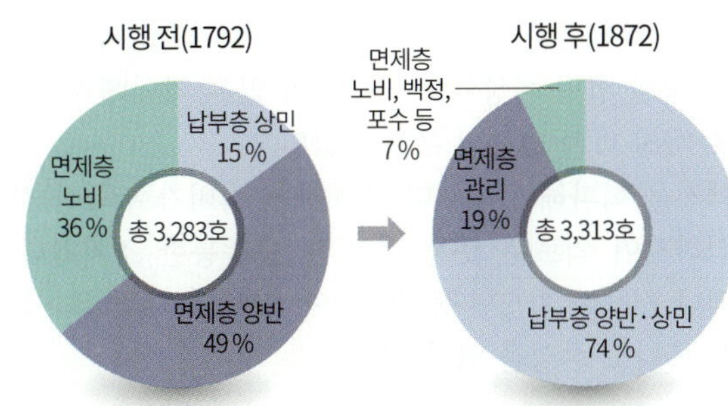

① 인조반정이 일어났다.
② 『대전회통』이 편찬되었다.
③ 초계문신제가 실시되었다.
④ 두 차례 예송이 발생하였다.
⑤ 홍경래가 청천강 일대를 장악하였다.

184

(가) 제도에 대한 설명으로 옳은 것은?

< (가) 시행에 따른 납부층의 변화 >

시행 전(1792)
납부층 상민 15%
면제층 노비 36%
면제층 양반 49%
총 3,283호

시행 후(1872)
면제층 노비, 백정, 포수 등 7%
면제층 관리 19%
납부층 양반·상민 74%
총 3,313호

① 군정의 문란을 개선하고자 시행되었다.
② 조광조 등 사림 세력이 시행을 주장하였다.
③ 환곡을 민간에서 자치적으로 운영하도록 하였다.
④ 토지 대장에서 누락된 토지에 세금을 부과하였다.
⑤ 신진 사대부의 경제적 기반을 마련하고자 하였다.

 기출 문제

185

(가) 인물에 대한 설명으로 옳은 것은?

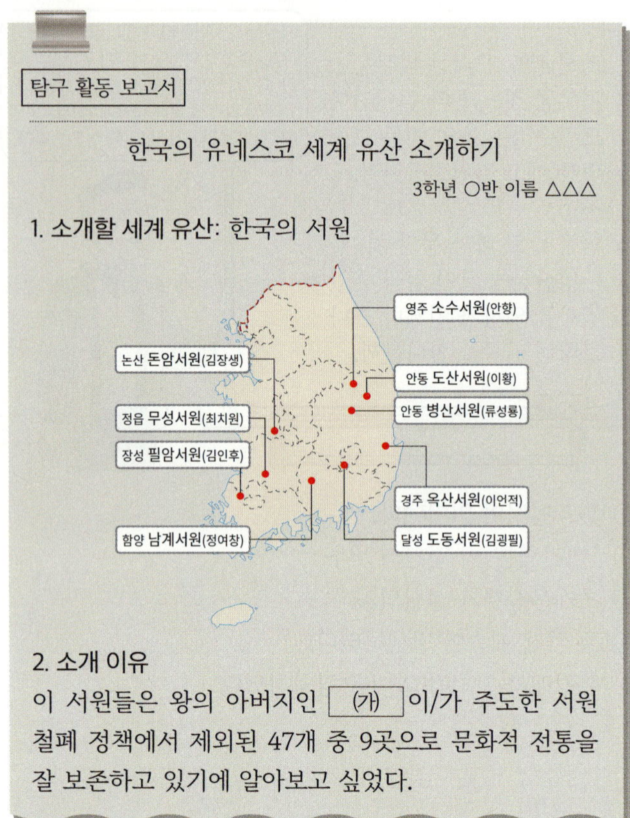

① 호포제를 실시하였다.
② 탕평비를 건립하였다.
③ 사병 혁파를 주도하였다.
④ 『경국대전』을 편찬하였다.
⑤ 친위 부대로 장용영을 설치하였다.

186

다음 자료를 활용한 탐구 활동으로 가장 적절한 것은?

- 이른바 원납전은 힘닿는 대로 공역을 도와야 하는데 …… 숙천 향인 차중호는 가난하지 않은 자인데 아직 한 푼도 바친 바가 없으니 무슨 까닭인가?
- 당백전을 혁파해야 합니다. 전하께서 경비가 부족한 것을 근심하시어 의로운 뜻을 펼친 것은 훌륭한 조치입니다. 그러나 시행한 지 2년 동안에 …… 피해가 되풀이되어 물건이 축나고 손상을 입었습니다.

① 『무예도보통지』의 내용을 분석한다.
② 예송 논쟁의 전개 과정을 조사한다.
③ 삼정이정청이 설치된 계기를 찾아본다.
④ 홍경래의 난이 일어난 원인을 파악한다.
⑤ 경복궁 중건에 반발한 이유를 알아본다.

1등급을 향한 서답형 문제

| 187~188 |

다음 자료를 읽고 물음에 답하시오.

〈사료로 보는 한국사〉

두루 사귀며 편을 가르지 않는 것은 군자의 공정한 마음이요, 편을 가르고 두루 사귀지 않는 것은 곧 소인의 마음이다.

〈해설〉 사료는 (가) 이/가 세운 탕평비에 적힌 내용이다. (가) 은/는 탕평책을 추진하여 붕당의 대립을 해소하고자 하였다. 또한 균역법을 시행하고, 신문고를 부활시키는 등 민생 안정을 위한 정책을 펼쳤다.

187

(가)에 들어갈 왕을 쓰시오.

188

밑줄 친 '탕평책'의 내용을 <u>세 가지</u> 서술하시오.

| 189~190 |

다음 자료를 읽고 물음에 답하시오.

- 세도 정치 시기에 뇌물을 바치고 관직을 산 관리들은 백성을 수탈하여 이를 보상받으려 하였고, 이로 인해 농민에 대한 수탈이 극심해지면서 ㉠삼정이 크게 문란해졌다.
- 그가 영을 내려 나라 안의 서원을 죄다 허물고 서원 유생들을 쫓아내도록 하였다. …… 그가 크게 노하여 "진실로 백성에게 해되는 것이 있으면 비록 공자가 다시 살아난다 하더라도 나는 용서하지 않겠다."라고 말하였다.

189

밑줄 친 '그'를 쓰시오.

190

위 인물이 밑줄 친 ㉠상황을 해결하기 위해 실시한 정책을 서술하시오.

내신 1등급을 결정하는 고난도 문제를 수록하였습니다.

191

(가), (나) 주장을 한 세력에 대한 설명으로 옳은 것은?

> (가) 첫째 아들이 죽어 그 아비가 그를 위하여 3년복을 입었습니다. 그런데 둘째가 죽으면 그 아비가 또 3년을 입고, 아들들이 차례로 죽는다면 그 아비가 다 3년을 입어야 하는데, 아마 예의 뜻이 결코 그렇지는 않을 것입니다. 주소(註疏)에 이미 둘째 적자 이하는 통틀어 서자라고 한다는 뜻을 분명히 밝혀 놓았고 …….
>
> (나) 모두 예경에 의거하여 쟁론을 하면서 이렇게 해야 예라고들 하고 있지만 …… 신이 말한 것은 '적통은 장자로 세운다' 하는 그 뜻입니다. 그리고 장자를 위하여 3년을 입는 까닭은 위로 쳐서 정체(正體)이기 때문이고 또 제사를 받드는 사람이 되기 때문입니다.

① (가) - 인조반정을 주도하였다.
② (가) - 남인과 북인으로 나뉘었다.
③ (나) - 노론과 소론으로 분화하였다.
④ (나) - 광해군 때 국정의 주도권을 잡았다.
⑤ (가), (나) - 이황과 조식의 학풍을 계승하였다.

192

(가), (나) 인물에 대한 설명으로 옳은 것만을 〈보기〉에서 고른 것은?

> • ▢(가)▢ 이/가 말하였다. "…… 호포나 결포나 모두 문제점이 있다. 이제는 1필로 줄이는 것으로 온전히 돌아갈 것이다. 경들은 군포를 1필을 줄였을 때 생기는 세입 감소분을 보충할 방법을 강구하라."
> • 양반 가문, 충신 가문, 효자 및 열녀 가문, 과거 급제자, 현직 관리는 전부 군포가 면제되었다. …… ▢(나)▢ 이/가 군포를 혁파하고 호포를 징수하여, 귀천 없이 국세를 고르게 부담하니 쌓인 폐단이 한꺼번에 정리되었다.

| 보기 |

ㄱ. (가) - 환국을 통해 국정을 주도하였다.
ㄴ. (가) - 이조 전랑의 권한을 약화시켰다.
ㄷ. (나) - 『대전통편』을 편찬하였다.
ㄹ. (나) - 백성을 수탈하는 서원을 47개만 남기고 철폐하였다.

① ㄱ, ㄴ ② ㄱ, ㄷ ③ ㄴ, ㄷ
④ ㄴ, ㄹ ⑤ ㄷ, ㄹ

193

밑줄 친 '왕'의 재위 시기에 볼 수 있는 모습으로 가장 적절한 것은?

> 좌의정 채제공이 아뢰었다. "도성의 백성에게 가장 큰 고통을 주는 것이 도고입니다. 우리나라 난전의 법은 육의전에게 나라에 필요한 물건을 공급하게 하는 대신 이익을 독점하게 하였습니다. …… 평시서에게 이삼십 년 사이에 새로 생긴 영세한 가게 이름을 조사해 모조리 없애도록 하고 형조와 한성부에 명을 내려 육의전 이외의 시전 상인에게 난전이라 하여 잡혀 오는 사람들에게는 벌을 내리지 말도록 하십시오. 그러면 장사하는 사람들은 서로 매매하는 이익이 있을 것이고 백성도 곤궁할 걱정이 없을 것입니다." 왕이 여러 신하에게 물으니 모두 옳다고 하여 이를 따라 시행하였다.

① 홍경래의 난에 가담하는 노동자
② 수원 화성 공사에 동원되는 백성
③ 당백전으로 물건을 구입하는 상인
④ 성균관 앞에 탕평비를 세우는 관리
⑤ 『대전회통』이 완성되었음을 알리는 대신

194

다음 문서를 활용한 탐구 활동으로 가장 적절한 것은?

> 삼정의 폐단을 바로잡는 계책을 이미 조정에 있는 신하들에게 하문하였다. 시임인 수재와 초야에 있는 인사들에게도 반드시 평소 가슴 속에 품고 있던 계책이 있을 것이니, 이정청에서 이 문서를 옮겨 적어서 전국에 내려 보내게 하라. 그리하여 각기 그 고을에서 마땅히 개혁해야 하는 것은 강구하여 모두 글로 저술하여 고을에서 의견을 모은 다음 도신으로 하여금 모두 모아서 올려보내게 하라.

① 임술 농민 봉기의 결과를 알아본다.
② 수원 화성의 건설 과정을 살펴본다.
③ 경복궁 중건이 추진된 이유를 찾아본다.
④ 세도 정치가 등장하게 된 계기를 파악한다.
⑤ 평안도 지역에 대한 차별로 일어난 사건을 조사한다.

단원 마무리 문제

01 고대 국가의 성장

195

밑줄 친 '이 시대'의 사회 모습으로 가장 적절한 것은?

① 비파형 동검을 사용하였다.
② 농경과 목축이 시작되었다.
③ 신성 지역인 소도가 있었다.
④ 9주 5소경 체제가 마련되었다.
⑤ 주로 동굴과 막집에서 생활하였다.

196

(가)에 들어갈 내용으로 옳은 것은?

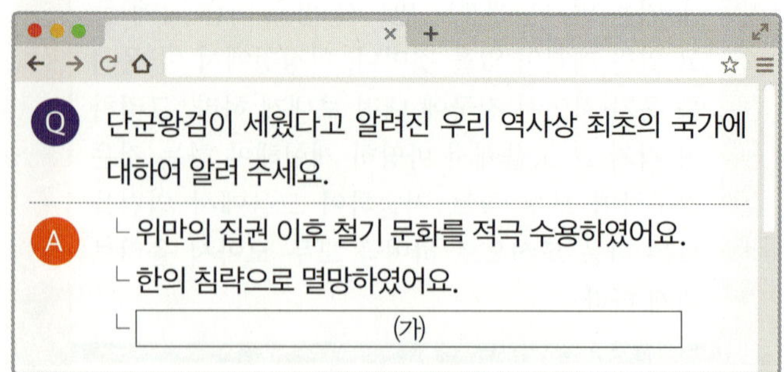

① 22담로에 왕족을 파견하였어요.
② 8조법으로 사회 질서를 유지하였어요.
③ 여러 가(加)들이 사출도를 다스렸어요.
④ 풍부한 철을 바탕으로 해상 교역을 주도하였어요.
⑤ 제가 회의를 통해 국가의 중대사를 결정하였어요.

197

(가), (나)와 같은 형세가 나타난 시기의 상황으로 옳은 것은?

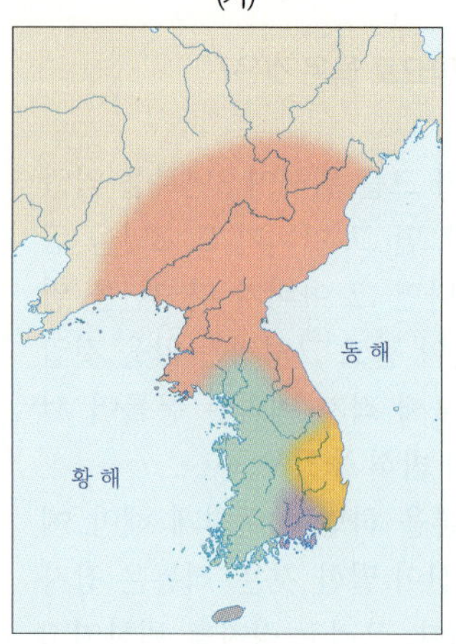

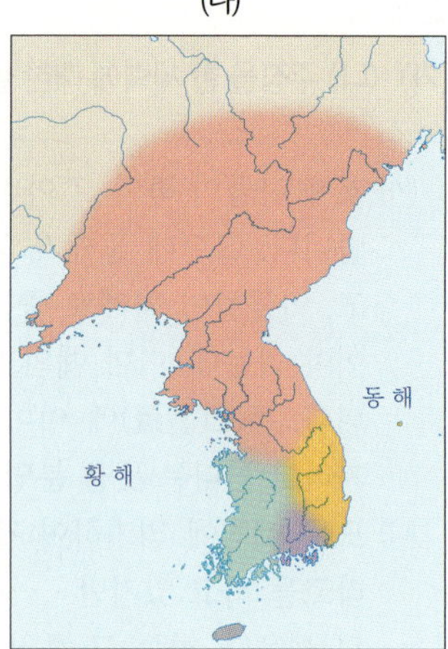

① (가) - 신라가 금관가야를 흡수하였다.
② (가) - 고구려가 수의 공격을 격퇴하였다.
③ (나) - 근초고왕이 마한을 정복하였다.
④ (나) - 장수왕이 남진 정책을 추진하였다.
⑤ (가), (나) - 신라와 백제가 동맹을 체결하였다.

198

밑줄 친 '이 왕'에 대한 설명으로 옳은 것은?

> 법흥왕의 뒤를 이은 이 왕은 새롭게 점령한 남성에 행차하였는데, 이후 신하들을 대동하고 새로 개척한 영토를 직접 돌아보는 것이 관행처럼 되었다. 이 왕은 북한산과 창녕, 황초령과 마운령까지 영토를 확장한 뒤에도 점령지를 직접 순행하고 각 지역에 순수비를 건립하였다. 4개의 순수비는 신라의 영토가 한강 유역과 함경도 지역까지 이르렀다는 것을 보여 주고 있다.

① 우산국을 정복하였다.
② 금관가야를 흡수하였다.
③ 김흠돌의 난을 진압하였다.
④ 김씨의 왕위 세습을 확립하였다.
⑤ 화랑도를 국가적 조직으로 정비하였다.

I

199

다음 중앙 정치 조직을 운영한 국가에 대한 설명으로 옳은 것만을 〈보기〉에서 고른 것은?

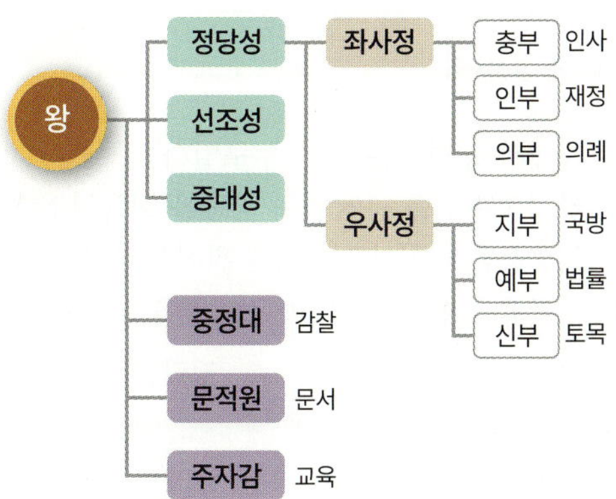

| 보기 |

ㄱ. 9주 5소경 체제를 운영하였다.
ㄴ. 주변국으로부터 해동성국이라 불렸다.
ㄷ. 9서당 10정의 군사 조직을 설치하였다.
ㄹ. 고구려 유민 출신의 대조영이 건국하였다.

① ㄱ, ㄴ   ② ㄱ, ㄷ   ③ ㄴ, ㄷ
④ ㄴ, ㄹ   ⑤ ㄷ, ㄹ

| 200~201 |

다음 자료를 읽고 물음에 답하시오.

신라 말 정치 혼란으로 중앙 정부의 지방 통제력이 크게 약해지는 상황에서도 귀족은 농장과 노비, 사병을 늘려 사치와 향락을 일삼으며 농민을 수탈하였다. 이러한 가운데 지방에서는 스스로를 성주, 장군이라 칭하는 (가) 이/가 성장하였다.

200 단답형

(가)에 들어갈 세력의 명칭을 쓰시오.

201 서술형

위 자료의 시기에 나타난 사회 혼란 상황을 서술하시오.

02 고려의 통치 체제와 정치 변동

202

밑줄 친 '왕'에 대한 설명으로 옳은 것은?

제○○호   역사 신문   ○○○년 ○○월 ○○일

후삼국 시대가 막을 내리다

지난 달 펼쳐진 일리천 전투에서 고려군이 후백제군을 격파하고, 후백제 왕 신검의 항복을 받았다. 이로써 지난해 신라의 항복을 받은 고려가 후백제마저 정복하면서 후삼국 시대가 막을 내리게 되었다. 고려의 왕이 후삼국 통일을 달성할 수 있었던 것은 지방 호족들을 포섭하기 위한 여러 정책이 효과를 거둔 것으로 보인다.

① 훈요 10조를 남겼다.
② 홍문관을 설치하였다.
③ 노비안검법을 실시하였다.
④ 정동행성 이문소를 폐지하였다.
⑤ 관료전을 지급하고 녹읍을 폐지하였다.

203

(가) 왕에 대한 설명으로 옳은 것은?

우리 조정에서 양인과 천인을 구분하는 법은 그 유래가 오래되었습니다. 태조께서는 일찍이 포로들을 해방하여 양인으로 삼고자 하였지만 공신들이 동요할까 염려하여 그들의 뜻대로 둘 것을 허락하였습니다. 그래서 60여 년이 지나도록 노비와 관련하여 소송을 하는 자가 없었습니다. (가) 때에 이르러 공신들의 노비를 조사하여 불법으로 소유한 노비를 가려내라고 명령하시자, 공신들은 탄식하고 원망하였습니다. 왕후께서 그만둘 것을 요청하였지만 임금께서는 받아들이지 않았습니다. 이 때문에 천민과 노비들이 귀한 사람들을 업신여겼으며, 허위 사실로 주인을 모함한 것을 이루 다 기록할 수 없었습니다.

① 과거제를 도입하였다.
② 교정도감을 설치하였다.
③ 쌍성총관부를 공격하였다.
④ 위화도 회군을 단행하였다.
⑤ 최승로의 시무 28조를 수용하였다.

204

밑줄 친 '이 시대'에 대한 설명으로 옳은 것만을 〈보기〉에서 고른 것은?

위 자료는 장양수 홍패*이다. 장양수 홍패는 과거제가 처음 실시된 이 시대에 발급된 것으로 우리나라에 현존하는 가장 오래된 과거 급제 증서이다. 이 시대에는 주로 과거와 음서로 관직에 진출하였는데, 공신이나 5품 이상 고위 관리의 자손이 무시험으로 관직에 진출하는 음서 진출자보다 과거 합격자가 더 높은 권위와 명예를 지녔다.

*홍패 과거 급제자에게 주는 일종의 합격 증서로, 붉은색을 띤 용지로 만들었다.

| 보기 |

ㄱ. 최고 교육 기관으로 주자감을 운영하였다.
ㄴ. 수도에 태학을 설립하여 인재를 양성하였다.
ㄷ. 지방에 향교를 세워 유학 교육을 실시하였다.
ㄹ. 과거 제도 중에는 승려를 대상으로 한 승과가 있었다.

① ㄱ, ㄴ   ② ㄱ, ㄷ   ③ ㄴ, ㄷ
④ ㄴ, ㄹ   ⑤ ㄷ, ㄹ

205

(가)에 들어갈 사실로 옳은 것은?

> 몽골이 침략하자 고려 정부는 수도를 강화도로 옮기고 대몽 항쟁을 전개하였다.

↓

> (가)

↓

> 원 황실의 외척으로 횡포를 부리던 기철이 제거되고, 내정 간섭을 일삼던 정동행성 이문소가 폐지되었다.

① 집사부가 설치되었다.
② 권문세족이 성장하였다.
③ 위화도 회군이 일어났다.
④ 망이·망소이의 난이 발생하였다.
⑤ 정중부 등이 정변을 통해 권력을 장악하였다.

206

(가) 왕에 대한 설명으로 옳은 것은?

① 정방을 폐지하였다.
② 노비안검법을 실시하였다.
③ 이자겸의 난을 진압하였다.
④ 12목에 지방관을 파견하였다.
⑤ 중방을 중심으로 국정을 운영하였다.

| 207~208 |

다음 자료를 읽고 물음에 답하시오.

> 대표적인 문벌 가문인 경원 이씨 집안은 왕실과 중첩적 혼인 관계를 통해 권력을 장악하였다. 특히 (가) 은/는 예종과 인종에게 딸들을 시집보내며 왕을 능가하는 권력을 휘둘렀고, 스스로 왕이 되고자 난을 일으켰지만 인종에게 포섭된 척준경에 의해 제거되었다. (가) 의 난을 계기로 왕의 권위가 크게 떨어지고 문벌 사회의 모순이 심화되는 가운데 인종은 ㉠승려 묘청과 정지상 등의 서경 세력을 등용하여 개혁 정치를 추진하였다.

207 단답형

(가)에 들어갈 인물을 쓰시오.

208 서술형

밑줄 친 ㉠ 세력의 주장을 서술하시오.

03 조선의 성립과 발전

209

(가) 인물에 대한 설명으로 옳은 것은?

> ☐가☐ 이/가 여러 장수에게 말하기를 "만약 명의 국경을 침범한다면 천자께 죄를 얻을 것이니, 종묘사직과 백성에게 화가 닥칠 것이다. 상소를 올려 군사를 돌리기를 청하였으나 왕은 살펴보지 않고 최영은 노쇠하여 듣지 않는다. 우리가 함께 왕을 뵙고 화와 복을 아뢰고 왕 곁에 있는 악한 자를 제거하여 남은 생을 편안하게 하지 않겠는가."라고 하였다. 여러 장수가 모두 말하기를 "우리 동방 사직의 안위가 공의 한 몸에 달려 있습니다. 어찌 명을 따르지 않겠습니까."라고 하였다. 이에 ☐가☐ 은/는 군사를 돌려 압록강을 건너 개경으로 향하였다.

① 『경국대전』을 편찬하였다.
② 의정부 서사제를 실시하였다.
③ 집현전과 경연을 폐지하였다.
④ 공신들의 사병을 혁파하였다.
⑤ 정도전을 중심으로 문물을 정비하였다.

210

밑줄 친 '이 국가'의 정책으로 옳은 것만을 〈보기〉에서 고른 것은?

| 보기 |
ㄱ. 5도 양계로 지방 조직을 운영하였다.
ㄴ. 지방의 요충지에 5소경을 설치하였다.
ㄷ. 유향소가 설치되어 향리를 감시하였다.
ㄹ. 특수 행정 구역인 향·부곡·소를 폐지하였다.

① ㄱ, ㄴ　　② ㄱ, ㄷ　　③ ㄴ, ㄷ
④ ㄴ, ㄹ　　⑤ ㄷ, ㄹ

211

다음 상황이 발생한 시기를 연표에서 옳게 고른 것은?

> 왕이 말하기를 "조광조 등의 마음은 나라의 일을 그르치고자 하지 않은 것일지라도 조정에서 이와 같이 죄주기를 청하였으니 죄를 주지 않을 수 없다. 조광조와 김정은 사약을 내리고, 김식과 김구는 장 1백 대에 처하여 절도에 안치하고, 윤자임과 기준 등은 장을 치고 외방에 부처하도록 하라."라고 하였다. 그러자 기사관 채세영과 이공인이 "조광조 등에게 어찌 다른 뜻이 있었겠습니까? 나라의 일을 위하고자 하였을 뿐입니다. 대신에게 다시 물어서 판결하시는 것이 어떠합니까?"라고 아뢰었다.

(가)	(나)	(다)	(라)	(마)
조선 건국	중종 반정	임진 왜란	탕평비 건립	홍경래의 난	고종 즉위

① (가)　② (나)　③ (다)　④ (라)　⑤ (마)

212

밑줄 친 '이 전쟁' 중에 있었던 사실로 옳은 것은?

① 훈련도감이 설치되었다.
② 『대전회통』이 편찬되었다.
③ 후금이 국호를 청으로 고쳤다.
④ 인조가 남한산성에서 항전하였다.
⑤ 사림이 동인과 서인으로 분화하였다.

213

조선의 외교 정책이 (가)에서 (나)로 변화된 이유로 옳은 것은?

> (가) 조선은 원병을 보내 명의 장수 양호가 후금의 군대와 벌이는 싸움을 도왔으나 전세가 후금으로 기울어지는 모습을 보이자 후금의 군대에 항복하였다. 조선의 임금이 상황이 급박하였음을 후금의 왕에게 보고하므로 후금은 더욱 두터운 은혜로 구휼하는 칙서를 내렸다.
>
> (나) 명의 장수 모문룡이 조선 영토에 머물면서 문제를 일으키므로, 후금은 조선에 모문룡을 잡아 보내기를 요청하였는데 거절하였고 오히려 모문룡에게 토지를 제공하고 논밭을 갈고 씨를 뿌리게 하였을 뿐만 아니라, 돈과 식량까지 주었다.

① 임술 농민 봉기가 발생하였다.
② 인조반정으로 서인이 집권하였다.
③ 조헌과 곽재우 등이 의병을 일으켰다.
④ 우왕과 최영이 요동 정벌을 추진하였다.
⑤ 국왕의 친위 부대인 장용영이 설치되었다.

| 214~215 |

다음 자료를 읽고 물음에 답하시오.

> 네 차례의 사화로 (가) 은/는 큰 피해를 입었지만, 지방 곳곳에 서원을 세워 학문적으로 결속을 강화하였다. 또한 향촌의 자치 규약인 향약을 운영하고 향촌 지배를 강화하며 세력을 확장하였다. 이를 바탕으로 (가) 은/는 선조 때 중앙 정치의 주도권을 잡았지만, 출신 지역과 학문적 성향 등을 두고 <u>분화</u>하며 붕당이 출현하였다.

214 〔단답형〕

(가) 세력의 명칭을 쓰시오.

215 〔서술형〕

밑줄 친 '분화'의 원인과 내용을 서술하시오.

 **04 조선 후기의 변화**

216

밑줄 친 '이 기구'에 대한 설명으로 옳은 것은?

> 사진은 <u>이 기구</u>에서 처리한 사건을 일기 형식으로 작성한 기록물이다. <u>이 기구</u>는 국방을 논의하는 임시 기구였지만, 국가 정책 전반을 논의하는 기구로 성격이 변화하였다. 세도 정치 시기에는 세도 가문이 장악하여 <u>이 기구</u>의 주요 관직을 독점하는 등 여러 문제점이 드러났고, 결국 흥선 대원군의 개혁 과정에서 기능이 축소·폐지되었다.

① 사헌부, 사간원과 함께 3사로 불렸다.
② 임술 농민 봉기를 계기로 설치되었다.
③ 임진왜란을 거치며 기능이 확대되었다.
④ 포수, 사수, 살수의 삼수병으로 구성되었다.
⑤ 정조가 서얼 출신 학자들을 등용한 기구이다.

217

(가), (나) 세력에 대한 설명으로 옳은 것은?

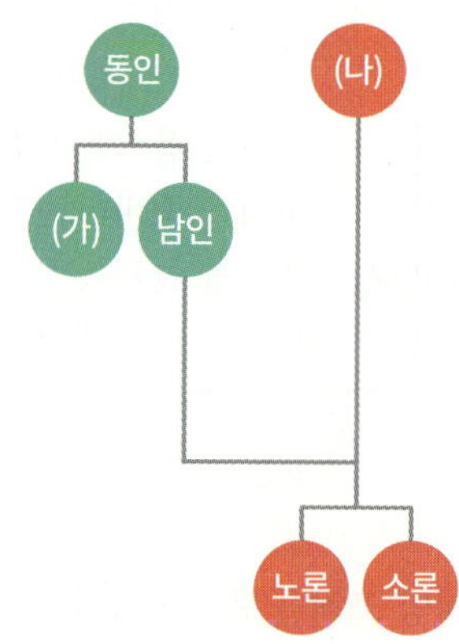

① (가) - 광해군 때 국정을 주도하였다.
② (가) - 환국으로 번갈아 정치적 타격을 입었다.
③ (나) - 세조의 즉위에 공을 세웠다.
④ (나) - 이황과 조식의 학풍을 계승하였다.
⑤ (가), (나) - 두 차례 예송을 통해 대립하였다.

218

밑줄 친 ⊙, ⓒ에 대한 설명으로 옳은 것만을 <보기>에서 고른 것은?

> ⊙임금이 말하기를 "ⓒ선대 왕의 사업과 실적은 곧 균역 법과 탕평의 시행이다. 탕평은 50년 동안의 큰 정치인데, 말을 만들어 갈 적에 단지 탕평 두 글자만 쓴다면 혼동될 염려가 있다. 충신과 반역자를 구분하는데 이쪽이 옳고 저쪽이 그른 것에 대한 구별을 분명하게 말하지 않을 수 없다. …… 탕평은 의리에 방해받지 않고 의리는 탕평에 방해받지 않은 다음에야 탕평의 큰 의리라 할 수 있다. 나의 탕평책은 곧 의리의 탕평을 뜻한다. 혼돈의 탕평이 아니다."라고 하였다.

| 보기 |

ㄱ. ⊙ - 홍문관을 설치하였다.
ㄴ. ⊙ - 수원 화성을 건설하였다.
ㄷ. ⓒ - 『대전통편』을 편찬하였다.
ㄹ. ⓒ - 이조 전랑의 권한을 약화시켰다.

① ㄱ, ㄴ ② ㄱ, ㄷ ③ ㄴ, ㄷ
④ ㄴ, ㄹ ⑤ ㄷ, ㄹ

219

밑줄 친 '반란'에 대한 설명으로 옳은 것은?

> 전하, 아뢰옵기 송구하오나 몰락 양반 출신의 불손한 역적이 불러 모은 가난한 농민과 임노동자, 상공업자 등이 반란을 일으킨 지 수일이 지났으며, 이들이 청천강 북쪽의 가산과 박천, 정주 등을 장악한 지 오래입니다. 그럼에도 요직을 장악한 김조순과 안동 김씨 가문은 사태의 심각성을 모르는 것 같습니다. 전하께서는 속히 군사를 내어 반란의 무리들을 토벌하시고, 조정의 기강을 바로잡기를 목 놓아 외치오니, 통촉하여 주시옵소서.

① 원납전이 징수되는 배경이 되었다.
② 삼정이정청이 설치되는 원인이 되었다.
③ 평안도 지역에 대한 차별에 반발하였다.
④ 김부식이 이끄는 관군에 의해 진압되었다.
⑤ 신흥 무인 세력이 성장하는 계기가 되었다.

220

다음 상황이 발생한 원인으로 가장 적절한 것은?

> • 지방 고을에 이 정책을 실시한 것은 대개 균일하게 하고자 한 것이었습니다. 그런데 백성들은 스스로 양반과 동등하다고 말하면서 사족을 업신여기고, 양반은 스스로 특별하다고 생각하여 납부를 거절하고 있으니, 분수를 어기고 명령을 어기는 것이 어찌 이와 같을 수 있겠습니까?
>
> • 벼슬아치나 선비, 하인, 천인이 똑같이 취급되고 상하의 구별이 없어졌으니 한탄스럽습니다. 어린아이나 죽은 사람만 불쌍히 여겨 귀하고 천한 것에 관계없이 고르게 분배하려는 뜻에서 나온 것이라고 합니다. 그렇지만 명분이 한번 무너지면 이 나라는 앞으로 어떻게 다스리겠습니까?

① 일종의 예비군인 속오군 체제가 마련되었다.
② 통공 정책으로 시전 상인의 특권이 폐지되었다.
③ 사창제가 실시되어 민간에서 환곡을 운영하였다.
④ 서얼 출신 학자가 규장각 검서관으로 등용되었다.
⑤ 가호를 기준으로 군포를 납부하는 호포제가 실시되었다.

| 221~222 |

다음 자료를 읽고 물음에 답하시오.

> 경복궁은 조선 왕조 제일의 법궁으로 '새 왕조가 큰 복을 누려 번영할 것'이라는 의미를 담고 있다. (가) 당시에 경복궁을 비롯한 한양의 모든 궁궐이 불에 타자, 선조는 창덕궁의 중건을 추진하였고, 이후 조선의 국왕들은 주로 창덕궁에 거처하였다. 고종의 친부로 권력을 잡은 흥선 대원군은 왕실의 위엄을 높이기 위해 불타버린 경복궁을 다시 지었고, 이를 위한 ⊙다양한 정책을 시행하였지만, 이로 인해 양반과 백성이 불만을 품게 되었다.

221 단답형

(가)에 들어갈 전쟁의 이름을 쓰시오.

222 서술형

밑줄 친 ⊙에 해당하는 구체적 내용을 서술하시오.

05 국제 관계와 대외 교류

1 고대의 국제 관계와 대외 교류

1 초기 국가들의 대외 관계

(1) **고조선**: 춘추 전국 시대 제, 연 등과 교류, 위만 집권 이후 한과 외교 관계 → 한 무제의 침략으로 멸망

(2) **부여**: 후한, 위 등과 교류하며 성장

2 삼국과 가야의 대외 관계

(1) **중국과의 교류** — 중국은 4~6세기 5호 16국 시대와 남북조 시대의 분열기였다.

고구려	5호가 세운 여러 나라와 조공·책봉 관계 수립 → 남북조와 모두 조공·책봉 관계 수립 → 수·당의 침입 격퇴
백제	남조의 여러 왕조와 외교 관계 → 고구려에 맞서 북조의 북위에 사신 파견
신라	고구려, 백제의 도움으로 중국에 사신 파견 → 한강 유역을 차지한 이후 직접 중국과 외교 관계 수립

(2) **일본과의 교류**: 야마토 정권의 성립과 발전에 영향, 가야는 철기와 토기 제작 기술 전파

꼭 나오는 자료

🔗 45쪽 241번 문제로 확인

광개토 대왕릉비에 나타난 고구려의 독자적 천하관

시조 추모왕이 나라를 세웠는데, …… 17세손에 이르러 국강상광개토경평안호태왕이 18세에 왕위에 올라 칭호를 영락 태왕이라 하였다. 백잔(백제)과 신라는 예로부터 고구려의 속민으로 조공을 해왔다.

자료 분석 고구려는 영락이라는 연호를 사용하고 광개토 대왕을 태왕으로 칭하는 등 독자적 천하관을 내세웠다.

---

3 남북국의 대외 관계

일본이 신라를 조공국으로 간주하여 마찰이 벌어졌고, 공식적인 외교 관계가 단절되었다.

	당과의 관계	일본과의 관계
통일 신라	나당 전쟁 → 당 격퇴 → 당과 발해 협공 이후 관계 회복	외교적 마찰, 장보고 등 민간 교류 지속
발해	당과 대립 → 무왕이 산둥반도 공격, 요서 공격 → 문왕 때 관계 개선	일본과 적극적으로 교류

2 고려의 국제 관계와 대외 교류

1 거란, 송, 금과의 관계

서희의 외교 담판 결과 고려가 강동 6주를 확보하였다.

10~ 11세기	• 5대 10국의 혼란기에 북진 정책으로 영토 확장, 거란 적대시 • 거란의 침입(서희의 담판, 귀주 대첩) → 군신 관계 수립 • 송과 공식적 외교 관계 단절, 민간 교류 활발
12세기	• 여진 성장 → 별무반 동원하여 토벌(동북 9성 축조) • 여진이 금 건국 → 요 멸망 → 고려와 군신 관계 수립 • 남송과 상인을 통한 민간 교류 전개

이자겸이 권력 유지를 위해 금의 군신 관계 요구를 받아들였다.

2 원, 명과의 관계

몽골 (원)	몽골의 공물 요구 → 몽골 사신 피살 → 고려 침략 → 강화도 천도하여 저항 → 강화 체결, 개경 환도 → 원의 내정 간섭
명	• 원 쇠퇴(홍건적 등 봉기) → 공민왕의 반원 정책 • 명 성장 → 명의 철령위 설치 통보 → 요동 정벌 추진 → 위화도 회군 이후 이성계는 명에 대한 사대 추진

└ 옛 쌍성총관부 지역을 요구하였다.

3 조선 전기의 국제 관계와 대외 교류

1 명과의 사대 관계 — 큰 나라를 섬긴다는 의미로 맺은 조공·책봉 관계이다.

관계	명 홍무제가 외교 문서의 표현을 문제 삼아 사신 억류 → 조선도 요동 정벌 추진 → 태종 즉위 이후 관계 안정
사대 외교	• 해마다 사신을 보냄 → 명이 답례품을 보내면서 조공 무역 전개 • 명의 연호 사용, 명으로부터 책봉

2 여진, 일본과의 교린 관계

압록강과 두만강을 경계로 하는 국경선이 확정되었다.

여진	• 강경: 4군 6진 개척 → 국경선 확정, 삼남 지방의 주민 이주(사민 정책) → 16세기 이후 국방력 약화, 두만강 일대의 여진족 증가 • 회유: 관직과 토지를 주어 귀순 장려, 경성과 경원에 무역소를 두어 무역 허용
일본	• 국교 수립: 조선이 왜구의 진압과 잡혀간 조선인의 송환 요구 • 강경: 왜구의 약탈 → 이종무를 보내 쓰시마섬 토벌 • 회유: 3포(부산포, 염포, 제포)를 개방하여 제한된 무역 허용 → 3포 왜란(1510), 을묘왜변(1555) → 교역량 제한

4 조선 후기의 국제 관계와 대외 교류

1 임진왜란 이후 일본과의 관계

일본이 보낸 국서에 답하고 포로를 데려오기 위해 파견한 사신이다.

(1) **국교 수립**: 도쿠가와 이에야스가 에도 막부 수립 → 조선과 국교 재개 시도 → 회답 겸 쇄환사를 보내 국교 재개(1607), 기유약조 체결(1609) — 부산만 개방하여 무역을 재개하였다.

(2) **통신사 파견**: 새로운 쇼군의 지위를 축하하기 위해 파견 → 문물 교류

2 후금(청)과의 관계

(1) **전개**: 광해군이 명과 후금 사이에서 중립 외교 추진 → 인조반정 이후 서인이 명에 대한 의리 강조 → 정묘호란, 병자호란 → 청과 군신 관계(연행사 파견), 명과의 관계 단절

임진왜란 때 도와준 의리를 의미

(2) **북벌론과 북학론**

북벌론	효종이 송시열, 이완 등을 등용하여 북벌 준비 → 서인 정권의 지지 → 명 멸망 후 조선 중화주의 대두
북학론	청의 정치적 안정 → 청 문물 수용 주장

조선이 명을 대신하여 중화 문명을 계승하였다는 사상이다.

(3) **백두산정계비**: 조선과 청의 국경 확정

기본 기출 문제

핵심 주제를 파악할 수 있는 기출 문제를 수록하였습니다.

핵심 개념 문제

● 빈칸에 들어갈 알맞은 말을 쓰시오.

223 조선은 왜구의 본거지인 (　　　　)을/를 토벌하였다.

224 청에 볼모로 잡혀갔다 돌아온 (　　　　)은/는 북벌을 준비하였다.

● 다음 내용이 옳으면 ○표, 틀리면 ✕표를 하시오.

225 백제는 고구려에 대항하여 북위에 사신을 파견하였다. (　　　)

226 서희는 여진이 침입하자 외교 담판을 벌여 강동 6주 지역을 확보하였다. (　　　)

227 조선은 경성과 경원에 무역소를 두고 일본과 무역을 허용하였다. (　　　)

228 조선은 병자호란에서 패배한 이후 명과 군신 관계를 맺었다. (　　　)

● 다음의 국가와 설명을 옳게 연결하시오.

229 고려 ・　　　　・ ㉠ 등주 공격
230 발해 ・　　　　・ ㉡ 별무반 조직
231 조선 ・　　　　・ ㉢ 기유약조 체결
232 고구려 ・　　　　・ ㉣ 남북조에 조공

● 괄호 안에 들어갈 알맞은 말을 고르시오.

233 발해 (㉠ 무왕, ㉡ 문왕)은 당을 공격하였다.

234 고려는 몽골이 침략하자 (㉠ 강화도, ㉡ 안동)(으)로 수도를 옮겼다.

235 조선은 일본, 여진 등에 대해 (㉠ 교린, ㉡ 사대)의 외교 정책을 적용하였다.

236 조선은 병자호란 이후 청에 (㉠ 연행사, ㉡ 통신사)를 파견하였다.

● 다음에서 설명하는 용어를 <보기>에서 고르시오.

보기
ㄱ. 청해진　　ㄴ. 홍건적
ㄷ. 북학론　　ㄹ. 백두산정계비

237 장보고가 설치한 해군 기지이다. (　　　)
238 원에 맞서 봉기하였다가 고려를 침략하였다. (　　　)
239 발전된 청의 문물 수용을 주장하였다. (　　　)
240 조선이 청과 국경을 확정한 비석이다. (　　　)

---

241 빈출

(가) 국가에 대한 설명으로 옳은 것은?

> 시조 추모왕이 ▢(가)▢ 을/를 세웠는데, …… 17세손에 이르러 국강상광개토경평안호태왕이 18세에 왕위에 올라 칭호를 영락 태왕이라 하였다. 백잔(백제)과 신라는 예로부터 우리의 속민으로 조공을 해왔다.

① 남북조에 조공하였다.
② 교정도감을 설치하였다.
③ 한의 공격으로 멸망하였다.
④ 22담로에 왕족을 파견하였다.
⑤ 최승로의 시무 28조를 수용하였다.

242

(가) 국가의 대외 교류로 옳은 것만을 <보기>에서 고른 것은?

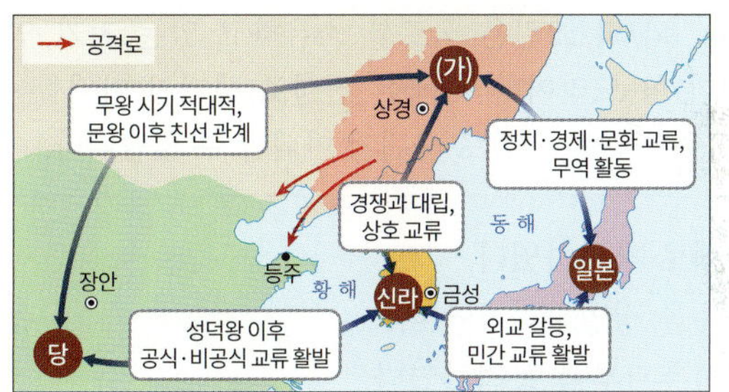

보기
ㄱ. 일본과 적극적으로 교류하였다.
ㄴ. 동진과 조공·책봉 관계를 맺었다.
ㄷ. 장문휴를 보내 등주를 공격하였다.
ㄹ. 고구려의 공격을 받아 쇠퇴하였다.

① ㄱ, ㄴ　　② ㄱ, ㄷ　　③ ㄴ, ㄷ
④ ㄴ, ㄹ　　⑤ ㄷ, ㄹ

243

밑줄 친 '우리나라'에 대한 설명으로 옳은 것은?

> 소손녕이 "내가 조정의 큰 귀인이니, 그대가 마땅히 뜰에서 절해야 한다."라고 하였다. 그러자 서희가 "그대 나라와 <u>우리나라</u>의 대신이 서로 만나는데 어찌 그렇게 할 수 있겠소."라고 하였다. 소손녕이 마침내 서희를 마루에 올라 대등하게 예를 행하도록 하였다.

① 무과를 실시하였다.
② 8조법을 운영하였다.
③ 김흠돌의 난을 진압하였다.
④ 거란과 군신 관계를 맺었다.
⑤ 중국으로부터 불교를 수용하였다.

● 바른답·알찬풀이 22쪽

244

(가), (나)에 들어갈 지명을 옳게 연결한 것은?

> 몽골은 고려에 무리한 공물을 요구하였고, 몽골 사신이 귀국길에 피살된 사건을 계기로 고려를 침략하였다. 고려는 ⌐(가)¬(으)로 천도하여 수십 년 동안 항전하였지만 결국 강화를 맺고 ⌐(나)¬(으)로 환도하였다.

	(가)	(나)		(가)	(나)
①	강화도	개경	②	강화도	한성
③	웅진	개경	④	개경	경주
⑤	부여	국내성			

245

(가) 원칙에 따른 조선의 외교 정책으로 옳은 것은?

> ⌐(가)¬와/과 교린은 국토를 소유하고 있는 자가 언제나 지켜야 할 도리이니, 대국은 진실로 섬기지 아니할 수 없고 이웃 나라는 진실로 사귀지 아니할 수 없습니다.

① 황제로 자처하였다.
② 요동을 정벌하려 하였다.
③ 쌍성총관부를 공격하였다.
④ 독자적인 연호를 사용하였다.
⑤ 중원 왕조에 조공 사신을 파견하였다.

246

지도에 표시된 지역에 대한 학생들의 발표 내용으로 적절한 것만을 〈보기〉에서 고른 것은?

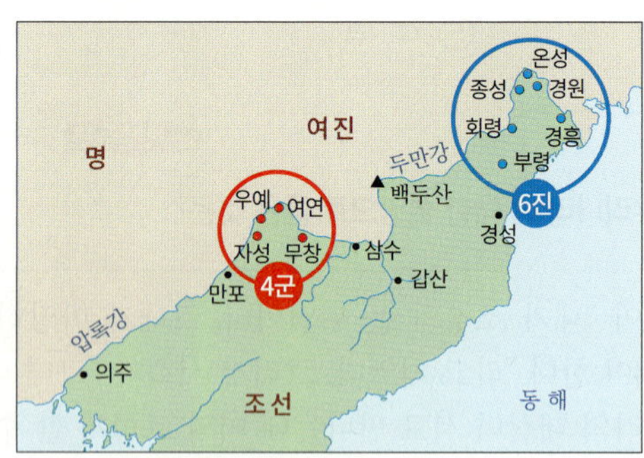

| 보기 |
ㄱ. 천리장성이 축성되었습니다.
ㄴ. 여진을 몰아내고 확보되었습니다.
ㄷ. 삼남 지방의 주민들이 이주하였습니다.
ㄹ. 향, 부곡, 소의 특수 행정 구역이 설치되었습니다.

① ㄱ, ㄴ   ② ㄱ, ㄷ   ③ ㄴ, ㄷ
④ ㄴ, ㄹ   ⑤ ㄷ, ㄹ

247

다음 책에 수록되어 있을 내용으로 가장 적절한 것은?

① 장보고의 선단이 왕래하였다.
② 3포의 왜인들이 반란을 일으켰다.
③ 막부의 지식인과 시를 주고받았다.
④ 일본인들이 벽란도 지역을 왕래하였다.
⑤ 광개토 대왕이 왜의 군대를 격퇴하였다.

248

(가)에 들어갈 내용으로 가장 적절한 것은?

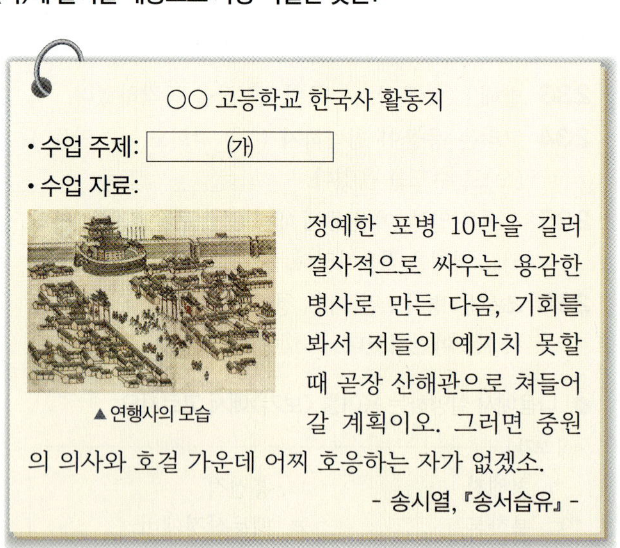

① 신라의 삼국 통일
② 가야의 대외 교류
③ 백제의 외교 정책
④ 조선의 대청 관계
⑤ 고려의 별무반 편성

실력 기출 문제

1 고대의 국제 관계와 대외 교류

249 빈출

(가) 국가에 대한 설명으로 옳은 것은?

> 481년 (가) 이/가 사신을 보내 남제에 공물을 바쳤다. 북위에도 사신을 보냈다. 그러나 (가) 의 세력이 강성하여 통제받지 않았다.

① 중국의 연과 대립하였다.
② 수와 당의 침입을 격퇴하였다.
③ 조공도를 통해 당에 조공하였다.
④ 왜에 토기 제작 기술을 전해주었다.
⑤ 산둥반도에 집단 거주지를 형성하였다.

250

밑줄 친 '이 나라'의 대외 관계로 옳은 것은?

> 이것은 중국 남조의 영향을 받아 이 나라에서 제작한 무덤으로, 충청남도 공주시에 위치하고 있다.

① 당과 동맹을 맺었다.
② 동진, 왜와 교류하였다.
③ 금관가야를 병합하였다.
④ 완도에 청해진을 설치하였다.
⑤ 매소성 전투에서 승리하였다.

251

(가) 국가에 대한 탐구 활동으로 가장 적절한 것은?

> 성덕왕이 당에 김의충을 보내 새해를 축하하였다. …… 김의충이 돌아올 때 당 황제가 조칙을 내려 패강(대동강) 이남의 땅을 (가) 에 내려주었다.

① 사출도에 대해 조사한다.
② 고인돌의 분포 지역을 살펴본다.
③ 웅진으로 천도하게 된 배경을 파악한다.
④ 신라방, 신라소에 대한 기록을 찾아본다.
⑤ 최승로의 시무 28조가 끼친 영향을 알아본다.

252

다음 변화가 나타난 배경을 알아보기 위한 탐구 활동으로 가장 적절한 것은?

> 발해가 장문휴를 보내 등주를 공격하였다. 황제는 신라로 하여금 발해를 공격하게 하였다. → 황제는 조서를 내려 발해를 국(國)으로 삼고 왕을 책봉하였으며, 검교태위로 직급을 올렸다.

① 나당 전쟁의 경과를 조사한다.
② 문왕의 대외 정책을 알아본다.
③ 위화도 회군의 영향을 파악한다.
④ 탐라총관부의 설치 경위를 찾아본다.
⑤ 진흥왕의 영토 확장 과정을 살펴본다.

253

(가) 인물에 대한 설명으로 옳은 것은?

① 후백제를 건국하였다.
② 삼국 통일에 기여하였다.
③ 서경 천도를 주장하였다.
④ 관산성 전투에서 사망하였다.
⑤ 동아시아 국제 교역을 주도하였다.

2 고려의 국제 관계와 대외 교류

254

밑줄 친 '왕'에 대한 설명으로 옳은 것은?

> 거란이 사신을 보내 낙타 50필을 선물하였다. …… 왕은 거란 사신 30명을 섬으로 유배를 보내고, 낙타는 만부교 아래에 메어 두니 모두 굶어 죽었다.

① 조선을 건국하였다.
② 북진 정책을 추진하였다.
③ 노비안검법을 실시하였다.
④ 쌍성총관부를 공격하였다.
⑤ 광덕 등의 연호를 사용하였다.

255

(가) 국가와 고려의 관계로 옳은 것만을 〈보기〉에서 고른 것은?

> 금의 공격으로 화북을 빼앗긴 중원 왕조의 일부 세력은 강남 지방으로 이동해 ［ (가) ］을/를 세웠다.

| 보기 |

ㄱ. 외교 담판을 벌였다.
ㄴ. 동녕부를 설치하였다.
ㄷ. 공식적인 외교 관계를 맺지 않았다.
ㄹ. 상인을 통한 민간 교류를 지속하였다.

① ㄱ, ㄴ　　② ㄱ, ㄷ　　③ ㄴ, ㄷ
④ ㄴ, ㄹ　　⑤ ㄷ, ㄹ

256

다음 자료에 나타난 시기의 사실로 옳은 것은?

> 장백상이 충혜왕에게 황제의 명령을 전하였다. "이미 정원 2일에 상왕에게 복위하라고 명하셨습니다." …… 장백상이 국새를 회수하고 모든 창고를 봉하였으며, 왕은 중국으로 갔다.

① 경순왕이 항복하였다.
② 훈요 10조가 저술되었다.
③ 고려 국왕이 원의 공주와 혼인하였다.
④ 강화도가 고려의 새로운 수도가 되었다.
⑤ 교정도감에서 국가 중대사가 결정되었다.

257

다음 상황이 나타난 배경으로 가장 적절한 것은?

▲ 왕의 피란로

① 정묘호란이 일어났다.
② 홍건적이 침입하였다.
③ 홍경래가 반란을 일으켰다.
④ 위화도 회군이 단행되었다.
⑤ 도요토미 히데요시가 침공하였다.

3 조선 전기의 국제 관계와 대외 교류

258

(가) 국가의 대외 관계로 옳은 것만을 〈보기〉에서 고른 것은?

> 각국에서 명에 공물을 바치러 오는데, 오직 ［ (가) ］만이 예를 지켜 사신을 왕래하고 사신이 왕래함에 공문서로 서로 가능하므로 사신의 신분을 증명하는 감합으로 신표를 삼지 않았다.

| 보기 |

ㄱ. 대가야를 정복하였다.
ㄴ. 쓰시마섬을 정벌하였다.
ㄷ. 4군과 6진을 개척하였다.
ㄹ. 반원 자주 정책을 추진하였다.

① ㄱ, ㄴ　　② ㄱ, ㄷ　　③ ㄴ, ㄷ
④ ㄴ, ㄹ　　⑤ ㄷ, ㄹ

259

다음 인물이 활동하던 시기에 볼 수 있는 모습으로 가장 적절한 것은?

① 제포에서 무역하는 일본인
② 명량 대첩에서 활약하는 수군
③ 수원 화성 건설에 동원된 농민
④ 삼정이정청에서 논의하는 관리
⑤ 남한산성을 포위하는 청의 군인

260 빈출

밑줄 친 '저들'에 대한 설명으로 옳은 것은?

경성과 경원 지방에 저들의 출입을 금지하지 않으면 떼 지어 몰려들 우려가 있고, 출입을 일절 끊고 금지하면 저들이 소금과 쇠를 얻지 못하여 변경에 불화가 생길 것입니다. 원컨대 두 고을에 무역소를 설치하고 이곳에 와서 교역하게 하소서.

① 명량 해전에서 대패하였다.
② 국경 지역에 천리장성을 쌓았다.
③ 최윤덕과 김종서에 의해 토벌되었다.
④ 명군과 연합하여 평양성을 탈환하였다.
⑤ 외침에 대비하기 위해 비변사를 설치하였다.

261

조선과 (가) 국가와의 관계에 대한 설명으로 옳은 것은?

군주는 백성의 부모이다. 오랜 전쟁으로 백성들이 바다 건너 [가] 에게 잡혀가 저들의 백성이 되게 생겼으니 슬프도다. …… [가] 이/가 이제 스스로 이전의 잘못을 모두 고치겠다고 한다. 이전에 포로로 잡혀간 백성들을 모두 돌아오게 하여 옛 잘못을 바로잡고 새롭게 우호 관계를 맺어야 한다.

① 동북 9성을 쌓았다.
② 안시성에서 싸움을 벌였다.
③ 산둥반도를 선제 공격하였다.
④ 이종무가 쓰시마섬을 토벌하였다.
⑤ 경원에 무역소를 두어 교역을 허용하였다.

4 조선 후기의 국제 관계와 대외 교류

262

(가)에 들어갈 용어로 옳은 것은?

조선 정부는 3포를 개방하고 왜관을 두어 행정 사무를 처리하게 하였다. 그러나 임진왜란 이후에는 [가] 한 곳만 개방하였다. 이후 초량 일대로 옮겨 새로 왜관을 지었다. 왜관 안에는 일본 사절과 상인이 머무는 숙소, 관청을 비롯하여 일본인들이 경영하는 떡집, 설탕집, 의원, 두부집 등 다양한 상점이 있어 조선 속의 독립된 일본인 마을과 같았다.

① 염포　　　② 당항성　　　③ 부산포
④ 벽란도　　　⑤ 울산항

263 빈출

(가), (나)에 들어갈 용어를 옳게 연결한 것은?

> • 임진왜란 이후 조선은 일본에 10여 차례 [(가)]를 파견
> 하였다. 이들은 가는 곳마다 성대한 대접을 받았고, 일본
> 인들과 유학, 문학, 미술, 기예 등 다양한 분야에서 활발
> 하게 교류하였다.
> • 병자호란에서 패배한 조선은 청과 군신 관계를 맺고 명
> 과의 관계를 단절하였다. 이후 청의 수도 연경에 정기적
> 으로 [(나)]를 파견하였으며, 청에 막대한 물자를 제공
> 하였다.

	(가)	(나)
①	통신사	연행사
②	통신사	조천사
③	연행사	통신사
④	연행사	조천사
⑤	조천사	연행사

264

밑줄 친 '오랑캐'에 대한 설명으로 옳은 것은?

> 혹자는 "지금의 중국을 차지하고 있는 주인은 만주에 살던
> 오랑캐들이다."라고 하면서 배우기를 부끄러워하며, 중국
> 의 옛 법마저도 다 함께 얕잡아 무시해 버린다. …… 진실
> 로 이 법이 훌륭하고 제도가 아름답다면 오랑캐에게라도
> 나아가 배워야 하는 법이다.
>
> — 박지원, 『연암집』—

① 해동성국이라 불렸다.
② 살수에서 대패하였다.
③ 정묘호란을 일으켰다.
④ 임진왜란에 참전하였다.
⑤ 운요호 사건을 일으켰다.

| 265~266 |

다음 자료를 읽고 물음에 답하시오.

> 오라총관 목극등이 황제의 명을 받들어 국경을 조사하기
> 위해 여기에 이르러 살펴보니, 서쪽은 압록강이며, 동쪽은
> [(가)](이)므로, 분수령 위에다가 돌에 새겨 표를 삼는다.

265

위 내용이 새겨진 비석의 명칭을 쓰시오.

266

(가)의 해석 문제를 둘러싼 분쟁의 내용을 서술하시오.

| 267~268 |

다음 자료를 보고 물음에 답하시오.

267

위 지도의 명칭을 쓰시오.

268

위 지도의 특징을 당시 사람들의 세계관과 관련지어 서술하시오.

적중 1등급 문제

내신 1등급을 결정하는 고난도 문제를 수록하였습니다.

269

(가) 국가의 대외 관계에 대한 설명으로 옳은 것은?

① 전국 시대의 연과 대립하였다.
② 요서 지방에 군대를 파견하였다.
③ 동진과 조공·책봉 관계를 맺었다.
④ 기벌포와 매소성에서 외적을 물리쳤다.
⑤ 대동강 이남 지역에 대한 지배권을 인정받았다.

270

다음 자료에 나타난 시기의 동아시아 상황으로 옳은 것은?

고구려와 백제를 무너뜨린 왕조가 멸망한 이후 여러 왕조가 들어섰다. 후량, 후당, 후진, 후한, 후주의 다섯 왕조는 화북의 중심 지대를 지배하고 정통 왕조의 계열로 평가받는다. 이 외에도 화남과 기타 주변 각 지방에서는 10개의 지방 정권이 흥망하였다.

① 금관가야가 무너졌다.
② 발해가 당을 공격하였다.
③ 신라가 삼국을 통일하였다.
④ 신라에 침입한 왜를 격퇴하였다.
⑤ 고려가 청천강까지 영토를 넓혔다.

271

(가) 지역에 대한 탐구 활동으로 가장 적절한 것은?

① 계해약조의 내용을 분석한다.
② 사대 외교의 사례를 조사한다.
③ 벽란도에 대한 기록을 찾아본다.
④ 북학론이 제기된 배경을 파악한다.
⑤ 삼별초의 항쟁 과정을 지도에 표시한다.

272

다음 기록이 작성된 시기의 상황으로 옳은 것은?

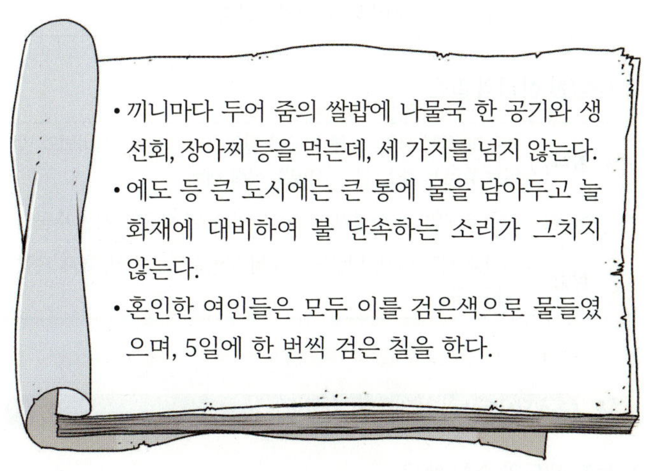

① 조선이 요동 정벌을 추진하였다.
② 이종무가 쓰시마섬을 토벌하였다.
③ 김윤후가 충주성에서 외적을 물리쳤다.
④ 일본 상인이 초량의 왜관을 왕래하였다.
⑤ 윤관이 별무반을 이끌고 북방 민족을 몰아내었다.

06 수취 체제와 경제생활

1 고대의 수취 체제와 경제생활

1 삼국의 경제 정책과 경제생활

경제 정책	• 왕족이나 귀족 관리에게 식읍과 녹읍 지급 • 조세(재산 정도에 따라 호를 나누어 징수), 토산물 징수, 노동력 징발(15세~60세), 고구려의 진대법(빈민 구제)
경제 생활	• 철제 농기구 보급, 우경 장려(지증왕), 수리 시설 확충 • 관청에 장인이 소속되어 국가의 필요 물품 생산 • 신라 지증왕 때 시장인 동시 개설

2. 남북국의 수취 체제와 경제생활

통일 신라	• 관료전 지급 및 녹읍 폐지(신문왕), 정전 지급(성덕왕) • 신라촌락문서: 3년마다 작성(촌주가 작성), 조세 부과의 근거 • 조세, 공물, 역 징수, 서시와 남시 추가, 울산항 번성
발해	• 조세, 공물, 역 징수, 주로 밭농사, 가축 사육(말, 모피 수출)

2 고려의 전시과 체제와 경제생활

1. 토지 제도와 수취 체제

토지 제도	전시과	• 개념: 관리에게 전지와 시지 지급, 수조권 행사 • 변천: 전현직 관리에게 관품과 인품을 기준으로 지급 → 관품만을 기준으로 지급 → 현직 관리에게만 지급 • 종류: 과전, 한인전, 구분전 등
	민전	사유지, 매매·상속·임대 가능, 국가에 조세 납부
수취 제도	조세	비옥도에 따라 3등급으로 구분, 수확량의 10분의 1 징수
	공물	호 단위로 토산물 징수
	역	16~60세 남성, 군역과 요역

2. 다양한 산업의 발전

개간지에 대해 일정 기간 세금을 면제해 주었다.

농업	개간과 간척 사업, 소를 이용한 깊이갈이 일반화, 시비법의 발달로 휴경지 감소, 2년 3작(밭), 목화 재배
수공업	관청 수공업, 소 수공업 → 고려 후기, 민영 수공업, 사원 수공업
상업	개경에 시전 설치, 벽란도가 국제 무역항으로 번성, 화폐 제작(활구 등)

3 조선의 과전법 체제와 경제생활

1. 토지 제도와 수취 체제

(1) 과전법 체제

시행	경기 지역의 토지의 수조권을 전현직 관리에게 지급, 사망하면 국가에 반환
변천	세조 때 현직 관리에게만 수조권 지급(직전법) → 성종 때 관수 관급제 시행 → 명종 때 직전법 폐지 → 녹봉만 지급

(2) 수취 제도

전세	세종 때 전분6등법(비옥도), 연분9등법(풍흉) 시행
공납	토산물 징수 → 방납의 폐단
역	16~60세 남성 대상, 군역과 요역 → 대립, 방군수포 성행

2. 중농 정책과 상공업 통제

농업	2년 3작(밭농사), 남부 일부 지방 모내기 확대, 『농사직설』 편찬(세종), 시비법의 발달로 휴경지 감소, 목화 재배 확대
수공업	관영 수공업 중심(장인을 관청에 소속시켜 물품 제작)
상업	• 한성에 시전 설치, 특정 물품의 독점 판매권 인정 • 지방에는 정부의 허가를 받은 보부상 활동, 장시 등장

4 수취 체제의 개편과 상품 화폐 경제의 발달

1. 수취 체제의 개편

광해군 때 경기도에 처음 시행되었다.

대동법	• 공납을 토지 결수에 따라 쌀, 무명, 동전 등으로 징수 • 왕실이나 관청에 물품을 조달하는 공인 성장 → 상품 화폐 경제 발달 촉진
영정법	인조 때부터 풍흉에 관계없이 토지 1결당 쌀 4~6두 징수
균역법	영조가 군포 부담을 1필로 감축 → 결작, 선무군관포 등 징수

> **꼭 나오는 자료**　　　　🔗 57쪽 306번 문제로 확인
>
> **방납의 폐단**
>
> 각 고을에서 공물을 상납하려 할 때 각 관청의 사주인(방납인)들이 여러 가지로 농간을 부려 좋은 것도 불합격 처리하여 바칠 수가 없습니다. 이리하여 사주인은 자기가 가지고 있는 물품으로 관청에 대신 내고 …… 열 배의 이득을 취하니 이것은 백성의 피땀을 짜내는 것입니다.
>
> ---
>
> 자료 분석　조선 후기에는 방납의 폐단을 시정하기 위해 토산물로 거두던 공물을 토지 결수를 기준으로 쌀, 무명, 베 등으로 징수하는 대동법을 실시하였다.

2. 상품 화폐 경제의 발달

대부분의 농민은 경작지를 얻지 못해 도시로 나가 영세 상인이 되거나 임노동자로 전락하였다.

농업	• 모내기 확대 → 벼와 보리의 이모작 실시(농업 생산량 증가) → 일부 농민이 광작을 통해 부농으로 성장 • 상업적 농업, 인삼, 면화, 담배 등 상품 작물 재배
수공업	대동법의 실시 등 → 상품 수요 증대 → 민영 수공업 발달, 선대제 수공업 발달
광업	정부가 민간 광산 개발 허용, 은광 개발(은 수요 증대), 덕대(전문 경영인)와 물주
상업	• 대동법의 실시 → 공인 성장 → 상품 화폐 경제 발달 • 사상이 도고로 성장, 금난전권 폐지, 상평통보 유통 활발
무역	개시와 후시, 만상(의주), 송상(개성), 내상(동래) 활약

만상은 대청 무역에 종사하였고, 내상은 대일 무역에 종사하였으며, 송상은 이들을 중계하였다.

기본 기출 문제

핵심 개념 문제

● 빈칸에 들어갈 알맞은 말을 쓰시오.

273 고려 시대에는 관리에게 전지, 시지를 지급하는 (   ) 제도를 마련하였다.

274 세조는 현직 관리에게만 수조권을 지급하는 (   )을/를 실시하였다.

275 광해군은 방납의 폐단을 시정하기 위해 경기도에 (   )을/를 처음 시행하였다.

● 다음 내용이 옳으면 ○표, 틀리면 ×표를 하시오.

276 삼국은 농민에게 식읍, 녹읍을 지급하였다.(   )

277 고려는 6품 이하 하급 관리의 자제로 관직에 오르지 못한 자에게 군인전을 지급하였다. (   )

278 세종은 풍흉에 따라 조세를 차등 징수하는 전분6등법을 마련하였다. (   )

279 조선 후기 민영 광산은 전문 경영인 덕대가 물주로부터 자본을 조달받아 운영하였다. (   )

● 괄호 안에 들어갈 알맞은 말을 고르시오.

280 신라 성덕왕은 백성에게 (㉠ 정전, ㉡ 과전)을 지급하였다.

281 고려는 토지를 3등급으로 나누고 수확량의 (㉠ 20, ㉡ 10)분의 1을 부과하였다.

282 조선은 한성에 (㉠ 동시, ㉡ 시전)을/를 설치하여 상업 활동의 중심으로 삼았다.

283 (㉠ 인조, ㉡ 영조)는 군역의 폐단을 바로잡기 위해 균역법을 실시하였다.

● 다음에서 설명하는 용어를 <보기>에서 고르시오.

| 보기 |
| ㄱ. 울산항   ㄴ. 벽란도   ㄷ. 부산포 |

284 통일 신라 시대에 외국 상인이 왕래하면서 번성한 항구이다. (   )

285 고려의 대표적인 국제 무역항이다. (   )

286 조선 후기 내상이 일본과의 무역을 전개한 곳이다. (   )

287

핵심 주제 고구려의 경제 정책

다음 정책을 시행한 국가에 대한 설명으로 옳은 것은?

> 왕이 사냥을 나갔다가 길에 앉아 울고 있는 자를 보고 ······ 담당 관청에 명하여 홀아비, 과부, 고아, 홀로 사는 노인, 늙어 병든 자, 가난하여 스스로 살아갈 수 없는 사람들을 찾아 구휼하도록 하였다. 매년 봄 3월부터 가을 7월까지, 관의 곡식을 내어 식구 수의 많고 적음에 따라 차등 있게 곡식을 빌려주게 하고, 겨울 10월에 이르러 갚게 하였다.

① 김흠돌의 난을 진압하였다.
② 대가야를 공격하여 무너뜨렸다.
③ 수도에 서시와 남시를 설치하였다.
④ 낙랑과 왜를 잇는 무역을 전개하였다.
⑤ 계루부 고씨의 왕위 세습을 확립하였다.

288

핵심 주제 통일 신라의 경제

밑줄 친 '당시 국가'의 경제 상황에 대한 설명으로 옳은 것은?

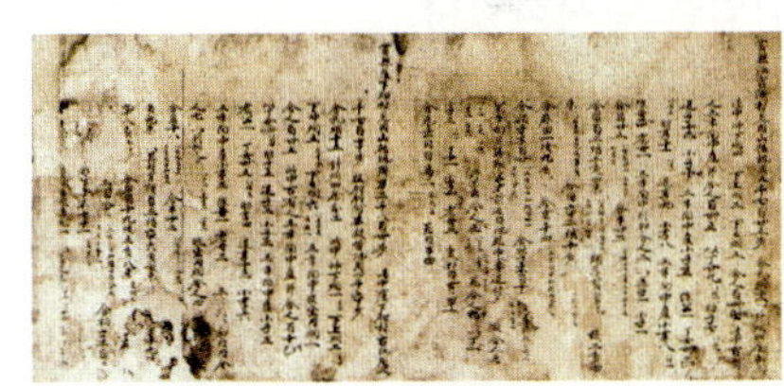

> 이것은 서원경에 속한 촌을 비롯한 4개 촌락에 대한 기록으로, 촌락의 경제 상황과 수취 제도의 운영을 보여 준다. 토지의 종류 및 면적, 인구수, 가축 및 나무의 종류와 수 등을 조사하여 3년마다 기록하였다. 당시 국가는 이를 조세 수취의 근거로 사용하였다.

① 공법을 실시하였다.
② 목화를 재배하였다.
③ 등주에 발해관을 설치하였다.
④ 귀족들에게 식읍을 지급하였다.
⑤ 65세 남성에게 군역을 부과하였다.

289

핵심 주제 고려의 토지 제도

(가)에 들어갈 용어로 옳은 것은?

> 경작지의 면적을 헤아려 기름지고 메마른 것을 나누었다. 문무 관리 · 군인 · 한인에 이르기까지 모두 전지와 시지를 나누어 주었다. 이를 [(가)](이)라고 한다.

① 녹읍　　　② 정전　　　③ 전시과
④ 관료전　　　⑤ 과전법

● 바른답·알찬풀이 25쪽

290

핵심 주제 고려의 화폐

다음 화폐가 사용된 시기에 볼 수 있는 모습으로 가장 적절한 것은?

▲ 활구

① 우산국을 공격하는 군인
② 물품을 만드는 소의 주민
③ 촌락문서를 작성하는 촌주
④ 진대법의 실시를 명령하는 국왕
⑤ 지방의 행정 사무를 처리하는 5소경의 관리

291

핵심 주제 세종의 정책

밑줄 친 '국왕'에 대한 설명으로 옳은 것은?

> 국왕께서 "여러 지방의 풍토가 같지 않아 농작물을 심고 가꾸는 방법이 각각 다르므로 옛 농서의 내용과 모두 같을 수는 없다."라고 하셨다. 이에 …… 농민들을 방문하여, 농토에서 직접 시험한 결과를 자세히 듣고 이를 정리해 보고하도록 명령하셨다.　　　　－『농사직설』－

① 직전법을 폐지하였다.
② 노비안검법을 실시하였다.
③ 관수 관급제를 시행하였다.
④ 전민변정도감을 설치하였다.
⑤ 전분6등법과 연분9등법을 마련하였다.

292

핵심 주제 조선의 경제 상황

(가) 국가의 경제 상황으로 옳은 것만을 〈보기〉에서 고른 것은?

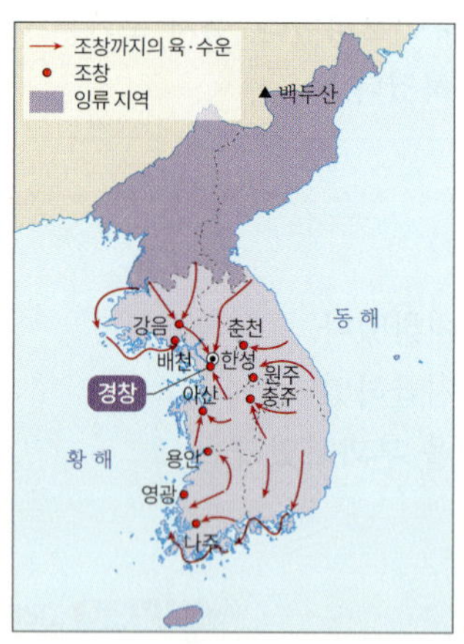

| 보기 |
ㄱ. 전시과가 시행되었다.
ㄴ. 모내기가 남부 지방에 확대되었다.
ㄷ. 벽란도가 국제 무역항으로 번성하였다.
ㄹ. 정부의 허가를 받은 보부상이 활동하였다.

① ㄱ, ㄴ　　② ㄱ, ㄷ　　③ ㄴ, ㄷ
④ ㄴ, ㄹ　　⑤ ㄷ, ㄹ

293

핵심 주제 대동법

(가) 제도가 시행된 배경을 알아보기 위한 탐구 활동으로 가장 적절한 것은?

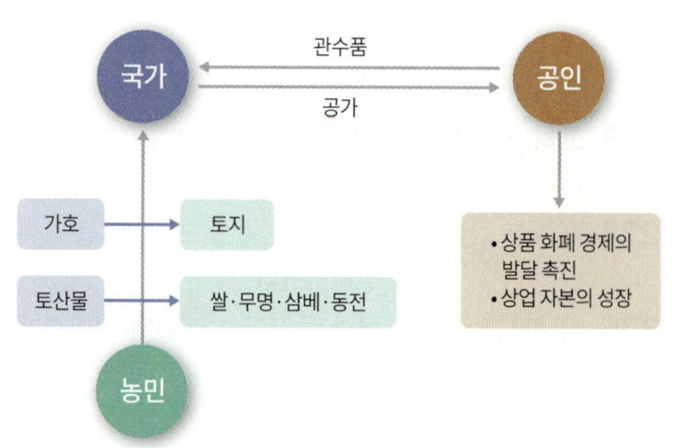

① 영정법의 내용을 분석한다.
② 세종의 경제 정책을 살펴본다.
③ 백성들의 군포 부담을 조사한다.
④ 시전이 설치된 경위를 정리한다.
⑤ 방납의 폐단이 끼친 영향을 알아본다.

294

핵심 주제 조선 후기의 경제

교사의 질문에 대한 학생들의 발표 내용으로 적절한 것만을 〈보기〉에서 고른 것은?

| 보기 |
ㄱ. 완도에 청해진이 설치되었어요.
ㄴ. 담배 등 상품 작물의 재배가 확대되었어요.
ㄷ. 소를 이용한 우경이 보급되기 시작하였어요.
ㄹ. 덕대가 물주로부터 자본을 받아 광산을 운영하였어요.

① ㄱ, ㄴ　　② ㄱ, ㄷ　　③ ㄴ, ㄷ
④ ㄴ, ㄹ　　⑤ ㄷ, ㄹ

실력 기출 문제

1 고대의 수취 체제와 경제생활

295

다음을 활용한 탐구 주제로 가장 적절한 것은?

> • 인두세로 포 5필, 곡식 5석을 거둔다. …… 조세를 상등호 1석, 그 다음은 7말, 하등호는 5말을 거둔다.
> • 한수 북부 사람 가운데 15세 이상 된 자를 징발하여 위례성을 수리하였다.

① 8조법의 내용
② 삼국의 수취 제도
③ 부여의 대외 교류
④ 성덕왕의 경제 정책
⑤ 청해진 설치의 배경

296

(가) 국가에 대한 설명으로 옳은 것은?

> < (가) 의 농업 정책>
> • 영을 내려 순장을 금지하게 하였다. 전에는 국왕이 죽으면 남녀 각각 5명씩 순장하였는데, 이 때에 이르러 금한 것이다.
> • 흘해 이사금 21년 처음으로 벽골제를 만들었는데, 그 둑의 길이가 1,800보였다.

① 신성 구역인 소도가 있었다.
② 연의 침입을 받기도 하였다.
③ 여러 가(加)가 사출도를 다스렸다.
④ 소를 이용한 농사와 개간을 장려하였다.
⑤ 한과 진 사이에서 중계 무역을 전개하였다.

297

(가)에 들어갈 용어로 옳은 것은?

> • 신문왕 9년 중앙과 지방 관리들의 (가) 을/를 폐지하고 해마다 조를 차등 있게 주고 이를 일정한 법으로 삼았다.
> • 경덕왕 16년 중앙과 지방의 여러 관리에게 매달 주던 녹봉을 없애고 다시 (가) 을/를 주었다.

① 녹읍
② 정전
③ 전시과
④ 관료전
⑤ 과전법

298

(가) 국가에 대한 설명으로 옳은 것만을 <보기>에서 있는 대로 고른 것은?

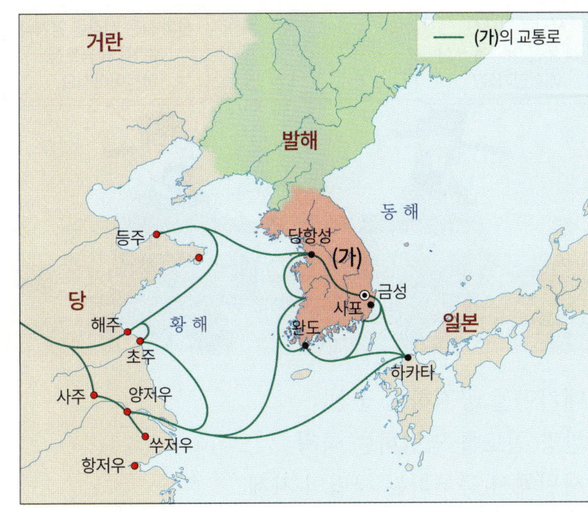

> | 보기 |
> ㄱ. 당의 등주 지방을 공격하였다.
> ㄴ. 장보고가 해상 교역을 장악하였다.
> ㄷ. 수도에 동시, 서시, 남시를 운영하였다.
> ㄹ. 신라촌락문서를 조세 부과의 근거로 삼았다.

① ㄱ, ㄴ
② ㄷ, ㄹ
③ ㄱ, ㄴ, ㄷ
④ ㄱ, ㄷ, ㄹ
⑤ ㄴ, ㄷ, ㄹ

2 고려의 전시과 체제와 경제생활

299

(가) 국가의 경제 상황으로 옳은 것만을 <보기>에서 고른 것은?

> (가) 의 조세 제도
> • 양안과 호적 작성 → 조세, 공물, 역 부과의 기준
> • 조세: 비옥도에 따라 3등급으로 구분하여 생산량의 10분의 1 부과

> | 보기 |
> ㄱ. 목화 재배가 시작되었다.
> ㄴ. 지주에게 결작이 징수되었다.
> ㄷ. 2년 3작의 돌려짓기가 보급되었다.
> ㄹ. 울산항이 국제 무역항으로 번성하였다.

① ㄱ, ㄴ
② ㄱ, ㄷ
③ ㄴ, ㄷ
④ ㄴ, ㄹ
⑤ ㄷ, ㄹ

300

다음 대화가 이루어진 왕조에서 볼 수 있는 모습으로 가장 적절한 것은?

① 대가야를 공격하는 군인
② 한양 천도를 명령하는 국왕
③ 서원에서 공부하는 사림의 자제
④ 무과 시험 업무를 처리하는 관리
⑤ 개경의 시전에서 물품을 판매하는 상인

301

다음 제도가 끼친 영향으로 가장 적절한 것은?

> 문종 3년 5월 새로운 법을 제정하였다. 1품은 문하시랑평장사 이상으로 전지 25결, 시지 15결을 지급한다. …… 5품은 전지 15결, 시지 5결이다. 이를 자손에게 전하여 주게 한다.

① 문벌이 성장하였다.
② 민영 수공업이 발전하였다.
③ 왕위 쟁탈전이 전개되었다.
④ 수조권 지급 제도가 폐지되었다.
⑤ 향, 부곡, 소의 행정 구역이 설치되었다.

302

다음 변화가 나타난 배경으로 가장 적절한 것은?

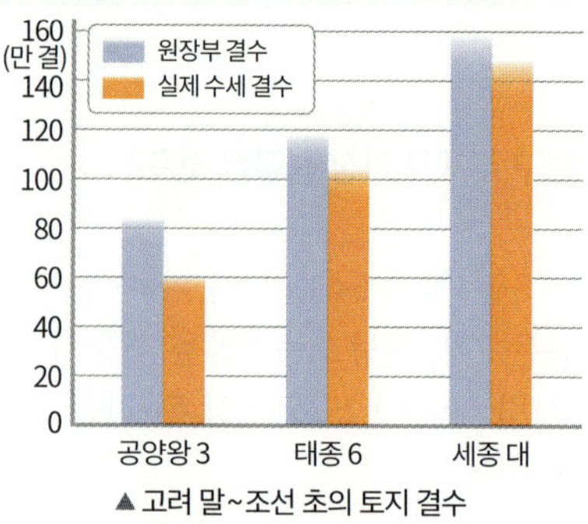

▲ 고려 말~조선 초의 토지 결수

① 노비안검법이 시행되었다.
② 이앙법이 널리 확산되었다.
③ 전민변정도감이 설치되었다.
④ 귀족에게 식읍이 지급되었다.
⑤ 양전 사업이 적극 추진되었다.

303

밑줄 친 '왕'이 재위하던 시기의 사실로 옳은 것은?

> 왕 26년 "전품의 등급과 연분의 높고 낮음을 분간하여 조세 받는 법을 정하되 …… 먼저 올해부터 시험적으로 시행하고자 하니, 그 조건들을 의논하여 올리라."라고 하였다.

① 한인전이 지급되었다.
② 『농사직설』이 편찬되었다.
③ 관수 관급제가 마련되었다.
④ 망이 · 망소이가 봉기하였다.
⑤ 정동행성 이문소가 폐지되었다.

304

(가), (나)에 들어갈 내용을 옳게 연결한 것은?

> (가) 은 받은 관리가 죽으면 국가에 반환해야 했으나, 죽은 관리의 부인에게 준 수신전과 관리의 미성년 후손에게 준 (나) 은 예외적으로 세습이 가능하였다. 이로 인해 토지가 부족해지자 세조가 새로운 제도를 마련하였다.

	(가)	(나)
①	직전	휼양전
②	직전	공음전
③	과전	휼양전
④	과전	공음전
⑤	녹읍	휼양전

4 수취 체제의 개편과 상품 화폐 경제의 발달

305 빈출

다음을 활용한 탐구 주제로 가장 적절한 것은?

> 허생이 대추, 밤, 감, 배, 석류, 귤, 유자 등의 과실을 모두 두 배 가격으로 사들여 저장하였다. 허생이 과실을 독점하자, 온 나라가 잔치나 제사를 지내지 못하게 되었다. 얼마 뒤 앞서 허생에게서 두 배를 받고 과실을 판 상인들이 도리어 열 배의 값을 치렀다.
> - 『허생전』 -

① 도고의 성장
② 직전법의 폐지
③ 신라방의 설치
④ 수취 체제의 동요
⑤ 지증왕의 경제 정책

306 빈출

다음을 해결하기 위해 시행된 제도에 대한 설명으로 옳은 것만을 〈보기〉에서 고른 것은?

> 각 고을에서 공물을 상납하려 할 때 각 관청의 사주인(방납인)들이 여러 가지로 농간을 부려 좋은 것도 불합격 처리하기 때문에 바칠 수가 없습니다. …… 이것은 백성의 피땀을 짜내는 것입니다.

| 보기 |

ㄱ. 영조 때 마련되었다.
ㄴ. 풍흉에 따라 최대 20두만 전세를 거두었다.
ㄷ. 양반 지주의 반대로 확대 시행에 어려움을 겪었다.
ㄹ. 공물을 토지 결수를 기준으로 쌀 등으로 징수하였다.

① ㄱ, ㄴ ② ㄱ, ㄷ ③ ㄴ, ㄷ
④ ㄴ, ㄹ ⑤ ㄷ, ㄹ

307

(가) 제도에 대한 설명으로 옳은 것은?

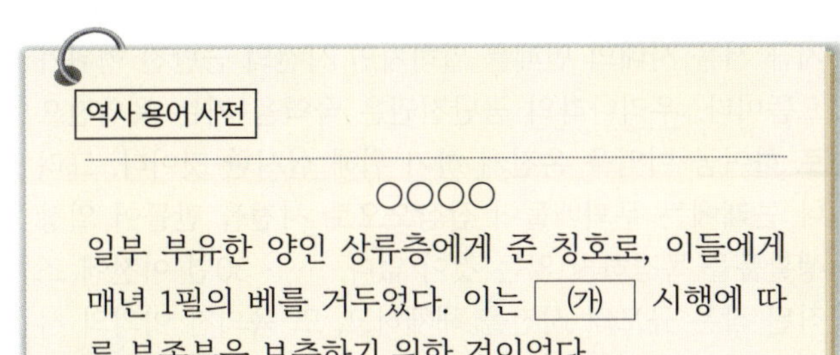

① 군포를 1년에 1필만 거두었다.
② 광해군 때 경기도에 처음 시행되었다.
③ 촌주가 3년마다 인구 등을 기록하였다.
④ 현직 관리에게만 수조권이 지급되었다.
⑤ 비옥도에 따라 토지의 등급을 나누었다.

308

(가), (나)에 들어갈 상인을 옳게 연결한 것은?

> 조선 후기 대외 무역이 확대되면서 무역에 관여하였던 상인들이 대상인으로 성장하였다. 특히 의주의 (가) 은 대청 무역을 통해, 개성을 거점으로 활동하였던 (나) 은 청과 일본을 연결하는 중계 무역을 통해 각각 큰 부를 축적하였다.

	(가)	(나)
①	송상	내상
②	송상	만상
③	만상	송상
④	만상	내상
⑤	내상	만상

기출 문제

309

밑줄 친 '우리나라'에 대한 설명으로 옳은 것은?

> 지금 서울 시내의 민폐를 말하자면 시전의 금난전 행위가 으뜸이다. 우리나라의 금난전권은 국역을 지는 육의전으로 하여금 이익을 온전케 하기 위해 실시한 것이다. 그러나 근래에는 무뢰배들이 삼삼오오로 시전을 만들어 일상 생활품을 독점하지 않는 것이 없다. …… 30년 이전에 조직된 작은 규모의 시전을 해체하고, 또 육의전 이외의 시전에는 금난전권을 인정하지 말 것이며, 그것을 어기는 상인은 법으로 다스려야 할 것이다.

① 백성에게 정전을 지급하였다.
② 인조 때 영정법을 실시하였다.
③ 거란과 조공·책봉 관계를 맺었다.
④ 토지를 비옥도에 따라 3등급으로 나누었다.
⑤ 벽란도를 왕래하는 아라비아 상인과 교역하였다.

310

다음 시기의 경제 상황으로 옳은 것만을 <보기>에서 고른 것은?

> 올 여름에 새로 판 금광이 39곳이고, 비가 와서 채굴을 중지한 금광이 99곳입니다. …… 이번 여름 장마로 대부분이 흩어졌는데도 현재 남아 있는 채굴 노동자의 주거지가 아직도 700여 곳이나 되고, 인구도 1,500명 남짓입니다.

| 보기 |
ㄱ. 활구가 주조되었다.
ㄴ. 상평통보가 거래에 널리 사용되었다.
ㄷ. 보부상이 지방의 장시를 연결하였다.
ㄹ. 인품을 기준으로 수조권이 지급되었다.

① ㄱ, ㄴ   ② ㄱ, ㄷ   ③ ㄴ, ㄷ
④ ㄴ, ㄹ   ⑤ ㄷ, ㄹ

| 311~312 |

다음 자료를 읽고 물음에 답하시오.

> 개간한 토지의 넓이를 헤아려 기름지고 메마른 것은 나누어 주고 문무 관리, 군인, 한인에게 등급에 따라 모두 나누어 주었다. 또 그 등급에 따라 시지를 주었다.

311

위 제도의 명칭을 쓰시오.

312

위 제도의 토지 지급 기준 변화 과정을 서술하시오.

| 313~314 |

다음 자료를 읽고 물음에 답하시오.

> • [(가)]은/는 노동력을 크게 덜어주기 때문에 지금은 삼남 지방 외에 다른 도에서도 모두 이를 본받아 하나의 풍속을 이룬다.
> • [(가)]의 이로움은 봄보리를 갈아먹고 물을 몰아 수확하니, 1년에 두 번 농사지을 수 있는 것이다.

313

(가)에 들어갈 농법을 쓰시오.

314

(가) 농법의 확산이 끼친 영향을 서술하시오.

내신 1등급을 결정하는 고난도 문제를 수록하였습니다.

315

(가)에 들어갈 내용으로 가장 적절한 것은?

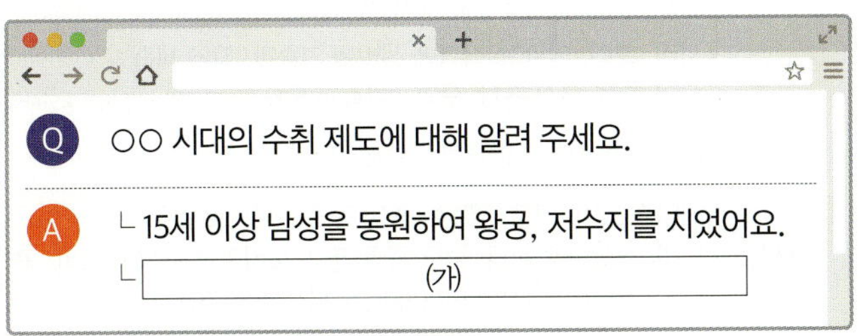

① 군포를 1년에 1필만 거두었어요.
② 재산의 정도에 따라 곡물과 포를 거두었어요.
③ 지주에게 결당 2두씩의 결작을 부담시켰어요.
④ 풍흉에 따라 결당 4~20두가 차등 부과되었어요.
⑤ 토지 비옥도에 따라 3등급으로 나누어 징수하였어요.

316

밑줄 친 '왕'에 대한 설명으로 옳은 것만을 〈보기〉에서 고른 것은?

- 왕 23년 처음으로 역분전을 제정하였다. 삼국을 다시 통일할 때 조정 관료들과 군사들의 높고 낮음은 논하지 않고, 그 사람의 성품과 행동의 선악과 공로의 크고 작음을 보고 차등 있게 지급하였다.
- 왕께서 왕업을 일으켜 즉위하신 지 35일 만에 여러 신하들이 맞이하여 보고 탄식하며 말씀하시기를 "근래에 무자비하게 거두어 …… 민이 삶을 이어갈 수 없으니, …… 지금부터는 마땅히 10분의 1을 거두는 제도를 써서 ……."라고 하시고, 드디어 민간의 3년 간의 조를 면제하셨습니다.

| 보기 |

ㄱ. 훈요 10조를 남겼다.
ㄴ. 청천강까지 영토를 확대하였다.
ㄷ. 경기도에 대동법을 처음 실시하였다.
ㄹ. 전분6등법과 연분9등법을 마련하였다.

① ㄱ, ㄴ   ② ㄱ, ㄷ   ③ ㄴ, ㄷ
④ ㄴ, ㄹ   ⑤ ㄷ, ㄹ

317

다음 문제를 해결하기 위해 실시된 정책으로 옳은 것은?

> 직전을 받은 관리들이 조세 징수를 독촉하는 것이 날로 심합니다. 이로 인해 백성들의 삶이 흔들리고 심한 경우 굶주리게 됩니다. 농간을 부려 마구 거두는 폐단을 고쳐야만 백성이 안정되고 나라의 근본이 바로 서게 될 것입니다.

① 현직 관리에게만 수조권이 지급되었다.
② 인품을 고려하여 전지와 시지를 주었다.
③ 부유한 상민에게 선무군관포를 거두었다.
④ 관청에서 조세를 거두어 관리에게 주었다.
⑤ 권문세족이 불법으로 차지한 노비를 회복시켰다.

318

다음 글이 작성된 시기에 볼 수 있는 모습으로 적절한 것만을 〈보기〉에서 고른 것은?

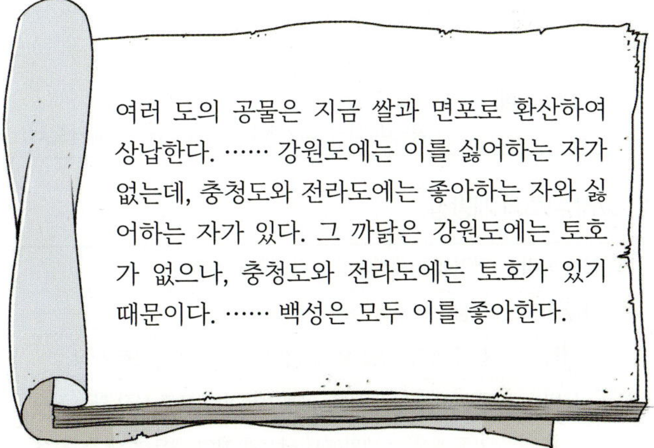

| 보기 |

ㄱ. 담배를 재배하는 부농
ㄴ. 시지를 지급 받는 관리
ㄷ. 일본 상인과 무역하는 내상
ㄹ. 직전법의 폐지를 명령하는 국왕

① ㄱ, ㄴ   ② ㄱ, ㄷ   ③ ㄴ, ㄷ
④ ㄴ, ㄹ   ⑤ ㄷ, ㄹ

07 신분제에 기반한 사회 구조

1 신분제의 성립과 골품제 사회

1 신분제 성립

부여와 초기 고구려에서는 가, 대가 등의 족장이 호민을 통해 하호를 지배하였다.

성립	청동기 시대에 계급 발생 → 신분제로 발전
귀족	정치 권력 독점하고 특권 향유, 골품제 마련
평민	생산 활동에 종사, 세금과 노동력을 국가에 제공
천민	전쟁 포로, 죄인, 부채 미상환자 등 출신, 재산으로 간주

신라의 골품제는 지배층을 대상으로 한 신분제였다.

2 통일 신라와 발해의 신분제

신라	• 진골: 최고 신분층, 국가 중대사 결정 • 6두품: 학문적 식견, 실무 능력, 골품제 제약으로 불만 → 당 유학, 호족과 결합
발해	• 귀족: 고구려 유민 다수, 일부 말갈 출신 • 평민: 말갈인 다수, 조세 납부, 노동력 제공

2 고려 양천제 사회

1 신분층의 구성과 생활

지배층 양인	고위 관리	• 과거와 음서로 관직 진출 • 여러 대에 걸쳐 재상 배출(문벌)
	중간 계층	• 서리, 남반, 향리, 하급 장교 등 • 직역의 대가로 수조권 지급, 신분 세습
피지배층 양인	일반 백성	• 백정: 조세 납부, 과거 응시 가능 현실적으로 불가능하였다. • 향, 부곡, 소 주민: 많은 세금 부담, 거주 이전과 과거 응시 금지
천안(노비)		• 매매, 상속, 증여의 대상 • 부모 중 한 명이 노비면 자녀도 노비 • 공노비(입역, 외거 노비), 사노비(솔거·외거 노비)

2 고려 사회의 개방성

상층 향리	과거에 급제하여 중앙의 관리로 진출
하급 장교	전쟁에서 공을 세워 무관 진출
백정	잡과 합격, 하급 장교로 선발 → 중간 계층으로 성장
노비	주인에게 몸값 지불, 공을 세워 양인으로 성장 가능
여성	가족과 일상 생활에서 남성과 거의 대등(출생 순 호적 기재, 재산 균분 상속, 재가 허용)

3 양반 중심의 사회 구조

1 양천제와 반상제

양천제	양인(조세와 국역 부담, 과거 응시), 천인(각종 천역 담당)
반상제	양반, 중인, 상민, 천민의 4신분층 정착

2 신분에 따른 생활 모습

양반	• 문·무반 관리 지칭 → 가족이나 가문까지 범위 확대 • 주요 관직 차지, 국역 면제 등 특권
중인	• 서리, 향리, 역관 등 잡과에 선발된 기술관, 직역 세습 • 서얼: 문과 응시 금지, 무관·기술관 등용
상민	농민, 수공업자, 신량역천 등으로 구성
천민	• 대다수 노비, 백정·무당·광대 등도 천민으로 간주 • 노비: 재산으로 취급, 부모 중 한 명이 노비이면 자식도 노비, 공노비, 사노비로 구분, 외거 노비는 재산 소유 가능

중인은 같은 신분끼리 혼인하였다.

백정은 고려 시대에는 일반 농민을 의미하는 말이었지만 조선 시대에는 도축 등을 담당하는 천민을 일컫는 말이 되었다.

4 조선 후기의 신분제 동요

1 양반층의 변화

배경	붕당 정치의 변질과 세도 정치로 소수 양반에게 권력 집중
내용	양반층의 분화 → 권반(한성 거주 양반), 향반(향촌에서 위세), 잔반(경제적 몰락)

2 중인층의 신분 상승 시도

서얼	집단 상소를 통해 청요직 진출 요구 → 유득공, 박제가, 이덕무 등이 규장각 검서관으로 진출
기술직	서얼의 신분 상승에 자극을 받아 소청 운동 전개 → 실패

관직 진출의 제한을 없애달라고 요구

3 상민층의 분화

국가 재정 부족 문제 해결을 위해 곡식을 바친 자에게 일정한 혜택을 주는 정책

배경	농업 생산력 향상, 상품 화폐 경제 발달 → 계층 분화
부농	납속책, 공명첩 구입, 족보 구매 또는 위조 등으로 양반으로 신분 상승 → 양반 수 증가, 상민 수 감소, 향전 발생
빈농	임노동자, 도시의 영세 상인으로 전락

> **꼭 나오는 자료**   ⭐ 67쪽 364번 문제로 확인
>
> **조선 후기 신분제의 동요**
>
> 옷차림은 신분의 귀천을 나타내는 것이다. 그런데 어찌 된 까닭인지 근래 이것이 문란해져 상민과 천민이 갓을 쓰고 도포를 입는 것이 마치 조정의 관리나 선비와 같이 한다.   - 『일성록』 -
>
> 자료 분석   조선 후기에는 일부 부유한 상민 등이 신분을 상승하여, 양반의 수가 늘어나고 상민의 수가 감소하였다.

4 노비의 동향

신분 상승	군공, 납속책, 도망 등을 통해 양인으로 신분 상승
정부의 대응	군역 대상자 확대, 재정 보충 목적 → 노비종모법(영조), 공노비 해방(순조) → 노비 수 감소

상민과 노비 사이에 태어난 자식을 어머니를 따라 신분을 결정하게 한 제도

핵심 주제를 파악할 수 있는 기출 문제를 수록하였습니다.

기본 기출 문제

핵심 개념 문제

● 빈칸에 들어갈 알맞은 말을 쓰시오.

319 신라의 (   )는 지배층을 대상으로 마련된 신분제이다.

320 고려의 중간 계층에는 서리, 남반과 지방 행정을 담당한 (   ) 등이 있었다.

321 조선 시대 (   )은/는 좁은 의미로는 잡과에 합격한 기술관을 의미하였다.

322 조선 후기 부농은 (   )을/를 구입하는 등의 방식으로 신분 상승을 꾀하였다.

● 다음 내용이 옳으면 ○표, 틀리면 ✕표를 하시오.

323 삼국 시대에는 전쟁 포로, 죄인 등이 주로 노비가 되었다. (   )

324 고려 시대 국가에 대한 직역이 없는 백정은 과거 응시가 법적으로 불가능하였다. (   )

325 조선 시대 문반과 무반 관리를 아울러 부르던 명칭을 양반이라고 한다. (   )

326 조선은 국가의 재정 부족 문제를 해결하기 위해 납속책을 실시하였다. (   )

● 괄호 안에 들어갈 알맞은 말을 고르시오.

327 신라의 (㉠ 진골, ㉡ 6두품)은 골품제에 불만을 품고 당에 건너가기도 하였다.

328 고려 시대의 공노비 중 관청의 잡역에 종사하는 노비를 (㉠ 입역, ㉡ 외거) 노비라 한다.

329 조선은 (㉠ 양천제, ㉡ 반상제)를 법제화하였으나 점차 4신분층이 자리잡았다.

● 다음에서 설명하는 용어를 〈보기〉에서 고르시오.

| 보기 |
| ㄱ. 서얼   ㄴ. 성골   ㄷ. 신량역천 |

330 신라의 왕족으로 통일 무렵 사라졌다. (   )

331 조선 시대 양인이지만 천한 일을 한 자들이다. (   )

332 정조 때 이들 중 일부가 규장각 검서관으로 진출하였다. (   )

333

★ 핵심 주제 **고구려의 사회 구조**

(가) 국가에서 볼 수 있는 모습으로 가장 적절한 것은?

> 부여와 [(가)]의 대가는 농사를 짓지 않으며 앉아서 먹는 인구가 만여 명이나 되는데, 하호들이 먼 곳에서 식량과 생선, 소금을 갖다가 그들에게 바친다.

① 위화도 회군을 단행하는 장군
② 녹읍 폐지 소식에 반발하는 귀족
③ 6조 직계제의 실시를 명령하는 국왕
④ 소도에서 하늘에 제사를 지내는 천군
⑤ 전쟁에서 포로로 잡혀 노비가 된 사람

334

★ 핵심 주제 **6두품의 동향**

밑줄 친 '나'에 대한 설명으로 적절한 것만을 〈보기〉에서 고른 것은?

> 신라에서는 사람을 등용하는데 골품을 따진다. …… 나는 원컨대, 중국으로 가서 …… 특별한 공을 세워 스스로 영광스러운 관직에 올라 고관대작의 옷을 갖추어 입고 칼을 차고서 천자의 곁에 출입하면 만족하겠다.

| 보기 |
| ㄱ. 정당성에서 근무하였다.
| ㄴ. 6두품에 속하는 사람이다.
| ㄷ. 과거에 급제하여 신분을 상승시켰다.
| ㄹ. 대아찬 이상의 관등을 얻을 수 없었다. |

① ㄱ, ㄴ   ② ㄱ, ㄷ   ③ ㄴ, ㄷ
④ ㄴ, ㄹ   ⑤ ㄷ, ㄹ

335

★ 핵심 주제 **고려의 신분제**

(가), (나)에 들어갈 용어를 옳게 연결한 것은?

	(가)	(나)
①	문벌	부곡
②	문벌	주현
③	향리	부곡
④	향리	주현
⑤	백정	부곡

 기본 기출 문제

336

🌟 핵심 주제 **고려의 신분제**

(가) 국가의 신분 제도에 대한 설명으로 옳은 것만을 〈보기〉에서 고른 것은?

> **역사 용어 사전**
> ─────────────
> ○○
>
> [(가)] 시대에는 나라에 특정한 직역을 가지지 않은 일반 백성을 의미하는 말이었다. 조선 시대에는 도축 등을 담당하는 천민을 일컫는 말이 되었다.

> **보기**
> ㄱ. 입역 노비 – 관청에 신공을 바쳤다.
> ㄴ. 서리 – 중앙 관청의 말단 행정 업무를 맡았다.
> ㄷ. 고위 관리 – 음서 등을 통해 관직에 진출하였다.
> ㄹ. 외거 노비 – 주인과 같이 살면서 잡일을 하였다.

① ㄱ, ㄴ ② ㄱ, ㄷ ③ ㄴ, ㄷ
④ ㄴ, ㄹ ⑤ ㄷ, ㄹ

337

🌟 핵심 주제 **조선의 신분제**

다음에서 설명하는 신분 계층으로 옳은 것은?

> • 문반과 무반 관리를 아우르는 명칭
> • 국역 면제의 특권 보장

① 양반 ② 중인 ③ 상민
④ 천민 ⑤ 서얼

338

🌟 핵심 주제 **노비**

조선 전기 (가) 신분 계층에 대한 설명으로 옳은 것만을 〈보기〉에서 있는 대로 고른 것은?

> [(가)]의 매매는 관청에 신고해야 하며 사사로이 몰래 사고 팔았을 때는 관청에서 [(가)]와/과 그 대가로 받은 물건을 모두 몰수한다. ― 『경국대전』 ―

> **보기**
> ㄱ. 상속, 증여의 대상이었다.
> ㄴ. 조세, 공납, 역의 의무를 부담하였다.
> ㄷ. 소유주에 따라 공노비와 사노비로 나뉘었다.
> ㄹ. 부모 한쪽이 노비이면 자식도 노비가 되었다.

① ㄱ, ㄴ ② ㄴ, ㄷ ③ ㄱ, ㄴ, ㄷ
④ ㄱ, ㄷ, ㄹ ⑤ ㄴ, ㄷ, ㄹ

339

🌟 핵심 주제 **조선 후기 신분제의 변동**

다음 법이 실시된 배경으로 가장 적절한 것은?

> 김상성이 …… 올해 이후로는 모든 노비의 양인 처의 자식은 어머니의 신분을 따르게 하자고 하였다. 왕이 "사소한 폐단 때문에 큰일을 소홀히 할 수 없으니 금년부터 태어난 아이는 공노비·사노비를 막론하고 어머니의 신분을 따르게 하라."라고 하였다.

① 무신 정변이 발생하였다.
② 상민의 수가 감소하였다.
③ 문벌이 고위 관직을 독점하였다.
④ 호족들에 의해 왕권이 불안정하였다.
⑤ 권문세족이 불법으로 노비를 차지하였다.

340

🌟 핵심 주제 **서얼의 동향**

(가), (나)에 들어갈 계층을 옳게 연결한 것은?

	(가)	(나)
①	서얼	역관
②	서얼	중인
③	중인	상민
④	중인	상민
⑤	상민	역관

실력 기출 문제

학교 시험에서 출제율이 높은 문제를 엄선하여 수록하였습니다.

1 신분제의 성립과 골품제 사회

341

다음 질문에 대한 답변으로 적절한 것만을 〈보기〉에서 고른 것은?

| 보기 |

ㄱ. 지방에서 호족이 성장하였어요.
ㄴ. 농업에 종사하는 하호가 있었어요.
ㄷ. 경제적으로 부유한 호민이 있었어요.
ㄹ. 1두품이 평민과 동등하게 간주되었어요.

① ㄱ, ㄴ 　② ㄱ, ㄷ 　③ ㄴ, ㄷ
④ ㄴ, ㄹ 　⑤ ㄷ, ㄹ

342

(가) 신분에 대한 설명으로 옳은 것은?

> 〈골품제에 따른 일상생활 차별〉
> • 진골의 방은 길이나 너비가 24척을 넘지 못하며 겹처마를 만들지 못한다.
> •   (가) 의 방은 길이와 너비가 21척을 넘지 못한다.
> • 5두품의 방은 길이와 너비가 18척을 넘지 못하고 느릅나무를 쓰지 못한다.

① 가, 대가 등으로 불렸다.
② 통일 무렵에 소멸되었다.
③ 각종 생산 활동에 종사하였다.
④ 주인에게 예속되어 생활하였다.
⑤ 학문적 식견을 바탕으로 성장하였다.

2 고려 양천제 사회

343 빈출

(가)에 들어갈 내용으로 가장 적절한 것은?

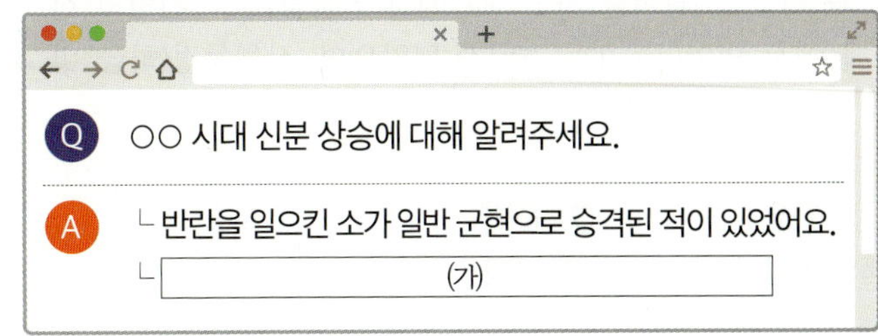

① 지방에서 성주나 장군을 자처하기도 하였어요.
② 당에 유학하여 빈공과에 합격하기도 하였어요.
③ 왕위 쟁탈전을 통해 국왕의 자리에 오르기도 하였어요.
④ 학문 능력을 바탕으로 왕의 정치적 조언자가 되었어요.
⑤ 천민 출신으로 무신 정권의 실권자가 된 사람도 있어요.

344

다음 수업에서 다룰 내용으로 적절한 것만을 〈보기〉에서 고른 것은?

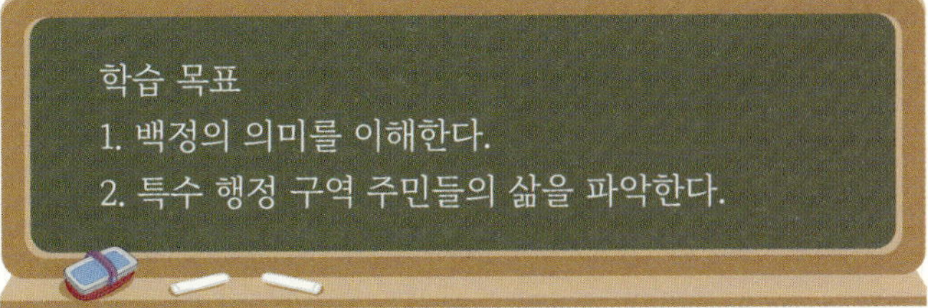

| 보기 |

ㄱ. 진골 귀족이 농장과 사병을 늘렸다.
ㄴ. 노비는 매매, 상속, 증여가 가능하였다.
ㄷ. 향의 주민들은 거주지 이전이 금지되었다.
ㄹ. 9서당에 고구려, 백제계 사람들이 포함되었다.

① ㄱ, ㄴ 　② ㄱ, ㄷ 　③ ㄴ, ㄷ
④ ㄴ, ㄹ 　⑤ ㄷ, ㄹ

345

(가)에 들어갈 용어로 옳은 것은?

> 평량은 평장사 김영관의 노비이다. …… 농사에 힘써 부자가 되었다. 권력을 지닌 교관에게 뇌물을 주고 천인의 신분에서 벗어나 (가) 이/가 되었으며, 산원동정(하급 명예직) 벼슬을 받았다.

① 양인 　　② 문벌 　　③ 호민
④ 하호 　　⑤ 서얼

346 빈출

(가)에 들어갈 내용으로 적절한 것만을 〈보기〉에서 고른 것은?

> **〈○○ 시대 여성의 지위〉**
> • 태어난 순서대로 호적에 기록
> • 음서의 혜택이 외손자에게도 적용
> • (가)

| 보기 |
> ㄱ. 여성의 요구로 이혼 가능
> ㄴ. 적장자 중심의 재산 상속
> ㄷ. 여성도 호주로 등록 가능
> ㄹ. 재혼 여성 자식에 대한 과거 응시 제한

① ㄱ, ㄴ 　　② ㄱ, ㄷ 　　③ ㄴ, ㄷ
④ ㄴ, ㄹ 　　⑤ ㄷ, ㄹ

3 　양반 중심의 사회 구조

347

(가), (나)에 들어갈 용어를 옳게 연결한 것은?

> 조선은 (가) 를 법제화하여 백성을 양인과 천인으로 나누었다. 그러나 양반과 중인이 별도의 신분으로 자리 잡고, 양반과 상민을 엄격히 구분하는 (나) 가 일반화되면서 양반, 중인, 상민, 천민의 네 신분층이 정착되었다.

	(가)	(나)
①	양천제	골품제
②	양천제	반상제
③	골품제	반상제
④	반상제	골품제
⑤	반상제	양천제

348

(가) 계층에 대한 설명으로 옳은 것만을 〈보기〉에서 고른 것은?

> 하늘이 백성을 낳았는데 그 백성이 넷이다. 그중 가장 귀한 것이 선비인데, (가) (이)라고 불리며 …… 농사짓지 않고 장사도 하지 않으며, 문사(文史)를 대강 섭렵하면 크게는 문과에 급제하고 적어도 진사가 된다.

| 보기 |
> ㄱ. 대규모 소청 운동을 전개하였다.
> ㄴ. 주인과 떨어져 살면서 신공을 바쳤다.
> ㄷ. 가족이나 가문을 포함하는 말로 바뀌었다.
> ㄹ. 문반과 무반을 아울러 부르는 명칭이었다.

① ㄱ, ㄴ 　　② ㄱ, ㄷ 　　③ ㄴ, ㄷ
④ ㄴ, ㄹ 　　⑤ ㄷ, ㄹ

349

(가)에 들어갈 계층으로 옳은 것은?

> (가) 에게 과거와 벼슬을 못하게 한 것은 우리나라의 옛 법이다. …… 높은 관직을 가진 자의 아들이지만, 오직 외가가 하찮아서 대대로 벼슬길이 막혀, 비록 뛰어난 재주와 쓸 만한 그릇을 가지고 있으면서도 …… 향리나 수군만도 못하니 불쌍하도다.

① 서리 　　② 서얼 　　③ 호장
④ 백정 　　⑤ 무당

350

(가)에 들어갈 내용으로 적절한 것만을 〈보기〉에서 고른 것은?

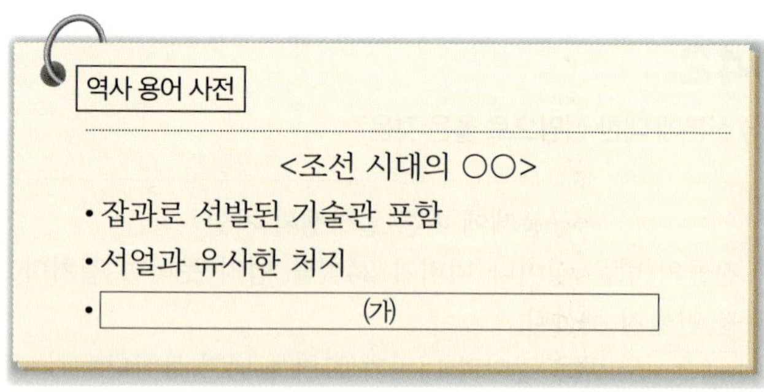

| 보기 |
> ㄱ. 직역을 자녀에게 세습
> ㄴ. 주로 같은 신분끼리 혼인
> ㄷ. 양인이지만 천한 일에 종사
> ㄹ. 백정에 비해 낮은 사회적 지위

① ㄱ, ㄴ 　　② ㄱ, ㄷ 　　③ ㄴ, ㄷ
④ ㄴ, ㄹ 　　⑤ ㄷ, ㄹ

4　조선 후기의 신분제 동요

351 빈출

다음 질문에 대한 답변으로 적절한 것만을 〈보기〉에서 고른 것은?

| 보기 |
ㄱ. 납속책으로 신분을 상승시켰습니다.
ㄴ. 진골과 두품의 구분이 유지되었습니다.
ㄷ. 대나마, 나마 등 관등이 마련되었습니다.
ㄹ. 노비 신분은 어머니를 따르게 하였습니다.

① ㄱ, ㄴ　　　② ㄱ, ㄷ　　　③ ㄱ, ㄹ
④ ㄴ, ㄹ　　　⑤ ㄷ, ㄹ

352

다음 상황이 나타난 배경을 알아보기 위한 탐구 활동으로 가장 적절한 것은?

> 당신은 평생 글을 읽기만 좋아하고 …… 참으로 딱한 노릇입니다. 항상 '양반, 양반'만 찾아대더니 그 양반이라는 것은 결국 한 푼 값어치도 못 되는 것이 아니겠어요?

① 훈구와 사림의 대립 결과를 살펴본다.
② 신량역천에 대한 당시 기록을 분석한다.
③ 외가에 음서가 적용된 사례를 수집한다.
④ 일부다처제에 대한 법적 근거를 찾아본다.
⑤ 붕당 정치의 변질이 끼친 영향을 알아본다.

353 빈출

다음 신분 변동의 영향을 해결하기 위한 노력으로 옳은 것만을 〈보기〉에서 고른 것은?

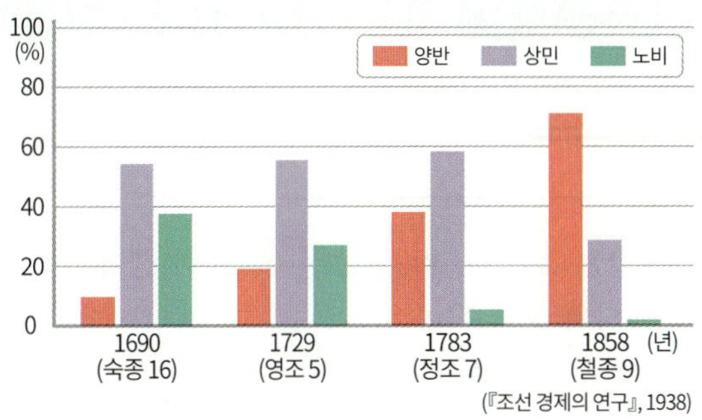

▲ 직역별 호구 구성비(대구)

| 보기 |
ㄱ. 공노비가 해방되었다.
ㄴ. 노비종모법이 실시되었다.
ㄷ. 노비까지 포함하는 속오군이 편성되었다.
ㄹ. 권문세족의 불법 노비를 양인으로 해방시켰다.

① ㄱ, ㄴ　　　② ㄱ, ㄷ　　　③ ㄴ, ㄷ
④ ㄴ, ㄹ　　　⑤ ㄷ, ㄹ

354

밑줄 친 '우리'에 해당하는 계층에 대한 설명으로 옳은 것은?

> 우리와 서얼을 가로막는 것은 나라의 편벽된 일로 몇백 년이 되었다. 서얼은 다행히 조정의 큰 덕을 입어 문관은 승문원, 무관은 선전관에 임명되고 있다. 그런데 우리는 홀로 이 은혜를 입지 못하지 어찌 탄식조차 없겠는가?

① 사헌부, 사간원에 진출하였다.
② 동인 모임인 시사를 개최하였다.
③ 성균관에서 성리학을 공부하였다.
④ 조정으로부터 공음전을 지급받았다.
⑤ 음서를 통해 고위 관직을 차지하였다.

● 바른답·알찬풀이 29쪽

355

밑줄 친 '혜택'에 대한 학생들의 발표 내용으로 가장 적절한 것은?

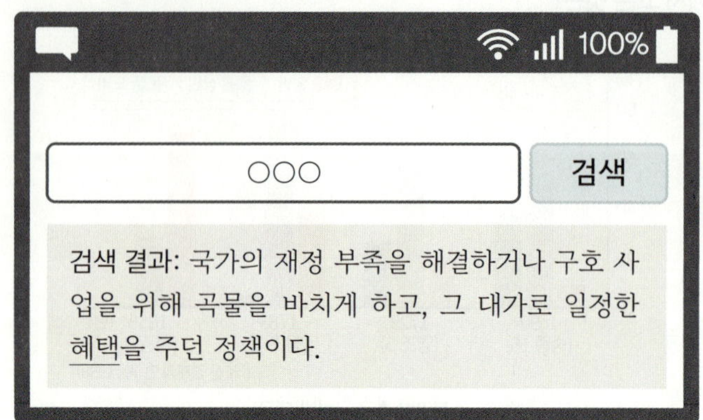

① 청요직으로 진출시켰어요.
② 식읍과 녹읍을 지급하였어요.
③ 노비의 신분을 면하게 해주었어요.
④ 과거에 응시할 수 있도록 하였어요.
⑤ 말갈족을 주요 관직에 임명하였어요.

356

다음 자료에 나타난 시기의 상황으로 옳은 것만을 〈보기〉에서 고른 것은?

근래 새로 양반이 된 신향들이 구향들과 서로 마찰을 빚었습니다. 주자의 영정 그림이 비로 인해 훼손되자 신향의 무리가 혹여 구향이 죄를 물을까 염려하여 남인에게 죄를 전가할 계책을 세웠습니다.

| 보기 |

ㄱ. 공명첩이 발급되었다.
ㄴ. 백성에게 정전이 지급되었다.
ㄷ. 상품 작물 재배가 확대되었다.
ㄹ. 은병, 해동통보 등이 거래에 사용되었다.

① ㄱ, ㄴ　　　② ㄱ, ㄷ　　　③ ㄴ, ㄷ
④ ㄴ, ㄹ　　　⑤ ㄷ, ㄹ

| 357~358 |

다음 자료를 보고 물음에 답하시오.

▲ 고려 시대 특수 행정 구역인 [(가)]의 분포

357

(가)에 들어갈 용어를 쓰시오.

358

(가)에 거주하는 주민들에 대한 차별을 세 가지 서술하시오.

| 359~360 |

다음 자료를 보고 물음에 답하시오.

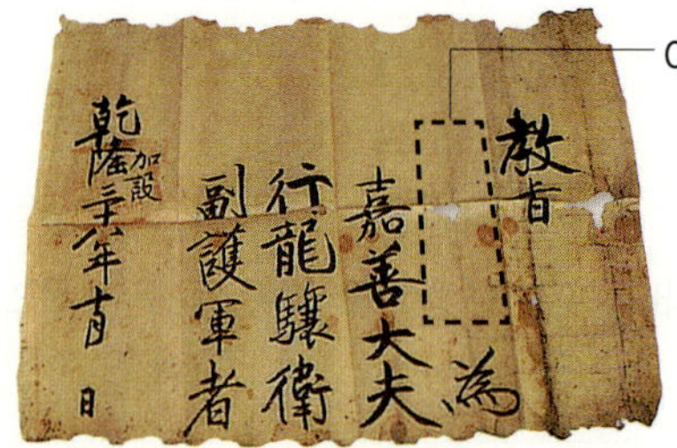

359

위 문서의 명칭을 쓰시오.

360

위 문서 발급의 목적과 영향을 구체적으로 서술하시오.

내신 1등급을 결정하는 고난도 문제를 수록하였습니다.

361

(가) 국가에 대한 설명으로 옳은 것은?

자료는 (가) 에서 군대 동원 등에 사용된 증표인 부절이다. 이를 통해 말갈인으로 여겨지는 섭리계가 좌효유장군에 올랐음을 알 수 있다.

① 읍락에 호민과 하호, 노비가 있었다.
② 관리에게 전지와 시지가 지급되었다.
③ 고구려 유민이 귀족의 다수를 차지하였다.
④ 9서당에 고구려, 백제계 사람이 포함되었다.
⑤ 6두품이 국왕의 정치적 조력자로 성장하였다.

362

(가) 왕조에서 볼 수 있는 모습으로 가장 적절한 것은?

< (가) 시기의 신분 상승 사례>
이영의 아버지 이중선은 안성군의 호장으로 경군으로 선발되었다. …… 이영이 정조주사에게 서류를 제출하면서 읍만 하고 절을 하지 않으니 주사가 노여워하며 욕하였다. 이영이 즉시 그 서류를 찢어 말하기를 "내가 급제하면 조정에 출사할 수 있거늘, 어찌 너 같은 무리에게 예를 차리겠는가?"라고 하였다. 숙종 때 합격하여 직사관이 되었고, 인종 초에는 보문각 학사가 되었다.

① 대아찬으로의 승진을 기뻐하는 귀족
② 방납의 폐단에 불만을 토로하는 농민
③ 외할아버지의 음서로 관리가 되는 청년
④ 회의에서 국가 중대사를 논의하는 진골
⑤ 노비종모법에 따라 양인이 된 어린아이

363

(가) 국가의 신분제에 대한 탐구 활동으로 가장 적절한 것은?

(가) 에는 신분은 양인이지만 천한 일을 하는 계층이 있었다. 수군, 관청의 잡역 담당인 조례, 형사 업무를 담당하는 나장, 지방 고을의 잡역을 맡은 일수, 봉수 업무를 처리하는 봉수군, 역에 근무하는 역졸, 조운에 종사하는 조졸이 바로 여기에 해당한다.

① 골품제의 형성 과정을 정리한다.
② 양천제와 반상제의 차이를 조사한다.
③ 노비안검법의 시행 배경을 파악한다.
④ 성골의 성립과 소멸 경위를 찾아본다.
⑤ 향, 부곡, 소 주민들의 생활을 알아본다.

364

밑줄 친 '까닭'에 해당하는 내용으로 옳은 것만을 〈보기〉에서 고른 것은?

옷차림은 신분의 귀천을 나타내는 것이다. 그런데 어찌 된 까닭인지 근래 이것이 문란해져 상민과 천민이 갓을 쓰고 도포를 입는 것이 마치 조정의 관리나 선비와 같이 한다.

| 보기 |
ㄱ. 납속책이 시행되었다.
ㄴ. 무신 정변에 참여하였다.
ㄷ. 양반의 족보를 위조하였다.
ㄹ. 망이·망소이의 난이 일어났다.

① ㄱ, ㄴ 　　② ㄱ, ㄷ 　　③ ㄴ, ㄷ
④ ㄴ, ㄹ 　　⑤ ㄷ, ㄹ

08 다양한 사상과 문화 교류

1 고대의 사상과 문화 교류

1 불교의 수용과 대중화

	왕권을 강화하고 귀족 중심의 신분제를 정당화하였다.
수용	왕권 강화를 위해 수용 → 신라 불교식 왕명 사용, 왕즉불, 업설
통일 신라	• 불교 대중화: 원효(일심 사상), 의상(화엄 사상) • 선종: 참선 중시, 호족 등의 후원으로 교세 확장
발해	고구려 불교 전통 계승, 왕실과 귀족 중심

영광탑과 이불병좌상이 대표적 문화유산이다.

2 유학과 도교

삼국 시대에 중국에서 수용하여 국가 통치에 활용

유학	• 고구려(태학, 경당), 백제(오경박사), 신라(임신서기석) • 통일 신라: 국학 설립, 독서삼품과 실시 • 발해: 주자감 설치, 유교 덕목으로 6부 명칭 사용
도교	고구려(고분의 사신도), 백제(산수무늬 벽돌, 백제 금동대향로)
풍수지리설	신라 말에 유행 → 호족 성장에 영향

3 문화 교류

중국	한자·유학·불교·도교·과학·예술 등 수용
서역	고구려 벽화의 악기, 통일 신라의 아라비아 상인 왕래 등
일본	한반도 문화 전파 → 아스카 문화와 하쿠호 문화 발전

백제는 유교경전과 불교 등을 전해 주었다. 삼국의 문화는 아스카 문화에, 남북국의 문화는 하쿠호 문화 발전에 영향을 끼쳤다.

2 고려의 사상과 문화 교류

1 유교의 발전과 역사서 편찬

개경에는 국자감, 지방에는 향교를 세웠다.

유교	• 광종(과거제 시행), 성종(개경과 지방에 학교 설립) • 전기: 최충(9재 학당), 김부식 • 성리학: 안향이 본격 소개 → 신진 사대부 사상적 기반
역사서	• 전기: 『삼국사기』(김부식 편찬, 유교적 합리주의 사관) • 후기: 『동명왕편』(이규보), 『삼국유사』(일연), 『제왕운기』(이승휴)

『삼국유사』와 『제왕운기』는 단군을 민족의 시조로 내세웠다.

2 불교, 도교, 풍수지리설

여러 신을 섬기고 국가와 왕실의 태평을 기원하는 행사였다.

불교	• 국가 지원: 연등회·팔관회, 승과 실시 • 의천: 해동 천태종, 교종의 입장에서 선종 통합(교관겸수) • 지눌: 수선사 결사, 선종을 중심으로 교종 포용(돈오점수, 정혜쌍수)
도교	국가 안정과 왕실 번영 기원 → 초제 거행(조선-소격서)
풍수지리설	도참사상과 결합하여 유행 → 서경 천도 운동에 영향

3 문화 교류

송	각종 서적, 자기 기술 수용 → 고려의 학문, 문화 발전
원	• 충선왕의 만권당 설치 → 성리학에 대한 이해 심화 • 문익점: 목화 도입 → 의생활 개선에 기여 • 최무선: 화약 제조 기술 습득 → 왜구 격퇴에 기여

3 조선 전기의 사상과 문화 교류

1 자주적 문화와 성리학의 발달

자주적 문화	훈민정음, 『칠정산』, 앙부일구·측우기 등
성리학	• 이황: 이(理) 중시, 수신과 도덕 강조 → 일본에 영향 • 이이: 상대적으로 기(氣) 중시, 사회 문제 개혁에 관심
사회 규범	• 『삼강행실도』, 『국조오례의』, 『소학』과 『주자가례』 • 사림: 서원 건립, 향약 실시 → 성리학적 윤리 확산

『삼강행실도』는 보급을 위해 한글로 내용이 기재되었다.

2 불교, 도교, 풍수지리설

불교	억불 정책(사원의 토지, 노비 회수), 왕실과 민간 신봉
도교	소격서 설치, 초제 거행(강화 참성단) → 도교 위축
풍수지리설	한양 천도에 반영, 양반의 묘지 선정에 영향

4 조선 후기의 사상과 문화 교류

1 실학의 대두: 성리학의 절대화(사회 문제 해결 한계) → 실학 등장

성리학에 대한 다른 해석을 배척하였다.

자영농 육성	• 토지 소유의 불균형 해소를 통한 자영농 육성 주장 • 유형원, 이익, 정약용 등 『기기도설』을 참조하여 거중기를 만들었다.
상공업 진흥	• 상공업 진흥 주장, 청의 선진 문물 수용 주장 → 북학파 • 유수원, 홍대용, 박지원, 박제가 등

> **꼭 나오는 자료**　　🔗 73쪽 401번, 74쪽 402번 문제로 확인
>
> 조선 후기 실학
>
> • 여(마을)에는 여장을 두고 1여의 농토를 그곳에 사는 사람들이 함께 농사짓는데, …… 세금을 먼저 떼고 …… 나머지를 분배한다(정약용).
> • 재물은 우물과 같다. 퍼내면 차고, 버려두면 말라 버린다(박제가).
>
> 　**자료 분석**　조선 후기 실학자들은 농민 생활의 안정과 상공업 진흥을 통한 사회 문제 해결을 모색하였다.

2 국학의 발달

일부 실학자와 지식인은 중국 중심의 세계관을 비판하며 우리의 역사, 지리, 언어에 관심을 가졌다.

국사	『동사강목』(안정복), 『발해고』(유득공), 『해동역사』(한치윤) 등
지리	『동국지리지』(한백겸), 『택지리』(이중환), 『대동여지도』(김정호) 등
국어	『훈민정음운해』(신경준), 『언문지』(유희) 등

3 천주교와 동학

천주교	서학으로 소개 → 신앙으로 수용(남인 일부 실학자), 평등 사상과 내세의 영생 약속 → 교세 확산, 제사 거부 → 탄압
동학	• 최제우 창시, 존엄성과 평등 강조, 외세 침략 배격 → 교세 확장

4 서민 문화: 한글 소설, 민화, 풍속화, 판소리와 탈춤 등 유행

핵심 주제를 파악할 수 있는 기출 문제를 수록하였습니다.

기본 기출 문제

핵심 개념 문제

● 빈칸에 들어갈 알맞은 말을 쓰시오.

365 신라는 왕이 곧 부처라는 (　　　　) 사상을 내세워 왕실의 권위를 높였다.

366 고려 시대 (　　　　)은/는 여러 신을 섬기고 국가와 왕실의 태평을 기원하는 국가 행사였다.

367 세종은 충신, 효자 등의 행적을 담은 (　　　　)을/를 편찬하였다.

368 19세기 후반 몰락 양반 (　　　　)은/는 동학을 창시하였다.

● 다음 내용이 옳으면 ○표, 틀리면 ✕표를 하시오.

369 고구려는 금동 대향로를 제작하였다. (　　)

370 지눌은 해동 천태종을 창시하고 교종의 입장에서 선종을 통합하려 하였다. (　　)

371 조선 정부는 소격서를 설치하고 초제를 거행하기도 하였다. (　　)

372 조선 후기 천주교 신자들이 제사를 거부하자 조선 정부가 이를 탄압하였다. (　　)

● 괄호 안에 들어갈 알맞은 말을 고르시오.

373 (㉠ 백제, ㉡ 신라)는 일본에 유교 경전을 전해주었다.

374 김부식은 (㉠『삼국사기』, ㉡『삼국유사』)를 편찬하였다.

375 조선 전기 (㉠ 이황, ㉡ 이이)은/는 기(氣)를 중시하여 사회 문제 해결에 관심을 기울였다.

376 (㉠ 정약용, ㉡ 박제가)은/는 상공업 진흥과 청과의 교류를 적극적으로 주장하였다.

● 다음에서 설명하는 용어를 〈보기〉에서 고르시오.

| 보기 |
ㄱ. 국학　　ㄴ. 서원　　ㄷ. 주자감　　ㄹ. 만권당

377 통일 신라 때 설치된 교육 기관이다. (　　)

378 발해의 최고 교육 기관이다. (　　)

379 충선왕이 원에 설치한 독서당이다. (　　)

380 조선 시대 향촌의 교육 기관이다. (　　)

381

(가), (나)에 들어갈 국왕을 옳게 연결한 것은?

> 고구려는 [(가)] 때 전진에서, 백제는 침류왕 때 동진에서 불교를 수용하였다. 신라는 [(나)] 때 이차돈의 순교를 계기로 불교를 공인하였다.

	(가)	(나)
①	소수림왕	법흥왕
②	소수림왕	지증왕
③	소수림왕	진흥왕
④	고국천왕	법흥왕
⑤	고국천왕	진흥왕

382

다음 문화유산을 남긴 국가에 대한 설명으로 옳은 것만을 〈보기〉에서 고른 것은?

| 보기 |
ㄱ. 독서삼품과를 실시하였다.
ㄴ. 일본에 유교 경전을 전해주었다.
ㄷ. 교육 기관으로 국학을 설립하였다.
ㄹ. 6부의 명칭을 유교 덕목으로 정하였다.

① ㄱ, ㄴ　　② ㄱ, ㄷ　　③ ㄴ, ㄷ
④ ㄴ, ㄹ　　⑤ ㄷ, ㄹ

383

(가)에 들어갈 내용으로 옳은 것은?

> ○○○○
> • 김부식이 인종의 명을 받아 편찬
> • 우리나라에서 가장 오래된 역사서
> • [(가)]

① 동명왕의 업적 칭송

② 중국 중심의 역사관 탈피

③ 고조선부터의 역사를 서술

④ 단군을 민족의 시조로 설정

⑤ 유교적 합리주의에 따라 편찬

● 바른답·알찬풀이 32쪽

384

핵심 주제 성리학의 수용

다음을 활용한 탐구 주제로 가장 적절한 것은?

> 충선왕이 원의 수도에 있는 집에 만권당을 지었다. 당시 저명한 원의 학자들인 염복, 요소, 조맹부, 우집 등을 초청하여 교류하며 학문을 연구하는 것으로 즐거움을 삼았다.

① 최충의 학설
② 주자감의 설립
③ 임신서기석의 내용
④ 아스카 문화의 발전
⑤ 성리학에 대한 이해 심화

385

핵심 주제 이황

다음 인물에 대한 학생들의 발표 내용으로 적절한 것만을 〈보기〉에서 고른 것은?

┤ 보기 ├
ㄱ. 권문세족의 폐단을 비판하였습니다.
ㄴ. 빈공과에 응시하여 합격하였습니다.
ㄷ. 일본의 성리학 발전에 영향을 끼쳤습니다.
ㄹ. 백운동 서원에 대한 사액을 건의하였습니다.

① ㄱ, ㄴ ② ㄱ, ㄷ ③ ㄴ, ㄷ
④ ㄴ, ㄹ ⑤ ㄷ, ㄹ

386

핵심 주제 조선의 도교

(가)에 들어갈 내용으로 가장 적절한 것은?

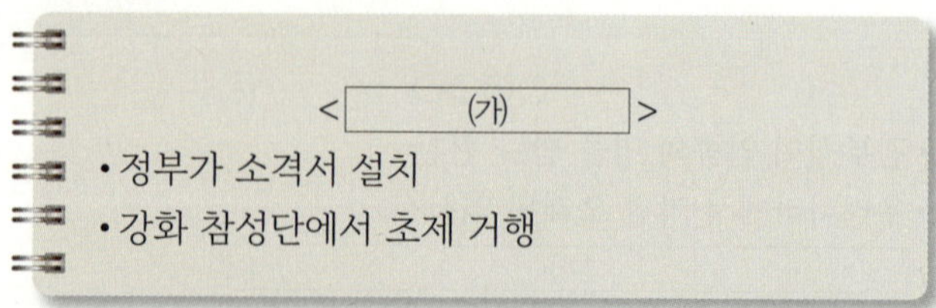

① 이제현의 생애
② 하쿠호 문화의 발전
③ 산수무늬 벽돌의 유행
④ 조선 시대의 도교 문화
⑤ 성리학적 윤리 규범의 확산

387

핵심 주제 조선 후기 국학

(가), (나)에 들어갈 사람이 옳게 연결된 것은?

> 조선 후기에는 국사, 지리, 국어 등 민족의 전통과 현실에 대한 관심이 높아졌다. ⎡ (가) ⎤은 『동사강목』에서 민족사의 독자적 정통성을 내세웠고, ⎡ (나) ⎤은 『발해고』를 지어 발해사에 대한 관심을 높였다.

	(가)	(나)
①	안정복	유득공
②	안정복	한치윤
③	유득공	한치윤
④	한치윤	안정복
⑤	한치윤	유득공

388

핵심 주제 서민 문화

밑줄 친 '새로운 문화'를 알아보기 위한 탐구 활동으로 적절한 것만을 〈보기〉에서 고른 것은?

> 서민들의 사회적 지위와 경제력 향상에 따라 조선 후기에 새로운 문화가 발달하였다. 이 문화는 서민들이 주인공으로 전면에 등장하고, 서민들에 의해 향유되었다.

┤ 보기 ├
ㄱ. 앙부일구의 제작 배경을 살펴본다.
ㄴ. 생활 공간을 장식한 민화의 특징을 분석한다.
ㄷ. 청자상감운학문매병의 제작 기법을 조사한다.
ㄹ. 장시와 포구에서 유행한 탈춤의 내용을 파악한다.

① ㄱ, ㄴ ② ㄱ, ㄷ ③ ㄴ, ㄷ
④ ㄴ, ㄹ ⑤ ㄷ, ㄹ

실력 기출 문제

학교 시험에서 출제율이 높은 문제를 엄선하여 수록하였습니다.

1 고대의 사상과 문화 교류

389

(가) 승려에 대한 설명으로 옳은 것만을 〈보기〉에서 고른 것은?

> ☐ (가) 이/가 노래를 지어 세상에 퍼뜨렸다. …… 가난하고 무지한 사람들도 부처의 이름을 알게 되었고, 모두 나무아미타불을 칭하게 되었으니 (가) 의 교화가 컸다.

| 보기 |
ㄱ. 9산 선문 성립에 기여하였다.
ㄴ. 불교 공인을 위해 순교하였다.
ㄷ. 불교계의 갈등을 해소하려 하였다.
ㄹ. 일심 사상과 아미타 신앙을 내세웠다.

① ㄱ, ㄴ　　② ㄱ, ㄷ　　③ ㄴ, ㄷ
④ ㄴ, ㄹ　　⑤ ㄷ, ㄹ

390 빈출

(가)에 들어갈 내용으로 가장 적절한 것은?

① 불교의 대중화
② 삼국의 도교 문화
③ 풍수지리설의 유행
④ 하쿠호 문화의 발전
⑤ 황룡사 9층 목탑의 건립

391

다음 문화유산을 남긴 국가에 대한 설명으로 옳은 것만을 〈보기〉에서 고른 것은?

| 보기 |
ㄱ. 백련사 결사를 조직하였다.
ㄴ. 교육 기관으로 주자감을 세웠다.
ㄷ. 유학생들이 빈공과에 합격하였다.
ㄹ. 담징이 종이, 먹의 제조법을 일본에 전해주었다.

① ㄱ, ㄴ　　② ㄱ, ㄷ　　③ ㄴ, ㄷ
④ ㄴ, ㄹ　　⑤ ㄷ, ㄹ

392

다음을 뒷받침하는 사례로 적절한 것만을 〈보기〉에서 고른 것은?

> 삼국과 가야의 문화는 고대 일본의 아스카 문화 발달에 기여하였다.

① ㄱ, ㄴ　　② ㄱ, ㄷ　　③ ㄴ, ㄷ
④ ㄴ, ㄹ　　⑤ ㄷ, ㄹ

2 고려의 사상과 문화 교류

393

다음 건의를 수용한 왕조에서 (가) 학문 진흥을 위해 기울인 노력으로 옳은 것은?

> 불교를 행하는 것은 몸을 닦는 근본이며, (가) 을/를 행하는 것은 나라를 다스리는 근원이니, 몸을 닦는 것은 다음 생을 위한 밑천이며 나라를 다스리는 것은 지금의 할 일입니다.

① 독서삼품과를 마련하였다.
② 태학과 경당을 설립하였다.
③ 아라비아 상인과 교류하였다.
④ 개경과 지방에 학교를 세웠다.
⑤ 6부의 명칭을 유교 덕목으로 정하였다.

394

다음을 활용한 탐구 주제로 가장 적절한 것은?

① 도참사상의 변천
② 풍수지리설의 유행
③ 왕즉불 사상의 영향
④ 고려 문벌 사회의 형성
⑤ 성리학의 본격적인 소개와 확산

395

(가) 승려에 대한 설명으로 옳은 것은?

> 수선사는 (가) 이/가 불교 개혁 운동의 중심지로 삼은 결사의 이름이자 사찰의 명칭이다. 그는 참선과 독경, 노동에 고루 힘써야 한다는 개혁 운동을 벌였다.

① 서경 천도를 주장하였다.
② 화엄 사상을 정립하였다.
③ 『삼국유사』를 집필하였다.
④ 해동 천태종을 창시하였다.
⑤ 선종을 중심으로 교종을 포용하려 하였다.

396 빈출

(가)에 들어갈 문화유산으로 가장 적절한 것은?

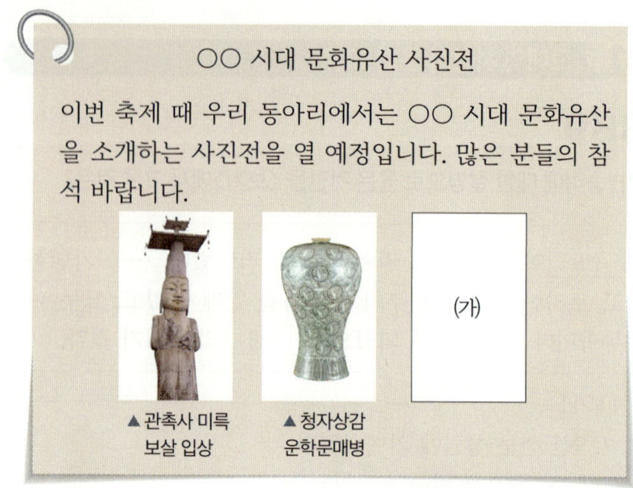

①  ② 

③  ④ 

⑤ 

397

(가) 행사에 대한 설명으로 옳지 않은 것은?

> 내가 지극하게 여기는 것은 연등회와 (가) 에 있으니, 연등회는 부처를 섬기는 까닭이고, (가) 은/는 하늘의 신령 및 오악·명산·대천·용신을 섬기는 까닭이다.

① 모든 계층이 함께하였다.
② 국가와 왕실의 태평을 기원하였다.
③ 일본 등 주변국 사절단이 참석하였다.
④ 서역 상인이 축하 선물을 바치기도 하였다.
⑤ 가(加)들이 모여 국가 중대사를 결정하였다.

3 조선 전기의 사상과 문화 교류

398

밑줄 친 ㉠이 활용된 사례로 옳은 것만을 〈보기〉에서 고른 것은?

> 나랏말이 중국과 달라 …… 어리석은 백성들이 말하고 싶은 것이 있어도 마침내 제 뜻을 잘 표현하지 못한다. 내가 이를 딱하게 여겨 새로 ㉠28자를 만들었으니 …….

| 보기 |
ㄱ. 『용비어천가』가 편찬되었다.
ㄴ. 하급 관리 시험에 사용되었다.
ㄷ. 『삼국사기』 집필의 토대가 되었다.
ㄹ. 임신서기석 제작에 영향을 끼쳤다.

① ㄱ, ㄴ ② ㄱ, ㄷ ③ ㄴ, ㄷ
④ ㄴ, ㄹ ⑤ ㄷ, ㄹ

399

다음에 해당하는 문화유산으로 옳은 것만을 〈보기〉에서 고른 것은?

> 조선은 유교 이념에 따라 백성이 근본이 되는 정치를 추구하여 농업을 중시하였다. 특히 천문학을 매우 강조하였다.

| 보기 |

① ㄱ, ㄴ ② ㄱ, ㄷ ③ ㄴ, ㄷ
④ ㄴ, ㄹ ⑤ ㄷ, ㄹ

400

(가) 인물에 대한 설명으로 옳은 것은?

> 우리나라의 훌륭한 성리학자들의 문집 가운데 일본 사람들이 가장 높게 여기는 것은 　(가)　의 저작이다. 그래서 집집마다 읽고 외우고 있다. 에도의 문인들이 필담할 때 가장 먼저 묻는 것이 　(가)　의 학설에 대한 것이다.

① 고려 건국에 기여하였다.
② 백운동 서원을 건립하였다.
③ 수신과 도덕을 강조하였다.
④ 연행사로 청을 왕래하였다.
⑤ 만권당에서 학문을 연구하였다.

4 조선 후기의 사상과 문화 교류

401 빈출

다음 주장에 동조한 사람들에 대한 설명으로 옳은 것만을 〈보기〉에서 고른 것은?

> 비유컨대 재물은 대체로 우물과 같다. 퍼내면 차고, 버려 두면 말라 버린다. 그러므로 비단을 입지 않아 나라에 비단 짜는 사람이 없으면 여공이 쇠퇴하고 …… 장인의 일이 없어지면 그 기술과 재주는 사라지게 된다.

| 보기 |
ㄱ. 북학파라고도 불렸다.
ㄴ. 『성학십도』를 저술하였다.
ㄷ. 청 문물 수용을 주장하였다.
ㄹ. 경천사지 10층 석탑을 세웠다.

① ㄱ, ㄴ ② ㄱ, ㄷ ③ ㄴ, ㄷ
④ ㄴ, ㄹ ⑤ ㄷ, ㄹ

● 바른답·알찬풀이 **33쪽**

402 빈출

다음을 주장한 인물에 대한 설명으로 옳은 것은?

> 마을에서는 그곳에 사는 사람들이 1여의 농토를 함께 농사 짓는데, 내 땅 네 땅의 구별이 없다. 사람들이 하는 일을 여장이 장부에 매일 기록한다. …… 추수가 끝나면 세금을 먼저 떼고 여장의 봉급을 준 뒤, 장부의 기록을 기준으로 나머지를 분배한다.

① 서얼 출신이었다.
② 『발해고』를 저술하였다.
③ 『택리지』를 집필하였다.
④ 『기기도설』의 영향을 받았다.
⑤ 청에 포로로 끌려가기도 하였다.

403

다음 두 사상의 공통점으로 옳은 것만을 〈보기〉에서 고른 것은?

> • 남인 계열의 일부 실학자에 의해 수용된 후 점차 확산되었다.
> • 19세기 후반 서양 세력과 서학의 침투에 맞서 창시된 종교로 인간의 존엄성을 강조하였고 서양과 일본 침략을 배척하였다.

┤ 보기 ├
ㄱ. 최제우에 의해 창시되었다.
ㄴ. 내세의 영생을 약속하였다.
ㄷ. 조선 정부의 탄압을 받았다.
ㄹ. 평등 사상을 앞세워 확산하였다.

① ㄱ, ㄴ   ② ㄱ, ㄷ   ③ ㄴ, ㄷ
④ ㄴ, ㄹ   ⑤ ㄷ, ㄹ

✎ 1등급을 향한 서답형 문제

| 404~405 |

다음 자료를 보고 물음에 답하시오.

404

위 문화유산의 명칭을 쓰시오.

405

위 문화유산에 반영된 사상적 특징을 구체적으로 서술하시오.

| 406~407 |

다음 자료를 읽고 물음에 답하시오.

> 탁월한 행실과 높은 절개가 풍속에 휩쓸리지 않아 사람을 깨우치는 자가 많았다. 그 가운데 훌륭한 것을 뽑아 그림을 그리고 글을 지어 안팎에 반포하고자 하니, 배우지 못한 백성도 모두 보고 느낄 것이다.   - (가) 서문 -

406

(가) 책의 명칭을 쓰시오.

407

조선 정부가 (가) 책을 편찬한 목적을 서술하시오.

적중 1등급 문제

내신 1등급을 결정하는 고난도 문제를 수록하였습니다.

408

다음 자료에 나타난 사상이 끼친 영향으로 적절한 것만을 〈보기〉에서 고른 것은?

> 도선이 당에 들어가 공부하고 돌아왔다. 백두산에 올랐다가 곡령에 이르러 세조(왕건의 아버지)가 새로 지은 집을 보고 "기장을 심을 땅에 어찌 마를 심었는가?"라고 하고 가버렸다. 부인이 이 말을 듣고 알리자 세조가 급히 쫓아갔는데, 만나 보니 마치 오래전부터 알던 사이 같았다. 드디어 함께 곡령에 올라 산수의 맥을 살펴보고 위로 천문을 살펴보았다.

| 보기 |
ㄱ. 화엄 사상이 정립되었다.
ㄴ. 연등회와 팔관회가 개최되었다.
ㄷ. 지방 호족의 성장을 합리화하였다.
ㄹ. 금성 중심의 국토관에 변화를 가져왔다.

① ㄱ, ㄴ   ② ㄱ, ㄷ   ③ ㄴ, ㄷ
④ ㄴ, ㄹ   ⑤ ㄷ, ㄹ

409

다음 내용이 담긴 역사서가 고려 시대에 편찬된 배경으로 가장 적절한 것은?

> 환인에게 서자가 있었는데, 환웅이라고 하였다. 환인이 환웅에게 이르기를 "내려가서 삼위태백에 이르러 널리 인간을 이롭게 하라."라고 하였다. …… 아이를 낳아 이름을 단군이라 하였다. 단군은 조선 지역에 자리 잡고 왕이 되었다.

① 문벌 사회가 안정되었다.
② 개경에 국자감이 설립되었다.
③ 최승로가 시무 28조를 제출하였다.
④ 몽골 침략 이후 자주 의식이 높아졌다.
⑤ 이제현 등이 성리학에 대한 이해를 심화하였다.

410

(가) 기관에 대한 설명으로 옳은 것만을 〈보기〉에서 고른 것은?

| 보기 |
ㄱ. 빈공과 합격생을 배출하였다.
ㄴ. 성리학이 수용되는 토대가 되었다.
ㄷ. 선현을 제사 지내고 유학을 가르쳤다.
ㄹ. 사족의 여론을 수렴하는 역할을 하였다.

① ㄱ, ㄴ   ② ㄱ, ㄷ   ③ ㄴ, ㄷ
④ ㄴ, ㄹ   ⑤ ㄷ, ㄹ

411

다음 인물에 대한 설명으로 옳은 것은?

① 『삼국사기』를 편찬하였다.
② 사문난적으로 공격받았다.
③ 태학에서 유학을 가르쳤다.
④ 정당성에서 국정 사무를 처리하였다.
⑤ 골품제를 비판하며 개혁안을 제출하였다.

단원 마무리 문제

05 국제 관계와 대외 교류

412

(가)에 들어갈 내용으로 가장 적절한 것은?

수행평가 보고서

• 주제: ⬚ (가) ⬚
• 수집 자료
- 동성왕 20년 탐라에서 공물을 바치지 않자 군사를 보내 무진주에 이르렀다. 탐라에서 소문을 듣고 사신을 보내 사죄하므로 공격을 중지하였다.
- 무예가 왕위에 올라 영토를 크게 개척하니, 동북의 모든 오랑캐가 겁을 먹고 그를 섬겼다. …… 연호를 인안으로 고쳤다.

① 가야의 중계 무역
② 고구려의 대외 관계
③ 아스카 문화의 발전
④ 고대 국가의 독자적 천하관
⑤ 중국의 분열과 삼국의 팽창

413

(가) 시기에 볼 수 있는 모습으로 적절한 것은?

⬚ (가) ⬚ 시기의 교류 양상

• 충렬왕 4년에 이르러서는 온 나라가 중국의 옷을 입게 되었다. 이때부터는 재상부터 하급 관료까지 머리털을 바짝 깎지 않은 이가 없었다.
• 지정 연간 이래 궁중의 급사와 사령은 태반이 고려의 여인이었다. 이에 사방에서 의복과 신발, 모자와 그릇 등을 모두 고려의 것을 따랐다.

① 야마토 정권에 파견되는 사신
② 정동행성에서 사무를 처리하는 관리
③ 적군의 장수와 외교 담판을 벌이는 서희
④ 장문휴와 함께 등주 지방을 공격하는 군인
⑤ 중국 상인에게 판매할 물품을 점검하는 만상

414

(가) 국가에 대한 설명으로 옳은 것은?

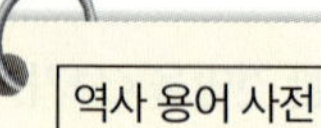

역사 용어 사전

철령위

철령은 관서와 관북 지역을 나누는 기준이 되는 곳이다. 과거 이 지역에는 원이 쌍성총관부를 설치하였다. 철령위는 ⬚ (가) ⬚ 이/가 철령 이북 지역은 원래 원의 영역이었다고 주장하며 이 지역을 다스리기 위해 설치하려 한 군사 기구다.

① 고려가 (가)에 맞서 요동 정벌을 시도하였다.
② 고려는 (가)의 침입 이후 천리장성을 쌓았다.
③ 고구려는 안시성에서 (가)의 군대를 물리쳤다.
④ 신라는 (가)와 동맹을 맺고 백제를 무너뜨렸다.
⑤ 발해는 (가)의 압력에 맞서 요서 지방을 공격하였다.

415

(가) 민족에 대한 탐구 활동으로 적절한 것만을 〈보기〉에서 고른 것은?

다음은 김종서가 ⬚ (가) ⬚ 을/를 몰아낸 후 6진에 머물던 시기의 일화를 그린 「야연사준도」이다.

┤ 보기 ├
ㄱ. 최윤덕의 활동을 검색한다.
ㄴ. 계해약조의 내용을 분석한다.
ㄷ. 별무반의 편성 경위를 조사한다.
ㄹ. 이종무가 쓰시마섬을 토벌한 이유를 파악한다.

① ㄱ, ㄴ ② ㄱ, ㄷ ③ ㄴ, ㄷ
④ ㄴ, ㄹ ⑤ ㄷ, ㄹ

416

다음 지도가 조선 사회에 끼친 영향으로 가장 적절한 것은?

① 백두산정계비가 건립되었다.
② 조선 중화주의가 대두하게 되었다.
③ 막부의 요청으로 통신사가 파견되었다.
④ 중국 중심의 세계관이 흔들리게 되었다.
⑤ 효종 주도로 치욕을 씻자는 운동이 전개되었다.

| 417~418 |

다음 자료를 읽고 물음에 답하시오.

당 고종이 　(가)　 에 사신을 보내어 일렀다. "너희는 해외의 작은 나라로서 태종이란 칭호를 사용하여 천자의 칭호를 참람하게 썼는데, 이는 불충하니 속히 그 칭호를 고치도록 하라." 이에 왕이 글을 올려 답하였다. "우리는 비록 작은 나라지만 거룩한 신하를 얻어 삼국을 통일하였으므로 태종이라 한 것입니다."

417 　단답형

(가)에 들어갈 국가를 쓰시오.

418 　서술형

(가) 국가의 8세기 이후 대외 교류 상황을 두 가지 서술하시오.

06 수취 체제와 경제생활

419

다음 자료에 나타난 시기에 볼 수 있는 모습으로 가장 적절한 것은?

- 재상가에는 항상 녹(祿)이 끊이지 않았고, 부리는 사람이 3천 명이며, 무기와 소, 말, 돼지도 그 수와 비슷하였다.
- 금성에서 해내(海內)에 이르기까지 기와집이 이어졌고, 풍악과 노래 소리가 길에 끊이지 않았다.

① 군포를 납부하는 청년
② 2년 3작의 밭농사를 짓는 농민
③ 동시에서 물품을 구입하는 주민
④ 벽란도를 왕래하는 아라비아 상인
⑤ 은병(활구)으로 물품을 구입하는 귀족

420

(가)에 들어갈 주제로 적절한 것은?

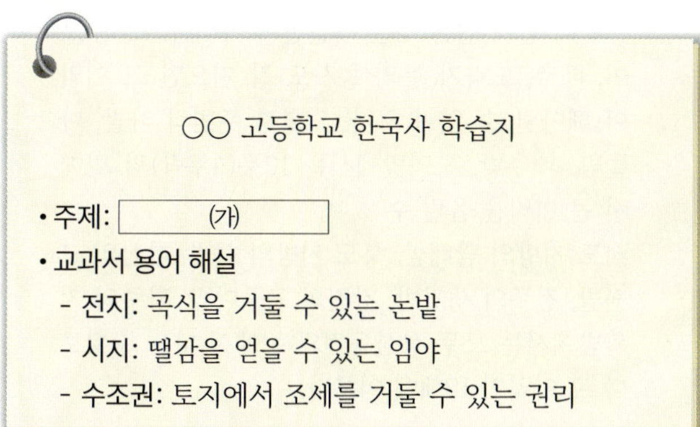

① 식읍의 지급
② 신문왕의 왕권 강화
③ 고려 시대 전시과의 운영
④ 『농사직설』의 편찬과 보급
⑤ 태조 왕건의 민생 안정 정책

421

다음 변화가 나타난 배경을 알아보기 위한 탐구 활동으로 가장 적절한 것은?

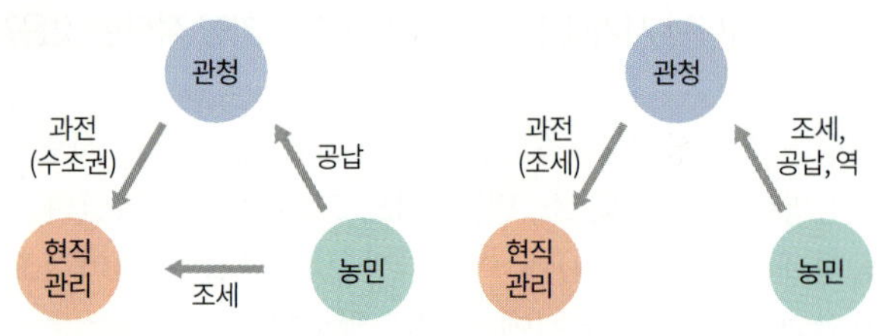

① 신라촌락문서의 내용을 분석한다.
② 관수 관급제의 시행 배경을 파악한다.
③ 전민변정도감이 설치된 목적을 찾아본다.
④ 직전법의 폐지가 가져온 결과를 알아본다.
⑤ 역분전의 지급이 이루어진 배경을 조사한다.

422

(가)에 들어갈 내용으로 가장 적절한 것은?

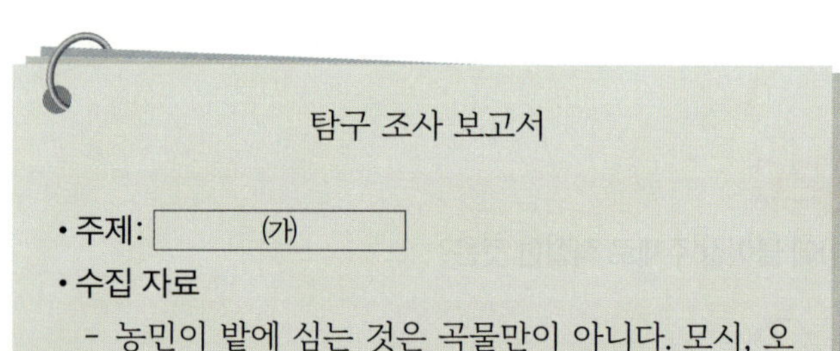

탐구 조사 보고서

- 주제: (가)
- 수집 자료
  - 농민이 밭에 심는 것은 곡물만이 아니다. 모시, 오이, 배추, 도라지 등의 농사도 잘 지으면 그 이익이 헤아릴 수 없이 크다. 도회지 주변의 파밭, 마늘밭, 배추밭, 오이밭에서는 10무(4두락)의 밭에서 큰 이익을 올릴 수 있다.
  - 서도 지방의 담배밭, 북도 지방의 삼밭, 한산의 모시밭, 전주의 생강밭, 강진의 고구마밭, 황주의 지황밭에서는 모두 상상등전의 논에서 나는 수확보다 그 이익이 10배에 이른다.

① 우경의 보급
② 인삼의 수출
③ 목화의 도입
④ 금난전권의 폐지
⑤ 상품 작물의 재배

423

(가)에 들어갈 내용으로 가장 적절한 것은?

○○ 고등학교 한국사

형성 평가

1. 다음 국가와 경제생활을 옳게 연결하세요.
   고려 •   • (가)
   조선 •   • 진대법 시행
   고구려 •   • 상평통보 유통
   통일 신라 •   • 녹읍의 폐지와 부활

① 백성에게 정전 지급
② 15세 이상 남성에게 역 부과
③ 하급 관리의 유가족에게 구분전 지급
④ 토지를 비옥도에 따라 6등급으로 구분
⑤ 재산 정도에 따라 호를 나눠 조세 징수

| 424~425 |

다음 자료를 읽고 물음에 답하시오.

이 법은 공물의 부담을 고르게 하여 백성을 편안케 하기 위한 것이니 실로 사회의 폐단을 시정할 수 있는 좋은 계책입니다. 이제 마땅히 호서 지방에서도 시행해야 하는데, 삼남 지방에는 부호들이 많이 있습니다. 이들이 이 법을 좋아하지 않지만, 국가에서 법을 시행하는 데 있어 마땅히 일반 백성들의 바람을 따라야 합니다.

424 단답형

밑줄 친 '이 법'의 명칭을 쓰시오.

425 서술형

위 법의 시행 배경, 내용, 영향을 서술하시오.

07 신분제에 기반한 사회 구조

426

밑줄 친 '우리나라'에 대한 설명으로 옳은 것은?

> 설계두가 말하였다. "우리나라에서는 사람을 등용하는 데 골품을 따진다. 그 족속이 아니면 큰 재주와 뛰어난 공이 있어도 신분을 넘을 수가 없다. 나는 서쪽 중국으로 가서 뛰어난 지략으로 큰 공을 세워 내 힘으로 영광스러운 관직에 오를 것이다. 그리고 높은 관리의 옷을 입고 칼을 차고서 천자의 곁을 드나들면 만족하겠다."

① 청에 연행사를 파견하였다.
② 풍흉에 따라 조세를 차등 징수하였다.
③ 지방에서 호족이 성주나 장군을 칭하였다.
④ 육의전을 제외한 시전의 금난전권을 폐지하였다.
⑤ 고구려 유민이 지배층인 귀족의 다수를 차지하였다.

427

다음 자료의 시대에 볼 수 있는 모습으로 적절한 것만을 〈보기〉에서 고른 것은?

> <사료로 보는 한국사>
>
> 김씨는 대대로 세력 있는 집안이다. 박씨와 더불어 가문의 명망이 서로 대등하였기 때문에, 자손들 가운데 글을 잘하고 학문에 정진함으로써 등용된 사람이 많다.
>
> <해설> 위 자료는 인종 때 사신으로 방문한 서긍이 김부식을 만난 후 그의 가문에 대해 기록한 것이다. 김부식의 증조부는 향리 출신으로 아버지가 과거에 합격한 후 후손들이 연달아 고위직에 오르면서 김부식 가문은 문벌로 성장하였다.

| 보기 |
ㄱ. 공음전을 세습 받는 관리의 자손
ㄴ. 일반 군현에 거주하며 농사를 짓는 백정
ㄷ. 무관이 되기 위해 무과에 응시하는 향리 자제
ㄹ. 부산포의 왜관에서 일본 상인과 거래하는 상인

① ㄱ, ㄴ   ② ㄱ, ㄷ   ③ ㄴ, ㄷ
④ ㄴ, ㄹ   ⑤ ㄷ, ㄹ

428

다음을 활용한 탐구 주제로 가장 적절한 것은?

> • 조원정은 옥을 다듬는 기술자의 아들이다. 어머니와 할머니가 관청의 기생이었다. 원래 관직이 7품으로 제한되었지만, 정중부의 난 때 이의방을 도와 낭장과 장군을 맡았다. 명종 때 공부 상서로 임명되었고, 이후 추밀원 부사가 되었다.
> • 유청신의 초명은 유비이고, 장흥부 고이부곡 사람이다. …… 몽골어를 배워서 여러 번 사신을 따라 중국에 가서 응대를 잘하였으므로 이로 인하여 왕의 신임을 얻어 낭장에 임명되었다. …… 왕의 교서에 이르기를 "…… 고이부곡을 고흥현으로 승격시키도록 하라."라고 하였다.

① 고려 중간 계층의 동향
② 고려의 신분 상승 사례
③ 신량역천의 사회적 처지
④ 하층민의 봉기에 대한 대응
⑤ 무신 정변 시기의 사회 상황

429

(가) 계층에 대한 학생들의 발표 내용으로 가장 적절한 것은?

> 하늘이 백성을 내시고 이를 나누었으니, 사농공상이 각각 자기의 분수가 있습니다. 선비는 여러 가지 일을 다스리고, 농부는 농사에 힘쓰며, (가) 은/는 공예의 일을 맡고, 상인은 물화의 유무를 서로 통하게 하는 것이니 뒤섞여서는 안 됩니다.
> -『성종실록』-

① 소에 거주하였습니다.
② 주로 관청에 소속되었습니다.
③ 덕대의 지휘 아래 노동하였습니다.
④ 매매·상속·증여의 대상이었습니다.
⑤ 지방 장시를 무대로 활동하였습니다.

430

다음 자료에 나타난 시기의 사회 상황으로 옳은 것은?

근래 세상의 도리가 점차 썩어, 돈 많고 힘 있는 백성들이 군역을 피하고자 한다. 간사한 아전, 임장(호적 담당 임시직)과 한통속이 되어 뇌물을 쓰고 호적을 위조하여 '유학'이라 거짓으로 올리고 면역하거나 다른 고을로 옮겨 가서 스스로 양반 행세를 한다.

① 『경국대전』이 완성되었다.
② 위화도 회군이 단행되었다.
③ 김흠돌의 반란이 진압되었다.
④ 사화로 사림이 피해를 입었다.
⑤ 구향과 신향의 대립으로 향전이 발생하였다.

| 431~432 |

다음 자료를 읽고 물음에 답하시오.

[가] 의 여러 차례 집단 상소로 영조와 정조 때에는 [가] 의 관직 진출이 이전에 비해 크게 확대되었다. 특히 정조는 당시 핵심 정치 기구였던 규장각에 검서관이라는 관직을 마련하였다. 그리고 초대 검서관에 당시 명문가의 [가] 가운데 학식과 재능이 탁월하여 이름이 널리 알려진 이덕무 등을 임명하였다.

431 단답형

(가) 계층을 쓰시오.

432 서술형

(가) 계층의 사회적 처지와 받은 차별을 서술하시오.

08 다양한 사상과 문화 교류

433

다음 제도를 시행한 국가가 남긴 문화유산으로 옳은 것은?

학생은 글을 읽어 세 등급으로 벼슬길에 나아갔다. 『춘추좌씨전』이나 『예기』 또는 『문선』을 읽어 통달하고 『논어』와 『효경』에도 밝은 자를 상(上)으로, 『곡례』, 『논어』, 『효경』을 읽은 자를 중(中)으로 『곡례』, 『효경』을 읽은 자를 하(下)로 하였다. 오경과 삼사와 제자백가의 책을 모두 통달한 자는 등급을 넘어 발탁하였다.

① 
② 
③ 
④ 
⑤ 

434

밑줄 친 '새로운 학문'에 대한 학생들의 발표 내용으로 적절한 것만을 <보기>에서 고른 것은?

경전 해석에 힘쓰던 기존의 유학과는 달리 우주의 원리와 인간의 심성을 철학적으로 탐구하는 새로운 학문으로 남송의 주희가 집대성하였다.

┤ 보기 ├
ㄱ. 조선 건국의 기반이 되었어요.
ㄴ. 독서삼품과에 영향을 끼쳤어요.
ㄷ. 안향에 의해 고려에 본격 소개되었어요.
ㄹ. 『삼국사기』 편찬의 학문적 토대가 되었어요.

① ㄱ, ㄴ ② ㄱ, ㄷ ③ ㄴ, ㄷ
④ ㄴ, ㄹ ⑤ ㄷ, ㄹ

II

435

다음 자료를 활용한 탐구 주제로 가장 적절한 것은?

▲ 의천

▲ 지눌

① 연등회와 팔관회의 성격
② 교종과 선종을 통합하려는 노력
③ 9산 선문의 성립과 호족의 후원
④ 불교식 왕명의 수용과 왕권 강화
⑤ 아미타 신앙의 전파와 불교 대중화

436

(가), (나)에 들어갈 용어를 옳게 연결한 것은?

16세기 이후 사림은 각 지방에 [(가)] 을/를 세우고 [(나)] 을/를 보급하여 향촌 사회에 성리학적 윤리를 확산시켰다. [(가)] 은/는 훌륭한 유학자에게 제사를 지내며 성리학을 연구하고 인재를 키우는 교육 기관이었다. [(나)] 은/는 향촌 사회의 전통적인 공동 조직에 유교 윤리를 결합시킨 자치 규약이었다.

	(가)	(나)
①	서원	향약
②	서원	유향소
③	서원	시무 28조
④	유향소	향약
⑤	유향소	시무 28조

437

밑줄 친 '그림'으로 옳지 <u>않은</u> 것은?

조선 후기 상품 화폐 경제의 발달로 서민의 경제력이 향상되고 서당 교육이 확대되면서 서민층이 새로운 문화의 주체로 성장하였다. 이에 당시 사람들의 일상생활 모습을 그린 그림이 유행하였다. 특히 김홍도와 신윤복의 그림이 유명하였다.

① 

② 

③ 

④ 

⑤ 

| 438~439 |

다음 자료를 읽고 물음에 답하시오.

짐은 삼한의 산천 신령의 도움에 힘입어 백제와 신라를 무너뜨리고 통일의 대업을 성취하였다. 서경은 수덕이 순조로워서 …… 대업을 만대에 전할 땅이다. …… 왕이 그곳에 가서 100일이 넘도록 머물러 나라의 안녕을 이루도록 하라.

438 [단답형]

자료에 반영된 사상을 쓰시오.

439 [서술형]

위 사상이 고려 시대에 끼친 정치적 영향을 대표적인 사례를 들어 서술하시오.

Ⅲ 근대 국가 수립의 노력

09 개항과 근대적 개혁의 추진

1 제국주의의 확산과 동아시아의 변동

1 제국주의의 확산

(1) 제국주의 논리: 사회 진화론, 백인 우월주의

(2) 제국주의 확산: 서구 열강이 우월한 경제력과 군사력을 앞세워 식민지를 차지하는 대외 팽창 정책(제국주의)

2 청과 일본의 개항

5개 항구 개항, 홍콩 할양, 공행 폐지의 조항이 포함되었다.

청	• 아편 전쟁에서 영국에 패배 → 난징 조약 체결(1842) • 양무 운동: 중체서용을 바탕으로 근대화 운동 추진
일본	• 미국이 함대를 보내 개항 요구 → 미일 화친 조약 체결(1854), 이후 미일 수호 통상 조약 체결 • 메이지 유신: 정치·경제·사회 등 전 분야에 걸친 근대적 개혁

2 통상 수교 거부 정책과 양요

1 병인박해와 제너럴 셔먼호 사건

병인박해	• 배경: 프랑스를 이용한 러시아 견제 시도와 실패 → 천주교 금지 여론 고조 • 전개: 수많은 천주교 신자와 프랑스 선교사들을 처형
제너럴 셔먼호 사건	• 미국 상선 제너럴 셔먼호가 대동강을 거슬러 올라와 통상 요구 → 평양 관민과 충돌 → 평안도 관찰사 박규수의 지휘, 제너럴 셔먼호 침몰

평안도 관찰사 박규수가 통상 수교 거절 의사를 밝혔음에도 제너럴 셔먼호 선원들이 횡포를 부렸다.

2 병인양요(1866)

배경	프랑스가 병인박해를 구실로 조선 침략
전개	한성근 부대가 김포 문수산성, 양헌수 부대가 강화 삼랑성(정족산성)에서 프랑스군을 물리침
결과	프랑스군이 철수하면서 외규장각 도서와 문화유산 등 약탈

3 오페르트 남연군 묘 도굴 미수 사건(1868)

(1) 배경: 독일 상인 오페르트의 통상 요구 → 조선 정부가 거절

(2) 전개: 오페르트 일행이 흥선 대원군의 아버지인 남연군의 무덤을 도굴하여 통상을 요구하려다 실패

(3) 영향: 흥선 대원군의 통상 수교 거부 정책 강화

꼭 나오는 자료

84쪽 453번 문제로 확인

오페르트의 통상 요구에 대한 조선 정부의 답변

이번 덕산 묘지에서 저지른 사건은 사람으로서 차마 할 수 없는 일이다. …… 따라서 우리나라 신하와 백성은 …… 귀국과는 같은 하늘을 이고 살 수 없다는 것을 다짐할 뿐이다.

자료 분석 독일 상인 오페르트는 조선에 통상을 요구하였으나 거절당하였다. 그러자 흥선 대원군의 아버지 남연군의 무덤을 도굴하여 통상을 요구하려 하였다. 이 사건은 서양인에 대한 반감을 키우는 계기가 되었다.

4 신미양요(1871)

배경	미국이 제너럴 셔먼호 사건을 구실로 조선에 배상금 지불과 개항 요구 → 흥선 대원군의 거부
전개	미국이 군함 5척과 1,200여 명의 병력으로 강화도 침공(신미양요), 미군의 초지진 함락과 광성보 공격 → 어재연의 조선 수비대가 항전하였으나 패배, 흥선 대원군이 장기전 대비 → 미군 철수
영향	흥선 대원군이 전국 각지에 척화비 건립

3 개항과 근대적 조약 체제

1 강화도 조약

운요호가 강화도에 접근하자 조선 수비대가 경고 포격을 하였다. 이를 구실로 운요호는 초지진을 포격하고 영종도에 상륙해 살인과 약탈을 자행하였다.

배경	• 박규수 등이 통상 개화론 주장, 고종의 친정으로 통상 수교 거부 정책 완화, 일본에서 '정한론' 대두 • 운요호 사건(1875)을 계기로 일본이 문호 개방 요구
전개	• 조선이 자주국이라 명시(조선에 대한 청 간섭 배제) • 부산 비롯 3개 항구 개항, 일본 상인의 자유로운 무역 활동 보장, 해안 측량권 허용, 영사 재판권(치외 법권) 규정
영향	• 조일 수호 조규 부록: 개항장에 일본인 조계(거류지) 설정, 개항장 내 일본 화폐 유통 허용 • 조일 무역 규칙: 무제한 양곡 유출 허용, 일본 상품 무관세

조선은 강화도 조약 체결로 만국 공법에 기반한 근대적 조약 체제로 편입되었다.

꼭 나오는 자료

84쪽 456번 문제로 확인

강화도 조약(조일 수호 조규)

제1관 조선국은 자주 국가로 일본국과 평등한 권리를 가진다.

제4관 조선국 정부는 부산과 두 곳의 항구를 별도로 지정하여 일본인이 통상하도록 허가한다.

제7관 일본국 항해자들이 수시로 조선국 연해의 해안을 측량하도록 허가한다.

제10관 일본국 국민이 조선국이 지정한 각 항구에 머무는 동안 죄를 범한 것이 조선국 국민에게 관계되는 사건일 때는 모두 일본국 관원이 심판한다.

자료 분석 강화도 조약은 조선이 외국과 맺은 최초의 근대적 조약이다. 하지만 해안 측량권, 영사 재판권(치외 법권) 등을 인정하여 일본에 유리한 불평등 조약이었다.

조약 체결 후 미국 특명 전권 공사가 한성에 부임하고 보빙사가 미국에 파견되었다.

2 조미 수호 통상 조약(1882)과 서양 각국과의 수교

(1) 조미 수호 통상 조약

양국 중 한 나라가 다른 나라의 핍박을 받을 경우 분쟁을 원만히 해결할 수 있도록 서로 돕는다는 규정이다.

배경	『조선책략』 유포, 미국과의 수교 주장 대두 → 청의 알선으로 체결
전개	거중 조정과 관세 부과 조항 포함, 최혜국 대우·영사 재판권 인정
성격	조선이 서양 국가와 맺은 최초의 조약, 불평등 조약

(2) 서양 각국과 수교: 영국, 독일, 러시아, 프랑스를 비롯한 서양 여러 나라와 잇달아 수호 통상 조약 체결 → 근대적 조약 체계에 입각한 국제 질서에 편입

청 견제를 위해 조선이 독자적으로 조약 체결을 추진하였다.

기본 기출 문제

핵심 주제를 파악할 수 있는 기출 문제를 수록하였습니다.

핵심 개념 문제

● 빈칸에 들어갈 알맞은 말을 쓰시오.

440 흥선 대원군은 서양의 통상 수교 요구를 거부하는 정책을 알리기 위해 전국에 (　　　　)을/를 세웠다.

441 미국 특명 전권 공사가 한성에 부임하자 조선은 답례로 미국에 (　　　　)을/를 파견하였다.

● 다음 내용이 옳으면 ○표, 틀리면 ✕표를 하시오.

442 청은 난징 조약을 맺고 홍콩을 영국에 할양하였다. (　　　)

443 병인양요 때 프랑스군은 외규장각 도서를 약탈하였다. (　　　)

● 조약과 내용을 바르게 연결하시오.

444 조일 무역 규칙 ・ ・㉠ 개항장 내 일본 화폐 유통

445 조일 수호 조규 부록 ・ ・㉡ 일본으로 양곡 무제한 유출 가능

● 괄호 안에 들어갈 알맞은 말을 고르시오.

446 강화도 조약에서는 (㉠ 영사 재판권, ㉡ 최혜국 대우)을/를 인정하였다.

447 조미 수호 통상 조약에는 (㉠ 거중 조정, ㉡ 무관세) 조항이 담겨 있었다.

● 다음에서 설명하는 용어를 〈보기〉에서 고르시오.

┤ 보기 ├
ㄱ. 병인양요　　ㄴ. 신미양요　　ㄷ. 운요호 사건

448 한성근 부대가 김포 문수산성에서, 양헌수 부대가 강화 삼랑성(정족산성)에서 각각 프랑스군을 물리쳤다. (　　　)

449 미국이 제너럴 셔먼호 사건을 구실로 개항을 요구하였으나 거부당하자 강화도를 침공하였다. (　　　)

III

450

★ 핵심 주제 　난징 조약

밑줄 친 '전쟁'의 결과로 옳은 것만을 〈보기〉에서 고른 것은?

> 영국은 청과의 무역에서 적자가 커지자, 이를 만회하고자 인도산 아편을 밀수출하였다. 청이 아편 단속을 강화하자 영국은 이를 빌미로 <u>전쟁</u>을 일으켰다.

┤ 보기 ├
ㄱ. 홍콩이 영국에 할양되었다.
ㄴ. 광저우에 공행이 설치되었다.
ㄷ. 상하이 등 5개 항구가 개항되었다.
ㄹ. 일본에서 메이지 정부가 수립되었다.

① ㄱ, ㄴ　　② ㄱ, ㄷ　　③ ㄴ, ㄷ
④ ㄴ, ㄹ　　⑤ ㄷ, ㄹ

451

★ 핵심 주제 　병인박해

밑줄 친 ㉠에 대한 탐구 활동으로 가장 적절한 것은?

> ㉠ 조선 국왕이 프랑스 신부를 잔인하게 살해한 날이 곧 조선국 최후 멸망의 날이 될 것이다. 수일 내로 조선 정복을 위해 출정할 것이다.

① 임오군란의 영향을 살펴본다.
② 갑신정변이 일어난 배경을 파악한다.
③ 만민 공동회의 토론 주제를 찾아본다.
④ 제너럴 셔먼호의 통상 요구에 대한 대응을 조사한다.
⑤ 흥선 대원군이 러시아 견제를 위해 추진한 정책을 알아본다.

452

★ 핵심 주제 　병인양요

다음 자료에 나타난 전투에 대한 설명으로 옳은 것만을 〈보기〉에서 고른 것은?

> 강화부를 점령당한 조선의 한성근 부대는 문수산성에서, 양헌수 부대는 정족산성에서 프랑스군과 전투를 벌였다.

┤ 보기 ├
ㄱ. 척화비 건립 이후에 전개되었다.
ㄴ. 전쟁 중에 외규장각 도서가 약탈되었다.
ㄷ. 제너럴 셔먼호 사건의 처리가 빌미가 되었다.
ㄹ. 정부가 천주교 탄압을 강화하는 계기가 되었다.

① ㄱ, ㄴ　　② ㄱ, ㄷ　　③ ㄴ, ㄷ
④ ㄴ, ㄹ　　⑤ ㄷ, ㄹ

● 바른답·알찬풀이 38쪽

453 빈출

밑줄 친 ⊙ 사건이 있었던 시기를 연표에서 옳게 고른 것은?

> 너희 나라와 우리나라 사이에는 애당초 소통도 없었고 은혜를 입거나 원수를 진 일도 없다. 이번 ⊙ 덕산 묘지에서 저지른 사건은 사람으로서 차마 할 수 없는 일이다. …… 우리 나라 신하와 백성은 있는 힘을 다하여 한마음으로 귀국과는 같은 하늘을 이고 살 수 없다는 것을 다짐할 뿐이다.

(가)	(나)	(다)	(라)	(마)
홍경래의 난	임술 농민 봉기	병인 박해	흥선 대원군 하야	강화도 조약	임오군란

① (가) ② (나) ③ (다) ④ (라) ⑤ (마)

454

(가) 사건의 배경으로 가장 적절한 것은?

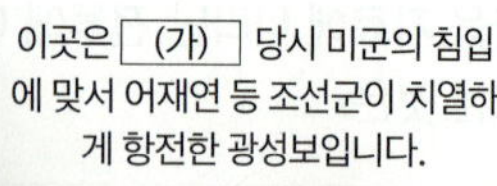

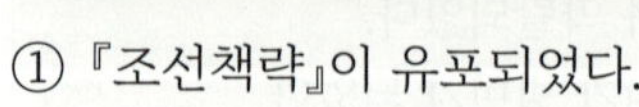

① 『조선책략』이 유포되었다.
② 제너럴 셔먼호 사건이 일어났다.
③ 전국 곳곳에 척화비가 건립되었다.
④ 조미 수호 통상 조약이 체결되었다.
⑤ 프랑스군이 정족산성 전투에서 패하였다.

455

다음 사건의 영향으로 가장 적절한 것은?

사진은 일본군의 영종도 침략을 그린 그림이다. 일본은 군함 운요호를 보내 조선 영해를 침범하였다. 강화 수비대가 경고 포격을 가하자 일본군은 영종도에 상륙하여 살인과 약탈을 저질렀다.

① 강화도 조약이 체결되었다.
② 천주교의 포교가 허용되었다.
③ 일본에서 정한론이 등장하였다.
④ 국왕이 도성을 떠나 피신하였다.
⑤ 흥선 대원군이 실권을 다시 장악하였다.

456 빈출

다음 조약에 대한 설명으로 옳은 것은?

> 제1관 조선국은 자주 국가로 일본국과 평등한 권리를 가진다.
> 제4관 조선국 정부는 부산과 두 곳의 항구를 별도로 지정하여 일본인이 통상하도록 허가한다.
> 제7관 일본국 항해자들이 수시로 조선국 연해의 해안을 측량하도록 허가한다.

① 최혜국 대우를 규정하였다.
② 일본군의 조선 주둔을 허용하였다.
③ 일본에 유리한 불평등 조약이었다.
④ 조미 수호 통상 조약의 영향을 받았다.
⑤ 외교 문서(서계)의 형식 문제로 갈등이 있었다.

실력 기출 문제

1 제국주의의 확산과 동아시아의 변동

457

(가)에 대한 설명으로 옳지 <u>않은</u> 것은?

자료는 백인의 짐이라는 그림으로 백인이 유색 인종을 문명화해야 할 의무를 지고 있다는 주장이 담겨 있다. 또한 식민지를 차지하기 위한 대외 팽창 정책인 ⎡ (가) ⎤ 을/를 반영하고 있다.

① 사회 진화론을 내세웠다.
② 백인 우월주의를 주장하였다.
③ 식민지 확보 경쟁으로 이어졌다.
④ 배타적·침략적 민족주의와 결합하였다.
⑤ 아프리카와 아시아 각국의 동의 아래 추진되었다.

458

밑줄 친 ⊙의 배경으로 가장 적절한 것은?

일본은 아편 전쟁에서 청이 영국에 패하자 서양 군대의 막강함을 인식하였다. 이러한 상황에서 ⊙ 미국과 조약을 체결하여 문호를 개방하였다.

① 러시아가 연해주를 차지하였다.
② 중국이 양무운동을 추진하였다.
③ 일본이 메이지 유신을 단행하였다.
④ 미국이 함대를 보내 무력시위를 벌였다.
⑤ 영국이 인도산 아편을 중국에 밀수출하였다.

459

(가), (나) 조약의 공통점으로 가장 적절한 것은?

(가) • 5개 항구의 통상을 허용한다.
　　 • 홍콩을 영국에 할양한다.
　　 • 공행 무역을 폐지하고 자유롭게 통상한다.
(나) • 5개 항구를 개항한다.
　　 • 일본의 관세를 상호 협의하여 결정한다.
　　 • 미국의 영사 재판권을 인정한다.

① 영토 할양을 명시하였다.
② 최혜국 대우 조항이 포함되었다.
③ 전쟁에서 패배한 결과 체결되었다.
④ 서구 열강과 맺은 최초의 조약이다.
⑤ 각국에서 근대화 운동이 추진되는 계기가 되었다.

2 통상 수교 거부 정책과 양요

460 빈출

(가)에 들어갈 내용으로 적절한 것은?

① 병인박해를 구실로 일어났어.
② 조선에 배상금 지불과 개항을 요구하였지.
③ 평양 관민이 미국 선박을 불태워 침몰시켰어.
④ 흥선 대원군 아버지의 묘를 도굴하려고 하였지.
⑤ 물러가면서 귀중한 문화유산과 재물을 약탈하였어.

461

자료에 나타난 사건 중에 있었던 사실로 옳은 것은?

① 척화비가 세워졌다.
② 별기군이 창설되었다.
③ 운요호 사건이 일어났다.
④ 외규장각 도서가 약탈당하였다.
⑤ 『조선책략』이 조선에 유포되었다.

462

(가) 사건에 대한 설명으로 옳은 것은?

① 청군이 개입하였다.
② 고종이 국외 중립을 선언하였다.
③ 제너럴 셔먼호 사건을 구실로 일어났다.
④ 정부가 보빙사를 파견하는 배경이 되었다.
⑤ 천주교 신자와 프랑스 선교사를 처형하는 계기가 되었다.

463

다음 사건들을 일어난 순서대로 옳게 나열한 것은?

(가) 병인양요
(나) 신미양요
(다) 제너럴 셔먼호 사건
(라) 오페르트 남연군 묘 도굴 미수 사건

① (가) - (나) - (다) - (라)
② (가) - (라) - (나) - (다)
③ (나) - (다) - (가) - (라)
④ (다) - (가) - (라) - (나)
⑤ (다) - (나) - (라) - (가)

464 빈출

다음 비석에 대한 설명으로 옳은 것은?

① 왜양 일체론을 내세웠다.
② 병인박해의 원인이 되었다.
③ 병자호란 패배를 계기로 세웠다.
④ 통상 수교 거부 정책을 내세웠다.
⑤ 붕당 간 대립을 막기 위해 건립되었다.

3 개항과 근대적 조약 체제

465

다음 주장이 제기된 당시의 사실로 옳은 것만을 <보기>에서 고른 것은?

> 일본이 기세를 부려 우리가 마지못해 서계를 받는다면, 치욕이 클 것입니다. 저들의 마음을 굴복시키고 사죄를 받은 뒤에 서계를 받아 함부로 할 수 없게 만들어야 합니다.
>
> — 박규수, 『환재집』 —

| 보기 |

ㄱ. 세도 정치가 전개되었다.
ㄴ. 미국에 보빙사가 파견되었다.
ㄷ. 일본이 메이지 유신을 단행하였다.
ㄹ. 통상 수교 거부 정책이 추진되었다.

① ㄱ, ㄴ 　　② ㄱ, ㄷ 　　③ ㄴ, ㄷ
④ ㄴ, ㄹ 　　⑤ ㄷ, ㄹ

466

(가)에 들어갈 내용으로 가장 적절한 것은?

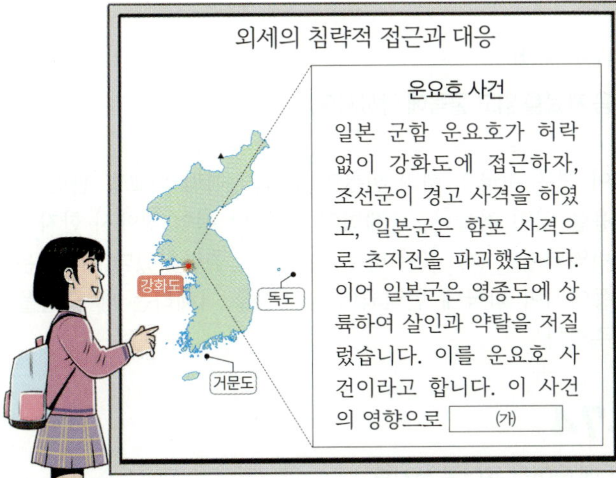

① 강화도 조약이 체결되었습니다.
② 구식 군인들이 난을 일으켰습니다.
③ 일본에서 정한론이 등장하였습니다.
④ 제너럴 셔먼호 사건이 발생하였습니다.
⑤ 오페르트 도굴 미수 사건이 일어났습니다.

467 빈출

(가)에 들어갈 내용으로 옳지 <u>않은</u> 것은?

① 부산 등 3개 항구를 개항한다는
② 일본에 최혜국 대우를 보장한다는
③ 일본인의 영사 재판권을 인정한다는
④ 일본이 조선의 해안을 측량하도록 허가한다는
⑤ 조선은 자주 국가로 일본과 평등한 권리를 가진다는

468

다음 조약 체결에 따라 나타난 사실로 옳은 것만을 <보기>에서 고른 것은?

> • 제7관　일본국 국민은 본국에서 사용되는 화폐로 조선국 국민이 보유하고 있는 물자와 마음대로 교환할 수 있다.
>
> — 조일 수호 조규 부록 —
>
> • 제6칙　조선국 항구에 머무르는 일본인은 쌀과 잡곡을 수출입할 수 있다.
>
> — 조일 무역 규칙 —

| 보기 |

ㄱ. 척화비 건립에 영향을 주었다.
ㄴ. 일본 상품에 대해 관세가 부과되었다.
ㄷ. 개항장에서 일본 화폐 유통이 허용되었다.
ㄹ. 일본으로의 양곡의 무제한 유출이 가능하였다.

① ㄱ, ㄴ 　　② ㄱ, ㄷ 　　③ ㄴ, ㄷ
④ ㄴ, ㄹ 　　⑤ ㄷ, ㄹ

469

(가)에 들어갈 사절단으로 옳은 것은?

그림은 (가) (으)로 일본에 파견된 김기수의 행렬 모습이다. 조선은 강화도 조약을 체결한 후 일본에 사절단을 보내 근대화에 필요한 정보 등을 조사하였다.

① 보빙사 　② 수신사 　③ 통신사
④ 영선사 　⑤ 조사 시찰단

470

(가)에 들어갈 내용으로 적절한 것은?

조선이 개항하자 미국도 조선과 수교를 추진하였다. 조선 내에서도 미국과의 조약 체결에 대한 필요성이 제기되었다. 이러한 주장은 (가) (으)로 더욱 확산되었다.

① 거문도 사건
② 『조선책략』 유포
③ 『대전회통』 편찬
④ 삼정이정청 설치
⑤ 오페르트 남연군 묘 도굴 미수 사건

471

다음 조약에 대한 설명으로 옳은 것만을 〈보기〉에서 있는 대로 고른 것은?

제1관　…… 만약 타국이 어떤 불공평하고 경멸하는 일을 일으켰을 때는 일단 확인하고 서로 도와주며, 중간에서 잘 조정하여 두터운 우의를 보여 준다.
제4관　…… 본 조약에 부여되지 않은 어떠한 권리나 특혜를 다른 나라에 허가할 때에는 자동으로 미국 관민에게도 똑같이 주어진다.

| 보기 |

ㄱ. 청의 알선으로 체결되었다.
ㄴ. 거중 조정 조항이 포함되었다.
ㄷ. 조선 연안에 대한 측량권을 인정하였다.
ㄹ. 최혜국 대우를 인정한 불평등 조약이었다.

① ㄱ, ㄴ　　② ㄱ, ㄷ　　③ ㄱ, ㄴ, ㄹ
④ ㄱ, ㄷ, ㄹ　　⑤ ㄴ, ㄷ, ㄹ

| 472~473 |

다음 자료를 읽고 물음에 답하시오.

〈사료로 보는 한국사〉

내가 결심한 것을 잘 이해하고 피로써 맹세해서 나의 뒤를 따르라.
하나, 양이가 침범하는 고통을 견디지 못해 화친을 허락한다면 이는 나라를 팔아먹는 일이다.
하나, 양이가 침범함에 만약 교역을 허락한다면 이는 나라를 망치는 것이다.

〈해설〉 ㉠병인년에 프랑스군이 침략하자 당시 집권자였던 (가) 이/가 조정 대신들에게 보낸 글이다. 프랑스군을 강화도에서 몰아내기 전까지 타협하지 않을 것이며, 화친을 주장하면 매국의 죄로 다스리겠다는 경고이다.

472

(가)에 들어갈 인물을 쓰시오.

473

밑줄 친 ㉠의 배경을 서술하시오.

| 474~475 |

다음 자료를 읽고 물음에 답하시오.

이 책은 미국의 헨리 휘튼이 당시의 여러 외교법 관련 내용을 엮어 저술한 『국제법의 원리』란 책이 청에서 한자로 번역되어 (가) (이)라는 이름으로 출간되었다. 이 책은 동아시아 각국에 번역되어 국제법을 이해하는 데 도움을 주었다.

474

(가)에 들어갈 용어를 쓰시오.

475

조선이 (가)에 기반한 체제로 편입된 배경을 서술하시오.

적중 1등급 문제

내신 1등급을 결정하는 고난도 문제를 수록하였습니다.

● 바른답·알찬풀이 41쪽

476

(가) 사건에 대한 탐구 활동으로 가장 적절한 것은?

〈사료로 보는 한국사〉

조선군은 낡은 무기를 가지고 근대적인 미국 대포에 맞서 싸워 이기려 하였다. 그들은 제압당하기 전까지 결사적으로 싸웠고, 아무런 두려움 없이 진지에서 영웅적으로 전사하였다.

〈해설〉 (가) 당시 전투에 참전하였던 미군 장교의 회고록의 일부이다. 미국의 전쟁사에는 그가 회고한 전투가 '48시간 전쟁'으로 기록되어 있으며, 어재연 장군과 아우 어재순 등 350여 명의 조선군이 장렬한 최후를 맞이할 때까지 저항한 모습이 생생하게 기록되어 있다.

① 척화비 건립 이후 대외 정책을 조사한다.
② 외규장각 도서가 해외로 반출된 배경을 살펴본다.
③ 평양 관민이 미국 선박을 불태운 이유를 파악한다.
④ 어재연 부대가 광성보에서 항전한 과정을 알아본다.
⑤ 양헌수가 정족산성 전투에서 활약한 내용을 조사한다.

477

다음 회담의 결과 체결된 조약에 대한 설명으로 옳은 것은?

① 영사 재판권을 인정하였다.
② 정한론이 등장하는 배경이 되었다.
③ 흥선 대원군 집권 시기에 체결되었다.
④ 최혜국 대우를 인정한 불평등 조약이다.
⑤ 이만손 등이 만인소를 올리며 반발하였다.

478

밑줄 친 '이 조약'에 대한 설명으로 옳은 것은?

① 거중 조정 조항을 포함하였다.
② 운요호 사건을 계기로 체결되었다.
③ 관세 부과 규정이 마련되지 못하였다.
④ 홍경래의 난이 일어나는 배경이 되었다.
⑤ 최익현이 왜양 일체론을 내세우며 반대하였다.

479

(가), (나) 시기 사이에 있었던 사실로 옳은 것은?

(가) 흥선 대원군은 서양의 통상 수교 요구를 거부하는 정책을 널리 알리기 위해 전국에 척화비를 세웠다.

(나) 부산을 비롯한 3개 항구를 개항하고 조선 연안에 대한 측량권을 허용하는 내용의 조약을 체결하였다.

① 『만국 공법』이 출간되었다.
② 고종이 직접 정치에 나섰다.
③ 『조선책략』이 조선에 유포되었다.
④ 미국 특명 전권 공사가 한성에 부임하였다.
⑤ 조선이 독일과 수호 통상 조약을 체결하였다.

10 근대 국가 수립을 위한 노력

1 개화 정책의 추진과 반발

1 개화 정책 추진

제도 개혁	• 통리기무아문 설치, 12사를 두어 외교·통상·군사 등 담당 • 5군영을 2영(무위영, 장어영)으로 통합, 별기군 창설(1881)
외교	일본에 수신사와 조사 시찰단, 청에 영선사 파견

— 개화 정책을 총괄하였다.
신식 군대로, 일본인 교관을 초빙해 훈련을 받았다.
개화 여론이 좋지 않아 비밀리에 파견하였다.

2 위정척사 운동

1860년대	이항로 등이 척화 주전론 주장, 통상 수교 거부 정책 지지
1870년대	강화도 조약 체결 추진 → 개항 반대(최익현, 왜양 일체론)
1880년대	『조선책략』 유포 → 개화 반대(이만손 등 영남 만인소)

3 임오군란(1882)

배경	개화 정책 반대, 구식 군인에 대한 열악한 대우
전개	구식 군인의 봉기 → 도시 하층민 가담 → 흥선 대원군 재집권(개화 정책 중단) → 청군이 군란 진압, 흥선 대원군 청으로 납치
결과	• 제물포 조약 체결: 한성에 일본군 주둔 허용 • 청의 내정 간섭: 조선에 청군 주둔, 조·청 상민 수륙 무역 장정 체결, 내정·외교 고문 파견(마건상, 묄렌도르프)

2 갑신정변과 열강의 대립

1 개화파의 분화: 온건 개화파(김홍집 등, 동도서기론), 급진 개화파(김옥균 등, 문명개화론)

일본의 메이지 유신을 본받아 개혁을 추진하고자 하였다.

2 갑신정변(1884)

배경	차관 도입에 실패한 급진 개화파 위축, 일본의 군사적 지원 약속
전개	우정총국 개국 축하연을 이용하여 민씨 정권의 고관 처단, 개화당 정부 수립 → 개혁 정강 발표 → 청군의 개입으로 실패
결과	청의 내정 간섭 강화, 한성 조약(일본 공사관 신축비, 배상금), 톈진 조약(양국 군대 철수, 조선에 파병 시 사전 고지 규정)

3 조선 중립화론: 조선을 둘러싼 열강의 각축, 거문도 사건(1885) 등 → 부들러, 유길준 제기 → 정책 반영 안됨

3 동학 농민 운동

'제폭구민', '보국안민' 구호를 내세웠다.

고부 농민 봉기	군수 조병갑의 비리와 학정 → 전봉준 등이 사발통문을 돌려 동지 모집, 농민들과 고부 관아 점령, 만석보 파괴
1차 봉기	안핵사 이용태의 농민 탄압 → 백산 집결 → 무장 봉기 → 황토현과 황룡촌 전투 승리, 전주성 점령 → 전주 화약 체결 → 집강소(폐정 개혁 실시), 정부는 교정청 설치
2차 봉기	일본의 경복궁 점령 등을 배경으로 재봉기 → 남접 부대와 북접 부대 연합(논산) → 공주 우금치 전투에서 패배

4 갑오개혁

제1차 갑오개혁	• 배경: 일본군의 경복궁 점령 → 내정 개혁 강요 • 군국기무처가 개혁 주도 → 개국 기년 사용, 과거제 폐지, 신분제 폐지, 조혼 금지, 과부 재가 허용, 고문과 연좌제 폐지
제2차 갑오개혁	• 배경: 청일 전쟁에서 승기를 잡은 일본의 내정 간섭 본격화 • 군국기무처 폐지, 박영효가 개혁 주도 → 홍범 14조 반포, 지방 제도 8도에서 23부로 개편, 재판소 설치, 교육 입국 조서 반포(근대적 교육 제도 마련)
을미개혁	• 배경: 삼국 간섭 이후 조선의 친러 정책 → 을미사변 • 태양력, '건양' 연호, 단발령 실시 → 아관 파천으로 중단

김홍집, 유길준 등이 주도하였다.
신변에 위협을 느낀 고종이 1896년 러시아 공사관으로 거처를 옮겼다.

꼭 나오는 자료

🔗 95쪽 509번 문제로 확인

홍범 14조(1895)

1. 청에 의존하는 생각을 버리고 자주독립의 기초를 세운다.
2. 왕실 사무와 국정 사무를 나누어 서로 혼동하지 않는다.

자료 분석　제2차 갑오개혁 당시 반포된 홍범 14조는 국정 개혁의 기본 강령이었으며, 조선이 자주독립국임을 선포하고 왕실 사무와 국정 사무의 분리, 문벌 폐지와 능력에 따른 인재 등용 등의 내용을 담았다.

5 독립 협회

최초의 근대적 민중 집회이다.

창립	서재필이 『독립신문』 창간, 독립문 건설 명분으로 창립
자주 국권 운동	만민 공동회와 토론회 개최 → 러시아 등 열강의 이권 침탈 규탄(절영도 조차 요구 저지)
자유 민권 운동	신체의 자유, 재산권, 언론·출판·집회·결사의 자유 요구, 국민 참정권 운동 전개
자강 개혁 운동	관민 공동회 개최(헌의 6조 결의), 의회 설립 운동 전개 → 새로운 중추원 관제 반포
해산	보수 세력의 모함 → 고종의 탄압 및 해산

6 대한 제국과 광무개혁

1 대한 제국 수립(1897): 고종의 경운궁 환궁, '광무' 연호 제정 → 즉위식 거행, 대한 제국 수립·선포(환구단)

2 광무개혁: '구본신참'의 원칙에 따른 근대적 개혁

정치	대한국 국제 반포(전제 군주제 지향)
경제	• 양전 사업, 지계(토지 소유 증명서) 발급 • 상공업 진흥(유학생 파견, 실업학교와 기술 교육 기관 설립), 근대적 회사 설립
군사	원수부 설치, 장교 육성

기본 기출 문제

핵심 주제를 파악할 수 있는 기출 문제를 수록하였습니다.

핵심 개념 문제

● 빈칸에 들어갈 알맞은 말을 쓰시오.

480 정부는 개화 총괄 기구로 (　　　　)을/를 설치하고 그 아래에 12사를 두었다.

481 독립 협회는 (　　　　)을/를 개최하여 러시아의 간섭과 이권 요구를 규탄하였다.

482 대한 제국은 '옛것을 근본으로 삼고 새것을 참고한다.'라는 (　　　　)을/를 원칙으로 삼았다.

483 대한 제국은 양전 사업을 추진하여 근대적 토지 소유 증명서인 (　　　　)을/를 발급하였다.

● 다음 내용이 옳으면 ○표, 틀리면 ✕표를 하시오.

484 정부는 신식 군대인 무위영을 설치하고, 청의 교관을 초빙하여 훈련을 지도하게 하였다. (　　　)

485 고종이 러시아와의 비밀 협약을 추진하자 영국은 거문도를 불법 점령하였다. (　　　)

486 일본은 친러 정책을 주도한 명성 황후를 시해하는 만행을 저질렀다. (　　　)

● 사건과 관련 조약을 바르게 연결하시오.

487 갑신정변 •　　　　• ㉠ 한성 조약

488 임오군란 •　　　　• ㉡ 제물포 조약

● 괄호 안에 들어갈 알맞은 말을 고르시오.

489 동학 농민군은 전주 화약 후 전라도 일대에 (㉠ 교정청, ㉡ 집강소)을/를 설치하였다.

490 독립 협회는 관민 공동회를 개최하여 (㉠ 홍범 14조, ㉡ 헌의 6조)을/를 결의하였다.

● 다음에서 설명하는 용어를 〈보기〉에서 고르시오.

┌ 보기 ┐
ㄱ. 임오군란　　ㄴ. 갑신정변　　ㄷ. 위정척사 운동

491 최익현 등이 왜양 일체론을 제기하며 개항 반대 운동을 전개하였다. (　　　)

492 개화 정책 추진 과정에서 별기군에 비해 열악한 대우를 받던 구식 군인들은 불만이 폭발하여 봉기를 일으켰다. (　　　)

493

(가)에 들어갈 기구로 옳은 것은?

> 강화도 조약 체결 이후 정부는 대외 관계의 변화에 대응하고 근대 문물을 수용하기 위해 개화 정책을 총괄하는 기구로 　(가)　 을/를 설치하였다.

① 비변사
② 집강소
③ 군국기무처
④ 삼정이정청
⑤ 통리기무아문

494

다음 주장을 한 인물에 대한 설명으로 옳은 것은?

> 저들이 비록 왜인이라고 하나 실은 양적(서양 오랑캐)입니다. 강화가 한번 이루어지면 사학(邪學) 서적과 천주의 초상화가 교역하는 가운데 들어올 것이고, 얼마 안 가서 사학이 온 나라 안에 퍼지게 될 것입니다.

① 『조선책략』을 유포하였다.
② 개항 반대 운동을 전개하였다.
③ 미국에 사절단으로 파견되었다.
④ 임오군란 때 청으로 압송되었다.
⑤ 평안도 관찰사로 제너럴 셔먼호 사건을 처리하였다.

495

밑줄 친 '이 군대'에 대한 설명으로 옳은 것은?

이 군대는 정부가 국방 강화를 위해 1881년에 창설한 신식 군대이다. 기존 군대인 구식 군인에 비해 무장과 대우가 좋았다.

① 갑신정변을 진압하였다.
② 포수, 사수, 살수로 구성되었다.
③ 신미양요 때 격렬히 항전하였다.
④ 일본인 교관의 군사 훈련을 받았다.
⑤ 양반에서 노비까지 모든 신분으로 편성되었다.

● 바른답·알찬풀이 42쪽

496 빈출
핵심 주제 임오군란

다음 조약이 체결된 배경으로 가장 적절한 것은?

> 제3조 조선국은 5만 원을 내어 해를 당한 일본 관리들의 유족 및 부상자에게 주도록 한다.
> 제5조 일본 공사관에 군인 약간을 두어 경비한다. 그 비용은 조선국이 부담한다.

① 임오군란이 일어났다.
② 임술 농민 봉기가 일어났다.
③ 이만손 등이 만인소를 제기하였다.
④ 비변사의 기능이 삼군부로 나뉘어졌다.
⑤ 동학 농민군이 일본군과 관군에 패하였다.

497
핵심 주제 갑신정변

(가) 세력에 대한 설명으로 옳은 것은?

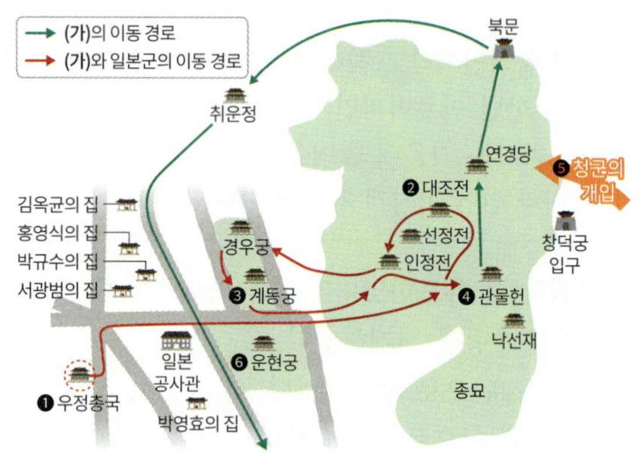

① ‘건양’ 연호를 제정하였다.
② 통리기무아문을 폐지하였다.
③ 청의 간섭에서 벗어나려 하였다.
④ 김윤식, 김홍집 등이 대표적 인물이다.
⑤ 평안도 지역에 대한 차별에 반발하였다.

498
핵심 주제 갑오개혁

밑줄 친 ‘이 기구’가 추진한 개혁 내용으로 옳은 것은?

> 경복궁을 점령한 일본의 강요로 정부는 이 기구를 설치하여 개혁을 추진하였다. 여기에는 총리대신 김홍집을 비롯하여 유길준 등 개화 인사들이 참여하였다.

① 원수부를 설치하였다.
② 단발령을 실시하였다.
③ 태양력을 채택하였다.
④ 공사 노비 제도를 철폐하였다.
⑤ 교육 입국 조서를 반포하였다.

499
핵심 주제 동학 농민 운동

다음 강령을 발표한 민족 운동에 대한 설명으로 옳은 것만을 <보기>에서 고른 것은?

> 농민군 4대 강령
> 1. 사람을 죽이거나 가축을 잡아먹지 말라.
> 3. 일본 오랑캐를 몰아내고 나라의 정치를 깨끗이 한다.
> 4. 군대를 몰고 서울로 들어가 권세가와 귀족을 모두 없앤다.

| 보기 |

ㄱ. 청군의 개입으로 진압되었다.
ㄴ. 정족산성에서 프랑스군을 몰아냈다.
ㄷ. 제폭구민, 보국안민 등의 구호를 내세웠다.
ㄹ. 집강소를 설치하여 폐정 개혁안을 실천하였다.

① ㄱ, ㄴ   ② ㄱ, ㄷ   ③ ㄴ, ㄷ
④ ㄴ, ㄹ   ⑤ ㄷ, ㄹ

500
핵심 주제 독립 협회

밑줄 친 ‘이 단체’에 대한 설명으로 옳은 것은?

① 지계를 발급하였다.
② 만민 공동회를 열었다.
③ 개국 기년을 사용하였다.
④ 정부와 전주 화약을 체결하였다.
⑤ 이만손 등의 주도로 만인소를 올렸다.

학교 시험에서 출제율이 높은 문제를 엄선하여 수록하였습니다.

1 개화 정책의 추진과 반발

501  빈출

(가)에 들어갈 내용으로 적절한 것만을 <보기>에서 고른 것은?

> 심화 탐구 보고서
> • 탐구 주제: 정부의 개화 정책 추진
> • 조사 내용
> -1모둠: 통리기무아문과 12사의 설치
> -2모둠: [(가)]

| 보기 |
ㄱ. 별기군 창설
ㄴ. 기기창 설립
ㄷ. 『무예도보통지』 간행
ㄹ. 비변사 기능을 삼군부로 이관

① ㄱ, ㄴ ② ㄱ, ㄷ ③ ㄴ, ㄷ
④ ㄴ, ㄹ ⑤ ㄷ, ㄹ

502

다음 주장이 제기된 계기로 가장 적절한 것은?

> 김홍집이 가져와 유포한 황준헌의 사사로운 책자를 보노라면, 털끝이 일어서고 쓸개가 떨리며 울음이 북받치고 눈물이 흐릅니다. …… 러시아·미국·일본은 같은 오랑캐입니다.

① 운요호 사건이 일어났다.
② 미국과의 수교가 추진되었다.
③ 외규장각 도서가 약탈되었다.
④ 전국 각지에 척화비가 건립되었다.
⑤ 오페르트 남연군 묘 도굴 미수 사건이 일어났다.

503

다음 자료에 나타난 사건의 영향으로 적절하지 <u>않은</u> 것은?

> 우리나라는 근래에 재정이 고갈되어 구식 군인들에게 몇 달째 급료도 지불하지 못하였습니다. 월초에 급료를 줄 때에 창고지기가 썩은 것을 나누어 주었고 또 용량도 지키지 않아서, 군인들이 창고지기와 크게 다투었습니다. 책임자가 군인들을 잡아 법으로 다스리려 하자 군인들이 궁궐에 들어가 고관들을 살해하였습니다.

① 명성 황후가 시해되었다.
② 흥선 대원군이 집권하였다.
③ 일본 공사관에 경비병이 주둔하였다.
④ 묄렌도르프가 외교 고문으로 임명되었다.
⑤ 조·청 상민 수륙 무역 장정이 체결되었다.

2 갑신정변과 열강의 대립

504 빈출

(가) 사건의 전개 과정에서 있었던 사실로 옳은 것은?

> <사료로 보는 한국사>
>
> 자금 없이 아무것도 할 수 없고, 빈손으로 귀국하면 집권 사대당은 나를 궁지에 몰아넣을 것이다. …… 우리의 개혁안도 실현될 수 없고 조선은 청국의 속국이 될 수밖에 없다. 우리당과 사대당은 공존할 수 없기에 최후의 선택만이 남아 있다.
>
> <해설> 자료는 일본에서의 차관 도입에 실패한 김옥균의 발언이다. 김옥균은 청의 간섭을 벗어나기 위해 [(가)] 을/를 일으킬 것을 암시하고 있다.

① 제물포 조약이 체결되었다.
② 황룡촌 전투에서 관군이 패배하였다.
③ 안동 김씨 등 세도 가문이 축출되었다.
④ 문벌 폐지 내용을 담은 개혁 정강이 발표되었다.
⑤ 청이 조선에 주둔하던 병력의 절반을 철수하였다.

505

다음 주장이 제기된 시기의 국내외 정세로 옳은 것은?

> 우리나라가 아시아의 중립국이 되는 것은 러시아를 막는 중요한 계기가 될 것이며, 또 아시아의 여러 대국이 서로 균형을 이루는 정략도 될 것이다. …… 오직 중립 한 가지만이 진실로 우리나라를 지키는 방책이지만, 이를 우리가 먼저 제창할 수 없으니 중국이 이를 맡아서 처리해 주도록 청하는 것이 좋을 것이다.

① 집강소가 설치되었다.
② 단발령이 실시되었다.
③ 프랑스 선교사들이 처형되었다.
④ 일본에서 정한론이 등장하였다.
⑤ 영국이 거문도를 불법 점령하였다.

507 빈출

다음 개혁안을 제시한 민족 운동에 대한 설명으로 옳은 것만을 〈보기〉에서 고른 것은?

> 1. 정부와의 원한을 씻고 모든 정사에 협력한다.
> 8. 무명잡세를 일체 거두지 않는다.
> 10. 왜와 통하는 자는 엄중히 징벌한다.

| 보기 |

ㄱ. 일본군이 조선에서 철수하는 계기가 되었다.
ㄴ. 양반 중심의 지배 질서를 타파하고자 하였다.
ㄷ. 집강소를 설치하여 폐정 개혁안을 실천하였다.
ㄹ. 급진적인 방식으로 추진한 위로부터의 개혁이었다.

① ㄱ, ㄴ　　② ㄱ, ㄷ　　③ ㄴ, ㄷ
④ ㄴ, ㄹ　　⑤ ㄷ, ㄹ

---

3 동학 농민 운동

506

(가), (나) 시기 사이에 볼 수 있는 모습으로 적절한 것은?

① 구식 군대의 난을 진압하는 청군
② 우금치 전투에서 패배하는 농민군
③ 황룡촌 전투에서 승리하는 농민군
④ 이용태를 고부에 안핵사로 파견하는 국왕
⑤ 관민 공동회에서 열강의 이권 침탈을 규탄하는 관리

508

(가)에 들어갈 내용으로 적절한 것은?

전봉준 공초(재판 기록)

심문자: 전주 화약 이후 다시 군대를 일으킨 이유는 무엇인가?

전봉준: ______(가)______
임금을 놀라게 하였기에 충군애국의 마음으로 의병을 일으켜 일본과 싸워 그 책임을 묻고자 함이다.

① 일본이 운요호 사건을 일으켜
② 당백전 발행으로 물가가 폭등하여
③ 일본이 군대를 이끌고 경복궁을 공격하여
④ 청군이 흥선 대원군을 자국으로 납치해 가서
⑤ 호포제를 실시하여 양반 유생의 반발을 불러와

4 갑오개혁

509 빈출

밑줄 친 '정부'에서 추진한 정책으로 옳은 것은?

① 과거제를 폐지하였다.
② 건양 연호를 사용하였다.
③ 과부의 재가를 허용하였다.
④ 고문과 연좌제를 폐지하였다.
⑤ 지방 제도를 8도에서 23부로 바꾸었다.

510

(가), (나) 개혁 사이에 있었던 사실로 옳은 것은?

(가) 때 추진된 정책	(나) 때 추진된 정책
• 개국 기년 사용 • 조세의 일원화	• 태양력 사용 • 우편 사무 재개

① 『독립신문』이 발행되었다.
② 군국기무처가 폐지되었다.
③ 정부가 교정청을 설치하였다.
④ 동학교도가 교조 신원 운동을 벌였다.
⑤ 고종이 러시아 공사관으로 거처를 옮겼다.

5 독립 협회

511 빈출

다음을 결의한 단체에 대한 설명으로 옳은 것은?

> 1. 외국인에게 의지하지 말고 관민이 합심하여 황제권을 공고히 할 것.
> 2. 외국과의 이권에 관한 계약과 조약은 해당 부처의 대신과 중추원 의장이 함께 날인하여 시행할 것.
> 3. 재정은 탁지부에서 전담하여 맡고 예산과 결산을 국민에게 공포할 것.

① 아관 파천으로 붕괴되었다.
② 보부상 중심으로 구성되었다.
③ 독립문 건설을 명목으로 창립되었다.
④ 이만손 등을 중심으로 만인소를 올렸다.
⑤ 의병 연합 부대를 결성하고 서울 진공 작전을 펼쳤다.

512

밑줄 친 '집회'에 대한 설명으로 옳은 것은?

① 왜양 일체론을 내세웠다.
② 신분제 폐지를 요구하였다.
③ 동도서기론에 따른 개혁을 추구하였다.
④ 제폭구민, 보국안민을 구호로 내세웠다.
⑤ 러시아의 절영도 조차 요구를 저지하였다.

6 대한 제국과 광무개혁

513

다음 자료를 발표한 정부에 대한 설명으로 옳은 것만을 〈보기〉에서 있는 대로 고른 것은?

> 제1조 대한국은 만국이 공인한 자주독립 제국이다.
> 제2조 대한국의 정치는 만세 불변의 전제 정치이다.
> 제3조 대한국 대황제는 무한한 군권(君權)을 누린다.
> 제6조 대한국 대황제는 법률을 제정하여 그 반포와 집행을 명하고, …… 대사·특사·감형·복권을 명한다.

> ─┤ 보기 ├─
> ㄱ. 상공업 진흥에 힘썼다.
> ㄴ. 교육 입국 조서를 반포하였다
> ㄷ. 전차, 철도 등 근대적 시설을 확충하였다.
> ㄹ. 구본신참의 원칙에 따라 점진적 개혁을 실시하였다.

① ㄱ, ㄴ　　　② ㄴ, ㄷ　　　③ ㄷ, ㄹ
④ ㄱ, ㄷ, ㄹ　　　⑤ ㄴ, ㄷ, ㄹ

514

밑줄 친 '개혁'의 내용으로 옳은 것은?

사진은 황궁우와 환구단의 모습이다. 연호를 '광무'로 정한 국왕은 환구단에서 황제 즉위식을 거행하고, 개혁을 추진하였다.

① 당백전을 발행하였다.
② 호포제를 실시하였다.
③ 원수부를 설치하였다.
④ 공사 노비제를 폐지하였다.
⑤ 『독립신문』 창간을 지원하였다.

| 515~516 |

다음 자료를 읽고 물음에 답하시오.

> 김옥균 일파는 청이 우리나라의 자주권을 침해하는 것을 분하게 여겨 드디어 일본 공사와 협력하여 ［ (가) ］을/를 일으켜 일본당으로 지목되었다. 정변이 실패로 끝나자 온 나라가 그들을 역적으로 몰았다. 나는 정부에 있는 몸으로 같이 성토하지 않을 수 없었으나 …… 그의 행동은 애국심에서 나온 것이라는 것을 나는 알고 있다.

515

(가)에 들어갈 사건을 쓰시오.

516

(가) 사건의 한계를 <u>두 가지</u> 서술하시오.

| 517~518 |

다음 자료를 읽고 물음에 답하시오.

> 지금 스스로 개혁하지 못해 세상에 나설 면목이 없습니다. 하지만 일본의 강요를 받는 이 치욕에도 불구하고, 개혁을 잘 이루어 독립을 보존하며, 남에게 굴욕을 당하지 않으면서 개화의 실효를 거두어 보국안민하는 것만이 오히려 허물을 벗어날 수 있을 것입니다.
> ― 유길준, 「세 가지 부끄러움」―

517

밑줄 친 '개혁'의 명칭을 쓰시오.

518

위 개혁이 갖는 의의를 <u>두 가지</u> 서술하시오.

내신 1등급을 결정하는 고난도 문제를 수록하였습니다.

적중 1등급 문제

III

519

(가), (나) 사절단에 대한 설명으로 옳은 것은?

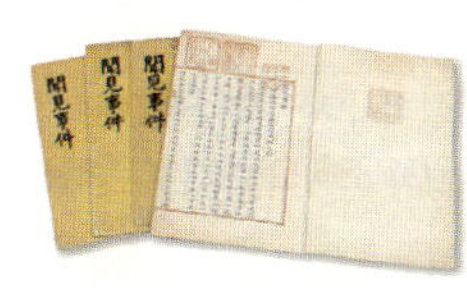

▲ <u>(가)</u> 이/가 귀국 후 작성한
보고서인 『문견사건』

▲ <u>(나)</u> 의 파견을 계기로 설치된
기기국 산하 번사창

① (가) – 『조선책략』을 갖고 귀국하였다.
② (가) – 강화도 조약 체결 이전 파견되었다.
③ (나) – 미국 공사 파견에 대한 답례로 파견되었다.
④ (나) – 김윤식이 이끄는 유학생과 기술자로 구성되었다.
⑤ (가), (나) – 비밀리에 파견되었다.

520

(가) 운동에 대한 설명으로 옳은 것은?

<u>(가)</u> 기록물, 세계 기록 유산 등재 확정

프랑스 파리에서 열린 제216차 유네스코 집행 이사회는 <u>(가)</u> 기록물의 세계 기록 유산 등재를 최종 결정하였다. 총 183점으로 이루어진 이 기록물은 1894~1895년 당시 농민군의 각종 문서와 개인 기록, 지도자 전봉준에 대한 심문 기록 등을 아우른다. 이 기록물은 조선 백성이 주체가 되어 자유·평등·인권의 보편적 가치를 지향했던 내용을 담고 있다는 점에서 세계사적 중요성을 인정받았다.

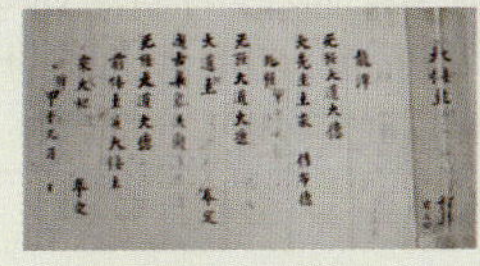

▲ 대접주 임명장

▲ 농민군의 편지

① 청군의 개입으로 실패하였다.
② 조선 중립화안을 정부에 건의하였다.
③ 이만손 등이 주도하여 만인소를 올렸다.
④ 정치 개혁을 요구하며 전주 화약을 맺었다.
⑤ 우정총국 낙성 축하연을 기회로 시작되었다.

521

(가), (나) 시기 사이에 있었던 사실로 옳은 것은?

(가) 삼국 간섭으로 조선에서의 영향력이 약화된 일본은 친러 정책을 주도하던 명성 황후를 시해하였다.
(나) 러시아 공사관에 머물던 고종은 환궁을 요구하는 여론 등을 고려하여 경운궁으로 환궁하였다.

① 전차가 가설되었다.
② 교정청이 설치되었다.
③ 『독립신문』이 창간되었다.
④ 대한국 국제가 반포되었다.
⑤ 남접과 북접이 논산에서 연합하였다.

522

(가) 단체의 활동으로 옳은 것은?

① 만민 공동회를 열었다.
② 지조법 개혁을 추진하였다.
③ 조러 비밀 협약을 추진하였다.
④ 교육 입국 조서를 반포하였다.
⑤ 흥선 대원군에게 다시 정권을 맡겼다.

11 국권 침탈과 국권 수호 운동

① 일제의 침략과 국권 피탈

1 러일 전쟁 발발과 일제의 국권 피탈

(1) 러일 전쟁: 한반도를 둘러싼 러시아와 일본의 대립 → 전쟁 발발 직전 고종의 국외 중립 선언 → 일본의 기습 공격, 러일 전쟁 발발(1904)

(2) 일제의 국권 침탈

① 한일 의정서(1904. 2.): 일본이 전쟁 시 한국의 영토를 군사 기지로 사용할 수 있는 권리 획득 – 러일 전쟁 중 체결하였다.

② 제1차 한일 협약(1904. 2.): 고문 정치, 재정 고문(메가타)와 외교 고문(스티븐스) 파견 → 내정 간섭

③ 열강이 한국에 대한 일본 권익 인정: 가쓰라·태프트 밀약(1905), 제2차 영일 동맹(1905), 포츠머스 조약(1905) → 한국에 대한 일본의 독점적 지배권 인정

④ 을사늑약(1905. 11.): 한국의 외교권 박탈, 통감부 설치(내정 간섭) → 고종이 거중 조정 조항에 근거해 미국에 도움 호소(헐버트 파견), 헤이그 특사 파견(1907) → 고종 강제 퇴위(1907)

⑤ 한일 신협약(정미 7조약, 1907): 통감의 권한 강화, 각 부에 일본인 차관 임명, 대한 제국의 군대 해산

⑥ 한국 병합에 관한 조약(1910): 기유각서(1909)로 사법권 박탈, 한국 병합 조약 체결 → 대한 제국 국권 강탈, 조선 총독이 통치

2 독도와 간도

독도	• 대한 제국이 「칙령 제41호」(1900) 공포 → 대한 제국의 독도 영유를 명확히 함 • 일본이 러일 전쟁 중 자국 영토로 불법 편입
간도	• 백두산정계비문의 해석을 두고 간도 귀속 분쟁 → 이범윤, 간도 관리사 임명 • 간도 협약(1909)으로 일본이 간도를 청에 넘김

꼭 나오는 자료

🔗 102쪽 550번 문제로 확인

을사늑약(1905.11.)

제2조 한국 정부는 앞으로 일본 정부의 중재를 거치지 않고 국제적 성질을 가진 어떠한 조약이나 약속을 맺지 않을 것을 서로 약속한다.

제3조 일본 정부는 한국 황제 폐하의 밑에 1명의 통감을 두되, 통감은 오로지 외교에 관한 사항을 관리하기 위해 경성에 주재하고 직접 한국 황제 폐하를 알현할 권리를 가진다.

자료 분석 일본은 을사늑약을 강압적으로 체결하여, 대한 제국의 외교권을 강탈하였다. 이후 통감부가 설치되어 대한 제국의 내정 전반을 간섭하였다.

② 항일 의병 전쟁과 의열 투쟁

1 항일 의병의 전개

을미의병	• 배경: 을미사변, 단발령 시행 • 특징: 유인석·이소응 등 위정척사 사상의 유생 주도 → 고종이 단발령 취소, 의병 해산 권고 조칙으로 대부분 해산
을사의병	• 배경: 을사늑약 체결 — 민종식이 홍주에서, 최익현이 태인에서 봉기하였다. • 특징: 유생 의병장과 평민 의병장(신돌석) 활약
정미의병	• 배경: 고종의 강제 퇴위, 대한 제국 군대 해산 • 특징: 해산 군인 참여로 전투력 강화, 다양한 계층 참여 • 의병 연합 부대(13도 창의군) 결성 → 서울 진공 작전(1908) • 일제의 '남한 대토벌' 작전(1909) → 의병 중 일부가 국외로 이동

2 의열 투쟁

각국 외교 사절단에게 의병을 국제법상의 교전 단체로 승인해 달라고 요청하였다.

을사늑약에 저항	을사늑약의 무효화 요구하며 자결(조병세, 민영환 등), '자신회'라는 5적 암살단 조직(나철·오기호 등)
국내외 의거	장인환, 전명운이 외교 고문 스티븐스 처단(1908), 이재명이 이완용 습격, 안중근이 이토 히로부미 처단(1909)

③ 애국 계몽 운동

1 애국 계몽 운동

교육과 산업 분야에서 다양한 활동을 전개하였다.

(1) 특징: 사회 진화론 기반, 실력 양성을 통한 국권 수호

(2) 애국 계몽 운동 단체

보안회	일본의 황무지 개간권 요구 저지
헌정 연구회	독립 협회 계승, 의회 설립, 입헌 정치 체제 주장
대한 자강회	• 헌정 연구회 계승, 교육과 산업 진흥을 통한 국권 수호 운동 전개, 입헌 군주제 수립 주장 • 전국에 지회 설치, 월보 간행 활동 • 고종 강제 퇴위 반대 운동 주도 → 해산
신민회	• 안창호, 양기탁 등이 항일 비밀 결사로 조직(1907) • 공화 정체의 근대 국민 국가 건설 목표 • 대성 학교와 오산 학교 설립, 자기 회사 설립, 태극 서관 운영, 국외 독립운동 기지 건설(남만주 삼원보에 한인촌) • 105인 사건으로 사실상 해산(1911)

2 교육과 언론을 통한 구국 운동

학회	• 기호 흥학회, 서북 학회 등 → 학교 설립, 교과서 보급, 월보 발행을 통해 민중 계몽 • 일제가 사립 학교령과 학회령 등 제정하여 탄압
언론	• 『황성신문』: 을사늑약이 체결되자 일제의 침략성을 규탄, 「시일야방성대곡」 게재 • 『대한매일신보』: 의병 투쟁에 호의적 기사 게재, 국채 보상 운동 지원

기본 기출 문제

핵심 주제를 파악할 수 있는 기출 문제를 수록하였습니다.

핵심 개념 문제

● 빈칸에 들어갈 알맞은 말을 쓰시오.

523 일본은 (　　　　)을/를 강제 체결하여 한국 내 필요한 지역을 군사 기지로 사용하였다.

524 일본은 (　　　　)을/를 체결하여 한국의 사법권을 빼앗았다.

525 정미의병은 의병 연합 부대인 (　　　　)을/를 결성하여 서울 진공 작전을 전개하였다.

● 다음 내용이 옳으면 ○표, 틀리면 ×표를 하시오.

526 포츠머스 강화 조약 체결로 러시아는 한국에 대한 독점적 지배권을 인정받았다. (　　)

527 을사늑약이 체결되자 고종은 헤이그에서 열린 만국 평화 회의에 이상설, 이준, 이위종을 특사로 파견하였다. (　　)

528 일본은 러일 전쟁 중에 독도를 불법으로 그들의 영토에 편입하였다. (　　)

● 조약과 관련 내용을 바르게 연결하시오.

529 을사늑약　　　·　　　·㉠ 고문 파견
530 제1차 한일 협약·　　　·㉡ 통감부 설치

● 괄호 안에 들어갈 알맞은 말을 고르시오.

531 을미사변이 일어나고 단발령이 시행되자 전국에서 (㉠ 을미의병, ㉡ 을사의병)이 일어났다.

532 (㉠ 『독립신문』, ㉡ 『대한매일신보』)은/는 국채 보상 운동을 지원하였다.

533 (㉠ 신민회, ㉡ 보안회)는 공화 정체의 근대 국민 국가를 지향하였다.

● 다음에서 설명하는 인물을 〈보기〉에서 고르시오.

| 보기 |
| ㄱ. 안중근　　　ㄴ. 이재명　　　ㄷ. 장인환·전명운 |

534 침략의 원흉인 이토 히로부미를 하얼빈에서 처단하였다. (　　)

535 샌프란시스코에서 일제의 한국 침략이 정당하다고 선전한 스티븐스를 처단하였다. (　　)

536

다음 자료가 발표된 시기를 연표에서 옳게 고른 것은?

> 제3국의 침해 또는 내란으로 인하여 대한 제국 황실의 안녕과 영토의 보전에 위험이 있을 경우에 대일본 제국 정부는 곧 필요한 조치를 취할 것이며, …… 대일본 제국 정부는 이러한 목적을 달성하기 위해 전략상 필요한 지점을 수시로 이용할 수 있다.

| (가) | (나) | (다) | (라) | (마) |
| 강화도 조약 | 임오 군란 | 동학 농민 운동 | 러일 전쟁 | 을사 늑약 | 한일 병합 조약 |

① (가)　② (나)　③ (다)　④ (라)　⑤ (마)

537

밑줄 친 '이 조약'에 대한 설명으로 옳은 것은?

이곳은 일본인 거류지였던 남산에 건립된 통감부 청사이다. 통감부는 강제로 이 조약이 체결된 결과 설치되었다.

① 삼국 간섭의 원인이 되었다.
② 독립 협회의 비판을 받았다.
③ 을미의병이 일어나는 계기가 되었다.
④ 대한 제국의 군대가 해산된 이후 체결되었다.
⑤ 대한 제국이 외교권을 빼앗기는 결과를 가져왔다.

538 빈출

지도에 나타난 활동이 전개된 배경으로 적절한 것은?

① 을사늑약이 체결되었다.
② 명성 황후가 시해되었다.
③ 임술 농민 봉기가 일어났다.
④ 대한 제국이 국외 중립을 선언하였다.
⑤ 청과 일본이 톈진 조약을 체결하였다.

● 바른답·알찬풀이 46쪽

539 빈출

핵심 주제 을미의병

다음 조칙으로 대부분 해산된 의병에 대한 설명으로 옳은 것만을 〈보기〉에서 고른 것은?

> 이번에 너희들이 의병을 일으킨 것은 어찌 다른 뜻이 있어서였겠는가. …… 나라를 어지럽힌 무리는 처단당하고 남은 수괴들은 이미 다 귀양 갔으니 …… 지금의 형세를 헤아리고 짐의 고충을 살피어 즉시 서로 이끌고 물러가서 원래의 생업에 안착하라.

| 보기 |

ㄱ. 단발령 시행 등에 반발하였다.
ㄴ. 해산 군인이 의병에 가담하였다.
ㄷ. 신돌석 등 평민 출신 의병장이 활약하였다.
ㄹ. 위정척사 사상을 지닌 유생들이 주도하였다.

① ㄱ, ㄴ ② ㄱ, ㄹ ③ ㄴ, ㄷ
④ ㄴ, ㄹ ⑤ ㄷ, ㄹ

540

핵심 주제 정미의병

(가), (나) 시기 사이에 있었던 사실로 옳은 것은?

> (가) 고종이 강제 퇴위되고 군대가 해산되자 의병 항쟁은 더욱 거세졌다. 의병이 전국적인 항일 구국 전쟁으로 발전하면서 다양한 계층이 항일 의병에 참여하였다.
> (나) 일본군은 의병의 근거지가 될 만한 촌락에 들어가 방화하고 살육을 저지르며 초토화하고, 수많은 의병을 체포하거나 학살하는 이른바 '남한 대토벌' 작전을 전개하였다.

① 대한국 국제가 반포되었다.
② 최익현이 태인에서 봉기하였다.
③ 황국 협회가 독립 협회와 충돌하였다.
④ 전봉준 등이 고부 관아를 습격하였다.
⑤ 13도 창의군이 서울 진공 작전을 전개하였다.

541

핵심 주제 을사늑약에 대한 항거

다음 항거가 이루어진 배경으로 가장 적절한 것은?

① 을사늑약이 체결되었다.
② 운요호 사건이 일어났다.
③ 구식 군인들이 봉기하였다.
④ 군대가 강제로 해산되었다.
⑤ 고종이 강제 퇴위당하였다.

542

핵심 주제 애국 계몽 운동

다음 취지문을 발표한 단체에 대한 설명으로 옳지 않은 것은?

> 무릇 나라의 독립은 오직 자강(自强)여하에 있을 따름이다. …… 교육이 일어나지 못하면 국민의 지식이 열리지 않고, 산업이 일어나지 않으면 나라의 부가 늘어나지 못하는 것이다. …… 교육과 산업의 발달이 곧 하나뿐인 자강의 방도임을 알 수 있을 것이다.

① 전국에 지회를 설치하였다.
② 입헌 군주제 수립을 주장하였다.
③ 일제의 황무지 개간권 요구를 철회시켰다.
④ 실력 양성을 통한 국권 수호 운동을 펼쳤다.
⑤ 고종 강제 퇴위를 반대하다가 강제 해산되었다.

실력 기출 문제

학교 시험에서 출제율이 높은 문제를 엄선하여 수록하였습니다.

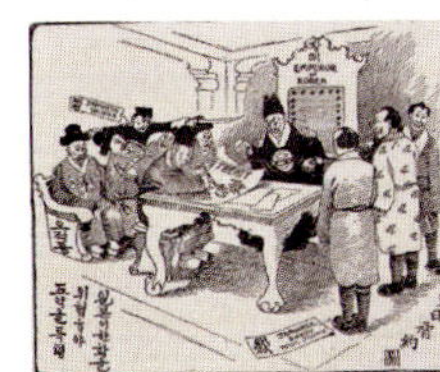

1 일제의 침략과 국권 피탈

543

밑줄 친 '조약'에 대한 설명으로 옳은 것은?

조약이 강압적으로 체결되었음을 보여 주는 만평이다. 분노한 고종 황제의 오른쪽에는 일본 외교관이, 그 뒤쪽에는 일본 군인이 황제를 위협하고 있다. 협약의 '협'자를 협력이 아닌 위협을 의미하는 '협(脅)'으로 기록하였다.

① 청일 전쟁 중에 체결되었다.
② 만민 공동회에서 규탄을 받았다.
③ 통감부가 설치되는 근거가 되었다.
④ 재정 고문과 외국인 외교 고문을 임명하였다.
⑤ 일본 공사관에 일본군이 주둔하는 결과를 가져왔다.

544

(가)에 들어갈 조약으로 옳은 것은?

만주와 한반도의 주도권을 둘러싸고 러시아와 일본의 대립이 격화되었고, 결국 러일 전쟁이 발발하였다. 전쟁을 일으킨 일본은 고종의 국외 중립 선언을 무시하고 (가) 을/를 강제로 체결하여 한국 내에서 필요한 지역을 군사 기지로 마음대로 사용하였다.

① 톈진 조약
② 제물포 조약
③ 한일 의정서
④ 한일 신협약
⑤ 강화도 조약

545

(가)의 영향으로 가장 적절한 것은?

1914년 11월, 미국에서 발행된 「포퓰러 매거진」에는 대한 제국을 배경으로 한 소설 「황제의 옥새(원제: THE GREAT CARDINAL SEAL)」가 실렸다. 미국의 한 언론인이 쓴 이 작품의 주인공은 우리에게 『대한매일신보』 창간으로 익숙한 영국 출신 언론인 베델로, 그는 대한 제국의 주권이 위협받는 상황에서 한국인들을 위해 기꺼이 모험에 나서는 인물로 묘사되었다. 이 작품은 일본 정부가 대한 제국의 외교권을 박탈하는 (가) 의 체결을 강요하는 등 긴박하게 전개되었던 당시 한반도 상황을 역동적으로 보여 준다.

① 독립문이 건립되었다.
② 헤이그 특사가 파견되었다.
③ 임술 농민 봉기가 일어났다.
④ 묄렌도르프가 외교 고문이 되었다.
⑤ 각 부서에 일본인 차관이 임명되었다.

546

밑줄 친 '이 조약'에 대한 탐구 활동으로 적절한 것만을 〈보기〉에서 고른 것은?

이것은 고종이 쓴 국서이다. 황제가 이 조약을 인정하지 않았고, 통감의 주재도 허용하지 않았다는 내용 등 6개 항으로 이루어져 있다.

┤ 보기 ├

ㄱ. 대한 자강회가 해산된 이유를 파악한다.
ㄴ. 헐버트가 미국에 파견된 목적을 조사한다.
ㄷ. 메가타가 재정 고문으로 파견된 시기를 알아본다.
ㄹ. 민종식의 의병이 홍주성을 점령한 과정을 살펴본다.

① ㄱ, ㄴ   ② ㄱ, ㄷ   ③ ㄴ, ㄷ
④ ㄴ, ㄹ   ⑤ ㄷ, ㄹ

547

밑줄 친 '이 회의'가 개최된 시기에 볼 수 있는 모습으로 가장 적절한 것은?

사진은 네덜란드에서 개최된 <u>이 회의</u>에 특사로 파견된 인물들의 모습이다. 이들은 조약의 불법성을 폭로하려 노력하였으나 열강의 방해로 실패하였다.

① 외교 사무와 내정을 간섭하는 통감
② 대한국 국제 반포식을 준비하는 관리
③ 별기군 해산을 명령하는 흥선 대원군
④ '남한 대토벌' 작전을 전개하는 일본군
⑤ 우정총국에서 정변을 일으키는 급진 개화파

548

밑줄 친 ㉠을 포함한 조약의 체결로 인해 나타난 사실로 옳은 것은?

일본 무관이 ㉠군대 해산 명령을 발표한 후 …… 당시 일본군은 대포를 배열하는 등 무력시위를 벌이고 감시를 엄중히 하여 한국 장병이 맨주먹으로는 어쩔 도리가 없었다. …… 분통이 터져 지방으로 내려가 의병이 된 자도 많았다.

① 일본인 차관이 임명되었다.
② 부산 등 3개 항구가 개항되었다.
③ 미국인 스티븐스가 외교 고문이 되었다.
④ 일본 상인이 한성에 상점을 개설하였다.
⑤ 개항장에서 일본 화폐를 사용할 수 있게 되었다.

549

밑줄 친 ㉠의 내용을 반박할 수 있는 자료로 가장 적절한 것은?

본군 소속 독도가 바깥 바다 100여 리 부근에 있는데, …… (일본) 관리 일행이 군청에 와서 '㉠독도가 이제 일본 영토가 되었으므로 시찰차 왔다.'라고 말하온 바 …… 이에 보고하오니 살펴 헤아리시기 바라옵니다.

　　　　　　　　　　　　　　　　- 울도군수 심흥택 보고서 -

① 전주 화약
② 제물포 조약
③ 강화도 조약
④ 한일 신협약
⑤ 대한 제국 「칙령 제41호」

550 빈출

(가), (나) 조약 체결 시기 사이에 있었던 사실로 옳은 것은?

(가) 한국 정부는 앞으로 일본 정부의 중재를 거치지 않고 국제적 성질을 가진 어떠한 조약이나 약속을 맺지 않을 것을 서로 약속한다.
(나) 한국 황제 폐하는 한국 전체에 관한 모든 통치권을 완전하고도 영구히 일본 황제 폐하에게 양여한다.

① 태양력이 채택되었다.
② 군국기무처가 설치되었다.
③ 고종이 아관 파천을 단행하였다.
④ 포츠머스 강화 조약이 체결되었다.
⑤ 일제가 대한 제국의 사법권을 강탈하였다.

551

(가) 지역에 대한 탐구 활동으로 가장 적절한 것은?

제1조　일·청 양국 정부는 도문강(두만강)을 청국과 한국의 국경으로 하고 강 원천지에 있는 정계비를 기점으로 하여 석을수(두만강 지류)를 두 나라의 경계로 함을 밝힌다.
제6조　청 정부는 앞으로 길장(지린~창춘) 철도를 연길 이남으로 연장하여 한국의 회령에서 한국의 철도와 연결할 수 있다.

　　　　　　　　　　　　　　　- 　(가)　 협약, 1909 -

① 묘청이 난을 일으킨 지역을 알아본다.
② 이범윤을 관리사로 파견한 지역을 조사한다.
③ 동학의 남접과 북접이 연합한 지역을 찾아본다.
④ 운요호가 상륙하여 살인 등을 저지른 지역을 확인한다.
⑤ 청이 납치한 흥선 대원군을 머물게 한 지역을 살펴본다.

2 항일 의병 전쟁과 의열 투쟁

552

(가)에 들어갈 내용으로 옳은 것은?

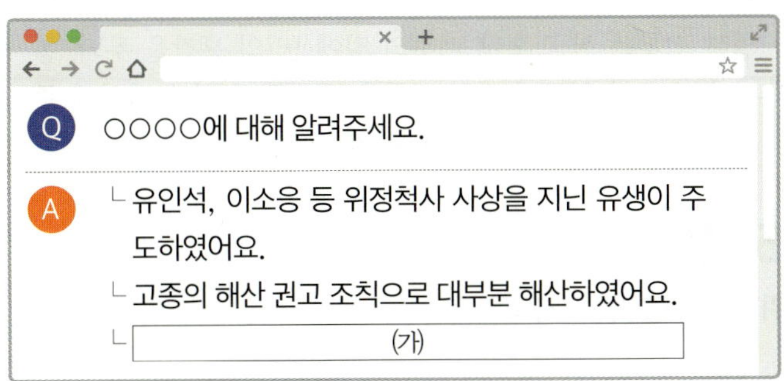

① 황국 협회와 충돌하였어요.
② 청군의 개입으로 실패하였어요.
③ 단발령 시행 등에 반발하여 일어났어요.
④ 관군을 격파하고 전주성을 점령하였어요.
⑤ 구식 군인에 대한 차별이 원인이 되었어요.

553

다음 인물에 대한 설명으로 옳은 것은?

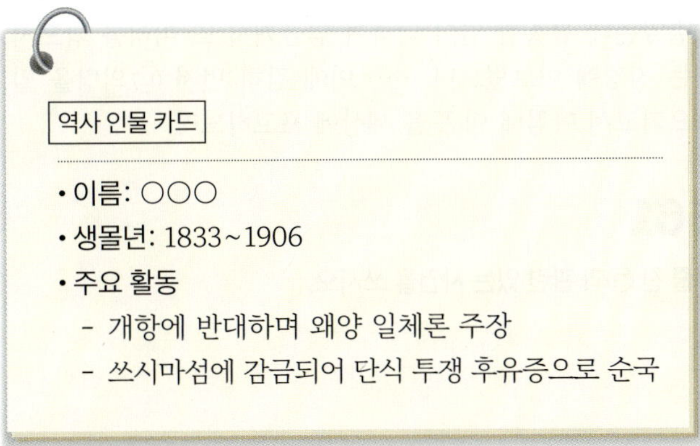

① 총리대신으로 갑오개혁을 주도하였다.
② 을사늑약에 반발하여 의병을 일으켰다.
③ 『황성신문』에 「시일야방성대곡」을 게재하였다.
④ 자신회를 조직하여 을사오적 처단을 준비하였다.
⑤ 평안도 관찰사로 제너럴 셔먼호 사건을 처리하였다.

554

(가), (나) 시기 사이에 있었던 사실로 옳은 것은?

> (가) 평민 의병장 신돌석은 일월산을 근거지로 평해, 울진, 영해 등에서 유격전을 펼치며 큰 전과를 올렸다.
> (나) 경기도 양주에 집결한 13도 창의군은 서울 진공 작전을 전개하였으나, 우세한 화력의 일본군에 가로 막혔다.

① 고종이 강제 퇴위당하였다.
② 독립 협회가 강제 해산되었다.
③ 메가타가 재정 고문으로 임명되었다.
④ 일제가 '남한 대토벌' 작전을 전개하였다.
⑤ 고종이 러시아 공사관으로 거처를 옮겼다.

555 빈출

다음 자료에 나타난 의병에 대한 설명으로 옳은 것은?

사진은 영국 기자 매켄지가 찍은 의병 부대의 모습이다. 해산 군인, 어린 소년 등 다양한 계층이 항일 의병에 참여하였다.

① 평민 의병장이 처음으로 등장하였다.
② 황토현 전투에서 관군을 격파하였다.
③ 명성 황후 시해에 반발하여 일어났다.
④ 민종식이 이끄는 부대가 홍주성을 점령하였다.
⑤ 국제법상의 교전 단체로 승인해 줄 것을 요청하였다.

556 빈출

밑줄 친 '조약'으로 옳은 것은?

> • 조병세와 민영환 등은 조약의 무효화를 요구하며 자결하였다.
> • 나철, 오기호 등은 '자신회'라는 암살단을 조직해 조약 체결에 협력한 매국노를 처단하고자 하였다.

① 을사늑약
② 한일 의정서
③ 조일 통상 장정
④ 한국 병합에 관한 조약
⑤ 조·청 상민 수륙 무역 장정

● 바른답·알찬풀이 **46쪽**

3 애국 계몽 운동

557

(가) 단체에 대한 설명으로 옳은 것은?

> | (가) | 강령
>
> 1. 제왕의 권위는 헌법에 정해진 바에 따라 존중할 것.
> 2. 정부의 명령은 법률 규칙에 정해진 바에 따라 복종할 것.
> 3. 국민의 권리는 법률에 정해진 바에 따라 자유로이 행사할 것.

① 의회 설립을 추진하였다.
② 전국에 지회를 설치하였다.
③ 105인 사건으로 타격을 입었다.
④ 일본의 황무지 개간권 요구를 철회시켰다.
⑤ 고종 강제 퇴위 반대 운동을 벌이다가 해산되었다.

558

(가)에 들어갈 내용으로 옳은 것만을 〈보기〉에서 고른 것은?

이것은 『대한매일신보』에 실린 태극 서관 광고이다. 이 단체는 출판물 보급을 위해 태극 서관을 설립하였다. 또한 이 단체는 ______(가)______

> | 보기 |
> ㄱ. 헌정 연구회를 계승하였다.
> ㄴ. 남만주에서 독립 전쟁을 준비하였다.
> ㄷ. 오산 학교와 대성 학교를 설립하였다.
> ㄹ. 러시아의 절영도 조차 요구를 저지하였다.

① ㄱ, ㄴ   ② ㄱ, ㄷ   ③ ㄴ, ㄷ
④ ㄴ, ㄹ   ⑤ ㄷ, ㄹ

| 559~560 |

다음 자료를 읽고 물음에 답하시오.

> 일본 정부는 한국 황제 폐하의 밑에 1명의 통감을 두되, 통감은 오로지 외교에 관한 사항을 관리하기 위해 경성에 주재하고 직접 한국 황제 폐하를 알현할 권리를 가진다.

559

위 조약의 명칭을 쓰시오.

560

위 조약에 대한 고종의 대응을 **두 가지** 서술하시오.

| 561~562 |

다음 자료를 읽고 물음에 답하시오.

> 원통함을 어찌하리. ㉠국모의 원수를 생각하며 이미 이를 갈았는데 참혹한 일이 더하여 임금께서 또 머리를 깎으시는 지경에 이르렀으니 …… 이에 감히 먼저 ㉡의병을 일으키고서 마침내 이 뜻을 세상에 포고하노라.

561

밑줄 친 ㉠과 관련 있는 사건을 쓰시오.

562

밑줄 친 ㉡을 주도한 세력의 특징을 서술하시오.

적중 1등급 문제

내신 1등급을 결정하는 고난도 문제를 수록하였습니다.

III

563

(가) 인물에 대한 설명으로 옳은 것은?

① 초대 통감을 맡았다.
② 자신회의 암살 대상이었다.
③ 명동 성당 앞에서 습격을 받았다.
④ 묄렌도르프와 함께 고문에 임명되었다.
⑤ 제1차 한일 협약을 계기로 한국에 들어왔다.

564

(가) 의병이 전개되던 시기에 볼 수 있는 모습으로 적절한 것은?

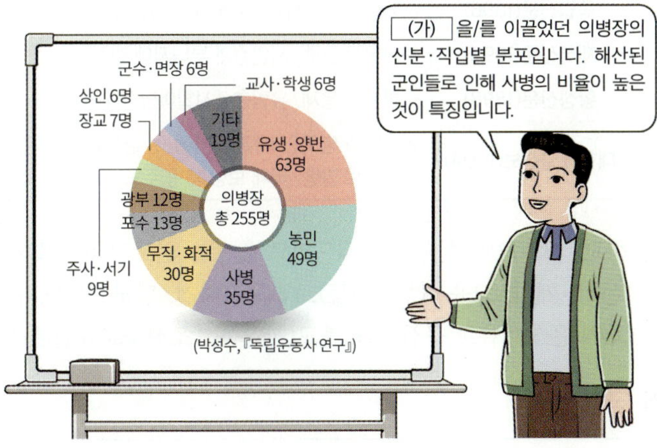

① 관민 공동회에서 연설을 듣는 관리
② 의병 해산 권고 조칙을 내리는 고종
③ 경기도 양주에 집결하는 13도 창의군
④ 재정 고문으로 한국에 부임하는 메가타
⑤ 황무지 개간권 요구 철회를 외치는 보안회 회원

565

밑줄 친 '이 단체'에 대한 설명으로 옳은 것은?

〈사료로 보는 한국사〉

남만주로 집단 이주하려고 기도하고, 조선 본토에서 재력이 상당한 사람들을 그곳에 이주시켜 토지를 사들이고 촌락을 세워 새 영토로 삼고, 다수의 청년 동지를 모집·파견하여 한인 단체를 일으키며, 학교를 세워 민족 교육을 실시하고, 무관 학교를 설립하여 문무를 겸하는 교육을 실시하면서, 기회를 엿보아 독립 전쟁을 일으켜 구한국의 국권을 회복하려고 하였다.

<해설> 자료는 105인 사건 판결문이다. 판결문에는 이 단체가 민족 교육을 실시하고, 무관 학교를 설립하여 독립 전쟁을 일으켜 국권을 회복하려고 한다고 쓰여있다. 일제는 이 단체가 데라우치 총독의 암살을 모의하였다고 조작하여 사실상 해산을 야기하였다.

① 독립문 건립 기금을 모집하였다.
② 양반 유생 의병장이 주도하였다.
③ 공화 정체의 정치 체제를 추구하였다.
④ 한일 병합 조약 체결 이후 결성되었다.
⑤ 전국에 지회를 설치하고 월보를 간행하였다.

566

다음 대화의 배경으로 가장 적절한 것은?

① 독립 협회가 강제 해산되었다.
② 대성 학교와 오산 학교가 설립되었다.
③ 일본이 한국에 황무지 개간권을 요구하였다.
④ 일제가 사립 학교령과 학회령을 제정하였다.
⑤ 『황성신문』에서 을사늑약 체결을 비판하는 기사를 게재하였다.

12 사회·경제의 변화와 문화 변동

1 개항 이후 열강의 침탈과 경제 변화

1 일본 상인의 거류지 무역

조일 수호 조규 부록에 근거하여 개항장에서 10리 이내로 활동 제한

거류지 무역	개항 초 허용된 지역 안에서만 무역(거류지 무역), 일본 화폐 사용, 무관세, 영사 재판권 악용하여 약탈적 무역 → 객주, 보부상 등이 중개 무역 전개
무역 내용	일본이 영국산 면제품 중계 무역으로 수익, 조선의 곡물 대량 구매 → 조선의 가내 수공업 타격, 쌀값 폭등

2 청·일본 상인의 상권 침탈

허가만 받으면 개항장 밖에서도 활동이 가능하였다.

(1) 조·청 상민 수륙 무역 장정(1882): 청 상인이 한성에 상점 개설

(2) 조일 통상 장정(1883): 조선의 관세권 설정, 방곡령 규정, 일본에 최혜국 대우 허용

3 열강의 이권 침탈

(1) 이권 침탈: 철도 부설권, 광산 채굴권, 삼림 채벌권, 전기 등

(2) 일본의 경제 침탈: 대한 제국의 재정이 일본에 예속

금융 지배	재정 고문 메가타 주도로 화폐 정리 사업(1905) 실시
토지 약탈	군용지, 철도 부지 명목, 동양 척식 주식회사 설립(1908)

꼭 나오는 자료 🔗 108쪽 582번 문제로 확인

화폐 정리 사업

질이 나쁜 백동화는 바꿔 주지 않는다. 상태가 매우 양호한 갑종 백동화는 개당 2전 5리의 가격으로 새 돈과 교환하여 주고, …… 단, 형질이 조악하여 화폐로 인정하기 어려운 병종 백동화는 매수하지 않는다.

자료 분석 재정 고문 메가타는 화폐 정리 사업을 실시하였다. 이때 대한 제국의 백동화 등을 일본 제일 은행권으로 바꾸는 과정에서 백동화의 가치가 제대로 인정되지 않았다. 그 결과 국내 상인들이 타격을 입었다.

---

2 경제적 구국 운동

1 근대적 회사 설립

(1) 상회사: 대동 상회, 장통 상회 등 설립

(2) 은행: 조선 은행(1896), 한성 은행(1897), 대한 천일 은행(1899)

쌀이나 쇠가죽 등을 사고 팔았다.

(3) 해운 회사: 대한 협동 우선 회사(1900)

2 상권 수호 운동: 시전 상인들의 철시 투쟁, 황국 중앙 총상회 조직(외국 상인의 불법적인 상업 활동 제지)

3 방곡령 실시

배경	일본으로 쌀, 콩 등 유출 → 곡물 부족, 곡물 가격 폭등
실시	지방관들이 조일 통상 장정(1883)의 내용 근거로 방곡령 선포 → 일본의 요구로 방곡령 철회, 일본에 배상금 지불

4 열강의 이권 침탈 저지

독립 협회	만민 공동회(이권 수호 운동) → 러시아의 절영도 조차 요구 저지, 러시아 재정 고문 철수, 한러 은행 폐쇄 등
보안회	일본의 황무지 개간권 요구 철회

5 국채 보상 운동

배경	일본의 차관 강요 → 일본에 대한 경제적 예속 심화
전개	서상돈 등 중심으로 대구에서 시작(1907) → 『대한매일신보』 등 언론 기관의 지원 → 전국으로 확산, 모금 활동 전개, 해외에서 동참
결과	양기탁을 보상금 횡령 누명으로 구속 등 일본의 탄압

3 개항 이후 근대 문물의 수용과 사회 변화

1 근대 시설 도입: 한성 전기 회사(전차, 전등), 통신(전신, 전화), 철도, 의료(광혜원 설립)

1899년 서대문~청량리 노선 부설

경인선(1899년), 경부선(1905년), 경의선(1906년)

2 근대 교육의 확산

미국인 강사를 초방하여 상류층 자제에게 근대 학문을 가르쳤다.

1880년대	원산 학사(최초의 근대 학교), 동문학(외국어 교육), 육영 공원(근대 학문), 개신교(배재 학당, 이화 학당)
갑오개혁	교육 입국 조서 반포 → 소학교, 외국어 학교, 사범 학교 등 관립 학교 설립(근대적 교육 제도 마련)
대한 제국	실업 학교(광무개혁 시기), 사립 학교(을사늑약 전후)

3 근대 언론의 발달: 일제의 신문지법으로 위축

한성순보(1883)	우리나라 최초의 신문, 박문국에서 발행
독립신문(1896)	서재필이 정부 지원으로 창간, 한글판과 영문판 발행
제국신문(1898)	순한글로 간행, 서민층과 부녀자에 인기
황성신문(1898)	국한문 혼용체, 유림층, 「시일야방성대곡」 게재
대한매일신보(1904)	양기탁과 영국인 베델이 발행, 순한글과 국한문, 영문으로 발행, 국채 보상 운동 주도

4 종교: 개신교와 천주교(교육·의료 활동), 천도교(손병희가 '동학' 개칭, 교육·언론 활동), 대종교(나철, 단군 신앙), 유교(박은식, 「유교 구신론」), 불교(한용운, 『조선불교유신론』)

5 국학 연구

국사	• 역사를 통해 민족의식 고취, 민중 계몽(신채호, 박은식 등) • 신채호: 「독사신론」(민족 중심), 『이순신전』, 『을지문덕』 집필
국어	국문 연구소 설립, 『국어문법』 간행(주시경)

6 국외 이주 동포: 만주, 연해주, 미주(하와이, 멕시코)의 한인 단체 → 성금 모아 독립운동 지원

기본 기출 문제

핵심 주제를 파악할 수 있는 기출 문제를 수록하였습니다.

핵심 개념 문제

● 빈칸에 들어갈 알맞은 말을 쓰시오.

567 (　　　　)의 체결로 청 상인이 한성에 상점을 개설할 수 있게 되었다.

568 재정 고문 메가타는 (　　　　)을/를 실시하여 백동화를 일본 제일 은행권으로 교환하게 하였다.

569 시전 상인은 (　　　　)을/를 조직하여 상권 수호 운동에 나섰다.

● 다음 내용이 옳으면 ○표, 틀리면 ×표를 하시오.

570 조선의 객주는 일본 상인과 조선 상인을 중개하면서 부를 축적하였다.　　　　(　　　)

571 한성 전기 회사가 설립되어 근대 시설인 전차와 전등이 가설되었다.　　　　(　　　)

572 박은식은 『조선불교유신론』을 통해 조선 불교의 자주성을 회복하고자 노력하였다.　　(　　　)

● 인물과 관련 내용을 바르게 연결하시오.

573 신채호 •　　　　• ㉠ 『국어문법』
574 주시경 •　　　　• ㉡ 「독사신론」

● 괄호 안에 들어갈 알맞은 말을 고르시오.

575 함경도 등지에서 지방관이 (㉠ 조일 무역 규칙, ㉡ 조일 통상 장정)을 근거로 방곡령을 선포하였다.

576 함경도 덕원의 관리와 주민은 최초의 근대식 학교인 (㉠ 원산 학사 , ㉡ 육영 공원)을/를 설립하였다.

577 (㉠ 『대한매일신보』, ㉡ 『황성신문』)은 을사늑약이 체결되자 「시일야방성대곡」을 게재하였다.

● 다음에서 설명하는 사건을 〈보기〉에서 고르시오.

| 보기 |
| ㄱ. 국채 보상 운동　　ㄴ. 상권 수호 운동 |
| ㄷ. 이권 수호 운동 |

578 독립 협회는 한러 은행의 폐쇄를 요구하여 관철시켰다.　　　　(　　　)

579 일본에 대한 경제적 예속이 심화되자 국민이 성금을 모아 나랏빚을 갚고 국권을 지키자는 운동이 일어났다.　　　　(　　　)

580

핵심 주제 거류지 무역

밑줄 친 ㉠ 장소를 중심으로 이루어진 무역에 대한 설명으로 옳지 <u>않은</u> 것은?

> 제4관　부산 항구에서 ㉠<u>일본국 인민이 자유롭게 통행할 수 있는 도로</u>의 거리는 부두로부터 계산해서 동서 남북 각 직경 10리로 정한다.

① 일본 화폐가 사용되었다.
② 일본 상품에 관세가 부과되지 않았다.
③ 일본 상인은 주로 영국산 면직물을 조선에 팔았다.
④ 일본은 영사 재판권을 이용한 약탈적 무역을 하였다.
⑤ 지방관이 곡물의 유출을 막기 위해 방곡령을 내렸다.

581

핵심 주제 조·청 상민 수륙 무역 장정

다음 조약의 체결에 따라 나타난 변화로 옳은 것은?

> 제2조　중국 상인이 조선 항구에서 고소할 일이 있을 경우 중국 상무위원에게 넘겨 심의·판결한다.
> 제4조　중국 상인이 조선의 양화진과 한성에 들어가 영업 소를 개설한 경우를 제외하고 …… 상점을 차리고 파는 것을 허가하지 않는다. …… 내지로 들어가려 는 자는 지방관이 발급한 허가증이 있어야 한다.

① 일본인 재정 고문이 파견되었다.
② 일본의 상품에 관세가 부과되었다.
③ 자치적 민정 기구인 집강소가 설치되었다.
④ 외국에 최혜국 대우를 처음으로 인정하였다.
⑤ 외국 상인의 한성 진출로 시전 상인이 타격을 입었다.

● 바른답·알찬풀이 50쪽

582 빈출
핵심 주제 **화폐 정리 사업**

다음 자료에 나타난 정책에 대한 설명으로 옳은 것은?

> 질이 나쁜 백동화는 바꿔 주지 않는다. 상태가 매우 양호한 갑종 백동화는 …… 새 돈과 교환하여 주고, 상태가 좋지 않은 을종 백동화는 개당 1전의 가격으로 정부에서 매수하며 …… 단, 형질이 조악하여 화폐로 인정하기 어려운 병종 백동화는 매수하지 않는다.

① 만민 공동회에서 규탄을 받았다.
② 재정 고문 메가타가 주도하였다.
③ 군국기무처를 중심으로 실시되었다.
④ 조선의 객주 등이 부를 축적하는 계기가 되었다.
⑤ 일본인이 한국에 농업 이민을 오도록 지원하였다.

583
핵심 주제 **근대적 회사 설립**

(가)에 들어갈 내용으로 옳은 것만을 〈보기〉에서 고른 것은?

> 〈사료로 보는 한국사〉
>
> 요즈음 서양 제국에서는 모두 회사를 설립하여 상인을 부르고 있는데, 실로 부강의 기초라 하겠다. …… 대체로 회사란 여러 사람이 자본을 합하여 여러 명의 농공(農工)·상고(商賈)의 사무를 잘 아는 사람에게 맡겨 운영하는 것이다.
>
> 〈해설〉 외국 상인이 국내 시장에 들어오면서 회사를 설립하여 육성해야 한다는 주장이 제기되면서, 이후 일부 상인은 (가) 등의 회사를 세웠다.

┤ 보기 ├
ㄱ. 대동 상회
ㄴ. 장통 상회
ㄷ. 농광 회사
ㄹ. 한성 전기 회사

① ㄱ, ㄴ
② ㄱ, ㄷ
③ ㄴ, ㄷ
④ ㄴ, ㄹ
⑤ ㄷ, ㄹ

584
핵심 주제 **국채 보상 운동**

다음 취지서를 발표한 운동에 대한 설명으로 옳은 것은?

> 국채 1,300만 원은 우리 한(韓) 제국의 존망에 직결된 것입니다. …… 지금 국고에서는 도저히 갚을 능력이 없으며, 만일 나라에서 갚지 못한다면 그때는 이미 삼천리 강토는 내 나라 내 민족의 소유가 못 될 것입니다.

① 독립 협회의 주도로 시작되었다.
② 총독부의 탄압을 받아 실패하였다.
③ 대한 천일 은행 설립으로 이어졌다.
④ 집강소를 설치하여 개혁을 추진하였다.
⑤ 『대한매일신보』 등 언론 기관의 지원을 받았다.

585
핵심 주제 **근대 교육의 확산**

(가)에 들어갈 교육 기관으로 옳은 것은?

① 동문학
② 원산 학사
③ 배재 학당
④ 육영 공원
⑤ 한성 사범 학교

실력 기출 문제

학교 시험에서 출제율이 높은 문제를 엄선하여 수록하였습니다.

1 개항 이후 열강의 침탈과 경제 변화

586 빈출

다음 상황이 나타난 배경으로 적절한 것은?

> 개항 초 일본 상인은 허용된 지역 안에서만 무역(거류지 무역)을 할 수 있었다. 이에 조선의 일부 상인은 일본 상인과 내륙의 조선 상인을 중개하면서 부를 축적할 수 있었다.

① 3포 왜란과 을묘왜변이 일어났다.
② 강화도 조약과 그 부속 조약이 체결되었다.
③ 통공 정책으로 시전 상인이 타격을 입었다.
④ 황국 중앙 총상회가 상권 수호 운동을 벌였다.
⑤ 허가받은 청 상인이 개항장 밖에서 활동하였다.

587

다음 수출입액 변화가 나타난 원인에 대한 탐구 활동으로 가장 적절한 것은?

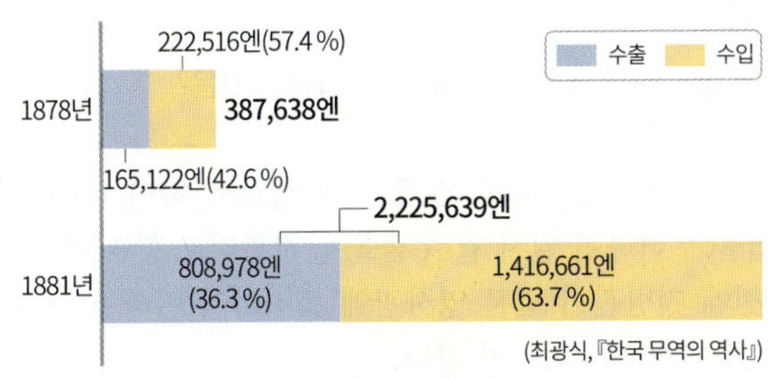

▲ 조선의 대일본 수출입액 추이

① 삼정이정청이 설치된 배경을 찾아본다.
② 동양 척식 주식회사의 활동을 파악한다.
③ 조일 통상 장정의 관세 항목을 찾아본다.
④ 조일 수호 조규 부록의 내용을 조사한다.
⑤ 통상 수교 거부 정책의 영향을 알아본다.

588

다음과 같은 무역 비율 변화를 바탕으로 역사 신문의 기사를 작성할 때 제목으로 가장 적절한 것은?

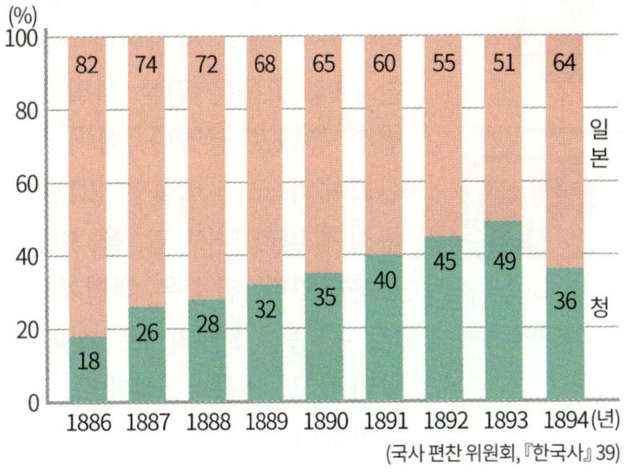

▲ 조선의 청·일로부터의 수입액 비율

① 아관 파천 이후 열강의 이권 침탈
② 청·일 양국 상인의 치열한 상권 경쟁
③ 강화도 조약 체결, 불평등 무역의 시작
④ 청일 전쟁 이후 조선의 무역 구조 변화
⑤ 내륙과 개항장을 연결하며 활약하는 보부상들

589

다음 상황에 따라 나타난 사실로 옳은 것만을 〈보기〉에서 고른 것은?

> • 청·일의 상인들은 큰 거리의 요지에 노점을 개설하는 자가 날로 늘어났다. …… 도성 내 모든 조선 상인이 불평불만을 일으키는 지경에 이르렀다.
> • 아무리 후미진 곳에 있는 촌락일지라도 장날에는 청 상인들이 찾아온다고 한다. …… 이 상태가 계속된다면 조선 팔도의 상권은 …… 청 상인의 손으로 넘어가고 말 것이다.

| 보기 |

ㄱ. 거류지 무역이 활기를 띠었다.
ㄴ. 시전 상인의 상권이 위협을 받았다.
ㄷ. 개항장 객주 등 중개 상인이 타격을 입었다.
ㄹ. 사발통문으로 모인 농민들이 관아를 습격하였다.

① ㄱ, ㄴ　　② ㄱ, ㄷ　　③ ㄴ, ㄷ
④ ㄴ, ㄹ　　⑤ ㄷ, ㄹ

590 빈출

다음 자료에 나타난 사업에 대한 탐구 활동으로 적절한 것은?

이것은 백동화와 일본 제일 은행이 발행한 화폐의 사진이다. 새로 부임한 재정 고문은 일본 제일 은행권을 법정 통화로 삼았다. 이어 구화폐와 신화폐의 교환 비율을 2:1로 정하고 품질에 따라 다시 갑, 을, 병 3종으로 구분하였다. 갑종은 액면가의 2분의 1로, 을종은 5분의 1로 화폐 가치가 낮아졌고, 병종은 화폐로 인정받지 못하였다.

▲ 백동화(위), 일본 제일 은행이 발행한 화폐(아래)

① 동양 척식 주식회사의 설립 목적을 찾아본다.
② 조·청 상민 수륙 무역 장정의 내용을 조사한다.
③ 최익현이 왜양 일체론을 제기한 시기를 살펴본다.
④ 흥선 대원군이 호포제를 실시한 이유를 알아본다.
⑤ 대한 제국이 대규모 차관을 도입한 배경을 파악한다.

591

(가)에 들어갈 내용으로 가장 적절한 것은?

① 한성 조약　　② 아관 파천　　③ 을사늑약
④ 한일 의정서　　⑤ 동학 농민 운동

2 경제적 구국 운동

592 빈출

(가)에 대한 설명으로 옳은 것은?

(가) 은/는 외국 자본 침략에 대응하기 위해 상인층을 중심으로 세워졌다. 이름은 '하늘 아래 첫째 은행'이라는 의미로 지어졌다.

① 최초의 민간 은행이었다.
② 대한 제국 시기에 세워졌다.
③ 독립 협회의 반발로 폐쇄되었다.
④ 관청이나 역에 딸린 토지 등을 약탈하였다.
⑤ 전국 각지에서 쌀이나 쇠가죽 등을 사고 팔았다.

593

밑줄 친 '이들'의 활동으로 옳은 것은?

외국 상인의 내지 통상이 허용되자 청·일 상인은 내륙으로 진출하여 상권을 확대해 나갔다. 한성에 진출한 청 상인은 남대문로와 수표교 일대를 중심으로, 일본 상인은 명동과 충무로 일대를 중심으로 상점을 설치하고 상권을 잠식해 갔다. 이에 <u>이들</u>은 외국 상점의 퇴거를 요구하며 철시 투쟁을 전개하였다.

① 지계를 발급하였다.
② 태극 서관을 설립하였다.
③ 황국 중앙 총상회를 조직하였다.
④ 러시아의 절영도 조차를 저지하였다.
⑤ 일본의 황무지 개간권 요구를 철회시켰다.

594

다음 자료를 활용한 탐구 주제로 가장 적절한 것은?

조선국에서 가뭄, 수해, 전쟁 등의 일로 인하여 국내 식량 결핍을 우려하여 일시 쌀 수출을 금지하려고 할 때에는 1개월 전에 지방관이 일본 영사관에 통지하여 미리 …… 일본 상인들에게 전달하여야 한다.

① 방곡령 실시의 배경
② 톈진 조약 체결의 영향
③ 이권 수호 운동의 전개
④ 조일 무역 규칙의 내용
⑤ 김옥균의 차관 도입 계획

595

밑줄 친 '운동'에 대한 설명으로 옳은 것은?

국채 보상 기성회에 관한 보고

수신: 통감

발신: 통감부 경무총장

요즘 서울에는 국채 보상 기성회를 발기한 자들이 있다. 그 뒤에는 청년회·자강회 등의 단체가 있고, 대한 제국 황실에서도 암암리에 지지를 보내는 것 같다. …… 이들의 목적은 나라가 지고 있는 빚 1,300만 원을 보상하는 것이라고 하지만 실질적인 내용은 국권 회복을 의도하는 반일 운동임은 말할 나위도 없다. 그리고 이보다 앞서 대구에서 유지들이 금연회를 만들어 회원 1인이 1원씩을 내어 2천만 동포가 참여하면 1,300만 원의 국채를 보상할 수 있다고 한 것이 이 운동의 시작이었다.

① 삼정의 문란에 반발하였다.
② 러시아 재정 고문을 철수시켰다.
③ 『대한매일신보』 등 언론의 지원을 받았다.
④ 제폭구민, 보국안민 등의 구호를 내세웠다.
⑤ 동양 척식 주식회사의 수탈에 대한 저항이었다.

596 빈출

(가), (나) 운동의 공통점으로 옳은 것은?

(가) 외국인들이 내지에 와서 점포를 열어 장사를 하고 전답을 사들이면 대한 인민의 상권이 외국인에게 모두 돌아가고 …… 우리나라 각 지방의 외국 상인들을 모두 내보내고 가옥과 전답구매를 일체 엄금하여 대한 인민의 상업을 흥하게 하여 달라.

(나) 대저 2천만 중 여자가 1천만이요, 1천만 중 가락지 있는 이가 반은 넘을 터이오니 가락지 매 쌍에 2천 원씩만 셈하고 보면 1천만 원이 여인 수중에 있다 할 수 있습니다.

① 상회사를 설립하였다.
② 폐정 개혁안을 발표하였다.
③ 지방관의 주도로 전개되었다.
④ 개화 정책의 중단을 가져왔다.
⑤ 외국의 경제적 침략에 저항하였다.

3 개항 이후 근대 문물의 수용과 사회 변화

597 빈출

(가)의 운영 시기에 볼 수 있는 모습으로 적절한 것은?

〈사료로 보는 한국사〉

중국에서 유럽인들이 '인력거'를 타고 주택들이 늘어선 골목 사이를 이동하는 동안, 조선 사람들은 (가) 을/를 타고 서울의 황토집과 초가지붕 사이를 돌아다녔다. 밤이면 눈부신 가로등이 서울의 거대한 촌락에 빽빽하게 늘어선 지붕들을 밝혀 주고 있었다.

〈해설〉 우리나라를 방문한 독일 기자 겐테가 서울의 모습을 묘사한 글이다. 그는 서울의 변화에 놀라워 하였으나 사람들은 아직 전통적인 복장인 갓과 장옷이 익숙하였다. 그가 놀라움을 표현한 (가) 은/는 서대문과 청량리를 연결하였다.

① 『한성순보』를 읽고 있는 관리
② 독립문 건립 기금을 내는 상인
③ 전등을 가설하는 한성 전기 회사 직원
④ 원산 학사 설립을 기뻐하는 덕원 주민
⑤ 기기창에서 처음 제작된 무기를 보는 군인

598

다음 글을 쓴 인물에 대한 설명으로 옳은 것은?

국가의 역사는 민족의 소장성쇠(消長盛衰)의 상태를 서술할지라. 민족을 빼면 역사가 없으며 역사를 빼어 버리면 민족의 그 국가에 대한 관념이 크지 않을지니, 오호라 역사가의 책임이 그 역시 무거울지라.

- 「독사신론」 -

① 평양에 대성 학교를 설립하였다.
② 단군 신앙을 부활시켜 대종교를 창시하였다.
③ 『을지문덕전』, 『이순신전』 등 위인전을 썼다.
④ 국어 문법 체계에 대한 『국어문법』을 간행하였다.
⑤ 국채 보상금을 횡령하였다는 누명으로 구속되었다.

599

밑줄 친 '이 종교'로 옳은 것은?

① 불교　　　② 천도교　　　③ 천주교
④ 대종교　　　⑤ 개신교

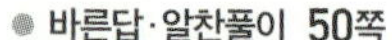

| 601~602 |

다음 자료를 읽고 물음에 답하시오.

> 곡물이 이출되는 것은 당분간 방지하지 않을 수 없다. 조일 통상 장정 제37관에 근거하여 기일에 앞서 통지하니 귀국의 상민들에게 통지하여 음력 을유년 12월 20일부터 만 한 달 이후부터는 ㉠곡물을 이출하지 못하게 할 것이다.

601

밑줄 친 ㉠ 명령의 명칭을 쓰시오.

602

밑줄 친 ㉠ 명령이 선포된 원인과 한계에 대해 서술하시오.

| 603~604 |

다음 자료를 읽고 물음에 답하시오.

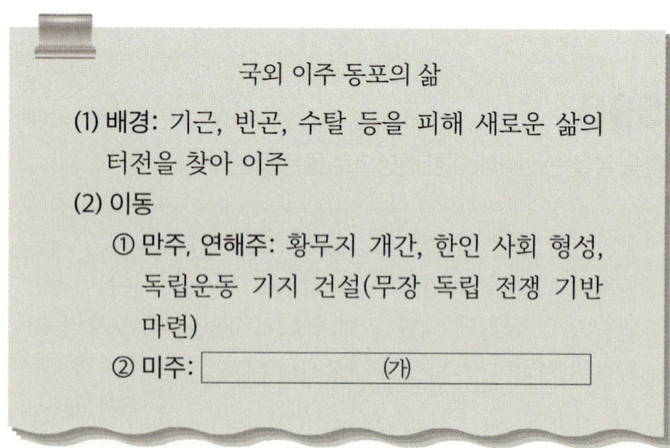

○○○○ 취지서

지금 우리들은 정신을 새로이 하고 충의를 떨칠 때이니 국채 1,300만 원은 우리 한(韓)제국의 존망에 직결된 것입니다. 이것을 갚으면 나라가 보존되고 이것을 갚지 못하면 나라가 망할 것은 필연적인 사실이나, 지금 국고에서는 도저히 갚을 능력이 없으며, 만일 나라에서 갚지 못한다면 그때는 이미 삼천리 강토는 내 나라 내 민족의 소유가 못될 것입니다.

600

(가)에 들어갈 내용으로 옳지 <u>않은</u> 것은?

> 국외 이주 동포의 삶
>
> (1) 배경: 기근, 빈곤, 수탈 등을 피해 새로운 삶의 터전을 찾아 이주
> (2) 이동
> 　① 만주, 연해주: 황무지 개간, 한인 사회 형성, 독립운동 기지 건설(무장 독립 전쟁 기반 마련)
> 　② 미주: 　　　(가)

① 한인 사회 형성
② 하와이 사탕수수 농장
③ 성금을 모아 독립운동 지원
④ 대한 제국 정부가 공인한 이민
⑤ 동양 척식 주식회사를 통한 농업 이민

603

위 취지서를 발표한 민족운동을 쓰시오.

604

위 민족운동이 전개된 배경을 서술하시오.

III

605

다음 글이 발표된 시기에 볼 수 있는 모습으로 적절한 것은?

> 우리보다 먼저 문명 개화한 나라들을 보면 남녀가 동등한 권리가 있는지라. 어려서부터 학교에서 공부하여 이목을 넓히니, 장성하여 사나이와 결혼하여 평생을 살더라도 억압당하지 않고 좋은 대접을 받는 것은 학문과 지식이 사나이 못지않은 까닭이다.
>
> -「여권통문」-

① 환구단에서 즉위식을 하는 황제
② 경인선 철도 개통식에 참여하는 관리
③ 만민 공동회를 준비하는 독립 협회 간부
④ 전주 화약을 체결하는 농민군과 정부 대표
⑤ 멕시코의 농장에 처음 도착한 한인 이주민

606

다음 조서의 반포에 따라 전개된 사실로 옳은 것만을 〈보기〉에서 고른 것은?

> 세계의 정세를 보면 부강하고 독립하여 사는 모든 나라는 다 국민의 지식이 밝기 때문이다. 이제 짐은 정부에 명하여 널리 학교를 세우고 인재를 길러 새로운 국민의 학식으로써 국가 중흥의 큰 공을 세우고자 하니, 국민은 나라를 위하는 마음으로 덕과 체와 지를 기를지어다. 왕실의 안전이 국민의 교육에 있고, 국가의 부강도 국민의 교육에 있도다.
>
> - 『관보』-

| 보기 |

ㄱ. 통역관 양성을 위해 동문학이 세워졌다.
ㄴ. 관립으로 소학교와 외국어 학교가 설립되었다.
ㄷ. 정부가 육영 공원에 미국인 강사를 초빙하였다.
ㄹ. 교원 양성을 위해 한성 사범 학교가 설립되었다.

① ㄱ, ㄴ ② ㄱ, ㄷ ③ ㄴ, ㄷ
④ ㄴ, ㄹ ⑤ ㄷ, ㄹ

607

(가) 단체의 활동으로 옳은 것은?

> 〈사료로 보는 한국사〉
>
> 요새 외국 상인은 발전하고 우리나라 상인의 생업은 쇠락하여 심지어 점포 자리를 외국 사람에게 팔아 버리는 지경에 이르렀다. …… 우리가 충심으로 본회를 설치하고 규칙을 만들었으니 우리와 뜻이 같은 이는 서로 권하여 충애하는 마음으로 상업을 일으킬 기초를 튼튼하게 하고 국가를 부강하게 할 방침을 찾아 억만년 이어지길 바란다.
>
> <해설> 외국 상인의 상권 침탈이 심해지자 시전 상인들은 외국 상점의 퇴거를 요구하며 철시 투쟁을 전개하였다. 이후 (가) 을/를 조직하여 상권 수호 운동을 전개하였다.

① 한러 은행 폐쇄를 관철시켰다.
② 외국 상인의 상업 활동 중단을 요구하였다.
③ 출판물 보급을 위해 태극 서관을 설립하였다.
④ 거류지에서 상품을 중개하며 부를 축적하였다.
⑤ 조일 통상 장정에 근거하여 방곡령을 선포하였다.

608

(가)의 영향으로 가장 적절한 것은?

> 대한 제국 시기 일본의 경제 침탈
>
> 1. 차관 제공: 개혁과 시설 개선을 명목으로 제공 → 대한 제국 재정이 일본에 예속
> 2. (가) : 백동화를 포함한 구화폐를 일본 제일 은행권으로 교환 → 한국인 상공업자에게 타격
> 3. 토지 약탈: 철도 부지와 군용지 확보를 구실로 대규모 토지 차지

① 원납전이 징수되었다.
② 임술 농민 봉기가 일어났다.
③ 조세의 금납화가 실시되었다.
④ 한국인 자본가의 자산이 줄어들었다.
⑤ 묄렌도르프가 당오전 발행을 추진하였다.

단원 마무리 문제

중간·기말고사를 대비할 수 있는 실전 문제로 구성하였습니다.

09 개항과 근대적 개혁의 추진

609

밑줄 친 '전쟁'의 결과 체결된 조약의 영향으로 적절한 것만을 〈보기〉에서 고른 것은?

영국은 청과의 무역에서 차, 비단 등의 수입으로 적자가 커지자, 이를 만회하고자 인도산 아편을 밀수출하였다. 청이 아편 단속을 강화하자 영국은 이를 빌미로 전쟁을 일으켰다.

┤ 보기 ├
ㄱ. 공행 무역이 폐지되었다.
ㄴ. 청 상인이 한성에 진출하였다.
ㄷ. 청이 홍콩을 영국에 할양하였다.
ㄹ. 영국이 거문도를 불법 점령하였다.

① ㄱ, ㄴ 　② ㄱ, ㄷ 　③ ㄴ, ㄷ
④ ㄴ, ㄹ 　⑤ ㄷ, ㄹ

610

다음 사건 이후 전개된 사실로 옳은 것은?

이번 덕산 묘지에서 저지른 사건은 사람으로서 차마 할 수 없는 일이다. …… 무기를 빼앗고 백성의 재물을 강탈하는 것도 사리로 볼 때 용납할 수 없다. 따라서 우리나라 신하와 백성은 있는 힘을 다하여 한마음으로 귀국과는 같은 하늘을 이고 살 수 없다는 것을 다짐할 뿐이다.

① 병인박해가 일어났다.
② 흥선 대원군이 척화비를 세웠다.
③ 제너럴 셔먼호 사건이 일어났다.
④ 일본이 미국에 문호를 개방하였다.
⑤ 프랑스군이 외규장각 도서를 약탈하였다.

611

(가)에 들어갈 사실로 옳은 것은?

일본 군함 운요호가 초지진을 포격하고 영종도에 상륙하여 살인과 약탈을 저질렀다.

↓

(가)

↓

통리기무아문이 설치되고 그 아래 12사를 두어 개화 정책을 추진하였다.

① 명성 황후가 시해되었다.
② 강화도 조약이 체결되었다.
③ 13도 창의군이 창설되었다.
④ 통리기무아문이 설치되었다.
⑤ 함경도에서 방곡령이 선포되었다.

612

다음 사절단이 파견된 배경으로 가장 적절한 것은?

① 임오군란이 일어났다.
② 제너럴 셔먼호 사건이 일어났다.
③ 조미 수호 통상 조약이 체결되었다.
④ 일본의 외교 문서 형식 문제로 갈등이 생겼다.
⑤ 운요호가 영종도에 상륙하여 살인과 약탈을 하였다.

613

밑줄 친 '봉기'에 대한 설명으로 옳은 것은?

> 구식 군인은 선혜청 당상 민겸호를 비롯해 부정을 일삼았던 왕비 민씨의 일족 등을 살해하고 궁궐과 일본 공사관을 공격하였다. 이 과정에서 개항 이후 일본으로 곡물이 유출되어 생활이 어려워진 도시 하층민도 <u>봉기</u>에 가담하였다.

① 제2차 수신사 파견에 영향을 주었다.
② 이만손 등이 만인소를 올리며 반발하였다.
③ 영국이 거문도를 불법 점령하는 계기가 되었다.
④ 흥선 대원군이 다시 집권하는 결과를 가져왔다.
⑤ 청프 전쟁으로 청군 절반이 철수한 상황에서 일어났다.

10 근대 국가 수립을 위한 노력

614

다음 주장이 제기된 시기의 사실로 옳은 것은?

> 저들이 비록 왜인이라고 하나 실은 양적(서양 오랑캐)입니다. 강화가 한번 이루어지면 사학(邪學) 서적과 천주의 초상화가 교역하는 가운데 들어올 것입니다. 그렇게 되면 얼마 안 가서 사학이 온 나라 안에 퍼지게 될 것입니다.

① 정부가 개항을 추진하였다.
② 『만국 공법』이 번역되어 출간되었다.
③ 청의 연호 대신 개국 기년이 사용되었다.
④ 김홍집이 들여온 『조선책략』이 유포되었다.
⑤ 일본의 강압으로 한일 의정서를 체결하였다.

615

다음 조약이 체결된 시기를 연표에서 옳게 고른 것은?

> 제1관 …… 만약 타국이 어떤 불공평하고 경멸하는 일을 일으켰을때는 일단 확인하고 서로 도와주며, 중간에서 잘 조정하여 두터운 우의를 보여 준다.
> 제14관 …… 본 조약에 부여되지 않은 어떠한 권리나 특혜를 다른 나라에 허가할 때에는 자동으로 미국 관민에게도 똑같이 주어진다.

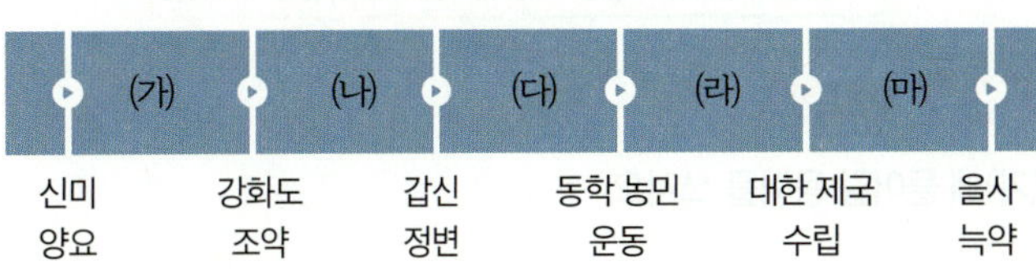

① (가) ② (나) ③ (다) ④ (라) ⑤ (마)

616

다음 자료에 나타난 '정(正)'을 지키고 '사(邪)'를 배척한 세력에 대한 설명으로 옳은 것은?

① 갑신정변을 주도하였다.
② 만민 공동회를 개최하였다.
③ 조사 시찰단으로 파견되었다.
④ 위정척사 운동을 전개하였다.
⑤ 교조 최제우의 신원을 주장하였다.

| 617~618 |

다음 자료를 보고 물음에 답하시오.

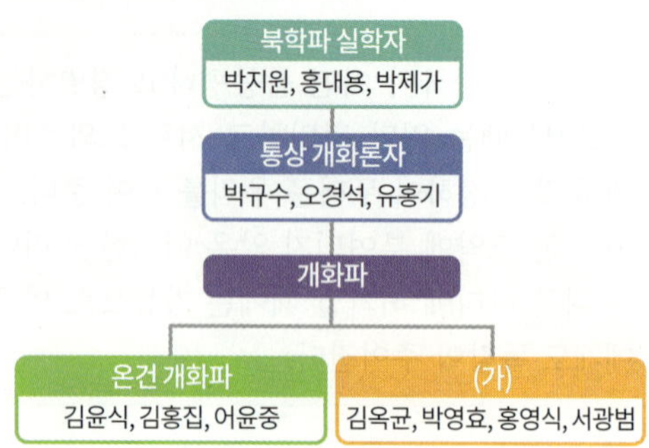

617 단답형

(가)에 들어갈 용어를 쓰시오.

618 서술형

(가) 세력이 정변을 일으킨 배경을 **두 가지** 서술하시오.

619

(가)에 들어갈 사실로 옳은 것은?

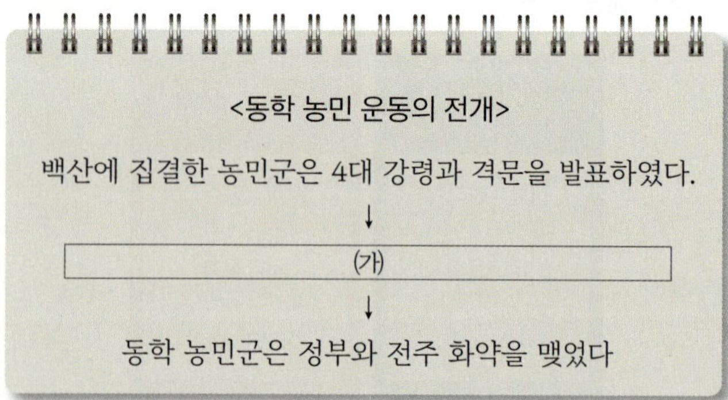

① 안핵사 이용태가 농민을 탄압하였다.
② 집강소를 중심으로 개혁이 추진되었다.
③ 우금치 전투에서 농민군이 일본군에 패하였다.
④ 농민군이 황토현 전투에서 관군을 격파하였다.
⑤ 남접과 북접이 논산에서 연합 부대를 형성하였다.

620

다음 자료를 발표하며 추진한 개혁에 대한 설명으로 옳은 것만을 〈보기〉에서 고른 것은?

> 1. 청에 의존하는 생각을 버리고 자주독립의 기초를 세운다.
> 4. 왕실 사무와 국정 사무를 나누어 서로 혼돈하지 않는다.
> 6. 납세는 법으로 정하고 함부로 세금을 거두지 않는다.
> 11. 총명한 젊은이를 파견하여 외국의 문물을 견습시킨다.
> 13. 민법, 형법을 제정하여 국민의 생명과 재산을 보전한다.

| 보기 |
ㄱ. 재판소를 설치하였다.
ㄴ. 공사 노비제를 폐지하였다.
ㄷ. 군국기무처의 주도로 이루어졌다.
ㄹ. 지방 제도를 8도에서 23부로 바꾸었다.

① ㄱ, ㄴ   ② ㄱ, ㄹ   ③ ㄴ, ㄷ
④ ㄴ, ㄹ   ⑤ ㄷ, ㄹ

621

밑줄 친 '그'에 대한 설명으로 옳은 것은?

> • 그는 비록 왜와 화친을 주장하여 죄를 지었으나, 국사에 마음을 다한 정치가였다. 그는 난세를 구할 만한 재주가 있었다. 그가 죽자 모두 탄식하기를, '개화할 사람이 없다.'라며 그의 죽음을 크게 애석해하였다.
> • 그는 갑오년 이후부터 외교를 빙자하고 임금의 권한을 빼앗았으며 패거리를 만들어 음모를 꾸몄습니다. 을미년 8월의 사변에 그는 흉적의 우두머리였으며 유길준 등은 그를 옹호하였습니다.

① 일본에서 『조선책략』을 가지고 돌아왔다.
② 평안북도 정주에 오산 학교를 설립하였다.
③ 조사 시찰단의 일원으로 보고서를 작성하였다.
④ 우정총국 낙성 축하연을 기회로 정변을 일으켰다.
⑤ 영선사를 이끌며 근대 무기 제조 기술 등을 배워왔다.

622

밑줄 친 '이 신문'에 대한 설명으로 옳은 것은?

창간 논설(일부)

- 우리가 <u>이 신문</u>을 출판하는 것은 모두 한글로 써서 남녀 상하귀천이 모두 보게 하기 위함.
- 영문으로 조금 기록하는 것은 외국의 인민이 조선의 실제 사정을 알게 하고자 하기 위함.
- 조선 인민의 소견과 지혜를 진보케 하기 위함.

① 일제의 신문지법 제정으로 위축되었다.
② 영국인 베델이 발행인으로 참여하였다.
③ 정부의 지원을 받아 서재필 등이 창간하였다.
④ 개화 정책 홍보 등을 위해 박문국에서 간행하였다.
⑤ 「시일야방성대곡」을 실어 을사늑약 체결에 항의하였다.

623

(가) 왕의 재위 시기에 있었던 사실로 옳지 <u>않은</u> 것은?

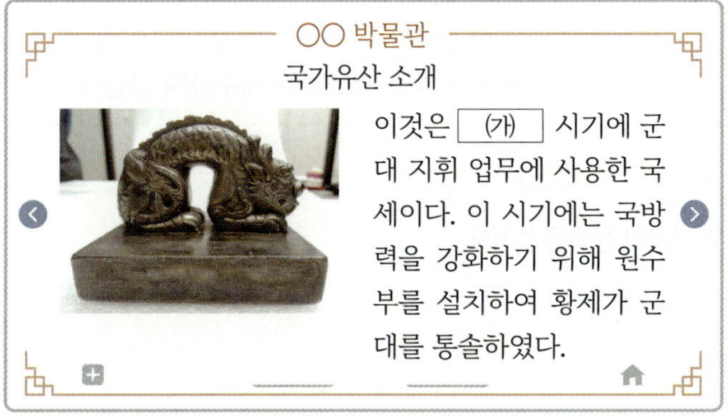

① 지계가 발급되었다.
② 통감부가 설치되었다.
③ 경부선 철도가 개통되었다.
④ 대한 천일 은행이 설립되었다.
⑤ 청과의 간도 협약이 체결되었다.

11 국권 침탈과 국권 수호 운동

624

(가), (나) 시기 사이에 있었던 사실로 옳은 것은?

(가) 제3국의 침해 또는 내란으로 인하여 대한 제국 황실의 안녕과 영토의 보전에 위험이 있을 경우에 대일본 제국 정부는 곧 필요한 조치를 취할 것이며 …… 대일본 제국 정부는 이러한 목적을 달성하기 위해 전략상 필요한 지점을 수시로 이용할 수 있다.

(나) 제1조 한국 정부는 시정 개선에 관하여 통감의 지도를 받는다.
제2조 한국 정부의 법령 제정 및 행정상의 처분은 미리 통감의 승인을 거친다.
제4조 한국 고등 관리의 임면은 통감의 동의로써 이를 행한다.
제5조 한국 정부는 통감이 추천하는 일본인을 한국 관리로 임명한다.

① 고종이 국외 중립을 선언하였다.
② 일제가 '남한 대토벌' 작전을 전개하였다.
③ 기유각서가 체결되어 사법권이 박탈되었다.
④ 단발령이 취소되고 의병이 대부분 해산하였다.
⑤ 이상설, 이준 등이 헤이그에 특사로 파견되었다.

625

다음 자료에 나타난 의병들에 대한 설명으로 옳은 것은?

민종식이 이끄는 의병 부대는 한때 충청남도의 홍주성을 점령하였고, 제자들과 함께 태인에서 봉기한 최익현은 정읍, 순창, 곡성 등을 장악하였다. 평민 의병장 신돌석은 경상도와 강원도 경계에 있는 일월산을 근거지로 평해, 울진, 영해 등에서 유격전을 펼치며 큰 전과를 거두었다.

① 을사늑약 체결에 반발하였다.
② 단발령 시행에 반발하여 일어났다.
③ 해산 군인의 가담으로 전투력이 향상되었다.
④ 양주에 집결하여 서울 진공 작전을 전개하였다.
⑤ 고종의 해산 권고 조칙으로 대부분 해산하였다.

626

교사의 질문에 대한 학생의 답변으로 적절한 것만을 〈보기〉에서 있는 대로 고른 것은?

┤ 보기 ├
ㄱ. 안중근이 이토 히로부미를 처단하였어요.
ㄴ. 이재명은 매국노 이완용을 습격하였어요.
ㄷ. 나철, 오기호 등이 자신회를 조직하였어요.
ㄹ. 보안회가 일제의 황무지 개간권을 철회시켰어요.

① ㄱ, ㄴ　　　② ㄴ, ㄷ　　　③ ㄱ, ㄴ, ㄷ
④ ㄱ, ㄷ, ㄹ　　⑤ ㄴ, ㄷ, ㄹ

| 627~628 |

다음 자료를 읽고 물음에 답하시오.

> 무릇 나라의 독립은 오직 자강(自强) 여하에 있을 따름이다. …… 교육이 일어나지 못하면 국민의 지식이 열리지 않고, 산업이 일어나지 않으면 나라의 부가 늘어나지 못하는 것이다. …… 교육과 산업의 발달이 곧 하나뿐인 자강의 방도임을 알 수 있을 것이다.

627 　단답형

위 취지서를 발표한 단체를 쓰시오.

628 　서술형

위 단체가 해산된 배경을 서술하시오.

629

다음 자료와 관련 있는 단체에 대한 설명으로 옳은 것은?

> • 설립 목적: 우리의 목적은 우리 한국의 부패한 사상과 습관을 혁신하고 국민을 새롭게 하며, 쇠퇴한 교육과 산업을 개량하고 사업을 혁신하게 하여, 새로운 자유 문명국을 성립하게 함에 있다.
> • 105인 사건 판결문: 학교를 세워 민족 교육을 실시하고, 나아가 무관 학교를 설립하여 문무를 겸하는 교육을 실시하면서, 기회를 엿보아 독립 전쟁을 일으켜 구한국의 국권을 회복하려고 하였다.

① 비밀 결사로 조직되었다.
② 구국 운동 상소문을 올렸다.
③ 입헌 정치 체제를 수립하고자 하였다.
④ 일제가 학회령을 제정하여 탄압하였다.
⑤ 기관지로 『대조선 독립 협회 회보』를 간행하였다.

12 사회·경제의 변화와 문화 변동

| 630~631 |

다음 자료를 읽고 물음에 답하시오.

> 질이 나쁜 백동화는 바꿔 주지 않는다. 상태가 매우 양호한 갑종 백동화는 개당 2전 5리의 가격으로 새 돈과 교환하여 주고, 상태가 좋지 않은 을종 백동화는 개당 1전의 가격으로 정부에서 매수하며, …… 단, 형질이 조악하여 화폐로 인정하기 어려운 병종 백동화는 매수하지 않는다.

630 　단답형

위 자료의 정책을 쓰시오.

631 　서술형

위 정책의 시행으로 한국인 자본가와 상인 등이 피해를 입은 이유를 두 가지 서술하시오.

III

632

(가)에 들어갈 내용으로 옳은 것은?

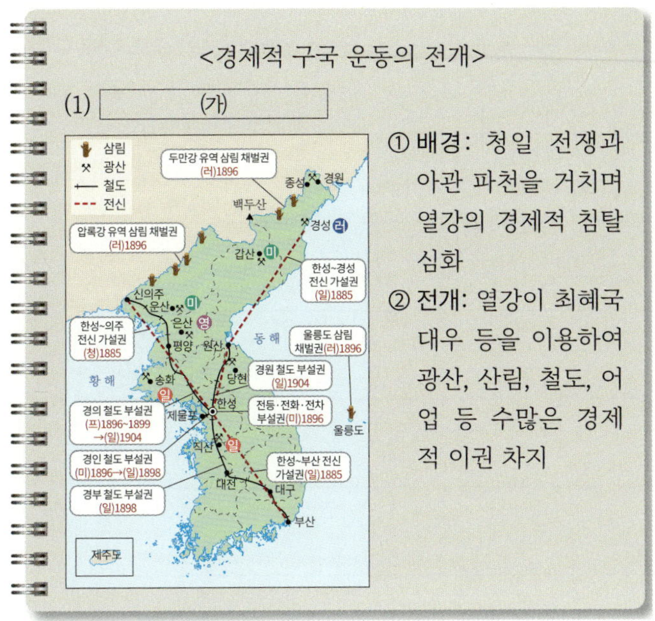

① 위정척사 운동
② 상권 수호 운동
③ 이권 수호 운동
④ 교조 신원 운동
⑤ 애국 계몽 운동

633

(가) 민족운동에 대한 설명으로 옳은 것은?

① 독립문 건립을 주도하였다.
② 일본의 황무지 개간권 요구를 철회시켰다.
③ 서상돈 등을 중심으로 대구에서 시작되었다.
④ 영국이 거문도를 불법으로 점령하는 계기가 되었다.
⑤ 외국 상점의 퇴거를 요구하며 철시 투쟁을 전개하였다.

634

(가)에 대한 설명으로 옳은 것은?

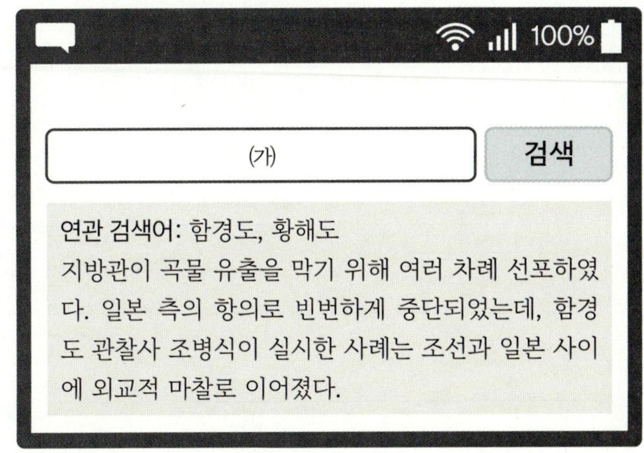

① 조일 통상 장정에 근거하였다.
② 황국 중앙 총상회를 설립하였다.
③ 통리기무아문을 중심으로 추진되었다.
④ 일본 공사관 신축 비용을 부담하게 하였다.
⑤ 군수 조병갑의 비리와 폭정이 원인이 되었다.

635

(가)에 들어갈 내용으로 옳은 것은?

① 「유교 구신론」을 내세웠어.
② 서양 의료 보급에 기여하였어.
③ 무장 독립 전쟁에 기여하였어.
④ 조선 불교의 자주성을 회복하고자 하였어.
⑤ 천도교로 개칭하고 교단에서 친일 세력을 몰아냈어.

MEMO

기출 분석 문제집

1등급 만들기

◀ 이곳을 열면 정답을 바로 확인할 수 있습니다.

빠른답 체크

Speed Check

한국사1 635제

04 조선 후기의 변화

145 비변사　146 인조반정
147 초계문신제　　148 당백전　149 ○
150 ○　151 ×　152 ○　153 ㉡
154 ㉣　155 ㉢　156 ㉠　157 ㉠
158 ㉠　159 ㄱ　160 ㄷ　161 ㄴ
162 ①　163 ④　164 ④　165 ②
166 ①　167 ⑤　168 ④　169 ②
170 ②　171 ①　172 ⑤　173 ⑤
174 ①　175 ③　176 ②　177 ①
178 ③　179 ④　180 ②　181 ①
182 ④　183 ②　184 ①　185 ①
186 ⑤　187 영조　188 해설 참조
189 흥선 대원군　　190 해설 참조
191 ①　192 ④　193 ③　194 ①

Ⅰ 단원 마무리 문제

195 ①　196 ②　197 ④　198 ⑤
199 ④　200 호족　201 해설 참조
202 ①　203 ②　204 ②　205 ②
206 ①　207 이자겸　208 해설 참조
209 ⑤　210 ⑤　211 ②　212 ①
213 ②　214 사림　215 해설 참조
216 ③　217 ①　218 ④　219 ③
220 ⑤　221 임진왜란
222 해설 참조

05 국제 관계와 대외 교류

223 쓰시마섬　　224 효종
225 ○　226 ×　227 ×　228 ×
229 ㉡　230 ㉠　231 ㉢　232 ㉣
233 ㉠　234 ㉠　235 ㉠　236 ㉠
237 ㄱ　238 ㄴ　239 ㄷ　240 ㄹ
241 ①　242 ②　243 ④　244 ①
245 ⑤　246 ③　247 ③　248 ④
249 ②　250 ②　251 ④　252 ②
253 ⑤　254 ②　255 ⑤　256 ③
257 ②　258 ③　259 ①　260 ⑤
261 ④　262 ③　263 ①　264 ③
265 백두산정계비　266 해설 참조
267 「혼일강리역대국도지도」
268 해설 참조　269 ②　270 ⑤
271 ①　272 ④

06 수취 체제와 경제생활

273 전시과　274 직전법　275 대동법　276 ×
277 ×　278 ×　279 ○　280 ㉠
281 ㉡　282 ㉡　283 ㉡　284 ㄱ
285 ㄴ　286 ㄷ　287 ⑤　288 ④
289 ③　290 ②　291 ④　292 ④
293 ④　294 ①　295 ②　296 ④
297 ①　298 ②　299 ②　300 ⑤
301 ①　302 ⑤　303 ②　304 ③
305 ①　306 ⑤　307 ①　308 ④
309 ②　310 ③　311 전시과
312 해설 참조　313 모내기(이앙법)
314 해설 참조　315 ②
316 ①　317 ④　318 ②

07 신분제에 기반한 사회 구조

319 골품제　320 향리　321 중인　322 공명첩
323 ○　324 ×　325 ○　326 ②
327 ㉡　328 ㉠　329 ㉠　330 ㄴ
331 ㄷ　332 ㄱ　333 ⑤　334 ④
335 ③　336 ③　337 ①　338 ④
339 ②　340 ②　341 ③　342 ②
343 ⑤　344 ③　345 ①　346 ②
347 ②　348 ⑤　349 ②　350 ①
351 ②　352 ②　353 ①　354 ②
355 ③　356 ②　357 소
358 해설 참조　　359 공명첩
360 해설 참조　　361 ③　362 ③
363 ②　364 ②

08 다양한 사상과 문화 교류

365 왕즉불　366 팔관회　367 「삼강행실도」
368 최제우　369 ×　370 ×　371 ○
372 ○　373 ○　374 ㉠　375 ㉡
376 ㉡　377 ㄱ　378 ㄷ　379 ㄹ
380 ㄴ　381 ①　382 ②　383 ⑤
384 ⑤　385 ⑤　386 ④　387 ①
388 ④　389 ②　390 ②　391 ③
392 ②　393 ④　394 ②　395 ②
396 ③　397 ⑤　398 ①　399 ③
400 ③　401 ②　402 ④　403 ⑤
404 백제 금동대향로　405 해설 참조
406 「삼강행실도」　407 해설 참조
408 ⑤　409 ④　410 ⑤　411 ②

Ⅱ 단원 마무리 문제

412 ④　413 ②　414 ①　415 ②
416 ④　417 신라　418 해설 참조
419 ③　420 ②　421 ②　422 ⑤
423 ③　424 대동법　425 해설 참조
426 ③　427 ①　428 ②　429 ②
430 ⑤　431 서얼　432 해설 참조
433 ④　434 ②　435 ②　436 ①
437 ①　438 풍수지리설
439 해설 참조

09 개항과 근대적 개혁의 추진

440 척화비　441 보빙사　442 ○　443 ○
444 ㉡　445 ㉠　446 ○　447 ○
448 ㄱ　449 ㄴ　450 ②　451 ⑤
452 ④　453 ③　454 ②　455 ①
456 ③　457 ②　458 ④　459 ⑤
460 ③　461 ④　462 ③　463 ①
464 ④　465 ⑤　466 ①　467 ㄴ
468 ⑤　469 ②　470 ②　471 ①
472 흥선 대원군　473 해설 참조
474 만국 공법　475 해설 참조
476 ③　477 ①　478 ①　479 ②

10 근대 국가 수립을 위한 노력

480 통리기무아문　481 만민 공동회
482 구본신참　483 지계
484 ×　485 ○　486 ○　487 ㉠
488 ㉡　489 ㉡　490 ㉡　491 ㄷ
492 ㄱ　493 ⑤　494 ②　495 ④
496 ①　497 ③　498 ②　499 ⑤
500 ②　501 ①　502 ②　503 ③
504 ④　505 ⑤　506 ②　507 ③
508 ④　509 ⑤　510 ⑤　511 ①
512 ⑤　513 ①　514 ③
515 갑신정변　516 해설 참조
517 갑오개혁　518 해설 참조
519 ④　520 ④　521 ②　522 ②

11 국권 침탈과 국권 수호 운동

523 한일 의정서　524 기유각서
525 13도 창의군　526 ×
527 ○　528 ○　529 ㉡　530 ㉠
531 ㉠　532 ㉡　533 ㉠　534 ㄱ
535 ㄷ　536 ④　537 ⑤　538 ①
539 ②　540 ⑤　541 ⑤　542 ⑤
543 ③　544 ③　545 ②　546 ④
547 ①　548 ①　549 ⑤　550 ⑤
551 ②　552 ①　553 ②　554 ①
555 ⑤　556 ①　557 ①　558 ③
559 을사늑약　560 해설 참조
561 을미사변　562 해설 참조
563 ②　564 ④　565 ③　566 ③

12 사회·경제의 변화와 문화 변동

567 조·청 상민 수륙 무역 장정
568 화폐 정리 사업　569 황국 중앙 총상회
570 ○　571 ○　572 ×　573 ㉡
574 ㉠　575 ㉡　576 ㉠　577 ㉡
578 ㄷ　579 ㄱ　580 ⑤　581 ⑤
582 ②　583 ①　584 ⑤　585 ④
586 ②　587 ④　588 ②　589 ②
590 ⑤　591 ②　592 ②　593 ③
594 ①　595 ③　596 ⑤　597 ③
598 ③　599 ②　600 ③
601 방곡령　602 해설 참조
603 국채 보상 운동　604 해설 참조
605 ③　606 ④　607 ②　608 ④

Ⅲ 단원 마무리 문제

609 ②　610 ②　611 ②　612 ③
613 ④　614 ①　615 ②　616 ④
617 급진 개화파　618 해설 참조
619 ④　620 ②　621 ①　622 ②
623 ⑤　624 ③　625 ①　626 ②
627 대한 자강회　628 해설 참조
629 ③　630 화폐 정리 사업
631 해설 참조　632 ③　633 ③
634 ①　635 ③

빠른답 체크 후 틀린 문제는
바른답·알찬풀이에서 꼭 확인하세요.

빠른답 체크

Speed Check

한국사1 635제

빠른답 체크 후 틀린 문제는
바른답·알찬풀이에서 꼭 확인하세요.

비록

아무도 과거로 돌아가

새 출발을 할 순 없지만

누구나

지금 시작해

새 엔딩을 만들 수 있다.

-레오나르도 다빈치-

01 고대 국가의 성장

001 청동기	002 광개토 대왕		003 5소경
004 ○	005 ×	006 ×	007 ○
008 ②	009 ©	010 ③	011 ©
012 ©	013 ③	014 ③	
015 ㄹ-ㄱ-ㄴ-ㄷ		016 ④	017 ③
018 ③	019 ①	020 ①	021 ②
022 ④	023 ④	024 ⑤	025 ②
026 ①	027 ③	028 ④	029 ③
030 ⑤	031 ①	032 ④	033 ②
034 ④	035 ③	036 ②	037 ②
038 ④	039 ②	040 ②	041 성왕
042 해설 참조		043 발해	
044 해설 참조		045 ③	046 ④
047 ②	048 ④		

02 고려의 통치 체제와 정치 변동

049 후백제	050 어사대	051 교정도감	
052 ○	053 ×	054 ○	055 ©
056 ©	057 ③	058 ②	059 ©
060 ③	061 ③	062 ㄴ-ㄹ-ㄱ-ㄷ	
063 ②	064 ④	065 ②	066 ②
067 ②	068 ⑤	069 ⑤	070 ①
071 ③	072 ③	073 ④	074 ③
075 ③	076 ⑤	077 ①	078 ⑤
079 ②	080 ③	081 ①	082 ①
083 ②	084 ①	085 ⑤	086 ②
087 ②	088 만적	089 해설 참조	
090 공민왕	091 해설 참조		092 ①
093 ①	094 ④	095 ①	096 ②

03 조선의 성립과 발전

097 홍문관	098 이조 전랑		099 이순신
100 ×	101 ×	102 ○	103 ○
104 ©	105 ②	106 ©	107 ③
108 ③	109 ③	110 ©	
111 ㄷ-ㄱ-ㄴ-ㄹ		112 ②	113 ①
114 ③	115 ⑤	116 ④	117 ⑤
118 ④	119 ③	120 ②	121 ②
122 ③	123 ②	124 ①	125 ④
126 ②	127 ②	128 ①	129 ④
130 ②	131 ②	132 ②	133 ②
134 ③	135 ②	136 ①	137 의정부
138 해설 참조		139 임진왜란	
140 해설 참조		141 ④	142 ②
143 ③	144 ①		

기출 분석 문제집

1등급 만들기

2022 개정

✱ 2025년 상반기 출간 예정

- **수학** 공통수학1, 공통수학2, 대수, 확률과 통계✱, 미적분 I ✱
- **사회** 통합사회1, 통합사회2✱, 한국사1, 한국사2✱,
  세계시민과 지리, 사회와 문화, 세계사, 현대사회와 윤리
- **과학** 통합과학1, 통합과학2

2015 개정

- **국어** 문학, 독서
- **수학** 수학 I , 수학 II , 확률과 통계, 미적분, 기하
- **사회** 한국지리, 세계지리, 생활과 윤리, 윤리와 사상, 사회·문화,
  정치와 법, 경제, 세계사, 동아시아사
- **과학** 물리학 I , 화학 I , 생명과학 I , 지구과학 I ,
  물리학 II , 화학 II , 생명과학 II , 지구과학 II

Mirae N 에듀

2022 개정
교육과정에서는

1등급
만들기 가

더 중요합니다.

각양각색의 학교 시험에서도
꼭 출제되는 유형이 있습니다.
『1등급 만들기』는 고빈출 유형을 분석하여,
1등급을 만드는 비결을 전수합니다.

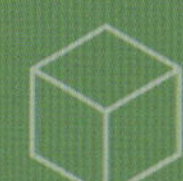
1200개 학교의 고빈출 유형을
치밀하게 분석했습니다.

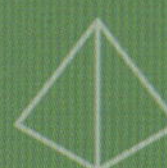
정리하기 어려운 개념과 문제를
단계별로 제시했습니다.

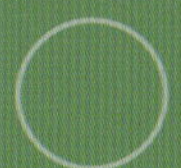
1등급을 가르는 고난도 유형까지
시험 직전 실전력을 점검할 수 있습니다.

기출 분석 문제집
1등급 만들기

수학　공통수학1, 공통수학2, 대수,
　　　확률과 통계*, 미적분Ⅰ*

사회　통합사회1, 통합사회2*, 한국사1, 한국사2*,
　　　세계시민과 지리, 사회와 문화, 세계사,
　　　현대사회와 윤리

과학　통합과학1, 통합과학2

*2025년 상반기 출간 예정

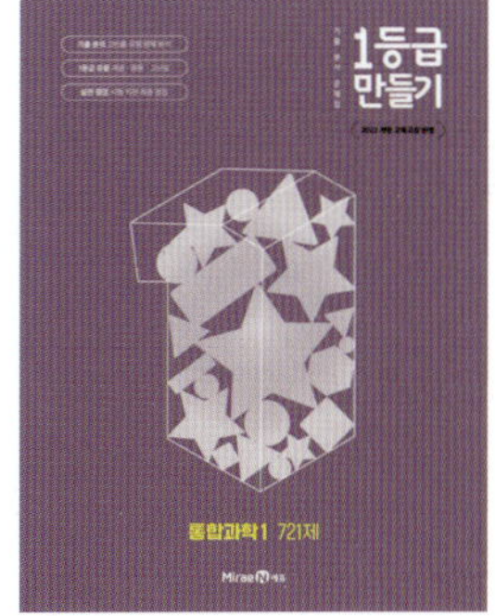

고등 도서 안내

문학 입문서

손쉬운

작품 이해에서 문제 해결까지
손쉬운 비법을 담은 문학 입문서

현대 문학, 고전 문학

비주얼 개념서

룩 LOOK

이미지 연상으로 필수 개념을 쉽게 익히는
비주얼 개념서

국어　문법
영어　분석독해

사회·과학 필수 기본서

개념 학습과 유형 학습으로 내신과 수능을 잡는
필수 기본서

[2022 개정]
사회　통합사회1, 통합사회2*, 한국사1, 한국사2*
과학　통합과학1, 통합과학2, 물리학*, 화학*, 생명과학*,
　　　지구과학*

*2025년 상반기 출간 예정

[2015 개정]
사회　한국지리, 사회·문화, 생활과 윤리, 윤리와 사상
과학　물리학Ⅰ, 화학Ⅰ, 생명과학Ⅰ, 지구과학Ⅰ

수학 개념 기본서

수학중심

개념과 유형을 한 번에 잡는 강력한
개념 기본서

수학Ⅰ, 수학Ⅱ, 확률과 통계, 미적분, 기하

수학 문제 기본서

유형중심

체계적인 유형별 학습으로 실전에서 강력한
문제 기본서

수학Ⅰ, 수학Ⅱ, 확률과 통계, 미적분

기출 분석 문제집

완벽한 기출 문제 분석으로 시험에 대비하는 1등급 문제집

[2022 개정]
수학　공통수학1, 공통수학2, 대수, 확률과 통계*, 미적분Ⅰ*
사회　통합사회1, 통합사회2*, 한국사1, 한국사2*,
　　　세계시민과 지리, 사회와 문화, 세계사, 현대사회와 윤리
과학　통합과학1, 통합과학2

*2025년 상반기 출간 예정

[2015 개정]
국어　문학, 독서
수학　수학Ⅰ, 수학Ⅱ, 확률과 통계, 미적분, 기하
사회　한국지리, 세계지리, 생활과 윤리, 윤리와 사상,
　　　사회·문화, 정치와 법, 경제, 세계사, 동아시아사
과학　물리학Ⅰ, 화학Ⅰ, 생명과학Ⅰ, 지구과학Ⅰ,
　　　물리학Ⅱ, 화학Ⅱ, 생명과학Ⅱ, 지구과학Ⅱ

바른답·알찬풀이

Mirae N 에듀

바른답•
알찬풀이

Study Point

1. 1등급 자료 분석
까다롭고 어려운 자료에 대한 분석과 첨삭 설명을 제
시하였습니다.

2. 1등급 정리 노트
고빈출 핵심 개념을 다시 한 번 정리하였습니다.

3. 선택지 더 보기
시험에 출제될 수 있는 유사 선택지를 추가로 제시하
였습니다.

기 출 분 석 문 제 집

1등급 만들기

한국사1
635제

바른답·알찬풀이

Mirae N 에듀

Ⅰ 근대 이전 한국사의 이해

01 고대 국가의 성장

기본 기출 문제 ● 7쪽 ~ 8쪽

핵심 개념 문제

001 청동기	**002** 광개토 대왕	**003** 5소경
004 ○ **005** ×	**006** × **007** ○	**008** ㉣ **009** ㉢
010 ㉠ **011** ㉡	**012** ㉡ **013** ㉠	**014** ㉠
015 ㄹ-ㄱ-ㄴ-ㄷ		
016 ④ **017** ③	**018** ③ **019** ①	**020** ① **021** ②
022 ④ **023** ④		

016

제시된 주먹도끼와 찍개는 뗀석기이다. 구석기인은 주먹도끼 등의 뗀석기를 사용하였고, 무리를 지어 이동 생활을 하며 주로 동굴이나 막집에서 거주하였다.

바로잡기 ① 비파형 동검과 고인돌은 청동기 시대를 대표하는 유물이다. ② 농경과 목축이 시작된 신석기 시대에는 빗살무늬 토기를 제작하여 사용하였다. ③ 삼한은 제정 분리 사회로 천군이 제사를 주관하였으며, 신성 지역인 소도가 존재하였다. ⑤ 고구려는 귀족 회의인 제가 회의를 통해 국가의 중대사를 결정하였다.

017

밑줄 친 '이 시대'는 청동기 시대이다. 고인돌은 비파형 동검과 함께 청동기 시대를 대표하는 유물로, 이를 통해 강력한 권력을 가진 지배자(군장)가 출현하였음을 짐작할 수 있다.

바로잡기 ① 고구려의 소수림왕은 태학을 세워 인재를 양성하였다. ② 불교는 삼국 시대에 수용되었다. ④ 신석기 시대에는 농경과 목축이 시작되었다. ⑤ 백제의 중흥을 도모한 무령왕은 22담로에 왕족을 파견하여 지배 체제를 강화하였다.

018

㈎ 국가는 삼한이다. 삼한은 마한, 진한, 변한의 소국으로 구성되었다. 삼한은 제정 분리 사회로 각 소국은 신지, 읍차 등의 군장이 통치하였고, 천군이라는 제사장이 제사를 주관하였으며 소도라는 신성 지역이 존재하였다.

바로잡기 ① 불교는 삼국 시대에 수용되었다. ② 고구려는 수의 침략을 살

수에서 격퇴하였다. ④ 고조선은 8조법으로 사회 질서를 유지하였다. ⑤ 삼국을 통일한 신라는 전국을 9주로 나누고, 지방의 요충지에 5소경을 설치하였다.

019

제시된 자료는 고구려 소수림왕의 체제 정비에 관한 것이다. 소수림왕은 국가적 위기 상황 속에서 왕위에 올라 불교 공인, 율령 반포, 태학 설립 등을 통해 고구려의 통치 체제를 정비하였다.

바로잡기 ② 백제 성왕은 중흥을 위해 수도를 사비로 옮겼다. ③ 신라 진흥왕은 화랑도를 국가적 조직으로 정비하였다. ④ 발해는 최고 교육 기관으로 주자감을 설치하여 유학 교육을 실시하였다. ⑤ 발해는 당의 제도를 수용하여 3성 6부제를 운영하였다.

020

밑줄 친 '왕'은 신라 법흥왕이다. 법흥왕은 율령을 반포하여 통치 체제를 정비하고, 이차돈의 순교를 계기로 불교를 공인하였다. 또한 금관가야를 흡수하여 영토를 넓혔다.

바로잡기 ② 고구려 장수왕은 평양으로 천도하고 남진 정책을 추진하여 한강 유역을 장악하였다. ③ 신라 지증왕은 이사부를 보내 우산국을 정복하였다. ④ 신라 진흥왕은 영토를 확장하고 4개의 순수비를 세웠다. ⑤ 백제 무령왕은 22담로에 왕족을 파견하여 지방 통제를 강화하였다.

021

㈎는 금관가야, ㈏는 대가야이다. 금관가야는 신라를 도운 고구려군의 침입을 받아 세력이 약화되었다. 한편 대가야는 백제와 신라의 압박으로 쇠퇴하였고, 결국 신라 진흥왕에게 정복되었다.

바로잡기 ㄴ. 초기의 신라는 박·석·김씨 중에서 왕(이사금)을 선출하였고, 내물왕 때 김씨에 의한 왕위 계승권을 확립하였다. ㄹ. 화랑도는 신라의 청소년 단체로 진흥왕은 화랑도를 국가적 조직으로 정비하였다.

022

밑줄 친 '이 시기'는 신라 말이다. 신라 말에는 중앙에서 진골 귀족의 왕위 쟁탈전이 가속화되면서, 지방에 대한 통제가 약화되었다. 이런 가운데 지방에서는 호족이 성장하여 해당 지역에 대한 실질적 통치력을 행사하였다.

바로잡기 ① 삼한은 제정 분리 사회로 천군이라 불리는 제사장이 제사를 담당하였고, 신성 지역인 소도가 존재하였다. ② 고조선은 8조법으로 사회 질서를 유지하였다. ③ 고구려는 소수림왕 때 수도에 태학을 설립하여 인재를 양성하였다. ⑤ 고구려는 귀족 회의인 제가 회의를 통해 국가의 중대사를 결정하였다.

023

제시된 자료는 발해의 건국과 발전에 대한 것이다. 고구려 출신인 대조영이 건국한 발해는 일본에 보낸 국서에 스스로를 고려 국왕이라고 칭하는 등 고구려 계승 의식을 나타냈다. 또한 지방 행정 구역을 5경 15부 62주 체제로 정비하고 지방관을 파견하였다.

바로잡기 ㄱ. 고구려는 장수왕 때 수도를 평양으로 옮겼다. ㄷ. 신라는 통일 이후 중앙군으로 9서당을 설치하였다.

실력 기출 문제
● 9쪽 ~ 12쪽

024 ⑤ **025** ② **026** ① **027** ① **028** ④ **029** ③
030 ⑤ **031** ① **032** ④ **033** ② **034** ④ **035** ③
036 ② **037** ① **038** ④ **039** ② **040** ②

1등급을 향한 서답형 문제

041 성왕 **042** 예시 답안 성왕은 신라와 연합하여 한강 하류를 수복하였으나, 신라의 공격으로 수복한 영토를 빼앗겼다.

043 발해 **044** 예시 답안 발해는 고구려 유민 출신의 대조영이 건국하였고, 일본에 보낸 국서에 스스로를 '고려'라고 하였으며, 토기와 고분 양식 등에서 고구려 문화와의 유사성이 드러난다.

024

(가) 시대는 신석기 시대이다. 신석기 시대에는 농경과 목축이 시작되었으며, 빗살무늬 토기가 제작되었다. 신석기인들은 강가나 바닷가에 움집을 짓고 정착 생활을 하였다.

바로잡기 ① 제가 회의는 고구려의 귀족 회의이다. ② 비파형 동검은 청동기 시대에 제작되었다. ③ 고인돌은 청동기 시대에 제작되었다. ④ 소도는 신성 지역으로 삼한이 제정 분리 사회였음을 보여 준다.

025

밑줄 친 '이 시대'는 청동기 시대이다. 청동기 시대에는 지배자인 군장을 중심으로 주변 부족을 통합하였고, 이 과정에서 국가가 출현하였다.

바로잡기 ① 율령은 삼국의 통치 체제 정비 과정에서 반포되었다. ③ 신석기 시대에는 농경과 목축이 시작되었고, 정착 생활이 이루어졌다. ④ 구석기 시대에는 식량을 찾아 이동 생활을 하였고, 주로 동굴과 막집에서 생활하였다. ⑤ 통일 이후 신라의 신문왕은 국학을 설립하여 왕권을 뒷받침할 인재를 양성하였다.

026

(가) 국가는 고조선이다. 고조선은 철기 문화를 수용하였으며, 한반도 남부의 진과 중국의 한 사이에서 중계 무역을 통해 이득을 보았다. 하지만 한 무제의 공격으로 멸망하였다.

바로잡기 ② 고구려는 신라에 침입한 왜군을 격퇴하였다. ③ 삼한은 신지, 읍차 등의 정치적 지배자가 소국을 다스렸다. ④ 발해는 선왕 때 전성기를 맞이하였고, 이 무렵 주변국은 발해를 해동성국이라 불렀다. ⑤ 김해의 금관가야는 풍부한 철을 바탕으로 중계 무역을 전개하여 경제적 이익을 얻었다.

027

밑줄 친 '이들'은 옥저와 동예이다. 옥저와 동예는 왕이 없고 읍군·삼로라 불린 우두머리가 읍락을 통치하였다. 옥저와 동예는 연맹체 국가로 성장하지 못하고, 결국 고구려에 흡수되었다.

바로잡기 ② 삼한은 제정 분리 사회로 천군이 제사를 주관하였다. ③ 신라는 박·석·김씨가 돌아가며 왕위에 오르다가, 내물왕 때 김씨의 왕위 세습이 이루어졌다. ④ 부여는 여러 가(加)들이 사출도를 다스렸다. ⑤ 고구려는 귀족 회의인 제가 회의에서 국가의 중대사를 결정하였다.

028

밑줄 친 '이 국가'는 삼한이다. 삼한은 제정 분리 사회로 마한, 진한, 변한의 각 소국은 신지, 읍차 등의 군장이 통치하였다. 제사는 제사장인 천군이 주관하였으며 소도라는 신성 지역이 존재하였다.

바로잡기 ① 옥저와 동예는 고구려의 압박으로 성장하지 못하다가 결국 고구려에 흡수되었다. ② 위만은 준왕을 몰아내고 고조선의 왕이 되었다. ③ 고구려는 5부족 연맹체로 건국되었다. ⑤ 부여에 대한 설명이다.

029

(가)는 4세기 후반 고구려의 상황, (나)는 5세기 후반 백제의 상황이다. 고구려는 4세기 후반 위기를 맞이하였고, 소수림왕은 통치 체제 정비에 힘을 기울였다. 이를 바탕으로 광개토 대왕 시기 활발한 정복 활동을 펼쳤고 5세기 초 신라에 침입한 왜군을 격퇴하였다. 이후 장수왕 때에는 수도를 평양으로 옮기고 남진 정책을 추진하여 백제의 한성을 함락하고 한강 유역을 장악하였다.

바로잡기 ① 단양 신라 적성비는 6세기 중반인 진흥왕 때 건립되었다. ② 웅진 천도 이후 백제의 무령왕은 22담로에 왕족을 파견하여 지방 통제를 강화하였다. ④ 6세기 중반에 백제 성왕은 신라와 연합하여 한강 하류 지역을 수복하였다. ⑤ 고구려는 2세기 고국천왕 때 부족적 5부를 행정적 5부로 개편하였다.

030

제시된 자료는 고구려 장수왕이 남진 정책을 펼쳐 백제의 한성을 공격한 상황을 나타내고 있다. 장수왕은 평양으로 천도하고 남진 정책을 펼쳐 백제 개로왕을 죽이고 한성을 함락하여 한강 유역을 차지하였다. 한성을 빼앗긴 백제는 수도를 웅진으로 옮겼다.

바로잡기 ① 나당 연합군은 백제와 고구려를 멸망시켰다. ② 금관가야는 신라를 도운 고구려군의 공격으로 쇠퇴하였다. ③ 신라 진흥왕은 영토를 넓히고 단양 신라 적성비와 4개의 순수비를 건립하였다. ④ 발해는 선왕 때 영토를 크게 확장하였으며, 주변국은 발해를 해동성국이라 불렀다.

031

(가)는 고구려이다. 고구려 광개토 대왕은 신라의 요청으로 신라를 침입한 왜군을 격퇴하였다. 이후 고구려는 신라에 영향력을 행사하였는데 호우총에서 발견된 그릇은 이를 뒷받침하고 있다. 고구려는 소수림왕 때 수도에 태학을 설립하여 인재를 양성하였다.

[바로잡기] ② 백제는 고구려에게 한성을 점령당하고 웅진으로 수도를 옮겼다. ③ 신라는 진흥왕 때 화랑도를 국가적 조직으로 정비하였다. ④ 발해는 무왕 때 당의 산둥반도를 선제 공격하였다. ⑤ 통일 이후 신라는 집사부를 중심으로 국정을 운영하였고, 집사부 시중의 권한이 강화되었다.

032

㉮ 국가는 백제이다. 한성을 빼앗기고 웅진으로 천도한 백제는 무령왕 때 22담로에 왕족을 파견하여 지방 통제를 강화하였다.
[바로잡기] ① 고구려는 장수왕 때 평양으로 천도하였다. ② 통일 신라는 관료전을 지급하고 녹읍을 혁파하여 귀족의 경제적 기반을 약화시켰다. ③ 발해는 당의 제도를 수용하여 3성 6부제를 운영하였다. ⑤ 부여는 여러 가(加)들이 사출도를 관할하였다.

033

제시된 지도는 6세기 삼국의 형세를 나타내고 있다. 이 시기에 신라는 국력이 크게 성장하였다. 진흥왕은 영토 확장에 나서 대가야를 정복하고, 백제와 연합하여 한강 상류 지역을 차지한 후 백제가 점령한 한강 하류 지역까지 차지하였으며 함경도 지역까지 진출하였다.
[바로잡기] ① 백제 근초고왕이 고구려의 평양성을 공격한 것은 4세기 후반의 일이다. ③ 신라와 백제가 동맹을 체결한 것은 5세기의 사실이다. ④ 고구려 장수왕이 남진 정책을 펼쳐 백제의 한성을 점령한 것은 5세기 후반의 사실이다. ⑤ 7세기 중반 나당 연합군이 결성되어 백제와 고구려를 멸망시켰다. 이후 당이 한반도 전체를 차지하려고 하자, 신라는 매소성과 기벌포에서 당을 물리치고 삼국 통일을 완수하였다.

034

㉮ 국가는 고구려이다. 7세기 초 고구려는 중국의 남북조 시대를 통일한 수가 침략해오자 살수에서 수의 군대를 격파하였다. 한편 고구려는 5세기 광개토 대왕 시기에 적극적인 정복 활동을 전개하였다. 신라를 도와 왜를 격퇴하였고, 거란과 후연 등을 격파하고 요동과 만주 일대를 장악하였다.
[바로잡기] ① 통일 이후 신라는 중앙군으로 9서당을 정비하였다. ② 백제는 고구려에게 한성을 점령당하자 웅진으로 수도를 옮겼다. ③ 발해 무왕은 당과 대립하며 당의 산둥반도를 선제 공격하였다. ⑤ 신라의 진흥왕은 화랑도를 국가적 조직으로 정비하였다.

035

밑줄 친 '왕'은 신라 지증왕이다. 지증왕은 국호를 '신라'로, 왕호를 '왕'으로 정하였다. 또한 이사부를 보내 우산국을 정복하여 신라의 영토로 편입시켰다.
[바로잡기] ① 통일 신라 신문왕은 국학을 설립하여 왕권을 뒷받침할 인재를 양성하였다. ② 신라 법흥왕은 이차돈의 순교를 계기로 불교를 공인하였다. ④ 신라 진흥왕은 백제와 연합하여 한강 상류를 차지하였고, 이어 백제가 점령한 한강 하류 지역마저 차지하였다. ⑤ 신라 내물왕은 김씨 왕위 세습을 확립하고 마립간 칭호를 사용하였다.

036

제시된 자료는 백제의 멸망과 고구려의 멸망에 대한 것이다. 신라는 당과 연합군을 결성하여 백제와 고구려를 연이어 멸망시켰다. 이후 신라는 나당 전쟁에서 승리하며 삼국 통일을 완수하였다.
[바로잡기] ① 8조법을 통해 고조선 사회의 모습을 파악할 수 있다. ③ 백제는 고구려 장수왕의 침입으로 한성을 빼앗긴 뒤, 웅진으로 천도하였다. ④ 발해는 선왕 때 말갈 부족을 정복하고, 영토를 크게 확장하였다. 이 무렵 주변국은 발해를 해동성국이라 불렀다. ⑤ 고구려 장수왕은 남진 정책을 전개하여 백제의 수도 한성을 함락하고 한강 유역을 차지하였다.

037

㉮ 국가는 발해로, 고구려 유민 출신의 대조영이 고구려 유민과 말갈인을 규합하여 동모산 아래에 건국하였다. 발해는 최고 교육 기관으로 주자감을 설립하여 유학 교육을 실시하였다.
[바로잡기] ① 백제는 마한의 소국 중 하나로 출발하여 근초고왕 때 마한 지역을 정복하였다. ③ 고구려는 귀족 회의인 제가 회의를 통해 국가의 중대사를 결정하였다. ④ 삼국을 통일한 신라는 감찰 기구인 사정부를 설치하여 관리를 통제하였다. ⑤ 신라의 진흥왕은 청소년 단체인 화랑도를 국가적 조직으로 정비하였다.

<table>
<tr><td colspan="2">1등급 정리 노트 발해의 건국과 발전</td></tr>
<tr><td>건국</td><td>대조영이 동모산에서 건국, 고구려 계승 의식</td></tr>
<tr><td>발전</td><td>• 무왕: 당과 대립(산둥반도 공격)
• 문왕: 당과 친선 관계(3성 6부제 수용)
• 선왕: 전성기, 주변국으로부터 해동성국이라 불림</td></tr>
<tr><td>통치 체제</td><td>• 중앙 정치 기구: 3성 6부제
• 지방 행정 조직: 5경 15부 62주</td></tr>
<tr><td>멸망</td><td>거란의 침입으로 멸망</td></tr>
</table>

038

제시문은 통일 신라 신문왕의 정책에 대한 것이다. 신문왕은 김흠돌의 난을 진압하며 귀족 세력을 대거 숙청하였다.
[바로잡기] ① 백제 근초고왕은 마한 지역을 정복하였다. ② 고구려는 소수림왕, 백제는 침류왕 때 불교가 수용되었고, 신라는 법흥왕이 불교를 공인하였다. ③ 신라 진흥왕은 대가야를 정복하였다. ⑤ 발해는 일본에 보낸 국서에 스스로를 '고려'라고 하는 등 고구려 계승 의식을 나타냈다.

039

㉮ 국가는 발해이다. 대조영이 건국한 발해는 당의 제도를 수용하여 중앙 정치 기구로 3성 6부제를 운영하면서도 3성의 명칭을 당과 달리 정당성, 선조성, 중대성이라 하는 등 독자성을 보였다. 또한 발해는 5경 15부 62주의 지방 제도를 운영하였다.
[바로잡기] ① 삼국을 통일한 신라는 중앙군으로 9서당을 설치하였다. ③ 4세기 초반에 고구려 미천왕은 낙랑군을 몰아냈다. ④ 백제 무령왕은 22담로에 왕족을 파견하여 지방 통제를 강화하였다. ⑤ 삼국을 통일한 신라는 지방을 9주 5소경 체제로 개편하였다.

040

밑줄 친 '이 시기'는 신라 말이다. 신라 말에는 중앙에서 진골 귀족의 왕위 쟁탈전이 심해지고 지방에 대한 통제력이 약화되었다. 이에 지방에서는 호족이 성장하여 독자적인 세력을 형성하였다.

[바로잡기] ① 김흠돌의 난은 신문왕 때 일어났다. ③ 8조법은 고조선의 사회 질서를 유지하던 법이다. ④ 고구려는 수도에 태학을 설립하여 인재를 양성하였다. ⑤ 고구려는 제가 회의에서 국가의 중대사를 결정하였다.

041

자료에서 신라군이 관산성에서 쳐들어온 왕을 죽였다는 내용을 통해 (가) 왕이 성왕임을 알 수 있다.

042

성왕은 신라와 연합하여 한강 하류를 수복하였으나, 신라의 공격으로 이를 빼앗기자 관산성을 공격하였다.

채점 기준	수준
성왕이 신라와 연합하여 한강 하류를 수복하였으나, 신라의 공격으로 빼앗겼다고 서술한 경우	상
성왕이 신라에게 한강 하류 지역을 빼앗겼다고 서술한 경우	하

043

자료에서 주변 국가로부터 해동성국으로 불렸다는 것, 고구려 계승 의식을 나타냈다는 것, 발해에게 멸망했다는 내용을 토대로 (가) 국가가 발해임을 알 수 있다.

044

발해는 고구려 유민 출신의 대조영이 건국하였고, 일본에 보낸 국서에 스스로를 '고려'라고 하였으며, 토기와 고분 양식 등에서 고구려 문화와의 유사성이 드러난다.

채점 기준	수준
고구려 유민 출신의 대조영이 건국, 일본에 보낸 국서에 스스로를 '고려'라고 함, 고구려 문화와의 유사성이 드러났다는 내용 등을 모두 서술한 경우	상
위 내용 중 두 가지를 서술한 경우	중
위 내용 중 한 가지를 서술한 경우	하

적중 1등급 문제 ● 13쪽

045 ③ **046** ④ **047** ② **048** ④

045 고조선

1등급 자료 분석 고조선의 멸망

> 원봉 3년 여름, 니계상 참이 사람을 시켜 　(가)　의 왕 우거를 죽이고 항복해 왔지만 왕검성은 함락되지 않았다. 죽은 우거왕의 신하 성기가 한(漢)에
> （고조선의 수도）（고조선의 마지막 왕）
> 반란을 일으키고 …… 좌장군이 우거왕의 아들 장항 등에게 …… 성기를 죽이도록 하였다. 이로써 　(가)　을/를 평정하고 4개의 군을 설치하였다.
> 고조선은 한(漢)의 침입으로 멸망하였고, 한은 고조선의 옛 영토에 군현을 설치하였다.

제시된 자료는 고조선의 멸망 과정을 담은 것이다. 한 무제가 군대를 보내 고조선을 침략하자, 고조선은 1년여 동안 항전하였지만 결국 멸망하였다. 고조선의 8조법을 통해 당시 사회 모습을 추론할 수 있다.

[바로잡기] ① 발해는 거란의 침략으로 멸망하였다. ② 백제는 무령왕 때 22담로에 왕족을 파견하고 지방 통제를 강화하였다. ④ 삼국 통일 이후 신라는 관료전을 지급하고 녹읍을 폐지하였다. ⑤ 고구려는 귀족 회의인 제가 회의를 통해 국가의 중대사를 결정하였다.

046 신라 진흥왕

1등급 자료 분석 진흥왕의 정책

> 화랑도는 신라의 청소년 단체로 진흥왕이 화랑도를 국가적 조직으로 정비하였다.
> • 　(가)　이/가 명을 내려 좋은 가문 출신으로 덕행이 있는 남자를 뽑아 화랑이라고 하였다.
> 　　　　　　　　　　　　　　　　　진흥왕이 대가야를 정복하였다.
> • 고령군은 원래 대가야국이다. …… 　(가)　이/가 대가야국을 공격해 없애고 그 지역을 대가야군으로 만들었으며, 경덕왕이 고령군으로 개칭하였다.

제시된 자료의 (가)는 신라 진흥왕이다. 진흥왕은 화랑도를 국가적 조직으로 정비하여 인재를 양성하였다. 또한 대가야 정복, 한강 유역 차지, 함경도 진출 등 적극적인 영토 확장에 나섰다.

[바로잡기] ① 백제 근초고왕은 평양성을 공격하여 고구려 고국원왕을 전사시켰다. ② 신라 지증왕은 이사부를 보내 우산국을 정복하였다. ③ 신라 법흥왕은 금관가야를 복속시켜 영토를 넓혔다. ⑤ 발해 무왕은 당의 산둥 반도를 공격하였다.

047 신라의 삼국 통일

1등급 자료 분석 백제 멸망과 나당 전쟁

> (가) 백제 의자왕이 태자와 병사들을 거느리고 항복하였다. 무열왕은 항복 소식을 듣고 소부리성에 당도하였다. 나당 연합군의 공격으로 백제 멸망
> (나) 사찬 시득이 수군을 거느리고 당의 장수 설인귀와 소부리주 기벌포에서 싸웠다. 신라는 매소성과 기벌포에서 당군을 격파하고 삼국 통일을 완수하였다.

제시된 자료의 (가)는 백제 멸망, (나)는 기벌포 전투에 해당한다. 신라는 당과 연합군을 결성하여 백제를 멸망시키고(660), 고구려를 멸망시켰다(668). 이후 당이 한반도 전체를 지배하려는 야욕을 드러내자 신라는 당과 전쟁을 펼쳤고, 매소성과 기벌포 전투에서 승리하면서 당을 몰아내고 삼국 통일을 완수하였다(676).

[바로잡기] ① 발해의 건국은 698년의 일이다. ③ 고구려가 수의 침입을 격퇴한 살수 대첩은 7세기 초반의 일이다. ④ 6세기 중반, 신라에게 한강 하류를 빼앗긴 성왕은 신라를 공격하였지만 관산성에서 전사하였다. ⑤ 원종·애노의 난은 신라 말의 사건이다.

1등급 자료 분석　발해와 당의 대립

> 대무예는 대조영의 아들로 발해의 제2대 국왕인 무왕이다.
> (가) 의 국왕 대무예와 동생 문예가 싸운 뒤 문예가 당으로 망명해 왔다.
> …… 이에 무예가 자객을 보내 낙양에서 문예를 습격하게 하였고, 군사를 이
> 끌고 마도산으로 와서 성읍을 공격하였다. 무왕은 당의 산둥반도를 공격하였고, 당도 신
> 라와 연합하여 발해를 견제하고자 하였다.

제시된 자료는 발해와 당의 대립을 나타내고 있다. 대조영의 아들이자 발해 제2대 왕인 무왕은 당과 대립하여, 당의 산둥반도를 공격하였다. 발해는 5경 15부 62주의 지방 제도를 운영하였다.

바로잡기 ① 고구려는 미천왕 때 낙랑군을 축출하였다. ② 삼국을 통일한 신라는 중앙군으로 9서당을, 지방군으로 10정을 설치하였다. ③ 백제는 22담로에 왕족을 파견하여 지방 통제를 강화하였다. ⑤ 삼국 통일 이후 신라는 전국을 9주로 나누고, 지방의 요충지에 5소경을 설치하였다.

선택지 더 보기

⑥ 신라에 침입한 왜군을 격퇴하였다. (×)
⑦ 관료전을 지급하고 녹읍을 폐지하였다. (×)
⑧ 주변국으로부터 해동성국이라 불렸다. (○)

02 고려의 통치 체제와 정치 변동

 **기출 문제** ───── ● 15쪽 ~ 16쪽

핵심 개념 문제

049 후백제　**050** 어사대　**051** 교정도감
052 ○　**053** ×　**054** ○　**055** ©　**056** ⓒ　**057** ⑤
058 ②　**059** ⓒ　**060** ⑤　**061** ⑤　**062** ㄴ-ㄹ-ㄱ-ㄷ

063 ②　**064** ④　**065** ②　**066** ②　**067** ②　**068** ⑤
069 ⑤　**070** ①

063

밑줄 친 '그'는 고려의 태조 왕건이다. 태조 왕건은 신라의 항복을 받고, 후백제를 격파하여 후삼국을 통일하였다. 태조 왕건은 후대 왕들이 지켜야 할 지침을 담은 훈요 10조를 제시하였다.

바로잡기 ① 광종은 쌍기의 건의를 수용하여 과거제를 도입하였다. ③ 공민왕은 전민변정도감을 설치하여 권문세족을 견제하고 국가 재정을 강화하고자 하였다. ④ 무령왕은 22담로에 왕족을 파견하여 지방 통제를 강화하였다. ⑤ 진흥왕은 화랑도를 국가적 조직으로 정비하였다.

064

제시된 자료는 최승로가 고려 성종에게 건의한 시무 28조이다. 성종은 최승로의 건의를 수용하여 유교 정치 이념을 확립하였으며, 지방에 12목을 설치하고 지방관을 파견하였다.

바로잡기 ① 태조 왕건은 신라의 항복을 받고, 후백제를 격파하여 후삼국을 통일하였다. ② 광종은 노비안검법을 실시하여 호족과 공신 세력을 약화시키고 국가 재정을 확충하였다. ③ 이성계는 위화도 회군을 단행하여 최영을 제거하고 권력을 장악하였다. ⑤ 공민왕은 반원 개혁 정책을 펼치며 기철 등 친원 세력을 제거하였다.

065

(가)는 대간이다. 대간은 관리 임명이나 법률의 개정·폐지 시 동의하는 서경의 권한을 행사하였다.

바로잡기 ① 상서성은 6부를 관리하며 정책을 집행하였다. ③ 중서문하성은 고려의 최고 기구로 국정을 총괄하였다. ④ 중추원은 왕명 출납과 군사 기밀을 담당하였다. ⑤ 도병마사는 고려 후기에 도평의사사로 개편되었다.

066

제시된 자료는 묘청의 서경 천도 운동(1135)에 대한 것이다. 묘청 등 서경 세력은 풍수지리설을 앞세워 서경 천도와 칭제 건원, 금국 정벌을 주장하였다. 이들은 개경 세력의 반대로 천도가 좌절되자 반란을 일으켰고, 김부식이 이끄는 관군에 의해 진압되었다.

바로잡기 고려 건국은 918년, 이자겸의 난은 1126년, 무신 정변은 1170년, 개경 환도는 1270년, 쌍성총관부 공격은 1356년, 고려 멸망은 1392년의 일이다.

067

제시된 사건은 망이·망소이의 난이다. 무신 정권기에 망이와 망소이는 무신 등 지배층의 수탈에 항거하여 공주 명학소에서 봉기하였다.

바로잡기 ① 고려 말에 국경을 침입한 홍건적을 격퇴하는 과정에서 최영, 이성계 등의 신흥 무인 세력이 성장하였다. ③ 발해 유민은 고려 초에 망명하였고, 태조 왕건은 이들을 적극 수용하였다. ④ 원 간섭기에 원은 고려에 공녀와 특산물을 요구하였다. ⑤ 신라 말에 6두품 세력은 사회 개혁을 주장하였지만 받아들여지지 않았다.

068

(가) 왕은 공민왕이다. 공민왕은 반원 개혁 정책을 추진하여 격이 낮아진 왕실 호칭을 복구하고 기철 등 친원 세력을 제거하였다.

바로잡기 ① 소수림왕은 수도에 태학을 설립하였다. ② 태조 왕건은 후대 왕들이 지켜야 할 내용을 담은 훈요 10조를 남겼다. ③ 무신 정권을 장악한 최충헌은 교정도감을 설치하여 최고 권력 기구로 삼았다. ④ 광종은 노비안검법을 실시하여 억울하게 노비가 된 자를 양인으로 해방하였다.

069

(가) 국가는 고려이다. 고려는 일반 행정 구역인 5도 아래 군현과 특수 행정 구역인 향·부곡·소를 두었다.

바로잡기 ① 삼국 통일 이후 신라는 중앙군인 9서당과 지방군인 10정을 설치하였다. ② 웅진 천도 이후 백제는 22담로에 왕족을 파견하였다. ③ 발해는 5경 15부 62주의 지방 행정 조직을 운영하였다. ④ 조선은 전국을 8도로 나누고 각 도에 관찰사를 파견하여 수령을 감독하게 하였다.

070

고려 말 우왕과 최영이 요동 정벌을 추진하자 요동 정벌군을 지휘하던 이성계는 위화도 회군을 단행하여 최영을 제거하고 권력을 장악하였다. 이성계와 신진 사대부는 과전법을 실시하여 경제적 기반을 마련하였으며, 고려를 멸망시키고 조선을 건국하였다.

바로잡기 ② 교정도감은 최충헌 집권기에 설치되었다. ③ 정동행성은 원 간섭기에 일본 원정 준비를 위해 설치되었고, 일본 원정 실패 이후에도 존속하며 고려의 내정을 간섭하였다. ④ 묘청의 서경 천도 운동은 고려 중기인 인종 때의 사건이다. ⑤ 최승로는 고려 성종에게 시무 28조를 건의하였다.

 **기출 문제** ●17쪽 ~ 20쪽

071 ③	**072** ③	**073** ④	**074** ③	**075** ③	**076** ⑤
077 ①	**078** ⑤	**079** ②	**080** ③	**081** ①	**082** ①
083 ②	**084** ①	**085** ⑤	**086** ②	**087** ②	

1등급을 향한 서답형 문제

088 만적　　　**089** **예시 답안** 무신 집권기에 권력을 차지한 무신은 하층민에게 과도한 세금을 부과하였고, 천민 출신의 권력자가 등장하면서 신분 질서가 동요하였다.

090 공민왕　　　**091** **예시 답안** 격하된 왕실 호칭과 관제를 복구하였다. 내정 간섭을 일삼던 정동행성 이문소를 폐지하였다. 쌍성총관부를 공격하여 영토를 수복하였다. 변발 등 몽골풍을 금지하였다.

071

밑줄 친 '이 왕'은 태조 왕건이다. 후삼국을 통일한 태조 왕건은 고구려 계승 의식을 내세우며 북진 정책을 추진하였고, 평양을 서경으로 삼아 중시하였다.

바로잡기 ① 광종은 쌍기의 건의를 수용하여 과거제를 실시하였다. ② 최씨 무신 정권을 이끌던 최우는 몽골이 침입하자 강화도로 수도를 옮겨 항전하였다. ④ 공민왕은 전민변정도감을 설치하여 권문세족이 빼앗은 땅을 원래 주인에게 돌려주고, 억울하게 노비가 된 자를 양인으로 해방시켰다. ⑤ 성종은 최승로의 건의를 수용하여 12목을 설치하고 지방관을 파견하였다.

1등급 정리 노트 고려의 통치 체제 정비	
국왕	**주요 정책**
태조 왕건	후삼국 통일, 호족 통합(혼인 정책, 왕씨 성 하사), 호족 견제(기인 제도, 사심관 제도), 평양을 서경으로 삼아 중시, 훈요 10조 제시
광종	과거제 도입, 노비안검법 시행, 공복 제정, 광덕·준풍 연호 사용
성종	시무 28조 수용, 12목에 지방관 파견, 유교 통치 이념 확립

072

밑줄 친 '왕'은 광종이다. 광종은 후주 출신 쌍기의 건의를 수용하여 과거제를 처음으로 실시하였다. 또한 관리들의 공복을 제정하여 기강을 확립하였으며, 준풍이라는 독자적 연호를 사용하였다.

바로잡기 ㄱ. 고려 태조 왕건은 신라의 항복을 받고, 후백제를 정복하여 후삼국을 통일하였다. ㄹ. 고려 성종은 최승로의 시무 28조를 수용하여 유교 정치 이념을 확립하고 12목에 지방관을 파견하였다.

073

(가)는 태조 왕건 시기이며, (나)는 고려 성종이 최승로의 시무 28조를 수용하는 상황이다. 태조 왕건은 후백제를 정복하여 후삼국을 통일하였다. 이후 즉위한 광종은 과거제를 도입하고 노비안검법을 실시하여 공신과 호족 세력을 견제하고 왕권을 강화하였다.

바로잡기 ① 918년 태조 왕건은 궁예를 몰아내고 왕위에 올랐다. ② 1196년에 무신 정권을 장악한 최충헌이 교정도감을 설치하였다. ③ 1126년 왕실의 외척이었던 이자겸이 난을 일으켰다. ⑤ 1270년 개경 환도 이후 고려가 원의 일본 원정에 두 차례 동원되었다.

074

(가) 기구는 도병마사로, 중서문하성의 재신과 중추원의 추밀이 참여하던 고려 독자적인 회의 기구로 국방 문제를 논의하였다. 이후 도병마사는 도평의사사로 개편되어 고려 후기에 최고 기구 역할을 수행하였다.

바로잡기 ① 최충헌은 교정도감을 설치하여 최고 권력 기구로 삼았다. ② 중추원은 왕명 출납과 군사 기밀을 담당하였다. ④ 중서문하성은 국정을 총괄하던 최고 기구였다. ⑤ 중서문하성의 낭사는 어사대 관원과 함께 대간으로 불리며 간쟁·봉박·서경의 권한을 행사하였다.

075

제시된 자료는 고려의 과거 제도이다. 고려는 문과를 시행하여 문관을 선발하였고 잡과를 통해 기술관을 선발하였다. 승려를 대상으로도 승과를 실시하였다.

바로잡기 ① 광종 때 과거제가 처음으로 실시되었다. ② 공민왕은 정방을 폐지하여 국왕의 인사권을 회복하였다. ④ 고려는 공신이나 5품 이상 관리의 자손은 과거를 치르지 않고 관리로 선발하는 음서를 시행하였다. ⑤ 고려 말 홍건적과 왜구의 침입을 격퇴하는 과정에서 최영, 이성계 등의 신흥 무인 세력이 성장하였다.

076

제시된 지도는 고려의 지방 행정 조직을 보여 준다. 고려는 5도 양계의 지방 조직을 운영하였다. 일반 행정 구역인 5도에는 안찰사가 파견되어 도내 지역을 관리하였다. 군사 행정 구역인 양계 아래에는 국방상 요충지를 중심으로 진이 설치되었다.

바로잡기 ㄱ. 고려에는 지방관이 파견된 주현과 지방관이 파견되지 않은 속현이 있었다. ㄴ. 통일 후 신라는 요충지에 5소경을 설치하여 수도인 금성이 동남쪽에 치우친 것을 보완하였다.

077

제시된 자료는 묘청 등 서경 세력의 주장이다. 묘청 등은 풍수지리설을 앞세워 서경 천도를 주장하였다. 또한 이들은 금국 정벌과 칭제 건원을 주장하였지만, 개경 세력의 반대로 실패하였다.

[바로잡기] ② 묘청 등 서경 세력은 금을 정벌할 것을 주장하였다. ③ 이성계와 신진 사대부는 위화도 회군을 통해 권력을 장악하였다. ④ 원 간섭기에 권문세족은 주요 관직을 독점하고 도평의사사를 장악하였다. ⑤ 문벌은 여러 세대에 걸쳐 고위 관리를 배출한 가문을 말한다.

078

㈎ 세력은 문벌이다. 문벌은 관직의 대가로 받은 과전과 세습이 가능한 공음전을 기반으로 경제적 안정을 누렸다.

[바로잡기] ① 원 간섭기의 지배 세력인 권문세족은 친원적 성향을 지녔다. ② 사노비 만적 등이 신분 해방을 목표로 봉기를 계획하였다. ③ 최씨 무신 정권은 도방과 삼별초를 군사적 기반으로 삼았다. ④ 고려 말 신진 사대부는 성리학을 기반으로 권문세족과 불교의 폐단을 비판하였다.

079

제시된 자료는 이자겸의 난과 묘청의 서경 천도 운동으로, 문벌 사회의 동요를 보여 주는 사건이다.

[바로잡기] ① 원 간섭기에는 친원적 성향을 지닌 권문세족이 지배 세력으로 성장하였다. ③ 무신은 문신에 비해 차별을 받자 무신 정변을 일으켜 무신 정권을 수립하였다. ④ 고려 말 신진 사대부는 개혁의 방향을 두고 급진파와 온건파로 분화하였다. ⑤ 고려 말 홍건적과 왜구의 침입을 격퇴하는 과정에서 최영과 이성계 등의 신흥 무인 세력이 성장하였다.

080

제시된 자료는 무신 정변(1170)이다. 이자겸의 난과 묘청의 서경 천도 운동 등으로 문벌 사회가 동요하는 가운데 정중부, 이의방 등의 무신은 무신 정변을 일으켜 많은 문신을 죽이고 권력을 장악하였다.

[바로잡기] 발해 건국은 698년, 고려 건국은 918년, 이자겸의 난은 1126년, 강화도 천도는 1232년, 쌍성총관부 수복은 1356년, 고려 멸망은 1392년의 일이다.

081

㈎ 인물은 최우이다. 최우는 몽골이 고려를 침략하자, 강화도로 수도를 옮겨 대몽 항쟁에 나섰다. 또한 최우는 정방을 설치하여 인사권을 장악하고, 행정 실무 능력을 갖춘 문신을 등용하였다.

[바로잡기] ② 고려 성종은 수도에 최고 교육 기관인 국자감을 세우고 인재를 양성하였다. ③ 묘청 등 서경 세력은 풍수지리설을 앞세워 서경 천도를 주장하였다. ④ 정중부, 이의방 등의 무신은 무신 정변을 일으켰다. ⑤ 태조 왕건은 사심관 제도를 도입하여 호족 세력을 견제하였다.

082

㈎ 세력은 원 간섭기의 지배 세력인 권문세족이다. 권문세족은 주로 음서로 관직에 진출하여 도평의사사를 비롯한 주요 관직을 장악

하였고, 불법적으로 토지와 노비를 늘려 대농장을 경영하였다.

[바로잡기] ② 신진 사대부는 성리학을 사상적 기반으로 삼아 권문세족과 불교의 폐단을 지적하였다. ③ 무신 정변으로 권력을 장악한 무신은 중방을 중심으로 국정을 운영하였다. ④ 신진 사대부는 주로 과거를 통해 관직에 진출하였고, 공민왕의 개혁 정치 과정에서 성장하였다. ⑤ 신진 사대부는 개혁의 방향을 두고 온건파와 급진파로 나뉘었다.

083

제시된 자료는 광종의 노비안검법과 공민왕의 전민변정도감 설치이다. 광종은 억울하게 노비가 된 자를 양인으로 해방시키는 노비안검법을 실시하였다. 공민왕도 전민변정도감을 설치하여 권세가가 빼앗은 토지를 원래 주인에게 돌려주고, 억울하게 노비가 된 자를 양인으로 해방시켜 국가 재정을 확충하고자 하였다.

[바로잡기] ① 태조 왕건은 발해 유민을 적극적으로 포용하였다. ③ 공민왕은 반원 개혁 정책을 추진하여 기철 등 친원 세력을 제거하고, 정동행성 이문소를 폐지하였으며, 쌍성총관부를 공격하였다. ④ 고려 성종은 최승로의 시무 28조를 수용하여 유교 정치 이념을 확립하였다. ⑤ 위화도 회군 이후 이성계와 신진 사대부는 과전법을 실시하여 경제적 기반을 마련하였다.

084

제시된 자료는 원 간섭기의 상황이다. 원 간섭기에는 친원적 성향을 지닌 권문세족이 지배층으로 성장하였다. 권문세족은 주로 음서로 관직에 진출하여 주요 관직을 장악하였고, 대농장을 경영하였다.

[바로잡기] ② 광종은 노비안검법을 실시하여 호족의 경제력과 군사력을 약화시켰다. ③ 고려 말 이성계는 위화도 회군을 단행하여 최영을 몰아내고 실권을 장악하였다. ④ 무신 집권 초기 권력 다툼으로 집권자가 여러 차례 바뀌었다. ⑤ 신라 말 중앙에서는 진골 귀족의 왕위 쟁탈전이 벌어졌고, 그 과정에서 지방에 대한 통제력이 약화되어 호족이 성장하였다.

085

㈎ 왕은 공민왕이다. 반원 개혁 정책을 추진한 공민왕은 친원 세력을 제거하고 내정 간섭을 일삼던 정동행성 이문소를 폐지하였다.

[바로잡기] ① 최충헌은 교정도감을 설치하여 최고 권력 기구로 삼았다. ② 태조 왕건은 후대 왕들이 지켜야 할 지침인 훈요 10조를 제시하였다. ③ 고려 말 과전법이 실시되어 신진 사대부의 경제적 기반을 마련하였다. ④ 고려 성종은 최승로의 건의를 수용하여 12목에 지방관을 파견하였다.

086

㈎는 무신 정변(1170), ㈏는 위화도 회군(1388)이다. 무신 정변 이후 권력 다툼이 일어나 집권자가 여러 차례 교체되었다. 이후 최충헌이 최씨 무신 정권을 수립하고 교정도감을 설치하여 최고 권력 기구로 삼았다.

[바로잡기] ① 고려 성종 때 개경에 국립 대학인 국자감이 설립되었다. ③ 이자겸의 난은 1126년 인종 때에 발생하였다. ④ 982년 최승로가 성종에게 시무 28조를 올렸다. ⑤ 1135년 인종 때 묘청 등 서경 세력이 서경 천도를 주장하였다.

087

밑줄 친 '이들'은 신진 사대부이다. 신진 사대부는 성리학을 사상적 기반으로 삼아 고려 말의 사회 모순을 개혁하고자 하였다. 또한 이들은 권문세족의 불법적인 농장 확대를 비판하고 불교의 폐단을 지적하였다.

바로잡기 ① 무신은 무신 정변을 일으켜 문신을 제거하고 권력을 장악하였다. ③ 김부식 등 개경 세력은 묘청의 서경 천도 주장에 반발하였다. ④ 원 간섭기의 지배 세력인 권문세족은 주로 음서를 통해 관직에 진출하여 도평의사사를 장악하였다. ⑤ 신라 말 지방에서는 호족이 성장하여 스스로 성주나 장군을 칭하고 해당 지역의 실질적 지배권을 행사하였다.

088

제시된 자료는 무신 집권기에 발생한 망이·망소이의 난과 만적의 봉기 계획에 관한 것으로, (가)는 만적이다.

089

무신 집권기에는 권력을 차지한 무신이 하층민에게 과도한 세금을 부과하여 하층민의 삶이 어려워졌고, 천민 출신의 권력자가 등장하면서 신분 질서가 동요하였다.

채점 기준	수준
무신 집권기에 무신이 하층민에게 과도한 세금을 부과한 것, 천민 출신의 권력자가 등장하면서 신분 질서가 동요한 것을 모두 서술한 경우	상
위 내용 중 두 가지를 서술한 경우	중
위 내용 중 한 가지를 서술한 경우	하

090

(가)는 적극적인 반원 정책을 실시한 공민왕이다.

091

공민왕은 격하된 왕실 칭호와 관제 복구, 내정 간섭을 일삼던 정동행성 이문소 폐지, 쌍성총관부를 공격하여 영토 수복, 몽골풍 금지 등 반원 개혁 정책을 추진하였다.

채점 기준	수준
격하된 왕실 칭호와 관제 복구, 정동행성 이문소 폐지, 쌍성총관부 공격, 변발 등 몽골풍 금지 가운데 세 가지를 서술한 경우	상
위 내용 중 두 가지를 서술한 경우	중
위 내용 중 한 가지를 서술한 경우	하

● 21쪽

092 ① **093** ① **094** ④ **095** ① **096** ②

092 태조 왕건

1등급 자료 분석 사심관 제도의 실시

> 태조 왕건은 신라의 항복을 받았다.
> ＿＿(가)＿＿ 은/는 신라왕 김부가 항복하자 …… 김부를 사심관으로 임명하여 부호장 이하 관직 등을 주관하도록 하였다. 이에 여러 공신들도 또한 이를 본받아 출신지의 사심관으로 삼으니, 사심관 제도가 여기에서 비롯하였다.
> 공신과 호족 세력을 출신 지역의 사심관으로 임명하여 지방을 통제하는 제도이다.

제시된 자료는 태조 왕건의 사심관 제도 실시에 대한 것이다. 태조 왕건은 신라의 경순왕이 항복하자 그를 경주의 사심관으로 임명하였다.

바로잡기 ② 원 간섭기에 원은 제주도에 탐라총관부를 설치하여 직접 지배하였다. ③ 광종은 공복을 제정하여 관리의 기강을 확립하였다. ④ 공민왕은 기철 등 친원 세력을 숙청하고 정동행성 이문소를 폐지하는 등 반원 정책을 추진하였다. ⑤ 고려 성종은 최승로의 시무 28조를 수용하여 유교 정치 이념을 확립하였다.

선택지 더 보기

⑥ 훈요 10조를 남겼다. (○)
⑦ 과거제를 도입하였다. (×)
⑧ 전민변정도감을 설치하였다. (×)

093 정방

1등급 자료 분석 최우의 정방 설치

> 최우가 ＿＿(가)＿＿ 을/를 자기 집에 설치하였다. 학문하는 선비들을 선발하여 여기에 소속시키고 비칙치라고 불렀다. 벼슬자리에 올릴 사람을 결정하여 의견을 달아 올리면, 왕은 그 명단에 다만 점을 찍어 임명할 뿐이었다.
> 최우는 정방을 설치하여 인사권을 장악하고 행정 실무 능력을 갖춘 문신들을 등용하였다.

제시된 자료는 최우의 정방 설치에 대한 것이다. 이후 공민왕은 정방을 폐지하여 국왕의 인사권을 회복하였다.

바로잡기 ② 중추원에 대한 설명이다. ③ 어사대의 관원과 중서문하성의 낭사는 대간으로 불리며 간쟁, 봉박, 서경의 권한을 행사하였다. ④ 최충헌은 교정도감을 설치하여 최고 권력 기구로 삼았다. ⑤ 도병마사가 개편된 도평의사사는 원 간섭기에 최고 정무 기구로 발전하였다.

094 원 간섭기

1등급 자료 분석 원 간섭기 권문세족의 성장

> 평양 사람인 조인규는 …… 국가에서 영민한 자를 선발하여 몽골어를 익히게 하였는데, 여기에 선발되었다. 자기 동료들보다 뛰어나지 않았으나 3년 동안 바깥에 나가지 않고 주야로 몽골어 공부를 게을리하지 않으니, 여러 관직을 거쳐 장군에 올랐다. 원 간섭기 권문세족 가운데는 몽골어 통역관 등 원과의 관계 속에서 새롭게 성장한 세력이 있었다.

제시된 자료는 원 간섭기 권문세족의 성장을 보여 준다. 원은 일본 정벌을 준비하고자 고려에 정동행성을 설치하였는데, 정동행성은 일본 정벌이 실패한 이후에도 그대로 남아 고려의 내정에 간섭하였다.

바로잡기 ① 고려 말 이성계는 위화도 회군을 단행하여 권력을 장악하였다. ② 무신 정권 시기에 노비 만적이 봉기를 계획하였으나 사전에 발각되어 실패하였다. ③ 고려 인종 때 이자겸은 자신의 권력을 유지하기 위해 금의 사대 요구를 수용하였다. ⑤ 공민왕 시기에 홍건적이 고려를 침입하였고, 이들을 격퇴하는 과정에서 신흥 무인 세력이 성장하였다.

095 중서문하성과 도병마사

1등급 자료 분석 중서문하성과 도병마사

- (가) 은/는 여러 업무를 맡아 보았으며 그 안의 낭사는 간쟁과 봉박을 담당하였다. 건국 초기에는 내의성이라 불렸으며, 문종 15년에 (가) (으)로 고쳤다.
- 국가가 (나) 을/를 설치하여 시중·평장사·참지정사·정당문학·지문하성사를 판사로 삼고, 판추밀 이하를 사로 삼아 국방에 큰일이 있을 때 회의하였다. 이에 합좌라는 이름이 붙게 되었다. 고려는 국방 문제를 담당하는 도병마사를 설치하여 중서문하성과 중추원의 고위 관료인 재신과 추밀의 합의제로 운영하였다.

(가)는 중서문하성, (나)는 도병마사이다. 중서문하성은 고려 최고의 정치 기구로 국정을 총괄하였으며, 중서문하성의 낭사는 어사대 관원과 함께 대간이라 불렸다. 도병마사는 국방 문제를 담당하는 기구로, 식목도감과 함께 합의제로 운영되는 고려의 독자적인 회의 기구였다.

바로잡기 ② 식목도감은 법률, 제도를 제정하는 고위 관료의 회의 기구로 운영되었다. ③ 상서성은 6부를 관할하며 정책을 집행하였다. ④ 중추원은 왕명 출납과 군사 기밀을 담당하였다. ⑤ 중서문하성의 낭사와 어사대의 관원은 대간으로 불리며 간쟁, 봉박, 서경의 권한을 행사하였다.

096 광종과 공민왕

1등급 자료 분석 노비안검법 실시와 전민변정도감 설치

- ㉠ 왕은 노비안검법을 실시하여 본래 양인이었다가 억울하게 노비가 된 자들을 해방시키고자 하였다. 광종은 노비안검법을 실시하여 공신 및 호족 세력의 경제력·군사력을 약화시키고 국가 재정을 확충하고자 하였다.
- ㉡ 왕은 전민변정도감을 설치하여 권세가가 불법으로 빼앗은 토지를 원래 주인에게 돌려주고, 억울하게 노비가 된 자들을 양인으로 해방시키고자 하였다. 공민왕은 신돈을 등용하고 전민변정도감을 설치하여 국가 재정을 확충하고자 하였다.

㉠ 광종은 쌍기의 건의로 과거제를 도입하여 국왕을 뒷받침할 신진 세력을 육성하였다. ㉡ 공민왕은 반원 개혁 정책을 추진하며 쌍성총관부를 공격하고 원에게 빼앗긴 영토를 수복하였다.

바로잡기 ㄴ. 고려 성종은 최승로의 건의를 수용하여 12목에 지방관을 파견하였다. ㄹ. 최씨 무신 정권의 최우는 몽골이 침략해오자 강화도로 천도하여 대몽 항쟁을 전개하였다.

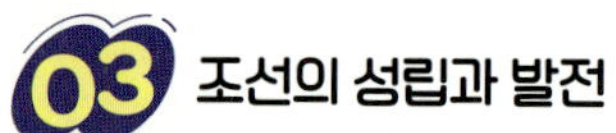

03 조선의 성립과 발전

 기출 문제 ● 23쪽 ~ 24쪽

핵심 개념 문제

097 홍문관	**098** 이조 전랑	**099** 이순신
100 ×	**101** × **102** ○ **103** ○ **104** ㉡ **105** ㉣	
106 ㉢	**107** ㉠ **108** ㉠ **109** ㉠ **110** ㉡	
111 ㄷ-ㄱ-ㄴ-ㄹ		
112 ②	**113** ① **114** ③ **115** ⑤ **116** ④ **117** ⑤	
118 ④	**119** ③	

112

밑줄 친 '이 왕'은 세종이다. 세종은 의정부 서사제를 실시하여 재상에게 국정의 주도권을 부여함으로써 왕권과 신권의 조화를 추구하였다.

바로잡기 ① 조선 성종은 『경국대전』을 편찬하여 유교적 통치 체제를 확립하였다. ③ 조카인 단종을 몰아내고 왕위에 오른 세조는 집현전과 경연을 폐지하였다. ④ 태종은 두 차례 왕자의 난을 통해 정도전 등 반대 세력을 제거하고 왕위에 올랐다. ⑤ 연산군은 김종직의 「조의제문」을 빌미로 무오사화를 일으켜 사림을 탄압하였다.

113

제시된 자료는 6조 직계제이다. 6조 직계제는 6조가 의정부를 거치지 않고 국왕에게 업무를 보고하고 시행하는 체제로 정책 결정 과정에서 재상의 역할이 축소되어 국왕의 국정 주도권이 강화되었다. 왕권 강화를 도모하였던 태종과 세조는 6조 직계제를 실시하였다.

바로잡기 ② 조광조는 일종의 천거제인 현량과 실시를 중종에게 건의하였다. ③ 의정부 서사제는 왕권과 신권의 조화를 추구하였다. ④ 의정부 서사제는 재상에게 국정 주도권을 부여하는 제도이다. ⑤ 조선은 인사의 공정성을 확보하고자 상피제를 실시하였다.

114

(가) 기구는 홍문관이다. 홍문관은 성종 때 집현전을 계승한 기구로 설치되었다. 국왕의 정책 자문과 경연을 담당한 홍문관은 사헌부, 사간원과 함께 3사로 불리며 언론 기능을 수행하였다.

바로잡기 ① 사헌부는 관리의 비리를 감찰하는 기구이다. ② 의정부는 국정을 총괄하는 기구로 재상들의 합의로 운영되었다. ④ 의금부는 국왕 직속 사법 기구로 국가의 큰 죄인을 담당하였다. ⑤ 지방 사족은 유향소를 설치하여 수령을 보좌하고 향리를 감찰하며 지방 풍속 교화를 담당하였다.

115

(가) 국가는 조선이다. 조선은 과거제를 시행하며 문과, 무과, 잡과를 실시하였다. 이 가운데 문과가 가장 중시되었으며, 고려와 달리 무과를 시행하였다. 조선은 수도에 최고 교육 기관으로 성균관

을 운영하여 인재를 양성하였다.

[바로잡기] ① 고려는 승려를 대상으로 승과를 실시하였다. ② 발해는 유학 교육 기관으로 주자감을 두고 인재를 양성하였다. ③ 신라는 화랑도를 국가적 조직으로 정비하였다. ④ 고구려는 소수림왕 때 수도에 태학을 세우고 인재를 양성하였다.

116

제시된 자료는 조광조가 현량과 실시를 주장하는 내용이다. 중종은 훈구 세력을 견제하고자 조광조 등 사림 세력을 등용하였다. 그러나 조광조가 급진적 개혁을 추진하자, 이에 부담을 느낀 중종이 훈구 세력과 손을 잡고 조광조를 비롯한 사림 세력을 제거하였다(기묘사화).

[바로잡기] 조선 건국은 1392년, 훈민정음 반포는 세종 시기인 1446년, 『경국대전』 완성은 1485년에 이루어졌다. 중종반정은 1506년에 발생하였다. 을사사화는 1545년, 임진왜란은 1592년에 발발하였다.

117

밑줄 친 '전쟁'은 임진왜란(1592~1598)이다. 임진왜란이 일어나자 조선군은 후퇴를 거듭하였고, 선조도 의주로 피란하였다. 하지만 이순신이 이끄는 수군과 의병의 활약이 이어지는 가운데 명이 조선에 지원을 파병하면서 전세는 점차 역전되었다.

[바로잡기] ㄱ. 광해군은 명과 후금 사이에서 중립 외교를 추진하였다. 명의 요청에 따라 강홍립을 도원수로 삼아 명에 원병을 보내면서도, 상황에 따라 대처하도록 지시하였고, 강홍립은 명이 패배하자 후금에 투항하였다. ㄴ. 청이 병자호란을 일으키자, 인조는 남한산성에서 항전하였지만 결국 삼전도에서 항복하였다.

118

밑줄 친 '그'는 광해군이다. 광해군은 명과 후금 사이에서 중립 외교를 전개하여 후금과의 충돌을 피하였다.

[바로잡기] ① 인조는 청이 침입하자 남한산성에서 항전하였지만 결국 청에 항복하여 군신 관계를 체결하였다(병자호란). ② 『경국대전』은 세조 때 편찬을 시작하여 성종 때 완성되었다. ③ 조선 성종은 김종직 등 사림 세력을 등용하였다. ⑤ 연산군은 김종직의 「조의제문」을 빌미로 무오사화를 일으켜 사림 세력을 탄압하였다.

119

밑줄 친 '이 전쟁'은 병자호란이다. 청 태종은 조선이 군신 관계 요구를 거절하자, 군대를 이끌고 조선을 침략하였다. 인조는 남한산성에서 항전하였지만 결국 청에 항복하여 청과 군신 관계를 체결하였다.

[바로잡기] ① 병자호란 발발 이전의 사실이다. ② 임진왜란으로 명의 국력이 약해진 상황에서 만주에서 여진이 후금을 건국하였다. ④ 임진왜란 후 전쟁을 주도한 도요토미 가문이 몰락하였고 도쿠가와 이에야스가 에도 막부를 세웠다. ⑤ 조선 성종 때 김종직 등 사림 세력이 3사에 진출하여 훈구 세력의 비리를 비판하였다.

120 ②	**121** ②	**122** ③	**123** ②	**124** ①	**125** ④
126 ②	**127** ②	**128** ①	**129** ④	**130** ②	**131** ②
132 ③	**133** ②	**134** ③	**135** ②	**136** ①	

1등급을 향한 서답형 문제

137 의정부 **138 [예시 답안]** 의정부 서사제는 재상에게 국정 운영의 주도권을 부여함으로써 왕권과 신권의 조화를 추구하였다.

139 임진왜란 **140 [예시 답안]** 명이 쇠퇴하고 만주에서 여진이 성장하여 후금을 건국하였다. 일본에서는 도쿠가와 이에야스가 에도 막부를 수립하였고, 조선에서 포로로 잡아간 학자와 기술자를 통해 문화가 발전하였다.

120

(가) 인물은 정도전이다. 정도전은 재상 중심의 국정 운영을 강조하며 이방원(태종) 등과 대립하였고, 결국 이방원이 일으킨 왕자의 난으로 제거되었다.

[바로잡기] ① 동인은 이황과 조식의 학풍을 계승하였다. ③ 조광조는 훈구 세력의 위훈 삭제를 추진하였다. ④ 조선 세종은 집현전을 설치하였다. ⑤ 임진왜란이 일어나자 곽재우, 조헌 등은 의병을 일으켰다.

121

제시된 자료는 조선 태종에 대한 것이다. 태종은 6조 직계제를 실시하여 왕권을 강화하고 국왕 중심의 정치 운영을 도모하였다.

[바로잡기] ① 연산군은 김종직의 「조의제문」을 빌미로 무오사화를 일으켰다. ③ 세종은 의정부 서사제를 실시하여 왕권과 신권의 조화를 추구하였다. ④ 조선 성종은 집현전을 계승한 홍문관을 설치하고 경연을 부활시켰다. ⑤ 광해군은 전후 복구 사업을 추진하고 대동법을 실시하였다.

122

(가) 왕은 조선의 성종이다. 성종은 『경국대전』을 완성하여 유교적 법치 국가의 토대를 마련하였다. 또한 성종은 김종직 등 사림을 등용하여 훈구 세력을 견제하였다.

[바로잡기] ① 세종 때 훈민정음을 창제하였다. ② 태종은 사병 혁파를 주도하여 국왕의 군사권을 강화하였다. ④ 중종반정으로 연산군이 폐위되고 중종이 즉위하였다. ⑤ 『경국대전』은 세조 때 편찬이 시작되었다.

123

밑줄 친 '이 기구'는 의정부이다. 의정부는 조선의 최고 기구로 국정을 총괄하였으며 재상들의 합의로 운영되었다.

[바로잡기] ① 승정원은 왕명 출납을 담당하는 국왕의 비서 기구이다. ③ 한성부는 서울의 행정과 치안을 다스렸다. ④ 사간원, 사헌부, 홍문관은 3사로 불리며 언론 기능을 수행하였다. ⑤ 고려 시대 중서문하성의 낭사는 어사대의 관원과 함께 대간이라 불렸다.

국왕	주요 정책
태종	사병 혁파, 호패법 실시, 6조 직계제 실시
세종	집현전 설치, 훈민정음 창제, 의정부 서사제 실시
세조	집현전과 경연 폐지, 6조 직계제 실시, 『경국대전』 편찬 시작
성종	홍문관 설치, 경연 강화, 『경국대전』 완성

124

㈎는 서원이다. 조선의 서원은 향약과 함께 사림 세력이 지방에서 세력을 확대하는 기반이 되었다.

바로잡기 ② 유향소는 수령을 보좌하고 향리를 감시하며 지방의 풍속을 교화하였다. ③ 성균관은 조선의 최고 교육 기관으로 유학 교육을 담당하였다. ④ 조선은 상피제를 실시하여 출신 지역의 지방관으로 부임시키지 않았고, 친인척 간에는 같은 관서에서 근무하지 않게 하였다. ⑤ 고려 시대에는 공신이나 5품 이상 고위 관료의 자손은 과거를 거치지 않고 관직에 진출하는 음서가 시행되었다.

125

제시된 지도는 조선의 지방 행정 조직이다. 조선은 전국을 8도로 나누고 각 도에 관찰사를 파견하였다. 또한 도 아래 모든 군현에는 수령이 파견되었다. 지방 사족들은 유향소를 설치하여 수령을 보좌하고, 향리를 감시하였으며 지방 풍속을 교화하였다.

바로잡기 ㄱ. 고려 시대에는 지방관이 파견된 주현과 지방관이 파견되지 않은 속현이 있었다. ㄷ. 고려 시대에 특수 행정 구역이었던 향·부곡·소는 조선 시대에는 폐지되었다.

126

밑줄 친 '이들'은 사림이다. 성종 때 중앙 정계에 진출하기 시작하였고, 훈구 세력의 비리를 비판하였다. 사림은 네 차례의 사화를 통해 큰 타격을 입었지만 서원과 향약을 기반으로 향촌에서 세력을 확대하였다. 결국 사림은 선조 때에는 중앙 정계의 주도권을 장악하였다.

바로잡기 ㄴ. 훈구는 세조의 즉위 과정에서 공을 세우고 고위 관직을 독점하여 막대한 토지를 차지하였다. ㄹ. 연산군은 훈구 세력과 함께 김종직의 「조의제문」을 구실로 무오사화를 일으켜 사림을 탄압하였다.

127

제시된 자료는 연산군에 대한 것이다. 연산군은 무오사화를 일으켰고, 생모 윤씨의 폐위와 관련된 훈구와 사림을 제거하는 갑자사화를 일으켰다. 이에 훈구 세력의 주도로 중종반정이 일어나 연산군은 폐위되었다.

바로잡기 ① 태종은 16세 이상의 모든 남자에게 호패를 지급하였다(호패법). ③ 태조 때 조선의 문물 정비를 주도한 정도전은 재상 중심의 국정 운영을 강조하였다. ④ 서인의 지지를 받아 즉위한 인조는 친명 배금의 외교 정책을 추진하였다. ⑤ 선조는 임진왜란이 일어나자 의주로 피란하였다.

128

밑줄 친 '개혁'은 조광조의 개혁이다. 조광조는 중종에 의해 등용되어 일종의 추천제인 현량과 실시, 훈구 세력의 위훈 삭제 등 급진적 개혁을 추구하였다.

바로잡기 ② 조선 성종은 집현전을 계승한 홍문관을 설치하였다. ③ 광해군은 대동법을 실시하여 수취 체제를 개편하였다. ④ 태종과 세조는 6조 직계제를 실시하여 왕권 강화를 도모하였다. ⑤ 조카인 단종을 몰아내고 왕위에 오른 세조는 집현전과 경연을 폐지하였다.

129

제시된 자료는 붕당의 형성에 대한 것이다. 사림은 선조 때 중앙 정계를 주도하게 되었지만 척신 정치의 청산과 이조 전랑 임명 문제를 두고 동인과 서인으로 분화하였다.

바로잡기 조선 건국은 1392년, 『경국대전』 반포는 1485년, 갑자사화는 1504년, 을사사화는 1545년, 임진왜란은 1592년, 병자호란은 1636년의 일이다. 사림이 동인과 서인으로 분화한 것은 선조 시기로, 임진왜란이 발발하기 이전의 사실이다.

130

㈎는 동인, ㈏는 서인이다. 동인은 이황과 조식의 학문을 계승한 영남 사림으로 척신 정치의 청산을 강조하였다. 서인은 이이와 성혼의 학문을 계승한 경기와 충청 사림이 중심이 되었다.

바로잡기 ① 서인은 인조반정을 일으켜 국정을 주도하였다. ③ 동인, 서인 분화 전 기묘사화가 일어나 조광조 등 사림이 큰 타격을 입었다. ④ 동인은 척신 정치의 청산을 강조하였다. ⑤ 훈구는 세조의 즉위 과정에서 공을 세우고 주요 관직을 독점하며 부를 축적하였다.

131

밑줄 친 '이 전쟁'은 임진왜란(1592~1598)이다. 임진왜란 때 명이 원군을 파병한 것을 계기로 조선에는 명을 숭상하는 관념이 확산되었다. 임진왜란의 결과 중국에서는 명이 쇠퇴하고 만주에서 여진이 성장하였다. 일본에서는 도쿠가와 이에야스가 에도 막부를 수립하였고, 포로로 잡아간 기술자와 학자의 영향으로 도자기 문화와 성리학이 발전하였다.

바로잡기 ② 훈구파는 15세기 중앙 정치를 주도하였다.

132

제시된 자료는 병자호란 당시의 상황을 보여 주고 있다. 당시 인조는 남한산성으로 피신하여 항전하였지만, 결국 삼전도에서 청에 항복하고 군신 관계를 체결하였다.

바로잡기 ① 조선 태조의 왕자들 간에 왕위 계승을 둘러싸고 벌어진 왕자의 난으로 이방원(태종)이 정치적 실권을 장악하였다. ② 임진왜란 당시 조선군은 한산도 대첩(이순신), 행주 대첩(권율) 등에서 일본군을 물리쳤다. ④ 13세기 몽골의 침입에 맞서 노비와 부곡민 등 하층민도 적극 항전하였다. ⑤ 14세기 후반 홍건적과 왜구가 고려에 자주 침략하였다. 이를 토벌하는 과정에서 신흥 무인 세력이 성장하였다.

133

㈎ 전쟁은 도요토미 히데요시의 일본군이 조선을 침략하여 일어난 임진왜란이다. 조선군은 패배를 거듭하였고, 선조는 의주로 피란하였다. 이런 상황에서 조헌, 곽재우 등은 의병을 일으켰다.

바로잡기 ① 병자호란 이후 조선에서는 청을 정벌하자는 북벌론이 대두되었다. ③ 고려 정부의 개경 환도에 반대하여 삼별초가 강화도에서 봉기하였다. ④ 청 태종은 조선이 군신 관계를 거부하자 조선을 침략하였다(병자호란). ⑤ 고구려의 을지문덕은 살수에서 수의 군대를 격파하였다.

134

㈎는 임진왜란 당시 휴정, 유정 등 승병의 활약, ㈏는 정묘호란이다. 임진왜란 이후 즉위한 광해군은 만주에서 여진이 후금을 건국하고 명을 위협하자 명과 후금 사이에서 중립 외교를 전개하였다. 하지만 서인 세력은 광해군의 중립 외교에 불만을 품고 인조반정을 일으켜 광해군을 폐위시켰다.

바로잡기 ① 연산군은 갑자사화를 일으켜 생모 윤씨와 관련된 훈구와 사림을 제거하였다. ② 14세기 공민왕은 쌍성총관부를 공격하여 원에게 빼앗긴 영토를 되찾았다. ④ 중종 때 조광조가 도교 행사를 주관하는 관청인 소격서 폐지를 주장하였다. ⑤ 13세기 몽골의 침입 때 김윤후가 처인성에서 몽골 장수 살리타를 사살하였다.

135

자료의 '국왕'은 광해군이다. 광해군은 명과 후금 사이에서 중립 외교를 추진하였다. 광해군은 강홍립을 도원수로 삼아 명에 원병을 보내면서도, 상황에 따라 대처하도록 지시하였고, 강홍립은 명이 패배하자 후금에 투항하였다. 하지만 광해군의 중립 외교에 불만을 품은 서인 세력은 인조반정을 일으켜 인조를 새로운 왕으로 추대하였다.

바로잡기 ① 조선 성종은 『경국대전』을 완성하여 유교적 법치 국가의 토대를 마련하였다. ③ 인조는 청 태종이 침입해오자 남한산성에서 항전하였지만 결국 항복하였다. ④ 중종은 훈구 세력을 견제하기 위해 조광조를 비롯한 사림을 등용하였다. ⑤ 선조는 일본군이 침입해오자 명에 지원군을 요청하였다.

136

㈎ 전쟁은 병자호란이다. 병자호란 당시 인조는 남한산성에서 항전하였지만 결국 항복하여 청과 군신 관계를 체결하였다.

바로잡기 ② 임진왜란 당시 이순신이 이끄는 수군이 명량에서 일본 수군을 격파하였다. ③ 임진왜란 당시 조명 연합군은 평양성을 탈환하였다. ④ 광해군의 지시로 강홍립은 명이 패배하자 후금에 투항하여 화친을 도모하였다. ⑤ 명종 시기에 외척 간의 대립에 휩쓸려 사림이 화를 입은 을사사화가 발생하였다.

137

제시된 자료는 세종 때 의정부 서사제 시행에 대한 것이다. 세종은 6조 직계제를 대신하여 의정부 재상들의 권한을 강화한 의정부 서사제를 실시하였다.

138

의정부 서사제는 재상에게 국정의 주도권을 부여함으로써 왕권과 신권의 조화를 추구하였다.

채점 기준	수준
재상에게 국정의 주도권 부여, 왕권과 신권의 조화 추구를 모두 서술한 경우	상
위 내용 중 한 가지를 서술한 경우	하

139

제시된 자료는 임진왜란이 조선에 미친 영향에 대한 것으로, 밑줄 친 '전쟁'은 임진왜란이다.

140

임진왜란 이후 명이 쇠퇴하고 만주에서 여진이 성장하였으며, 일본에서는 에도 막부가 수립되었다. 그리고 조선에서 포로로 잡아간 학자와 기술자를 통해 일본의 문화가 발달하였다.

채점 기준	수준
명의 쇠퇴와 여진의 성장, 일본에서 에도 막부 수립, 일본의 문화 발달을 모두 서술한 경우	상
위 내용 중 두 가지를 서술한 경우	중
위 내용 중 한 가지를 서술한 경우	하

● 29쪽

141 ④ **142** ③ **143** ③ **144** ①

141 세조

1등급 자료 분석 세조의 집현전 폐지

> 집현전을 폐지하고, 경연을 정지하며, 거기에 소장하였던 서책들은 모두 예문관에서 관장하게 하라. 세조는 언론 활동을 제한하고 왕권을 강화하였다.

제시된 자료는 집현전 폐지를 지시하는 내용으로, ㈎ 왕은 세조이다. 세조는 6조 직계제를 실시하여 국왕의 국정 주도권을 강화하였으며, 『경국대전』 편찬 사업을 시작하였다.

바로잡기 ㄱ. 태종은 공신과 종친의 사병을 혁파하여 국왕의 군사권을 강화하였다. ㄷ. 연산군은 김종직의 「조의제문」을 구실로 무오사화를 일으켜 사림을 탄압하였다.

142 사헌부

제시된 자료는 사헌부의 활동에 대한 것이다. 사헌부는 관리들의 비리를 감찰하여 규탄 및 탄핵하는 일을 담당하였다. 또한 사간원, 홍문관과 함께 3사로 불리며 언론 기구의 역할을 수행하였다.

바로잡기 ① 의금부는 국왕 직속의 사법 기구로 국가의 큰 죄인을 담당하였다. ② 지방 사족은 유향소를 설치하여 수령을 보좌하고 향리를 감시하였다. ④ 고려 시대 어사대의 관원은 중서문하성의 낭사와 함께 대간으로 불렸다. ⑤ 홍문관은 경연을 주관하고 국왕의 정책 자문에 응하였다.

143 임진왜란

제시된 자료는 임진왜란 당시 명이 조선에 지원군을 파병하였다는 내용을 담고 있다. 명은 일본의 중국 침략을 우려해 조선을 지원했고 조명 연합군은 평양성을 탈환하기도 하였다. 임진왜란 당시 이순신이 이끄는 수군은 한산도, 명량 등지에서 일본 수군을 격파하였다.

바로잡기 ① 임진왜란 이후 광해군은 대동법을 실시하여 민생 안정을 도모하였다. ② 중종이 훈구를 견제하고자 등용한 조광조는 현량과 실시 등 급진적 개혁을 추진하였다. ④ 병자호란 당시 인조는 남한산성에서 청에 항전하였지만, 결국 항복하였다. ⑤ 정묘호란 당시 조선은 후금과 화의를 체결하여 형제 관계를 맺었다.

144 주화론과 병자호란

제시된 자료는 주화론이다. 정묘호란 이후 후금이 국호를 청으로 고치고 조선에 군신 관계를 요구하자 조선에서는 주화론과 척화론의 입장이 대립하였다. 하지만 조선에서는 척화론이 우세하여 청의 요구를 거절하였고, 이에 청 태종이 조선을 침략하면서 병자호란이 일어났다.

바로잡기 ② 광해군은 명과 후금 사이에서 중립 외교를 전개하였다. ③ 청 태종이 군대를 이끌고 침입하자, 인조는 남한산성에서 저항하였지만 결국 삼전도에서 굴욕적으로 항복하였다. ④ 임진왜란 당시 명과 일본 사이에 강화 협상이 전개되었다. ⑤ 임진왜란 초기에 한성이 함락되어 선조가 의주로 피란하였다.

04 조선 후기의 변화

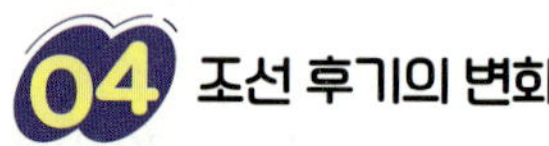

기본 기출 문제　　　　　　31쪽 ~ 32쪽

핵심 개념 문제

145 비변사	**146** 인조반정	**147** 초계문신제
148 당백전	**149** ○　**150** ○	**151** ×　**152** ㉠
153 ㉢	**154** ㉣　**155** ㉤	**156** ㉠　**157** ㉠　**158** ㉠
159 ㄱ	**160** ㄷ　**161** ㄴ	

162 ①	**163** ④	**164** ④	**165** ②	**166** ①	**167** ⑤
168 ④	**169** ②				

162

⑦ 기구는 비변사이다. 비변사는 왜란과 호란을 거치면서 국정을 논의하는 최고 기구로 위상이 높아졌다. 이후 세도 가문이 비변사를 독점하자 흥선 대원군은 개혁을 추진하며 비변사의 기능을 약화시켜 사실상 폐지하였다.

바로잡기 ② 정조는 친위 부대인 장용영을 설치하였다. ③ 임술 농민 봉기를 계기로 정부는 삼정이정청을 설치하였다. ④ 고려의 도병마사는 재신과 추밀의 합의로 운영되었다. ⑤ 서원은 지방에 설립된 교육 기관으로 유학자에 대한 제사와 후진 양성을 담당하였다.

163

밑줄 친 '이 기구'는 훈련도감이다. 임진왜란 중에 급료를 받는 직업 군인으로 편성된 훈련도감이 설치되었다. 훈련도감은 포수, 사수, 살수의 삼수병으로 구성되었다.

바로잡기 ① 정조는 서얼 출신 학자인 박제가, 이덕무 등을 규장각 검서관으로 등용하였다. ② 삼정의 문란을 개선하기 위해 삼정이정청이 설치되었다. ③ 조선은 임진왜란 중 훈련도감 설치를 시작으로 5군영 체제를 마련하였는데, 숙종 때 금위영이 마지막으로 설치되었다. ⑤ 조선은 지방군으로 양반부터 노비까지 포함한 일종의 예비군 체제인 속오군을 운영하였다.

164

동인은 선조 시기에 남인과 북인으로 분화하였다. 이후 광해군 때 서인이 인조반정을 일으켜 주도권을 확보하였다. 현종 때에는 자의 대비의 상복 문제를 두고 서인과 남인이 대립하는 예송이 일어났다. 이후 숙종 때에는 환국이 일어났고, 집권 붕당은 상대 붕당을 가혹하게 탄압하였다(일당 전제화 현상). 이 과정에서 서인은 남인에 대한 대응 문제를 두고 노론과 소론으로 분화되었다.

바로잡기 ① 조광조는 중종 시기에 현량과 실시를 주장하였다. ② 연산군은 김종직의 「조의제문」을 빌미로 무오사화를 일으켜 사림을 몰아냈다. ③ 영조는 환국 등 붕당 정치의 폐해를 극복하기 위해 탕평책을 실시하였다. ⑤ 정조 사후 외척 가문이 권력을 장악한 세도 정치가 전개되었다.

165

밑줄 친 '왕'은 영조이다. 영조는 백성들의 군포 부담을 2필에서 1필로 경감하는 균역법을 실시하였다. 또한 탕평 정치를 실시하며 탕평의 의지를 알리기 위해 성균관 앞에 탕평비를 건립하였다.

바로잡기 ① 세조는 집현전과 경연을 폐지하였다. ③ 정조는 문물을 정비하여 『대전통편』을 편찬하였다. ④ 인조반정으로 광해군이 몰락하고 인조가 새 왕으로 추대되었다. ⑤ 흥선 대원군은 경복궁 중건 비용을 마련하기 위해 고액 화폐인 당백전을 발행하였다.

166

밑줄 친 '이 시기'는 세도 정치 시기이다. 세도 정치 시기 지방에서는 삼정의 문란으로 인한 지방관의 수탈이 심화되었다. 한편 이 시기에 몰락 양반 출신인 홍경래는 평안도에 대한 차별과 지배층의 수탈에 반발하여 난을 일으켰다(홍경래의 난).

바로잡기 ㄷ. 현종 시기에 효종의 계모인 자의 대비의 상복 기간을 두고 두 차례 예송이 발생하였다. ㄹ. 흥선 대원군은 개혁을 추진하며 비변사를 축소·폐지하였다.

167

제시된 자료는 임술 농민 봉기(1862)에 대한 것이다. 세도 정치 시기에 삼정의 문란 등 지배층의 수탈이 극심한 가운데 단성과 진주 농민 봉기를 시작으로 전국에서 농민 봉기가 발생하였다.

바로잡기 임진왜란은 1592년, 병자호란은 1636년, 숙종 즉위는 1674년, 정조 즉위는 1776년, 순조 즉위는 1800년, 고종 즉위는 1863년의 일이다.

168

(가) 왕은 정조이다. 정조는 자신의 정치적 이상을 담은 수원 화성을 건설하였다.

바로잡기 ①, ② 흥선 대원군은 가호를 기준으로 군포를 수취하는 호포제를 실시하였다. 또한 환곡은 지방관과 향리의 횡포를 막기 위해 사창제로 개편하였다. ③ 선조는 임진왜란 중 포수, 사수, 살수의 삼수병으로 구성된 훈련도감을 설치하였다. ⑤ 성종은 『경국대전』을 완성하여 유교적 법치 국가의 토대를 마련하였다.

169

(가) 인물은 흥선 대원군이다. 고종의 친부로 권력을 장악한 흥선 대원군은 왕실의 위엄을 높이기 위해 임진왜란 때 불탄 경복궁을 다시 지었다.

바로잡기 ① 정조는 통공 정책을 실시하여 상업 활동의 자유를 확대하였다. ③ 조선 세조가 편찬하기 시작한 『경국대전』은 성종 때 완성되었다. ④ 숙종은 환국을 주도하여 집권 붕당을 교체하며 왕의 국정 주도권을 확보하였다. ⑤ 정조는 박제가 등 서얼 출신 학자를 규장각에 등용하였다.

실력 기출 문제 ● 33쪽 ~ 36쪽

170 ②	**171** ③	**172** ⑤	**173** ⑤	**174** ①	**175** ③
176 ②	**177** ①	**178** ③	**179** ④	**180** ②	**181** ④
182 ④	**183** ②	**184** ①	**185** ①	**186** ⑤	

1등급을 향한 서답형 문제

187 영조 **188** **예시 답안** 탕평파를 육성하고 산림의 존재를 부정하였고, 서원을 정리하였으며, 이조 전랑의 권한을 약화시켰다.

189 흥선 대원군 **190** **예시 답안** 전정의 문란을 개선하고자 양전 사업을 실시하고, 토지 대장에서 누락된 토지에 세금을 부과하였다. 또한 군정의 문란을 개선하고자 호포제를 실시하였고, 환곡의 문란을 개선하고자 사창제를 시행하였다.

170

(가)는 선조 시기 사림의 동인과 서인 분화, (나)는 영조가 탕평비를 세우는 내용이다. 선조 때 동인은 남인과 북인으로 나뉘었으며, 광해군 때는 북인이 국정을 주도하였지만 인조반정으로 서인이 집권하였다. 이후 현종 때는 두 차례 예송으로 서인과 남인이 대립하였고, 숙종 때는 환국이 발생하며 붕당 정치의 폐단이 심화되었다. 이에 영조와 정조는 탕평책을 실시하였다.

바로잡기 ㄴ. (나) 이후 정조는 초계문신제를 실시하여 개혁을 뒷받침할 세력을 육성하였다. ㄹ. (가) 이전 중종에 의해 등용된 조광조는 현량과 실시 등 급진적 개혁을 추진하였다.

171

제시된 자료는 예송 논쟁 당시 모습을 보여 준다. 효종과 효종비가 사망하였을 때 효종의 계모인 자의 대비의 상복 기간을 두고 예송 논쟁이 벌어졌다. 서인은 신권을 중시하며 효종이 장남이 아니라는 것을 강조하였고, 남인은 왕권을 중시하며 효종이 왕위를 계승하였기에 장남과 다를 바가 없다고 주장하였다.

바로잡기 ① 영조와 정조는 강한 왕권으로 붕당 간의 갈등을 일시적으로 억눌렀다는 한계점을 보였다. ② 세도 정치 시기에는 매관매직과 지방관의 수탈이 극심하였다. ④ 광해군의 중립 외교에 반발한 서인은 인조반정을 일으켰다. ⑤ 숙종 시기에 환국이 발생하면서 집권 붕당이 상대 붕당을 가혹하게 탄압하는 일당 전제화 현상이 발생하였다.

172

㈎ 군사 조직은 속오군이다. 조선 후기에 마련된 속오군은 양반부터 노비까지 모든 신분으로 편성되었으며 평소에는 생업에 종사하다가 유사시에 동원되는 일종의 예비군 성격을 지니고 있었다.

바로잡기 ① 정조는 친위 부대인 장용영을 설치하고, 규장각을 개혁 기구로 육성하여 왕권을 뒷받침하였다. ② 임진왜란 중에 포수, 사수, 살수의 삼수병으로 구성된 훈련도감이 설치되었다. ③ 임진왜란 중에 급료를 받는 직업 군인으로 구성된 훈련도감이 설치되었다. ④ 임술 농민 봉기를 계기로 삼정이정청이 설치되어 삼정의 문란을 개선하고자 하였다.

173

㈎ 기구는 비변사이다. 비변사는 군사 문제를 논의하는 임시 기구로 설치되었으나 왜란과 호란을 거치면서 국정을 논의하는 최고 기구로 발전하였다.

바로잡기 ① 국방 문제를 논의한 고려의 회의 기구인 도병마사는 도평의사사로 개편되었다. ② 임진왜란 중에 포수, 사수, 살수로 구성된 훈련도감이 설치되었다. ③ 흥선 대원군은 환곡의 문란을 개선하고자 사창제를 실시하였다. ④ 승정원은 국왕의 비서 기구로 왕명 출납을 담당하였다.

174

㈎ 붕당은 서인이다. 인조반정 이후 서인이 국정을 주도하고 남인이 참여하는 가운데, 자의 대비의 상복 기간을 두고 예송이 일어났다. 이후 숙종 시기의 환국이 거듭되면서 서인은 남인에 대한 강경파인 노론과 온건파인 소론으로 분화하였다.

바로잡기 ② 영조는 탕평파를 육성하여 탕평파를 중심으로 국정을 운영하였다. ③ 북인은 광해군 때 국정을 주도하며 중립 외교를 지지하였다. ④ 정조는 박제가 등 서얼 출신 학자를 규장각 검서관으로 등용하였다. ⑤ 남인은 왕권을 중시하는 입장에서 효종의 정통성을 주장하였다.

175

㈎ 왕은 영조이다. 영조는 탕평책을 실시하며 탕평에 대한 의지를 드러내고자 탕평비를 건립하였다. 영조는 이조 전랑의 권한을 약화시켰다.

바로잡기 ① 정조는 자신의 정치적 이상을 담은 수원 화성을 건설하였다. ② 세도 정치 시기에 평안도 지역에 대한 차별과 지배층의 수탈에 반발하여 홍경래의 난이 일어났지만 관군에 진압되었다. ④ 흥선 대원군은 경복궁 중건을 위해 일종의 기부금인 원납전을 강제 징수하였다. ⑤ 연산군은 김종직의 「조의제문」을 빌미로 무오사화를 일으켜 사림을 탄압하였다.

176

밑줄 친 '이 왕'은 정조이다. 정조는 이덕무 등 서얼 출신 세력을 규장각에 등용하였고, 문물을 정비하여 『대전통편』과 『무예도보통지』 등을 편찬하였다. 또한 자신의 정치적 이상을 실현하는 도시로 수원 화성을 건설하였다.

바로잡기 ① 영조는 탕평 정치에 대한 의지를 알리고자 탕평비를 세웠다.

---

③ 조선의 성종은 『경국대전』을 완성하여 유교적 법치 국가의 토대를 마련하였다. ④ 숙종은 환국을 주도하여 국왕의 국정 주도권을 강화하였다. ⑤ 흥선 대원군은 왕실의 위엄을 높이고자 경복궁 중건을 추진하면서, 공사비 마련을 위해 고액 화폐인 당백전을 발행하였다.

> **1등급 정리 노트** 영조와 정조의 개혁
>
> | 국왕 | 주요 정책 |
> | --- | --- |
> | 영조 | 탕평비 건립, 공론의 주재자인 산림의 존재 부정, 서원 정리, 이조 전랑의 권한 약화, 『속대전』 편찬, 균역법 시행, 신문고 부활 |
> | 정조 | 규장각 설치, 초계문신제 운영, 장용영 설치, 수원 화성 건설, 통공 정책 실시, 『대전통편』 편찬, 서얼 출신 학자를 규장각에 등용 |

177

밑줄 친 '이 왕'은 영조이다. 이조 전랑 자리를 두고 각 붕당의 대립이 격화되자 영조는 붕당 간의 대립을 완화하고자 이조 전랑의 권한을 약화시키고 공론의 주재자인 산림의 존재를 부정하였다. 또한 탕평파를 육성하여 이들을 중심으로 국정을 이끌었다.

바로잡기 ② 정조는 문물을 정비하여 『대전통편』을 편찬하였다. ③ 세도 정치 시기에 임술 농민 봉기가 발생하자 정부는 삼정의 문란을 개선하고자 삼정이정청을 설치하였다. ④ 숙종은 환국을 주도하여 국왕의 국정 주도권을 확보하였다. ⑤ 흥선 대원군은 환곡의 문란을 시정하고자 사창제를 실시하였다.

178

제시된 자료는 정조의 개혁에 대한 것이다. 정조는 초계문신제를 실시하여 개혁을 뒷받침할 신진 세력을 육성하였다.

바로잡기 ① 영조는 탕평책을 실시하며 공론의 주재자인 산림의 존재를 부정하였다. ② 흥선 대원군은 왕실의 위엄을 세우고자 경복궁 중건을 추진하였다. ④ 선조는 임진왜란 중 훈련도감을 설치하여 군사 제도를 재정비하였다. ⑤ 세도 정치 시기에 삼정의 문란을 시정하기 위해 삼정이정청을 설치하였다.

179

영조는 탕평의 의지를 드러내고자 탕평비를 건립하였다. 정조는 국왕 친위 부대인 장용영을 설치하고, 초계문신제를 실시하여 개혁 세력을 육성하였다. 정조 사후 어린 순조가 즉위하면서 세도 정치가 시작되었고, 세도 정치 시기에 홍경래의 난이 발생하였다.

바로잡기 ① 두 차례 예송이 일어난 것은 현종 시기로 (나) 시기에 해당한다. ② 임진왜란은 선조 시기인 (가) 시기에 일어났다. ③ 임술 농민 봉기는 세도 정치 시기에 발생한 사건으로 (마) 시기에 해당한다. ⑤ 국왕이 환국을 주도한 것은 숙종 시기로 (다) 시기에 해당한다.

180

제시된 자료는 세도 정치 시기의 상황이다. 안동 김씨 등 세도 가문은 비변사의 주요 관직과 5군영을 장악하고 권력을 유지하였다.

바로잡기 ① 숙종 시기에 환국이 발생하여 일당 전제화 현상이 나타났다.

③ 임진왜란 중에 포수, 사수, 살수로 구성된 훈련도감이 창설되었다. ④ 인조반정 이후 서인이 국정을 주도하는 가운데 남인이 참여하였다. ⑤ 흥선 대원군은 환곡의 문란을 시정하기 위하여 사창제를 실시하였다.

181

제시된 자료는 홍경래의 난(1811)에 대한 것이다. 몰락 양반 출신인 홍경래는 평안도 지역에 대한 차별과 세도 정권에 반발하여 반란을 일으켰으나 관군에 의해 진압되었다.

바로잡기 ① 흥선 대원군은 경복궁 중건을 추진하며 공사비 마련을 위해 당백전을 발행하였다. ② 임술 농민 봉기를 계기로 삼정이정청이 설치되었다. ③ 묘청 등은 서경을 근거지로 반란을 일으켰고, 김부식이 이끄는 관군에 의해 진압되었다. ⑤ 숙종 시기에 환국이 발생하여 집권 붕당이 상대 붕당을 탄압하는 일당 전제화 현상이 일어났다.

182

밑줄 친 '민란'은 임술 농민 봉기(1862)이다. 세도 정치 시기에 삼정의 문란, 지방관의 수탈 등으로 인해 전국에서 농민 봉기가 발생하였다(임술 농민 봉기).

바로잡기 ㄱ. 몰락 양반 출신인 홍경래는 평안도 지역에 대한 차별과 세도 정권의 수탈에 저항하여 반란을 일으켰다(홍경래의 난). ㄷ. 서인 세력이 주도한 인조반정으로 북인이 몰락하고 서인이 정국을 장악하였다.

183

(개) 인물은 흥선 대원군이다. 흥선 대원군은 통치 체제를 재정비하여 『대전회통』과 『육전조례』 등 법전을 편찬하였다.

바로잡기 ① 서인 세력은 광해군의 중립 외교와 폐모살제(인목 대비를 폐위하고 영창 대군을 죽임)를 구실로 인조반정을 일으켰다. ③ 정조는 초계문신제를 실시하여 개혁 세력을 육성하였다. ④ 현종 시기에 두 차례 예송이 일어나 서인과 남인이 대립하였다. ⑤ 세도 정치 시기에 홍경래의 난이 발생하였다.

184

(개) 제도는 호포제이다. 흥선 대원군은 군정의 문란을 시정하고자 가호를 기준으로 군포를 징수하는 호포제를 실시하여 양반도 군포를 납부하게 하였다.

바로잡기 ② 조광조 등은 현량과 실시, 훈구 세력의 위훈 삭제 등을 주장하였다. ③ 흥선 대원군은 민간에서 환곡을 자치적으로 운영하는 사창제를 시행하였다. ④ 흥선 대원군은 양전 사업을 실시하고, 토지 대장에서 누락된 토지에 대해 세금을 부과하였다. ⑤ 이성계와 신진 사대부는 과전법을 실시하여 신진 사대부의 경제적 기반을 마련하였다.

185

(개) 인물은 흥선 대원군이다. 흥선 대원군은 붕당의 근거지로 면세의 혜택을 누리며 백성을 수탈하던 서원을 47개소만 남기고 폐지하였다. 또한 호포제를 실시하여 양반에게도 군포를 부과하였다.

바로잡기 ② 영조는 탕평의 의지를 알리고자 탕평비를 건립하였다. ③ 태종은 사병을 혁파하여 국왕의 군사권을 강화하였다. ④ 조선 성종은 『경국대전』을 편찬하여 유교적 법치 국가의 토대를 마련하였다. ⑤ 정조는 친위 부대인 장용영을 설치하여 왕권을 뒷받침하였다.

186

제시된 자료는 원납전 징수와 당백전 발행을 비판하는 내용이다. 흥선 대원군은 왕실의 위엄을 높이고자 임진왜란 때 불탄 경복궁의 중건을 추진하였다. 이에 공사비 마련을 위해 일종의 기부금인 원납전을 강제로 징수하고, 고액 화폐인 당백전을 발행하여 비판을 받았다.

바로잡기 ① 『무예도보통지』는 정조가 편찬한 무예책이다. ② 현종 때 자의 대비의 상복 기간을 두고 서인과 남인이 대립하는 예송이 발생하였다. ③ 임술 농민 봉기를 계기로 삼정의 문란을 개선하고자 삼정이정청이 설치되었다. ④ 세도 정치 시기에 홍경래는 평안도 지역에 대한 차별과 세도 정권의 수탈에 반발하여 반란을 일으켰다.

187

제시된 자료는 탕평비의 내용으로 (개)는 영조이다.

188

영조는 공론의 주재자로 인식된 산림의 존재를 부정하고, 붕당의 본거지인 서원을 정리하였으며, 이조 전랑의 권한을 약화시켰다.

채점 기준	수준
탕평파 육성, 산림의 존재 부정, 서원 정리, 이조 전랑의 권한 약화 중 세 가지를 서술한 경우	상
위 내용 중 두 가지를 서술한 경우	중
위 내용 중 한 가지를 서술한 경우	하

189

첫 번째 자료는 세도 정치 시기 삼정의 문란, 두 번째 자료는 흥선 대원군의 서원 철폐와 관련 있다.

190

전정의 문란을 개선하고자 양전 사업을 실시하고, 토지 대장에서 누락된 토지에 세금을 부과하였다. 또한 군정의 문란을 개선하고자 호포제를 실시하였고, 환곡의 문란을 개선하고자 사창제를 시행하였다.

채점 기준	수준
전정·군정·환곡의 문란을 개선하는 방안을 모두 서술한 경우	상
위 내용 중 두 가지만 서술한 경우	중
위 내용 중 한 가지만 서술한 경우	하

191 ①　**192** ④　**193** ②　**194** ①

---

191 붕당 정치의 전개

> **1등급 자료 분석**　예송 논쟁
>
> (가) 첫째 아들이 죽어 그 아비가 그를 위하여 3년복을 입었습니다. 그런데 둘째가 죽으면 그 아비가 또 3년을 입고, 아들들이 차례로 죽는다면 그 아비가 다 3년을 입어야 하는데, 아마 예의 뜻이 결코 그렇지는 않을 것입니다. 주소(註疏)에 이미 둘째 적자 이하는 통틀어 서자라고 한다는 뜻을 분명히 밝혀 놓았고 …… *서인은 신권을 중시하는 입장에서 효종이 둘째 아들임을 강조하였다.*
>
> (나) …… 신이 말한 것은 '적통은 장자로 세운다' 하는 그 뜻입니다. 그리고 장자를 위하여 3년을 입는 까닭은 위로 쳐서 정체(正體)이기 때문이고 또 제사를 받드는 사람이 되기 때문입니다. *남인은 왕권을 중시하는 입장에서 효종의 정통성을 강조하며 효종을 적자로 대우해야 한다고 주장하였다.*

제시된 자료는 예송 논쟁 당시의 주장이다. (가)는 신권을 중시하는 입장에서 효종이 둘째 아들임을 강조한 서인, (나)는 왕권을 중시하는 입장에서 효종의 정통성을 강조한 남인의 입장이다. 서인은 인조반정을 주도하여 인조 때 국정의 주도권을 잡았다.

바로잡기 ② 동인은 선조 시기에 남인과 북인으로 분화하였다. ③ 서인은 남인에 대한 강경파인 노론과 온건파인 소론으로 분화하였다. ④ 북인은 광해군 때 국정의 주도권을 잡았다. ⑤ 서인에만 해당되는 설명이다.

192 영조와 흥선 대원군

> **1등급 자료 분석**　균역법과 호포제
>
> *균역법의 시행*
> - 　(가)　이/가 말하였다. "…… 호포나 결포나 모두 문제점이 있다. 이제는 1필로 줄이는 것으로 온전히 돌아갈 것이다. 경들은 군포를 1필을 줄였을 때 생기는 세입 감소분을 보충할 방법을 강구하라."
> - 양반 가문, 충신 가문, 효자 및 열녀 가문, 과거 급제자, 현직 관리는 전부 군포가 면제되었다. ……　(나)　이/가 군포를 혁파하고 호포를 징수하여, 귀천 없이 국세를 고르게 부담하니 쌓인 폐단이 한꺼번에 정리되었다.
> *호포제는 국역을 면제받던 양반에게도 군포를 수취한 제도이다.*

영조는 균역법을 실시하여 백성의 군포 부담을 2필에서 1필로 줄였고, 탕평책을 실시하여 이조 전랑의 권한을 약화시켰다. 흥선 대원군은 호포제를 실시하여 양반에게도 군포를 부과하였고, 면세의 혜택을 누리며 백성을 수탈하던 서원을 철폐하였다.

바로잡기 ㄱ. 숙종은 환국을 통해 국왕의 국정 주도권을 확보하고자 하였다. ㄷ. 정조는 문물을 정비하여 『대전통편』을 편찬하였다.

193 정조

> **1등급 자료 분석**　정조의 통공 정책
>
> 좌의정 채제공이 아뢰었다. "…… 형조와 한성부에 명을 내려 육의전 이외의 시전 상인에게 난전이라 하여 잡혀 오는 사람들에게는 벌을 내리지 말도록 하십시오. 그러면 장사하는 사람들은 서로 매매하는 이익이 있을 것이고 백성도 곤궁할 걱정이 없을 것입니다." 왕이 여러 신하에게 물으니 모두 옳다고 하여 이를 따라 시행하였다. *육의전을 제외한 시전 상인들의 난전 단속 권한을 폐지하였다.*

제시된 자료는 정조의 통공 정책이다. 정조는 통공 정책을 실시하여 시전 상인의 특권을 축소함으로써 상업 활동의 자유를 확대하였다. 또한 정조는 자신의 정치적 이상을 실현할 도시로 수원 화성을 건설하였다.

바로잡기 ① 홍경래의 난은 세도 정치 시기에 발생하였다. ③ 흥선 대원군은 경복궁을 중건하며 공사비 마련을 위해 고액 화폐인 당백전을 발행하였다. ④ 영조는 탕평의 의지를 드러내고자 탕평비를 세웠다. ⑤ 흥선 대원군은 『대전회통』, 『육전조례』 등 법전을 편찬하여 통치 체제를 재정비하였다.

194 임술 농민 봉기

> **1등급 자료 분석**　삼정이정청의 활동
>
> 삼정의 폐단을 바로잡는 계책을 이미 조정에 있는 신하들에게 하문하였다. 시임인 수재와 초야에 있는 인사들에게도 반드시 평소 가슴속에 품고 있던 계책이 있을 것이니, 이정청에서 이 문서를 옮겨 적어서 전국에 내려 보내게 하라. 그리하여 각기 그 고을에서 마땅히 개혁해야 하는 것은 강구하여 모두 글로 저술하여 고을에서 의견을 모은 다음 도신으로 하여금 모두 모아서 올려내게 하라. *조선 정부는 임술 농민 봉기를 계기로 삼정이정청을 설치하였다.*

제시된 자료는 삼정이정청의 활동이다. 삼정의 문란이 원인이 되어 임술 농민 봉기가 발생하자 정부는 삼정이정청을 설치하였지만, 효과를 거두지는 못하였다.

바로잡기 ② 정조는 자신의 정치적 이상을 실현할 도시로 수원 화성을 건설하였다. ③ 흥선 대원군은 왕실의 위엄을 높이기 위해 임진왜란 때 불탄 경복궁을 중건하였다. ④ 정조 사후 어린 순조가 즉위하면서 외척이 정권을 장악한 세도 정치가 전개되었다. ⑤ 몰락 양반 출신인 홍경래는 평안도 지역에 대한 차별과 세도 정권의 수탈에 반발하여 반란을 일으켰다(홍경래의 난).

 단원 마무리 문제 ———————————————— ● 38쪽 ~ 43쪽

Q1 고대 국가의 성장

195 ①　**196** ②　**197** ④　**198** ⑤　**199** ④　**200** 호족

201 **예시 답안** 신라 말에는 정부 및 귀족의 수탈에 저항하여 각지에서 농민 봉기가 발생하였다. 지방에서는 호족이 독자적 세력을 형성하였다. 또한 6두품 세력은 반신라적 태도를 보이며 호족과 연계하였다.

Q2 고려의 통치 체제와 정치 변동

202 ①　**203** ①　**204** ⑤　**205** ②　**206** ①　**207** 이자겸

208 **예시 답안** 풍수지리설을 내세워 서경으로 천도할 것을 주장하였다. 금을 정벌할 것과 스스로 황제를 칭하고 연호를 사용할 것(칭제 건원)을 주장하였다.

Q3 조선의 성립과 발전

209 ⑤　**210** ⑤　**211** ②　**212** ①　**213** ②　**214** 사림

215 **예시 답안** 사림이 척신 정치의 청산과 이조 전랑의 임명 문제를 두고 동인과 서인으로 분화하였다.

216 ③　　**217** ①　　**218** ④　　**219** ③　　**220** ⑤　　**221** 임진왜란

222 예시답안 원납전을 강제로 징수하였고, 고액 화폐인 당백전을 발행하였다. 또한 많은 백성을 공사에 강제로 동원하고, 목재를 마련하기 위해 양반의 묘지림을 베어 냈다.

195

밑줄 친 '이 시대'는 청동기 시대이다. 청동기 시대에 제작된 비파형 동검은 고인돌과 함께 청동기 시대를 대표하는 문화유산이다.

바로잡기 ② 신석기 시대에 농경과 목축이 시작되어 식량을 생산하였다. ③ 삼한은 제정 분리 사회로 신성 지역인 소도가 있었다. ④ 신라는 통일 이후에 전국을 9주로 나누고 지역의 요충지에 5소경을 설치하였다. ⑤ 구석기 시대에는 주로 동굴과 막집에서 생활하였다.

196

제시된 자료는 고조선에 대한 것이다. 고조선은 단군왕검이 세웠다고 전해진다. 고조선의 8조법 내용을 통해 고조선 사회의 모습을 짐작할 수 있다.

바로잡기 ① 백제는 무령왕 때 22담로에 왕족을 파견하였다. ③ 부여는 여러 가(加)들이 사출도를 관할하였다. ④ 금관가야는 풍부한 철을 바탕으로 해상 교역을 주도하였다. ⑤ 고구려는 귀족 회의인 제가 회의를 통해 국가의 중대사를 결정하였다.

197

(가)는 4세기 백제의 발전, (나)는 5세기 고구려의 영토 확대를 보여 주는 지도이다. 평양으로 천도한 고구려 장수왕은 남진 정책을 추진하여 백제의 한성을 점령하고 한강 유역을 장악하였다.

바로잡기 ① 신라가 금관가야를 흡수한 것은 6세기 법흥왕 시기의 사실이다. ② 고구려는 7세기 초 남북조를 통일한 수가 침략해오자 살수에서 수의 공격을 물리쳤다. ③ 4세기 초 근초고왕은 마한의 남은 세력을 정복하고 남해안까지 영토를 넓혔다. ⑤ 5세기에 고구려 장수왕이 남진 정책을 실시하자 신라와 백제는 나제 동맹을 체결하여 대항하였다.

198

밑줄 친 '이 왕'은 신라 진흥왕이다. 진흥왕은 신라의 청소년 단체인 화랑도를 국가적 조직으로 정비하였다.

바로잡기 ① 지증왕은 이사부를 보내 우산국을 정복하였다. ② 법흥왕은 금관가야를 흡수하여 영토를 넓혔다. ③ 신문왕은 김흠돌의 난을 진압하고 귀족 세력을 숙청하였다. ④ 내물왕은 김씨의 왕위 세습을 확립하고 마립간 칭호를 사용하였다.

199

제시된 자료는 발해의 중앙 정치 조직이다. 고구려 유민 출신의 대조영이 건국한 발해는 선왕 때에 영토를 크게 넓히며 전성기를 맞이하였고, 주변국은 발해를 해동성국이라 불렀다.

바로잡기 ㄱ. 신라는 통일 이후 넓어진 영토를 효율적으로 다스리고자 전국을 9주로 나누고, 지역의 요충지에 5소경을 설치하였다. ㄷ. 통일 이후 신라는 중앙군으로 9서당, 지방군으로 10정을 설치하였다.

200

(가)는 신라 말 지방 세력인 호족이다.

201

신라 말에는 각지에서 농민 봉기가 발생하였고, 호족이 지방에서 독자적 세력을 형성하였다. 또한 6두품 세력이 반신라적 태도를 보이며 호족과 연계하였다.

채점 기준	수준
농민 봉기 발생, 6두품 세력의 반신라적 태도, 호족의 독자적 세력 형성을 모두 서술한 경우	상
위 내용 중 두 가지를 서술한 경우	중
위 내용 중 한 가지를 서술한 경우	하

202

밑줄 친 '왕'은 고려 태조 왕건이다. 궁예를 몰아내고 고려를 건국한(918) 태조 왕건은 후백제를 정복하면서 후삼국을 통일하였다(936). 태조 왕건은 후대 왕들을 위한 가르침인 훈요 10조를 남겼다.

바로잡기 ② 조선 성종은 집현전을 계승한 홍문관을 설치하였다. ③ 광종은 노비안검법을 실시하여 공신 및 호족 세력의 경제력과 군사력을 약화시키려 하였다. ④ 공민왕은 내정 간섭을 일삼던 정동행성 이문소를 폐지하였다. ⑤ 신문왕은 관료전을 지급하고 녹읍을 폐지하여 귀족 세력의 경제적 기반을 약화시켰다.

203

(가) 왕은 광종이다. 광종은 쌍기의 건의를 수용하여 과거제를 실시하여 유교적 소양을 갖춘 신진 세력을 육성하였다.

바로잡기 ② 무신 정권을 장악한 최충헌은 교정도감을 설치하여 최고 권력 기구로 삼았다. ③ 공민왕은 쌍성총관부를 공격하여 원에 빼앗긴 영토를 수복하였다. ④ 이성계는 위화도 회군을 단행하여 최영을 제거하고 실권을 장악하였다. ⑤ 고려 성종은 최승로의 시무 28조를 수용하여 유교적 통치 이념을 확립하였다.

204

밑줄 친 '이 시대'는 고려 시대이다. 고려의 관리 선발은 주로 과거와 음서를 통해 이루어졌으며, 과거제는 문관을 뽑는 문과, 기술관을 뽑는 잡과, 승려를 대상으로 하는 승과가 실시되었다. 또한 고려는 수도에 국자감, 지방에 향교를 설립하여 유교적 소양을 갖춘 인재를 양성하였다.

바로잡기 ㄱ. 발해는 최고 교육 기관으로 주자감을 운영하여 유학 교육을 실시하였다. ㄴ. 고구려는 소수림왕 때 수도에 태학을 설립하여 인재를 양성하였다.

205

제시된 자료는 고려 후기 상황에 대한 것이다. 최우는 몽골이 침략해오자 강화도로 수도를 옮기고 대몽 항쟁을 펼쳤다. 그러나 무신 정권이 붕괴하면서 고려와 몽골은 강화를 맺었다. 원 간섭기에는 친원적 성향의 권문세족이 성장하였다. 이후 공민왕은 반원 개혁 정책을 전개하였다.

바로잡기 ① 통일 후 신라는 중앙 정치를 집사부 중심으로 운영하고 장관인 중시(시중)의 권한을 강화하였다. ③ 고려 말 이성계는 위화도 회군을 단행하였다. ④ 망이와 망소이는 무신 집권기에 지배층의 수탈에 항거하여 공주 명학소에서 봉기하였다. ⑤ 정중부 등 무신들은 정변을 일으켜 많은 문신을 죽이고 권력을 장악하였다(무신 정변).

206

(가) 왕은 공민왕이다. 공민왕은 몽골풍을 폐지하고 격하된 관제를 복구하였으며, 쌍성총관부를 공격하여 영토를 회복하였다. 또한 정방을 폐지하여 국왕의 인사권을 회복하였고, 전민변정도감을 설치하여 국가 재정을 확충하고자 하였다.

바로잡기 ② 광종은 노비안검법을 실시하여 국가 재정을 확충하고자 하였다. ③ 인종은 척준경을 포섭하여 이자겸을 제거하였다. ④ 고려 성종은 최승로의 건의를 수용하여 12목에 지방관을 파견하였다. ⑤ 무신 정권 시기에 무신들은 무신의 회의 기구인 중방을 중심으로 국정을 운영하였다.

207

(가)는 이자겸이다. 대표적인 문벌 가문인 경원 이씨 집안의 이자겸은 왕실과 중첩된 혼인 관계를 통해 왕실의 외척이 되어 권력을 장악하였다.

208

묘청 등 서경 세력은 풍수지리설을 내세워 서경으로 천도하고 금을 정벌할 것을 주장하였다. 또한 스스로 황제를 칭하고 연호를 사용할 것(칭제 건원)을 주장하였다.

채점 기준	수준
서경 천도, 금국 정벌, 황제를 칭하고 연호 사용(칭제 건원)을 모두 서술한 경우	상
위 내용 중 두 가지를 서술한 경우	중
위 내용 중 한 가지를 서술한 경우	하

209

(가) 인물은 조선의 태조 이성계이다. 고려 말 이성계는 위화도 회군을 단행하여 최영을 제거하고 실권을 장악하였다. 이후 이성계는 급진파 신진 사대부와 함께 고려를 무너뜨리고 조선을 건국하였고, 정도전을 중심으로 조선의 문물을 정비하였다.

바로잡기 ① 조선 성종은 『경국대전』을 편찬하여 유교적 법치 국가의 토대를 마련하였다. ② 세종은 의정부 서사제를 실시하여 왕권과 신권의 조화를 추구하였다. ③ 세조는 집현전과 경연을 폐지하였다. ④ 태종은 공신들의 사병을 혁파하여 국왕의 군사권을 강화하였다.

210

밑줄 친 '이 국가'는 조선이다. 조선은 전국을 8도로 나누고 8도 아래에는 부·목·군·현을 두었으며 특수 행정 구역인 향·부곡·소를 폐지하였다. 지방의 사족들은 유향소를 설치하여 수령을 보좌하고 향리를 감시하였다.

바로잡기 ㄱ. 고려는 5도 양계를 기틀로 한 지방 조직을 운영하였다. ㄴ. 신라는 통일 후 수도 경주의 지리적 한계를 보완하기 위해 지방의 요충지에 5소경을 설치하였다.

211

제시된 자료는 기묘사화 당시 조광조 등 사림 세력에 대한 처벌을 논의하는 내용이다. 중종반정으로 즉위한 중종은 훈구 세력을 견제하기 위해 조광조 등 사림 세력을 등용하였다. 그러나 조광조의 개혁에 부담을 느낀 중종과 조광조의 개혁에 반발한 훈구 세력은 조광조 등 사림 세력을 제거하였다(기묘사화, 1519).

바로잡기 조선 건국은 1392년, 중종반정은 1506년, 임진왜란은 1592년, 탕평비 건립은 1742년, 홍경래의 난은 1811년, 고종 즉위는 1863년의 일이다.

212

밑줄 친 '이 전쟁'은 임진왜란이다. 조선 정부는 임진왜란 당시 일본군에 대항하기 위해 포수, 사수, 살수로 구성된 훈련도감을 설치하였다.

바로잡기 ② 흥선 대원군은 『대전회통』을 편찬하였다. ③ 인조 시기에 후금은 국호를 청으로 고치고 조선에 군신 관계를 요구하였다. ④ 조선이 청의 군신 관계 요구를 거부하자 청 태종은 군대를 이끌고 침입하였고, 인조는 남한산성에서 항전하였다. ⑤ 선조 때(임진왜란 전) 사림은 척신 정치의 청산과 이조 전랑 임명 문제를 두고 동인과 서인으로 분화하였다.

213

(가)는 광해군의 중립 외교, (나)는 인조와 서인 정권의 친명 배금 정책이다. 광해군은 명과 후금 사이에서 중립 외교를 전개하여 후금과의 충돌을 피하였고, 광해군의 중립 외교 정책에 반발한 서인은 인조반정을 일으켜 광해군을 몰아내고 인조를 새 왕으로 추대하였다. 정권을 잡은 인조와 서인은 친명 배금 정책을 추진하였다.

바로잡기 ① 세도 정치 시기에 삼정의 문란이 원인이 되어 임술 농민 봉기가 발생하였다. ③ 임진왜란 당시에 조헌과 곽재우 등은 의병을 이끌고 항전하였다. ④ 명이 고려에 원이 지배하였던 영토를 요구하자, 이에 반발한 우왕과 최영은 요동 정벌을 추진하였다. ⑤ 정조는 국왕의 친위 부대인 장용영을 설치하여 왕권을 뒷받침하였다.

214

사림은 네 차례의 사화로 타격을 입었지만, 향촌에서 서원과 향약을 기반으로 세력을 확대하여 선조 때에는 중앙 정치의 주도권을 장악하였다.

215

사림은 척신 정치의 청산과 이조 전랑의 임명 문제를 두고 동인과 서인으로 분화하였다.

채점 기준	수준
척신 정치의 청산, 이조 전랑 임명 문제, 동인과 서인으로 분화 내용을 모두 서술한 경우	상
위 내용 중 두 가지를 서술한 경우	중
위 내용 중 한 가지를 서술한 경우	하

216

밑줄 친 '이 기구'는 비변사이다. 비변사는 국방을 논의하는 임시 기구로 설치되었지만, 왜란과 호란을 거치면서 국정을 논의하는 최고 기구로 기능이 확대되었다.

바로잡기 ① 홍문관은 사헌부, 사간원과 함께 3사로 불렸다. ② 임술 농민 봉기를 계기로 삼정이정청이 설치되었다. ④ 임진왜란 당시 포수, 사수, 살수로 구성된 훈련도감이 설치되었다. ⑤ 정조는 박제가 등 서얼 출신 학자들을 규장각 검서관에 등용하였다.

217

(가) 세력은 북인, (나) 세력은 서인이다. 북인은 광해군 때 집권 붕당으로서 국정을 주도하며 광해군의 전후 복구 사업과 중립 외교를 지지하였다. 이후 서인이 주도한 인조반정으로 북인이 몰락하고 서인이 정권을 장악하였다.

바로잡기 ② 숙종이 주도한 환국 과정에서 서인과 남인은 번갈아 집권하며 상대 붕당을 탄압하였다. ③ 훈구 세력은 세조의 즉위에 공을 세우고 고위 관직을 독점하며 부를 축적하였다. ④ 동인은 영남 사림을 중심으로 이황과 조식의 학풍을 계승하였다. ⑤ 서인과 남인은 자의 대비의 상복 기간을 두고 두 차례 예송을 전개하였다.

1등급 정리 노트 — 붕당 정치의 전개

국왕	주요 정치적 사건
선조	사림이 동인과 서인으로 분화, 동인이 남인과 북인으로 분화
광해군	북인이 국정을 주도 → 인조반정으로 북인이 몰락
인조	인조반정으로 서인 집권, 남인이 참여 → 상호 비판·견제
현종	두 차례 예송으로 서인과 남인이 대립
숙종	환국, 일당 전제화 현상 → 서인이 노론과 소론으로 분화

218

㉠ 왕은 정조, ㉡ 왕은 영조이다. 영조는 탕평 정치를 실시하여 이조 전랑의 권한을 약화시키고, 붕당의 본거지인 서원을 대폭 정리하였으며, 공론을 주재하던 산림의 존재를 부정하였다. 정조는 탕평 정치를 추진하여 소론과 노론, 남인을 골고루 등용하였고, 자신의 정치적 이상을 실현하는 도시인 수원 화성을 건설하였다.

바로잡기 ㄱ. 조선 성종은 집현전을 계승한 홍문관을 설치하였다. ㄷ. 정조는 문물을 정비하여 『대전통편』을 편찬하였다.

219

밑줄 친 '반란'은 홍경래의 난(1811)이다. 몰락 양반 출신인 홍경래는 평안도민에 대한 차별과 정부의 수탈에 반발하여 농민, 임노동자 등을 규합하여 반란을 일으켰다. 이들은 한때 청천강 북쪽을 장악하고 세력을 떨쳤으나, 관군에 의해 진압되었다.

바로잡기 ① 흥선 대원군은 경복궁 중건을 단행하며 부족한 공사비를 보충하고자 일종의 기부금인 원납전을 강제로 징수하였다. ② 조선 정부는 임술 농민 봉기를 계기로 삼정이정청을 설치하여 삼정의 문란을 바로잡고자 하였으나 성과를 거두지는 못하였다. ④ 고려 인종 때 묘청 등은 서경에서 반란을 일으켰지만 김부식이 이끄는 관군에 의해 진압되었다. ⑤ 고려 말 홍건적과 왜구의 침입을 물리치는 과정에서 최영, 이성계 등 신흥 무인 세력이 성장하였다.

220

제시된 자료는 호포제 시행에 대한 양반들의 반발 내용이다. 흥선 대원군이 가호를 기준으로 군포를 납부하는 호포제를 실시하여 양반에게도 군포를 징수하자, 양반층은 거세게 반발하였다.

바로잡기 ① 조선 후기에는 지방군 체제가 개편되어 속오군 체제가 마련되었다. ② 정조는 통공 정책을 실시하여 시전 상인의 특권을 폐지하였다. ③ 흥선 대원군은 환곡의 폐단을 개선하고자 민간에서 자치적으로 환곡을 운영하는 사창제를 실시하였다. ④ 정조는 박제가, 이덕무 등 서얼 출신 학자들을 규장각 검서관으로 등용하였다.

221

흥선 대원군은 왕실의 위엄을 높이기 위해 임진왜란 때 불에 탄 경복궁의 중건을 추진하였다.

222

흥선 대원군은 경복궁 중건을 추진하며 공사비를 마련하기 위해 원납전을 강제로 징수하고, 고액 화폐인 당백전을 발행하였다. 또한 백성들을 공사에 강제로 동원하였고, 목재를 마련하기 위해 양반의 묘지림까지 베어 냈다. 이에 양반과 백성의 불만이 높아졌다.

채점 기준	수준
원납전 징수, 당백전 발행, 백성을 강제로 공사에 동원, 양반의 묘지림 베어 냄 가운데 세 가지를 서술한 경우	상
위 내용 중 두 가지를 서술한 경우	중
위 내용 중 한 가지를 서술한 경우	하

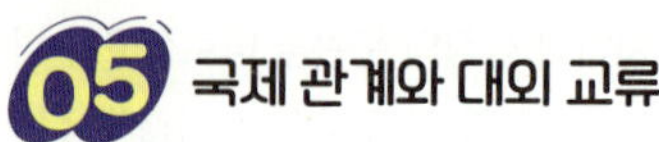 근대 이전 한국사의 탐구

05 국제 관계와 대외 교류

기본 기출 문제 ● 45쪽 ~ 46쪽

핵심 개념 문제

223 쓰시마섬		**224** 효종	**225** ○	**226** ×	**227** ×
228 ×	**229** ㉡	**230** ㉠	**231** ㉢	**232** ㉣	**233** ㉠
234 ㉠	**235** ㉠	**236** ㉠	**237** ㄱ	**238** ㄴ	**239** ㄷ
240 ㄹ					

241 ①	**242** ②	**243** ④	**244** ①	**245** ⑤	**246** ③
247 ③	**248** ④				

241

시모 추모왕, 국강상광개토경평안호태왕 등의 내용을 통해 ㈎ 국가가 고구려임을 알 수 있다. 고구려는 중국의 남북조와 모두 조공·책봉 관계를 맺어 외교 관계를 안정시켰다.

바로잡기 ② 고려가 교정도감을 설치하였다. ③ 고조선이 한의 공격으로 멸망하였다. ④ 백제가 22담로에 왕족을 파견하였다. ⑤ 고려 성종이 최승로의 시무 28조를 수용하였다.

242

㈎ 국가는 발해이다. 당이 흑수말갈을 이용하여 발해를 견제하자 발해 무왕은 장문휴가 이끄는 수군을 파견해 당의 등주를 공격하였다. 또한 발해는 일본과 적극적으로 교류하였다.

바로잡기 ㄴ. 백제가 4세기 후반 근초고왕 때 동진과 조공·책봉 관계를 맺었다. ㄹ. 발해는 고구려 멸망 후 수립되었다.

243

밑줄 친 '우리나라'는 고려이다. 소손녕은 거란의 장수로 거란의 1차 침입 당시 서희와 외교 담판을 벌였다. 외교 담판 결과 고려는 강동 6주 지역을 확보하였다. 고려는 거란의 침략을 막아 내었지만, 평화 유지와 실리 확보를 위해 거란과 군신 관계를 맺었다.

바로잡기 ① 조선에 해당한다. 고려에는 무과가 없었다. ② 고조선, ③ 신라에 해당한다. ⑤ 고구려와 백제가 중국으로부터 불교를 받아들였다.

244

몽골의 침입에 맞서 고려는 강화도로 천도하여 항전하였으나 결

245

㈎는 사대이다. 조선은 사대교린을 외교 정책의 기본으로 삼고, 명에 사대하면서 조공 사신을 파견하였다.

바로잡기 ①, ④ 독자적 천하관에 해당한다. ② 요동 정벌은 사대에 해당하지 않는다. ③ 원이 쇠퇴하자 공민왕이 쌍성총관부를 공격하였다.

246

지도는 세종 때 여진을 몰아내고 확보한 4군과 6진 지역이다. 조선은 4군 6진을 개척하여 압록강과 두만강을 경계로 하는 국경선을 확정하였다. 또한 이 지역에 삼남 지방의 주민을 이주시켰다.

바로잡기 ㄱ. 고구려와 고려가 외적을 막기 위해 국경 지역에 천리장성을 쌓았다. ㄹ. 고려가 향, 부곡, 소의 특수 행정 구역을 설치하였다.

247

에도에 파견된 사신단이라는 내용을 통해 자료가 조선 후기 에도 막부에 파견된 통신사에 대한 것임을 알 수 있다. 통신사 일행은 막부의 지식인과 시를 주고받는 등 문화 교류에 기여하였다.

바로잡기 ① 장보고는 9세기에 활동하였다. ② 16세기에 일어난 3포 왜란에 해당한다. ④ 벽란도는 고려의 대표적인 무역항이다. ⑤ 5세기의 사실이다.

248

자료의 사진은 조선이 청에 파견한 연행사를 그린 「연행도」이고, 자료의 글은 병자호란 이후 효종 때 청에 당한 치욕을 씻기 위해 전개된 북벌론에 대한 것이다. 두 자료 모두 조선과 청의 관계를 보여 준다.

바로잡기 ① 신라는 당과 연합해 백제, 고구려를 무너뜨렸다. ② 가야는 왜와 낙랑군을 연결하는 중계 무역 등을 전개하였다. ③ 백제는 주로 남조와 외교 관계를 수립하였다. ⑤ 여진 정벌을 위해 고려가 별무반을 편성하였다.

실력 기출 문제 ● 47쪽 ~ 50쪽

249 ②	**250** ②	**251** ④	**252** ②	**253** ⑤	**254** ②
255 ⑤	**256** ③	**257** ②	**258** ③	**259** ①	**260** ③
261 ④	**262** ③	**263** ①	**264** ③		

1등급을 향한 서답형 문제

265 백두산정계비 **266**  조선은 토문강을 쑹화강으로, 청은 토문강을 두만강으로 해석하였다. 이는 간도의 영유권 문제를 가져왔다.

267 「혼일강리역대국도지도」 **268** 예시 답안 조선 초에 제작된 「혼일강리역대국도지도」는 중화인 중국을 가운데 배치하고, 조선을 상대적으로 크게 표현하는 등 소중화 의식이 반영되어 있다.

249

남제와 북위는 중국 남북조 시대의 왕조이다. 이 시기 고구려는 남북조에 모두 조공하였다. 따라서 ㈎는 고구려이다. 고구려는 6~7세기 수와 당의 여러 차례에 걸친 침입을 물리쳤다.

바로잡기 ① 고조선이 전국 시대 중국의 연과 대립하였다. ③ 조공도는 발해 5도의 하나이다. ④ 가야 토기가 일본의 토기 제작 기술에 영향을 미쳤다. ⑤ 산둥반도에는 신라방이라는 신라인의 집단 거주지가 있었다.

250

자료는 백제의 무령왕릉이다. 따라서 밑줄 친 '이 나라'는 백제이다. 백제는 근초고왕 때 동진, 왜와 교류하였다.

바로잡기 ①, ③, ④, ⑤ 모두 신라에 대한 것이다.

251

당으로부터 대동강 이남 지역에 대한 지배권을 인정받은 것은 신라이다. 당의 요청을 받은 신라가 발해를 공격한 것을 계기로 신라는 대동강 이남 지역의 지배권을 당으로부터 인정받았다. 당의 등주 지역에는 신라방, 신라소 등 신라인의 집단 거주지 등이 형성되었다.

바로잡기 ① 사출도는 부여의 가들이 다스렸다. ② 고인돌은 고조선의 문화 범위를 보여 준다. ③ 백제가 웅진으로 천도하였다. ⑤ 최승로의 시무 28조는 고려 성종에게 제출되었다.

252

발해 무왕은 당과 대립하였으나 무왕의 뒤를 이은 문왕은 당에 사신을 파견하는 등 적극적인 친선 정책을 펼쳐 당과의 관계를 개선하였다.

바로잡기 ① 나당 전쟁 이후 발해가 세워졌다. ③ 위화도 회군을 단행한 이성계는 조선을 세웠다. ④ 원이 탐라총관부를 설치하였다. ⑤ 진흥왕은 6세기 신라의 발전을 이끌었다.

253

자료는 청해진에 대한 것이고, ㈎ 인물은 장보고이다. 장보고는 청해진을 설치하고 동아시아 해상 교역을 장악하였다.

바로잡기 ① 견훤, ② 김유신 등, ③ 묘청, ④ 백제 성왕에 해당한다.

254

밑줄 친 '왕'은 고려 태조 왕건이다. 왕건은 북진 정책을 추진하여 청천강 유역까지 영토를 넓혔다.

바로잡기 ① 이성계, ④ 공민왕, ③, ⑤ 광종에 대한 설명이다.

255

㈎ 왕조는 남송이다. 금과 군신 관계를 맺은 고려는 남송과 공식적인 외교 관계는 맺지 않았지만 상인을 통한 민간 교류는 지속하였다.

바로잡기 ㄱ. 거란, ㄴ. 몽골에 해당한다.

256

충혜왕은 원 간섭기의 고려 국왕이다. 이 시기 고려 국왕은 원의 공주와 혼인하였고, 고려는 원의 내정 간섭을 받았으나 부마라는 지위와 쿠빌라이 칸의 약속을 활용한 외교로 자주성을 지키고자 하였다.

바로잡기 ① 신라의 마지막 왕 경순왕은 고려 태조 왕건에게 항복하였다. ② 고려 태조가 훈요 10조를 남겼다. ④ 몽골이 침입하자 고려가 강화도로 천도하였다. ⑤ 교정도감은 무신 집권기 최충헌이 설치하였다.

257

14세기 중엽 한족 반란군인 홍건적의 일부가 원의 공격을 피해 고려를 침략하자 공민왕은 안동으로 피란하였다.

바로잡기 ①, ③, ⑤ 조선 시대에 해당한다. ④ 공민왕 이후인 우왕 때 이성계가 위화도 회군을 단행하였다.

258

㈎는 명에 사대한 조선에 해당한다. 명은 조선의 사신을 다른 나라 사신보다 우대하였다. 조선은 세종 때 왜구의 본거지인 쓰시마섬을 공격하였고, 여진을 몰아내고 4군과 6진을 개척하였다.

바로잡기 ㄱ. 신라 진흥왕이 대가야를 공격하여 정복하였다. ㄹ. 고려 공민왕이 반원 자주 정책을 추진하였다.

259

자료의 인물은 조선 초에 활동한 신숙주이다. 조선은 세종 때 계해약조를 맺고 일본에 부산포, 염포, 제포를 개방하여 제한된 무역을 허용하였다.

바로잡기 ② 임진왜란 때의 사실이다. ③ 정조 때의 사실이다. ④ 임술 농민 봉기(1862) 이후의 사실이다. ⑤ 병자호란 때의 사실이다.

260

경성과 경원에 무역소를 설치해야 한다는 내용을 통해 밑줄 친 '저들'이 여진임을 알 수 있다. 조선 세종 때 최윤덕과 김종서를 보내 여진을 토벌하고 4군과 6진을 개척하였다.

바로잡기 ① 이순신은 임진왜란 때 명량 해전에서 일본군을 격파하였다. ② 고려와 고구려가 천리장성을 쌓았다. ④ 임진왜란 때 조명 연합군이 평양성을 탈환하였다. ⑤ 조선이 외침 대비를 위해 비변사를 설치하였다.

261

바다 건너 ㈎에게 많은 백성들이 포로로 끌려갔다는 내용을 통해 ㈎가 일본임을 알 수 있다. 임진왜란 때 많은 백성이 일본의 포로로 끌려갔고, 이들을 데려오기 위해 조선은 회답 겸 쇄환사를 파견하였다. 조선은 세종 때 왜구의 근거지인 쓰시마섬을 토벌하였다.

바로잡기 ① 고려가 여진을 몰아내고 동북 9성을 쌓았다. ② 고구려가 당군을 안시성에서 물리쳤다. ③ 발해가 당의 압박에 맞서 산둥반도를 먼저 공격하였다. ⑤ 조선이 경성과 경원에 무역소를 두어 여진과 무역하였다.

구분	주요 내용
조선 전기	쓰시마섬 토벌 → 계해약조(3포 개방) → 3포 왜란, 을묘왜변 → 임진왜란 → 국교 단절
조선 후기	통신사 파견, 국교 재개, 기유약조(부산포만 개방)

262

조선은 임진왜란 이후 일본과 국교를 재개하고 부산 한 곳만 열어 일본과 무역하였다.

바로잡기 ① 염포는 조선 전기에 개방한 3포의 하나이다. ② 당항성은 신라가 당과 무역하던 항구이다. ④ 벽란도는 고려의 대표적인 무역항이다. ⑤ 울산항은 아라비아 상인이 왕래하던 신라의 무역항이다.

263

임진왜란 이후 조선은 에도 막부의 요청에 따라 통신사를 파견하였다. 통신사는 양국 간 문화 교류에 기여하였다. 병자호란에서 패배한 조선은 청에 조공 사절인 연행사를 파견하였다.

바로잡기 조천사는 조선이 명에 파견한 사절이다.

264

자료는 조선 후기에 제기된 북학론이고, 밑줄 친 '오랑캐'는 후금(청)이다. 일부 실학자는 청의 문물을 적극 수용해 국가 발전을 이루자는 북학론을 제기하였다. 후금은 1627년 정묘호란을 일으켰다.

바로잡기 ① 발해, ② 수, ④ 명, ⑤ 일본에 해당한다.

265

제시된 자료는 1712년 세워진 백두산정계비의 내용이다.

266

백두산정계비의 토문강 해석 문제는 간도의 영유권 문제를 가져왔다.

채점 기준	수준
토문강을 둘러싼 해석 문제를 정확히 서술한 경우	상
토문강만 쓴 경우	하

267

자료는 조선 태종 때 제작된 「혼일강리역대국도지도」이다.

268

「혼일강리역대국도지도」는 중화인 중국을 가운데 배치하고, 조선을 상대적으로 크게 표현하는 등 소중화 의식이 반영되어 있다.

채점 기준	수준
「혼일강리역대국도지도」의 특징과 소중화 의식이 모두 제시된 경우	상
지도의 특징만 제시한 경우	하

적중 1등급 문제 ● 51쪽

269 ② **270** ⑤ **271** ① **272** ④

269 발해의 대외 교류

1등급 자료 분석 발해와 일본의 교류

남북국 시대
920년 5월 일본에서 ___(가)___ 사신을 위한 잔치가 열렸다. 이때 일본 왕자는 검은 담비 가죽옷 여덟 벌을 겹쳐 입고 참석하여 사신 일행을 놀라게 하였다. ← 발해의 대표적인 수출품

(가) 국가는 발해이다. 발해는 건국 초부터 외교적 고립을 피하기 위해 적극적으로 일본과의 외교에 나섰다. 또한 발해는 당의 압박에 맞서 당의 산둥반도를 공격하고 요서 지방을 선제 공격하기도 하였다.

바로잡기 ① 고조선이 전국 시대 연과 대립하였다. ③ 근초고왕 때 백제가 동진과 조공·책봉 관계를 맺었다. ④ 신라가 기벌포와 매소성에서 당군을 물리쳤다. ⑤ 신라가 당에게 대동강 이남 지역의 지배권을 인정받았다.

선택지 더 보기

⑥ 당의 등주 지방을 공격하였다.	(○)
⑦ 장문휴로 하여금 주변국을 공격하게 하였다.	(○)
⑧ 완도에 청해진을 설치하고 해상 교역을 장악하였다.	(×)

270 고려의 대외 관계

1등급 자료 분석 5대 10국

당을 의미한다.
고구려와 백제를 무너뜨린 왕조가 멸망한 이후 여러 왕조가 들어섰다. 후량, 후당, 후진, 후한, 후주의 다섯 왕조는 화북의 중심 지대를 지배하고 정통 왕조의 계열로 평가받는다. 이 외에도 화남과 기타 주변 각 지방에서는 10개의 지방 정권이 흥망하였다.
5대라고 한다.
10국이라고 한다.

자료는 10세기 당 멸망 후 전개된 5대 10국의 상황이다. 이 시기 고려는 북진 정책을 추진하여 청천강까지 영토를 넓혔다.

바로잡기 ① 금관가야는 6세기 신라에 항복하였다. ② 자료는 당 멸망 이후의 상황이다. ③ 신라는 당과 연합하여 삼국을 통일하였다. ④ 5세기 광개토 대왕이 신라에 침입한 왜를 격퇴하였다.

271 조선 전기의 대외 관계

1등급 자료 분석 조선과 일본의 교류

조선은 세종 때 왜구의 본거지인 쓰시마섬을 토벌하였다. 이후 일본이 평화적 교역을 요청해 오자 계해약조를 맺어 부산포, 염포, 제포 등 3포를 개방하고 제한된 범위에서의 무역을 허용하였다.

바로잡기 ② 조선은 명과 청에 사대하였다. ③ 벽란도는 고려의 대표적인 무역항이었다. ④ 북학론은 조선 후기에 제기되었다. ⑤ 삼별초는 몽골과 고려 정부에 맞서 봉기하였다.

272 조선 후기의 대외 관계

1등급 자료 분석 통신사가 남긴 기록

• 끼니마다 두어 줌의 쌀밥에 나물국 한 공기와 생선회, 장아찌 등을 먹는데, 세 가지를 넘지 않는다.
• 에도 등 큰 도시에는 큰 통에 물을 담아두고 늘 화재에 대비하여 불 단속하는 소리가 밤새도록 그치지 않는다. 임진왜란 이후 수립된 일본의 에도 막부를 의미한다.
• 혼인한 여인들은 모두 이를 검은색으로 물들였으며, 5일에 한 번씩 검은 칠을 한다. 일본의 전통 중 하나이다.

자료는 조선 후기 일본에 파견된 통신사가 남긴 기록이다. 임진왜란 이후 조선은 부산포에 왜관을 설치하고 기유약조를 맺어 제한된 범위 내에서 무역을 허용하였다. 이후 왜관은 초량으로 옮겨졌다.

바로잡기 ① 조선 초에 명에 맞서 요동 정벌이 추진되었다. ② 조선 세종 때의 사실이다. ③ 김윤후는 충주성에서 몽골의 장수 살리타를 사살하였다. ⑤ 고려의 윤관이 별무반을 이끌고 여진을 몰아내었다.

06 수취 체제와 경제생활

 기출 문제 ●53쪽 ~ 54쪽

핵심 개념 문제

273 전시과	**274** 직전법	**275** 대동법
276 ×	**277** ×	**278** ×	**279** ○	**280** ㉠	**281** ㉡
282 ㉡	**283** ㉡	**284** ㄱ	**285** ㄴ	**286** ㄷ
287 ⑤	**288** ④	**289** ③	**290** ②	**291** ⑤	**292** ④
293 ⑤	**294** ④				

287

자료는 고구려 고국천왕이 빈민 구제를 위해 실시한 진대법이다. 고구려는 계루부 고씨가 독점적으로 왕위를 계승하였다.

바로잡기 ① 통일 신라 신문왕이 김흠돌의 난을 진압하였다. ② 신라 진흥왕이 대가야를 공격하여 멸망시켰다. ③ 통일 후 신라는 금성에 서시와 남시를 설치하였다. ④ 가야는 왜와 낙랑군을 잇는 중계 무역을 전개하였다.

288

자료는 통일 신라 시기에 작성된 신라 촌락 문서로, 밑줄 친 '당시 국가'는 통일 신라이다. 신라는 왕족이나 귀족 관리에게 식읍, 녹읍을 지급하였다.

바로잡기 ① 조선 세종 때 공법이 실시되었다. ② 목화는 고려 때부터 재배되었다. ③ 당이 등주에 발해관을 설치하였다. ⑤ 삼국과 통일 신라는 15세 이상 60세 미만 남성에게 역을 부과하였다.

289

자료에서 문무 관리 등에게 전지와 시지를 나누어 주었다는 내용을 통해 (가)가 고려의 전시과임을 알 수 있다.

바로잡기 ① 삼국 시대에 녹읍이 지급되었다. ② 정전은 통일 신라 성덕왕이 백성에게 지급하였다. ④ 통일 신라 신문왕이 녹읍을 폐지하고 문무 관리에게 토지를 주었는데, 이를 관료전이라고 한다. ⑤ 과전법은 고려 말~조선 초에 걸쳐 실시되었다.

290

자료는 고려 시대에 사용된 활구라는 화폐이다. 고려는 향, 부곡, 소라는 특수 행정 구역을 두었다. 특히 소의 주민은 물품을 생산하여 국가에 공물로 납부하였다.

바로잡기 ① 신라 지증왕 때 우산국을 복속하였다. ③ 통일 신라 시대에 해당한다. ④ 고구려 고국천왕 때 진대법이 실시되었다. ⑤ 5소경은 삼국 통일 이후 신라가 설치한 지방 행정의 중심지이다.

291

『농사직설』은 조선 세종 때 편찬되었다. 따라서 밑줄 친 '국왕'은 조선 세종이다. 조선 세종은 토지의 비옥도에 따라 6등급으로 나누는 전분6등법과 풍흉에 따라 조세를 차등있게 징수하는 연분9등법을 제정하여 조세를 합리적으로 거두었다. 이를 공법이라고 한다.

바로잡기 ① 조선 명종 때 직전법이 폐지되었다. ② 고려 광종이 노비안검법을 시행하였다. ③ 조선 성종 때부터 관수 관급제가 실시되었다. ④ 전민변정도감은 고려 후기에 여러 차례 설치되었는데, 공민왕 때 설치된 것이 대표적이다.

292

지도에서 수도가 한성이고, 지방의 곡식이 한성에 모여드는 내용을 통해 (가) 국가가 조선임을 알 수 있다. 조선 시대에는 남부 일부 지방에 모내기가 확대되었고, 정부의 허가를 받은 행상(보부상)이 지방의 장시를 무대로 활동하였다.

바로잡기 ㄱ. 전시과는 고려 시대에 시행된 토지 제도이다. ㄷ. 벽란도는 고려의 대표적인 무역항이다.

293

농민이 토산물을 쌀, 무명, 동전 등으로 납부하고, 부과 기준이 가호에서 토지로 변경되었으며 공인이 관수품을 공급한다는 내용을 통해 (가)는 대동법임을 알 수 있다. 광해군은 방납의 폐단을 해결하기 위해 경기도에 대동법을 실시하였고, 이후 확대 시행되었다.

바로잡기 ① 영정법은 조선 후기 인조 때부터 실시된 것으로 결당 4~6두를 징수하는 것이었다. ② 대동법은 광해군이 실시하였다. ③ 군포 부담의 문제를 해결하기 위해 영조가 균역법을 실시하였다. ④ 시전은 조선 초부터 한성에 설치되었다.

294

그림에 나타난 시기는 조선 후기로, 이 시기는 대동법의 실시와 도시 인구의 증가로 상품 수요가 늘어나면서 민영 수공업이 발달하였고, 이에 따라 광물 수요 역시 늘어나 민간의 광산 개발이 활발해졌다. 또한 담배 등 상품 작물의 재배가 확대되었으며, 덕대가 물주로부터 자본을 조달받아 민영 광산을 운영하였다.

바로잡기 ㄱ. 9세기 전반 장보고가 완도에 청해진을 설치하고 해상 교역을 주도하였다. ㄷ. 소를 이용한 우경은 신라 지증왕 때부터 보급되었다.

실력 기출 문제 ──────── ● 55쪽 ~ 58쪽

295 ②	**296** ④	**297** ①	**298** ⑤	**299** ②	**300** ⑤
301 ①	**302** ⑤	**303** ②	**304** ③	**305** ①	**306** ⑤
307 ①	**308** ③	**309** ②	**310** ③		

1등급을 향한 서답형 문제

311 전시과 　　　　**312** **예시 답안** 고려는 관품과 인품 등을 기준으로 전현직 관리에게 전지와 시지를 나누어 주고 수조권을 행사할 수 있게 하였으나, 이후 관품을 기준으로 지급하였고, 현직 관리에게만 지급하였다.

313 모내기(이앙법) 　　　　**314** **예시 답안** 조선 후기 이앙법이 확산되면서 농업 생산량이 증가하였다. 또한 광작이 가능해졌고, 이를 기반으로 부농이 등장하였다.

295

조세를 상등호, 중등호, 하등호로 나누어 차등있게 징수하고, 15세 이상 남성을 징발하여 한강의 위례성을 수리하였다는 내용을 통해 자료가 삼국의 수취 제도에 대한 내용임을 알 수 있다. 첫째 자료는 고구려, 둘째 자료는 백제에 대한 것이다.

바로잡기 ① 8조법은 고조선의 법률이다. ③ 부여는 춘추 전국 시대 중국의 여러 나라와 교류하였다. ④ 성덕왕은 백성에게 정전을 지급하였다. ⑤ 청해진은 통일 신라 시기인 9세기 장보고가 설치하였다.

296

순장을 금지하였고, 이사금이라는 왕명을 사용된 것을 통해 (가) 국가가 신라임을 알 수 있다. 신라 지증왕 때 소를 이용한 우경을 장려하고 순장이 금지되었다.

바로잡기 ① 삼한, ②, ⑤ 고조선, ③ 부여에 해당한다.

297

통일 이후 신라는 늘어난 토지와 노동력을 관리하고 국가의 지배력

을 강화하였다. 이 과정에서 신문왕은 녹읍을 폐지하였고 성덕왕은 백성에게 정전을 지급하였다. 이후 경덕왕 때 녹읍이 부활되었다.

바로잡기 ② 성덕왕은 백성에게 정전을 지급하였다. ③ 고려는 전시과 제도를 시행하였다. ④ 신문왕은 관료전을 지급하고 녹읍을 폐지하였다. ⑤ 전시과는 고려 말 위화도 회군 이후 마련되었다.

298

지도에서 수도가 금성이고 당항성을 거쳐 중국과 교역하는 것을 통해 (가) 국가가 신라임을 알 수 있다. 신라는 9세기 전반 장보고가 완도에 청해진을 설치하고 해상 교역을 장악하였다. 또한 지증왕 때 금성에 동시를 설치하였고 삼국 통일 이후 서시와 남시를 두었다. 그리고 신라는 촌주가 3년마다 작성한 신라촌락문서를 바탕으로 조세를 부과하였다.

바로잡기 ㄱ. 발해 무왕은 당의 압박에 맞서 장문휴를 보내 당의 등주를 공격하였다.

299

양안과 호적을 작성하였고 토지를 비옥도에 따라 3등급으로 나누었다는 내용을 통해 (가) 국가가 고려임을 알 수 있다. 고려 시대에는 원으로부터 목화가 도입되었고, 밭농사에서는 2년 3작의 돌려 짓기가 보급되었다.

바로잡기 ㄴ. 조선 후기 실시된 균역법에 따라 부족분을 보충하기 위해 지주에게 결작이 부과되었다. ㄹ. 울산항은 신라의 대표적인 무역항이었다.

300

관리가 시지로 받은 땅에서 땔감을 얻을 것이라는 등의 내용을 통해 자료의 관리가 고려 시대 전시과를 지급받은 사람임을 알 수 있다. 고려는 개경에 시전을 설치하여 상인에게 빌려주었다.

바로잡기 ① 신라, ②, ③, ④ 조선에 해당한다.

301

문종 때 1~5품 관리에게 전지와 시지를 지급하고, 자손에게 전하도록 했다는 내용을 통해 자료가 고려가 고위 관리에게 지급한 공음전임을 알 수 있다. 문벌은 음서와 공음전을 바탕으로 성장하였다.

바로잡기 ② 조선 후기, ③ 통일 신라 말의 상황에 해당한다. ④ 조선 명종 때 직전법이 폐지되면서 수조권 지급 제도가 폐지되었다. ⑤ 공음전은 향, 부곡, 소의 설치와는 관련이 없다.

302

자료를 통해 조선 초에 토지 결수가 크게 증가하였음을 알 수 있다. 조선은 개간과 양전 사업을 적극 추진하여 토지 결수를 늘리고자 하였다.

바로잡기 ① 노비안검법은 고려 광종 때 실시되었다. ② 이앙법은 조선 후기에 널리 확산되었다. ③ 전민변정도감은 고려 공민왕 때 설치된 것이 대표적이다. ④ 식읍은 삼국이 귀족에게 지급하였다.

303

전품의 등급과 연분의 높낮이에 따라 조세를 거두는 법을 정하였다는 내용을 통해 밑줄 친 '왕'이 조선 세종임을 알 수 있다. 세종은 전분6등법과 연분9등법의 공법을 제정하였다. 또한 우리 풍토에 맞는 농법을 정리한 『농사직설』을 편찬하였다.

바로잡기 ① 한인전은 고려 시대 하급 관리의 자제로 관직에 진출하지 못한 사람에게 지급되었다. ③ 관수 관급제는 조선 성종 때 실시되었다. ④ 망이·망소이는 고려 무신 정권 시기에 봉기하였다. ⑤ 공민왕이 정동행성 이문소를 폐지하는 등 반원 정책을 추진하였다.

304

고려 말 위화도 회군 이후 마련된 과전법은 조선 토지 제도의 토대가 되었다. 과전법은 전현직 관리에게 등급에 따라 수조권을 지급하는 제도였다. 과전을 받은 사람이 죽으면 반환하는 것이 원칙이었지만, 수신전, 휼양전 등으로 과전이 세습되자 세조는 현직 관리에게만 과전을 지급하는 직전법을 시행하였다.

1등급 정리 노트	조선 초의 토지 제도 변천

구분	주요 내용
과전법	전현직 관리에게 경기 지역의 토지에 대한 수조권 지급 → 수신전·휼양전 등 세습 토지 증가
직전법	세조가 현직 관리에게만 수조권 지급
관수 관급제	수조권 남용 문제 → 성종 때 실시
직전법 폐지	명종 때 직전법 폐지(수조권 지급 소멸), 녹봉만 지급

305

자료의 소설에는 매점매석을 통해 큰돈을 번 인물의 모습이 나타나 있다. 조선 후기에는 이와 같은 방식으로 일부 사상이나 공인 등이 독점적 도매상인인 도고로 성장하였다.

바로잡기 ② 직전법은 조선 전기 명종 때 폐지되었다. ③ 신라방은 당에 설치된 신라인의 집단 거주지이다. ④ 자료는 수취 체제의 동요와는 크게 관련이 없다. ⑤ 지증왕은 신라의 국왕이다.

306

자료는 16세기 이후 공납에서 발생한 방납의 폐단에 대한 것이다. 하급 관리나 상인이 공물을 대신 내고 대가를 비싸게 받는 방납의 폐단을 해결하기 위해 조선은 토지 결수에 따라 쌀 등으로 징수하는 대동법을 실시하였다. 하지만 대동법은 양반 지주들의 반대로 전국으로 확대 시행되는 데 오랜 시간이 걸렸다.

바로잡기 ㄱ. 대동법은 광해군 때 경기도에 처음 시행되었다. ㄴ. 세종이 마련한 연분9등법에 따라 4~20두의 조세를 풍흉에 따라 차등 징수하였다.

307

자료는 선무군관에 대한 것이다. 영조는 군역의 폐단을 바로잡기 위해 농민의 군포 부담을 1년에 1필로 줄이는 균역법을 실시하였다. 줄어든 군포 수입은 지주에게 결작을 징수하고 일부 부유한 상민에게 선무군관의 칭호를 주고 선무군관포를 거두는 방법 등으로 보충하였다.

바로잡기 ② 대동법, ③ 신라촌락문서의 작성, ④ 경정 전시과와 직전법, ⑤ 공법에 대한 설명이다.

308

조선 후기에는 개시와 후시 무역을 중심으로 청, 일본과 활발하게 무역하였다. 의주의 만상은 대청 무역을 통해, 개성의 송상은 청과 일본을 연결하는 중계 무역을 통해 큰 부를 축적하였다.

바로잡기 동래를 거점으로 활동하였던 내상은 일본과의 대외 무역에 종사하였다.

309

금난전권을 폐지하였다는 내용을 통해 밑줄 친 '우리나라'가 조선임을 알 수 있다. 조선 후기 정조 때 육의전을 제외한 시전 상인의 금난전권이 폐지되었다. 이 조치는 사상의 상업 활동을 자극하여 도고가 등장하기도 하였다. 한편 조선 후기 인조 때 영정법이 실시되어 전세를 토지 1결당 4~6두를 징수하였다.

바로잡기 ① 통일 신라 성덕왕 때 백성에게 정전이 지급되었다. ③ 고려가 거란과 조공·책봉 관계를 맺었다. ④ 고려가 토지를 비옥도에 따라 3등급으로 나누었다. ⑤ 벽란도는 고려의 대표적인 무역항이었다.

310

금광이 대규모로 등장하였다는 내용을 통해 자료가 조선 후기 광업의 활성화와 관련 있다는 점을 알 수 있다. 조선 후기에는 보부상이 지방의 장시를 연결하며 활동하였고, 상평통보가 거래에 널리 사용되었다.

바로잡기 ㄱ. 활구는 고려의 화폐이다. ㄹ. 고려의 전시과 시행 초기에 관품과 인품을 고려하여 전지와 시지가 지급되었다.

311

제시된 자료는 고려 시대 전시과에 대한 것이다.

312

고려는 관품과 인품 등을 기준으로 전현직 관리에게 전지와 시지를 나누어 주고 수조권을 행사할 수 있게 하였으나, 이후 관품을 기준으로 지급하였고, 현직 관리에게만 지급하였다.

채점 기준	수준
인품, 관품, 전현직 관리 여부 등 기준 변화를 정확히 서술한 경우	상
인품, 관품, 전현직 관리 관련 내용 중 하나만 제시된 경우	하

313

조선 후기 모내기(이앙법)가 보급되면서 노동력이 절감되고 벼와 보리의 이모작이 가능해졌다.

314

조선 후기 이앙법이 확산되면서 광작이 가능해졌고, 이를 기반으로 부농이 등장하였다.

채점 기준	수준
농업 생산량 증가, 광작과 부농의 등장이 모두 제시된 경우	상
광작만 제시된 경우	하

적중 1등급 문제 ●59쪽

315 ② **316** ① **317** ④ **318** ②

315 삼국 시대의 수취 제도

1등급 자료 분석 삼국의 수취 제도

삼국, 통일 신라 시대는 15~60세 남성 동원
15세 이상 남성을 동원하여 왕궁, 저수지를 지었어요.
요역 부과를 의미

자료는 삼국 시대의 수취 제도에 대한 것이다. 삼국은 재산의 많고 적음에 따라 호를 나누어 곡물과 포를 거두었고, 역을 부과하였으며 토산물을 거두었다.

바로잡기 ①, ③ 조선 후기 영조가 군역의 폐단을 바로잡기 위해 군포를 1필만 거두는 균역법을 실시하였다. 그리고 결작과 선무군관포를 징수하여 부족분을 보충하였다. ④ 조선 세종 때 마련된 연분9등법에 따라 결당 4~20두가 차등 부과되었다. ⑤ 고려의 조세 기준이다.

316 고려 태조 왕건의 정책

1등급 자료 분석 왕건의 경제 정책

왕건이 지급하였다.　　　　후삼국 통일을 의미한다.
• 왕 23년 처음으로 역분전을 제정하였다. 삼국을 다시 통일할 때 조정 관료들과 군사들의 높고 낮음은 논하지 않고, 그 사람의 성품과 행동의 선악과 공로의 크고 작음을 보고 차등 있게 지급하였다.
• "근래에 무자비하게 거두어 …… 민이 삶을 이어갈 수 없으니, …… 지금부터는 마땅히 10분의 1을 거두는 제도를 써서 ……."라고 하시고, 드디어 민간의 3년간의 조를 면제하셨습니다.
왕건이 실시한 민생 안정책이다.

밑줄 친 '왕'은 고려 태조 왕건이다. 후삼국을 통일한 고려 태조는 훈요 10조를 남겼고, 북진 정책을 실시하여 청천강까지 영토를 확대하였다.

바로잡기 ㄷ. 광해군, ㄹ. 세종에 대한 설명이다.

317 조선의 토지 제도

1등급 자료 분석 수조권 행사의 폐단

세조 때 지급되었다.　　가혹하게 수조권을 행사했음을 의미한다.
직전을 받은 관리들이 조세 징수를 독촉하는 것이 날로 심합니다. 이로 인해 백성들의 삶이 흔들리고 심한 경우 굶주리게 됩니다. 농간을 부려 마구 거두는 폐단을 고쳐야만 백성이 안정되고 나라의 근본이 바로 서게 될 것입니다.

직전법에 따라 수조권을 지급받은 관리가 직접 수확량을 조사하여 농민에게 조세를 징수할 때 수조권을 남용하는 문제가 발생하였다. 이에 조선 성종은 지방 관청이 수확량을 조사하여 조세를 거둔 후 관리에게 지급하는 관수 관급제를 실시하였다.

바로잡기 ① 경정 전시과와 직전법, ② 시정 전시과에 해당한다. ③ 균역법에 따른 조치이다. ⑤ 고려 후기의 상황이다.

318 조선 후기의 경제 상황

1등급 자료 분석 대동법의 실시

대동법이 시행되는 상황임을 의미한다.
여러 도의 공물은 지금 쌀과 면포로 환산하여 상납한다. …… 강원도에는 이를 싫어하는 자가 없는데, 충청도와 전라도에는 좋아하는 자와 싫어하는 자가 있다. 그 까닭은 강원도에는 토호가 없으나, 충청도와 전라도에는 토호가 있기 때문이다. …… 백성은 모두 이를 좋아한다. 부유한 세력을 의미한다.

대동법은 광해군 때 실시되어 숙종 때에는 전국적으로 확대 시행되었다. 이 시기에는 담배 등 상품 작물 재배가 확대되었다. 한편 조선 후기에는 동래의 내상이 초량 왜관에서 일본 상인과 개시, 후시 무역을 전개하였다.

바로잡기 ㄴ. 고려 시대의 전시과에 해당한다. ㄹ. 직전법은 조선 전기 명종 때 실시되었다.

선택지 더 보기

⑥ 금난전권의 폐지에 반발하는 상인	(○)
⑦ 결당 20두의 조세를 납부하는 농민	(×)
⑧ 전민변정도감의 사무를 처리하는 승려	(×)

07 신분제에 기반한 사회 구조

기본 기출 문제 ●61쪽 ~ 62쪽

핵심 개념 문제

319 골품제		**320** 향리	**321** 중인	**322** 공명첩	
323 ○	**324** ×	**325** ○	**326** ○	**327** ㉡	**328** ㉠
329 ㉠	**330** ㄴ	**331** ㄷ	**332** ㄱ		

---

333 ⑤	**334** ④	**335** ③	**336** ③	**337** ①	**338** ④
339 ②	**340** ②				

333

대가와 하호가 있다는 내용을 통해 (가) 국가가 고구려임을 알 수 있다. 부여와 초기 고구려에서는 가, 대가 등으로 불린 권력자가 각지의 호민을 통해 읍락을 다스렸는데, 읍락에는 호민과 하호, 노비가 있었다. 한편 삼국 시대에는 전쟁 포로, 죄인, 귀족에게 진 빚을 갚지 못한 사람 등이 주로 노비가 되었다.

바로잡기 ① 고려 말 이성계가 위화도 회군을 단행하였다. ② 삼국 통일 이후 신문왕이 녹읍을 폐지하였다. ③ 6조 직계제는 조선 태종과 세조가 실시하였다. ④ 소도는 삼한 사회의 신성 구역이었다.

334

자료의 인물이 골품제에 불만을 품고 있으며 중국으로 가고자 하는 점을 통해 밑줄 친 '나'가 6두품임을 알 수 있다. 6두품은 승진에 제약이 있어 대아찬 이상의 관등을 얻을 수 없었다.

바로잡기 ㄱ. 정당성은 발해의 통치 기구이다. ㄷ. 과거제는 고려 광종 때부터 실시되었다.

335

자료는 고려의 신분 구조이다. 고려의 신분제는 법적으로 모든 사회 구성원을 양인과 천인으로 구분하는 양천제로 운영되었다. 고려 시대 중간 계층에는 향리가 있었고, 향·부곡·소민은 양인이었지만 백정에 비해 사회적 지위가 낮았다.

바로잡기 문벌은 고려 전기의 지배 세력이고, 백정은 고려 시대 국가에 대한 직역이 없는 백성을 의미한다.

336

고려 시대에는 국가에 대한 직역을 지지 않는 농민을 백정이라 하였다. 따라서 (가) 국가는 고려이다. 고려 시대 서리는 중앙 관청의 말단 행정 업무를 맡았고, 고위 관리는 과거와 음서를 통해 주요 관직에 진출하였다.

바로잡기 ㄱ. 입역 노비는 관청의 잡역에 종사하였다. ㄹ. 외거 노비는 주인과 따로 떨어져 살면서 신공을 바쳤다.

337

조선 시대 문반과 무반을 아울러 부르는 명칭이었던 양반은 점차 관리의 가족과 가문까지 지칭하는 말이 되었다. 양반은 국역 면제의 특권을 누렸다.

바로잡기 ② 중인은 양반과 상민의 중간 신분이었다. ③ 상민은 조선 시대 일반 백성을 말한다. ④ 천민은 노비가 다수를 차지하였다. ⑤ 서얼은 양반 첩의 자식을 말한다.

338

자료에서 (가)는 조선 시대 매매·상속·증여가 가능했던 노비이다. 노비는 소유주에 따라 국가 관청에 속한 공노비와 개인이 소유한 사노비로 나뉘었고, 조선 전기에는 부모 한쪽이 노비이면 자식도 노비가 되었다.

바로잡기 ㄴ. 조세, 공납, 역의 의무는 양인이 지는 것이다. 천민은 역을 지지 않았다.

339

노비의 양인 처의 자식은 어머니의 신분을 따르게 하라는 내용을 통해 자료는 영조 때 실시된 노비종모법에 대한 것임을 알 수 있

다. 조선 후기 양반 수가 증가하고 상민의 수가 감소하자 정부는 군역 대상자를 늘리고 재정을 보충하기 위한 정책을 폈다. 대표적인 정책이 노비종모법과 공노비 해방이다.

바로잡기 ① 무신 정변은 고려 시대에 일어났다. ③ 고려 전기 문벌이 고위 관직을 독점하였다. ④ 고려 초 호족들에 의해 왕권이 불안정하였다. ⑤ 고려 말에 권문세족이 불법으로 많은 토지와 노비를 차지하였다.

340

조선 후기 서얼들은 여러 차례 집단 상소를 올려 청요직 진출을 요구하였고, 그 결과 정조 때 이덕무 등 서얼이 규장각 검서관에 등용되었다. 이에 자극받은 중인 역시 소청 운동을 전개하였으나 큰 성과를 거두지는 못하였다.

바로잡기 역관은 중인의 하나이다. 상민은 일반 백성을 의미한다.

실력 기출 문제 ● 63쪽 ~ 66쪽

341 ③	**342** ⑤	**343** ⑤	**344** ③	**345** ①	**346** ②
347 ②	**348** ⑤	**349** ②	**350** ①	**351** ③	**352** ⑤
353 ①	**354** ②	**355** ③	**356** ②		

1등급을 향한 서답형 문제

357 소 **358** 예시 답안 소의 주민들은 일반 군현민보다 더 많은 세금을 부담하였으며, 거주지 이전이 원칙적으로 금지되었으며, 과거 응시 등에도 제한을 받았다.

359 공명첩 **360** 예시 답안 조선 정부는 재정 부족 문제를 해결하기 위해 공명첩을 발급하였는데, 이는 부유한 상민들이 신분을 상승시키는 수단이 되었다. 그 결과 양반의 수가 늘고 상민의 수가 감소하였다.

341

자료는 고구려 고분 벽화의 한 장면이고, 이 나라는 고구려이다. 초기 고구려의 읍락에는 부유한 호민과 농업에 종사하는 하호가 있었다.

바로잡기 ㄱ. 신라 말 지방에서는 호족 세력이 성장하였다. ㄹ. 삼국 통일을 전후하여 골품제에서는 1~3두품이 평민과 동등하게 간주되었다.

342

골품제에 따라 진골보다 차별받고 5두품보다 우대받는 점에서 (가) 신분은 6두품임을 알 수 있다. 6두품은 학문적 식견과 실무 능력을 바탕으로 국왕의 정치적 조언자로 성장하였다.

바로잡기 ① 부여, 고구려의 권력자를 가, 대가라고 하였다. ② 삼국 통일 무렵 성골과 1~3두품이 소멸하였다. ③ 평민, ④ 노비에 해당한다.

343

소는 고려 시대의 특수 행정 구역이다. 따라서 (가)에는 고려 시대

의 신분 상승 사례가 들어가야 한다. 고려 시대에는 천민 출신이 무신 정변에 기여하여 최고 권력자가 되는 등 제한적이나마 신분과 지위를 상승시킬 수 있는 가능성이 있었다.

바로잡기 ① 신라 말의 호족, ②, ④ 통일 신라 시대의 6두품, ③ 신라 말의 진골 귀족에 대한 설명이다.

344

고려 시대의 백정은 직역이 없는 양인 농민을 뜻하는 말이다. 또한 고려는 향, 부곡, 소의 특수 행정 구역을 운영하였으며, 향, 부곡, 소의 주민들은 원칙적으로 거주지 이전이 불가능하였다. 한편 고려 시대 노비는 매매, 상속, 증여가 가능하였다.

바로잡기 ㄱ. 진골 귀족은 신라의 지배층이다. ㄹ. 삼국 통일 이후 신라에서는 9서당 10정의 군사 제도가 마련되었다.

345

자료는 고려 시대의 신분 상승 사례이다. 고려 시대에는 노비가 재산을 모아 주인에게 값을 치르거나 군공 등을 통해 양인이 되는 경우가 있었다.

바로잡기 ② 문벌은 고려 전기의 지배층, ③ 호민은 초기 고구려의 부유한 농민, ④ 하호는 초기 고구려의 하층민, ⑤ 서얼은 양반 첩의 자식을 말한다.

346

태어난 순서대로 호적에 기록되고 음서의 혜택이 외손자에게도 적용되었다는 내용을 통해 자료가 고려 시대 여성에 대한 것임을 알 수 있다. 고려 시대에는 여성의 요구로 이혼이 가능하고 여성도 호주가 되는 등 가정과 일상생활에서 남성과 여성이 거의 대등하였다.

바로잡기 ㄴ, ㄹ. 조선 시대 여성의 지위에 대한 설명이다.

347

조선은 양인층을 늘려 국가 기반의 안정을 추구하였다. 그 결과 법제적으로는 양천제의 신분제를 마련하였다. 하지만 점차 양반이 특권화되면서 양반과 상민을 구분하는 반상제가 일반화되었다.

바로잡기 골품제는 신라의 신분제이다.

348

자료는 조선 시대 반상제를 나타내고, ㈎는 양반이다. 본래 양반은 문반과 무반을 아울러 부르던 명칭이었으나 점차 그 가족이나 가문까지 포함하는 말로 바뀌었다.

바로잡기 ㄱ. 중인에 해당한다. ㄴ. 외거 노비에 해당한다.

349

외가가 하찮아서 대대로 벼슬길이 막혔다는 내용을 통해 자료가 조선 시대 서얼에 대한 것임을 알 수 있다. 양반 첩의 자식인 서얼은 문과 응시가 금지되는 등 차별을 받았다.

바로잡기 ① 서리는 중앙 관청의 말단 실무 업무를 맡은 계층이다. ③ 호장은 고려 시대 상층 향리를 지칭한다. ④, ⑤ 조선 시대 백정과 무당은 천민에 속하였다.

350

잡과로 선발되었고, 서얼도 유사한 처지였다는 점에서 자료가 중인에 대한 것임을 알 수 있다. 중인은 직역을 세습하였고, 같은 신분끼리 혼인하는 경우가 많았다.

바로잡기 ㄷ. 신량역천을 의미한다. ㄹ. 고려 시대 향·부곡·소의 거주민 등에 해당한다.

351

몰락 양반, 신분을 상승한 상민 등의 내용을 통해 자료가 신분제가 동요하던 조선 후기에 해당함을 알 수 있다. 조선 후기에는 납속책으로 신분 상승이 가능하였고 상민의 수가 줄어드는 문제에 대응하여 영조 때 노비와 양인 처의 자식은 어머니의 신분을 따르도록 하는 노비종모법을 실시하였다.

바로잡기 ㄴ. 진골과 두품은 신라의 골품제에 해당한다. ㄷ. 대나마, 나마 등은 신라의 관등이다.

1등급 정리 노트 조선 후기 신분제의 동요	

구분	주요 내용
양반	붕당 정치의 변질 → 권반, 향반, 잔반으로 분화
서얼	집단 상소 운동 → 규장각 검서관 진출(이덕무, 유득공, 박제가 등)
상민	공명첩 구입, 납속책, 족보 매입·위조 등
노비	군공, 납속, 노비종모법, 공노비 해방 등

352

양반임에도 불구하고 관청에서 곡식을 빌려다 먹는 내용을 통해 자료가 조선 후기의 상황임을 알 수 있다. 이 시기에는 치열한 붕당 정치의 영향으로 양반이 권반, 향반, 잔반 등으로 분화되었다.

바로잡기 ① 조선 전기에 해당한다. ② 신량역천은 양인 중 천역에 종사하는 사람을 말한다. ③ 고려 시대에 외가에도 음서가 적용되었다. ④ 일부 다처제는 양반의 몰락과 직접적인 관련이 적다.

353

자료를 통해 조선 후기에 양반의 수가 증가하고 상민의 수가 감소하였음을 알 수 있다. 이 문제에 대응하여 조선 정부는 영조 때 노비종모법을 실시하였고, 순조 때 공노비를 해방하였다.

바로잡기 ㄷ. 속오군은 임진왜란 이후에 편성되었다. ㄹ. 고려 말에 실시된 전민변정도감의 활동에 해당한다.

354

서얼과 함께 관직 진출에 가로막힌 점에 불만을 토로하는 내용을 통해 밑줄 친 '우리'가 중인임을 알 수 있다. 조선 후기 중인들은 시 문학 동인 모임인 시사 등을 개최하며 독자적인 문화를 향유하였다.

[바로잡기] ① 15세기 사림은 주로 3사에 등용되었다. ③ 성균관은 문과를 준비하는 최고 유학 교육 기관이다. ④ 공음전은 고려 때 고위 관리에게 지급되었다. ⑤ 고려 시대에는 과거, 음서를 통해 고위 관리가 될 수 있었다.

355

자료는 납속책에 대한 것이다. 조선 정부는 납속책을 실시하여 국가에 곡물을 바치면 대가로 신분 상승 등 일정한 혜택을 주었다.

[바로잡기] ① 청요직 진출은 서얼의 요구였다. ② 삼국은 귀족에게 녹읍과 식읍을 지급하였다. ④ 양인이면 과거 응시가 가능하였다. ⑤ 발해의 지배층에는 말갈 출신도 있었다.

356

자료는 조선 후기 향촌 사회에서 발생한 향전에 대한 것이다. 조선 후기 상품 화폐 경제가 발달하면서 부를 축적한 부농 등은 공명첩 구입 등을 통해 양반으로 신분을 상승시켰고, 향촌의 구향과 충돌하였다. 조선 후기에는 공명첩이 발급되어 신분제가 흔들렸고, 상품 작물 재배가 확대되는 등 상품 화폐 경제가 발달하였다.

[바로잡기] ㄴ. 통일 신라의 성덕왕이 백성에게 정전을 지급하였다. ㄹ. 은병과 해동통보는 고려의 화폐이다.

357

자료는 고려 시대 물품을 생산하던 소의 위치를 나타낸 것이다.

358

향, 부곡, 소의 거주민들은 더 많은 세금을 부담하였고, 거주지 이전이 원칙적으로 금지되었으며, 과거 응시 등에도 제한을 받았다.

채점 기준	수준
소의 거주민에 대한 차별 세 가지를 서술한 경우	상
소의 거주민에 대한 차별 두 가지 이하만 서술한 경우	하

359

이름이 비어 있는 관직 임명장을 공명첩이라고 한다.

360

조선 정부의 공명첩 발급은 부유한 상민들이 신분을 상승시키는 수단이 되었다.

채점 기준	수준
상민의 신분 상승과 상민의 수 감소를 서술한 경우	상
신분 상승만 서술된 경우	하

361 ③   **362** ③   **363** ②   **364** ②

361 발해의 사회 구조

| 1등급 자료 분석 | 발해의 부절 |

자료는 ___(가)___ 에서 군대 동원 등에 사용된 증표인 부절이다. 이를 통해 말갈인으로 여겨지는 섭리계가 좌효유장군에 올랐음을 알 수 있다.
발해의 피지배층   발해의 고위 관직

(가) 국가는 발해이다. 발해에서는 고구려계 유민이 지배층의 다수를 차지하였다.

[바로잡기] ① 초기 고구려와 부여에 해당한다. ② 고려 시대의 전시과에 해당한다. ④ 9서당은 신라가 삼국 통일 후 설치한 중앙군이다. ⑤ 6두품은 학문적 식견을 바탕으로 삼국 통일 이후 국왕의 정치적 조력자로 성장하였다.

362 고려의 사회 모습

| 1등급 자료 분석 | 고려의 신분 상승 |

고려 시대의 상층 향리
이영의 아버지 이중선은 안성군의 호장으로 검군으로 선발되었다. …… 이영이 정조주사에게 서류를 제출하면서 읍만 하고 절을 하지 않으니 주사가 노여워하며 욕하였다. 이영이 즉시 그 서류를 찢어 말하기를 "내가 급제하면 조정에 출사할 수 있거늘, 어찌 너 같은 무리에게 예를 차리겠는가?"라고 하였다. 숙종 때 합격하여 직사관이 되었고, 인종 초에는 보문각 학사가 되었다. 향리가 과거에 합격한 사례   이자겸의 난과 묘청의 난을 경험한 국왕

(가) 왕조는 고려이다. 고려 시대에는 외가에도 음서가 적용되는 등 외가와 친가를 차별하지 않았다.

[바로잡기] ① 신라 진골이 대아찬 이상으로 승진할 수 있었다. ② 방납의 폐단은 16세기 이후 발생하였다. ④ 진골은 신라의 지배층이다. ⑤ 노비종모법은 조선 후기 영조 때부터 실시되었다.

| 선택지 더 보기 |

⑥ 사출도를 다스리는 마가	(✕)
⑦ 도병마사에서 회의하는 귀족	(○)
⑧ 왕에게 간언하는 홍문관의 관리	(✕)

363 조선의 신분제

| 1등급 자료 분석 | 신량역천   신량역천을 달리 칠반천역이라고도 한다. |

양인은 고려와 조선의 법제적 신분층이다.
___(가)___ 에는 신분은 양인이지만 천한 일을 하는 계층이 있었다. 수군, 관청의 잡역 담당인 조례, 형사 업무를 담당하는 나장, 지방 고을의 잡역을 맡은 일수, 봉수 업무를 처리하는 봉수군, 역에 근무하는 역졸, 조운에 종사하는 조졸이 바로 여기에 해당한다.

(가) 국가는 조선이다. 조선은 법적으로 양천제를 실시하였으나, 양반이 점차 특권화되면서 반상제가 자리 잡았다.

[바로잡기] ① 골품제는 신라의 신분제이다. ③ 노비안검법은 고려 광종이 호족 세력 약화를 목적으로 실시하였다. ④ 성골은 골품제의 최고 신분이

었으나 삼국 통일 전후 소멸하였다. ⑤ 향, 부곡, 소는 고려의 특수 행정 구역이다.

364 조선 후기 신분제의 동요

자료는 조선 후기 상민이 신분을 상승시켜 양반처럼 행세하는 상황을 나타낸다. 조선 후기 부농 등은 납속책, 공명첩 구입, 족보 위조 등을 통해 양반으로의 신분 상승을 꾀하였다.

바로잡기 ㄴ. 무신 정변은 고려 시대에 발생하였다. ㄹ. 망이·망소이의 난은 무신 정권 시기에 발생하였다.

08 다양한 사상과 문화 교류

기본 기출 문제   ● 69쪽 ~ 70쪽

핵심 개념 문제

365 왕즉불	**366** 팔관회	**367** 『삼강행실도』
368 최제우	**369** × **370** × **371** ○ **372** ○	
373 ㉠ **374** ㉠	**375** ㉡ **376** ㉡ **377** ㄱ **378** ㄷ	
379 ㄹ **380** ㄴ		

381 ①	**382** ②	**383** ⑤	**384** ⑤	**385** ⑤	**386** ④
387 ①	**388** ④				

381

고구려는 4세기 소수림왕 때 전진에서, 백제는 침류왕 때 동진에서 불교를 수용하였다. 신라는 6세기 법흥왕 때 이차돈의 순교를 계기로 불교를 공인하였다.

382

자료는 신라의 두 청년이 유교 경전을 공부하기로 맹세한 내용이 담겨 있는 임신서기석이다. 신라는 삼국 통일 이후 교육 기관으로 국학을 설립하였고, 원성왕 때 독서삼품과를 실시하였다.

바로잡기 ㄴ. 백제가 일본에 『천자문』, 『논어』 등 유교 경전을 전해주었다. ㄹ. 발해가 6부의 명칭을 유교 덕목으로 정하였다.

383

김부식은 인종의 명을 받아 『삼국사기』를 편찬하였다. 『삼국사기』는 우리나라에서 현존하는 가장 오래된 역사서로, 유교적 합리주의 사관에 따라 편찬되었다.

바로잡기 ① 이규보의 「동명왕편」, ② 조선 후기 안정복이 쓴 『동사강목』 등, ③ 한치윤이 쓴 『해동역사』 등, ④ 일연의 『삼국유사』, 이승휴의 『제왕운기』 등에 해당한다.

384

원 간섭기 충선왕이 원의 수도 베이징에 세운 만권당에서 고려와 원의 학자들이 활발하게 교류하면서, 성리학에 대한 이해가 깊어졌다.

바로잡기 ① 최충은 고려 중기의 유학자이다. ② 주자감은 발해의 교육 기관이다. ③ 임신서기석은 삼국 시대에 제작되었다. ④ 아스카 문화는 삼국과 일본의 문화 교류 과정에서 발전하였다.

385

자료는 16세기에 활동하였던 조선의 성리학자 이황으로, 이황의 학설은 일본에 전해져 일본 성리학 발전에 영향을 끼쳤다. 또한 이황은 주세붕이 세운 백운동 서원에 대한 사액을 건의하였다.

바로잡기 ㄱ. 고려 후기에 성장한 신진 사대부가 권문세족의 비리와 폐단을 비판하였다. ㄴ. 빈공과는 당에서 실시한 것으로 신라 6두품 등이 합격하였다.

386

자료에서 정부가 소격서를 설치하였고, 강화 참성단에서 초제를 거행하였다는 내용을 통해 (가)는 조선의 도교임을 알 수 있다. 이 시기 도교는 크게 위축되었다.

바로잡기 ① 이제현은 고려 후기의 성리학자이다. ② 남북국 시대에 일본에서 하쿠호 문화가 발전하였다. ③ 산수무늬 벽돌은 백제의 문화유산이다. ⑤ 서원, 향약 등에 해당한다.

387

조선 후기 실학자와 일부 지식인은 민족의 전통과 현실에 대한 관심을 바탕으로 중국 중심의 세계관을 비판하고 국사, 지리, 국어 등 국학을 연구하였다. 특히 안정복은 『동사강목』을 저술하여 중국 중심의 사관에서 벗어나 민족사의 독자적 정통성을 내세웠고, 서얼 출신의 유득공은 『발해고』를 저술하였다.

388

조선 후기에는 서민의 경제력 향상을 바탕으로 서민 문화가 발달하였다. 민화와 탈춤은 대표적인 서민 문화이다.

바로잡기 ㄱ. 앙부일구는 조선 전기에 제작되었다. ㄷ. 청자상감운학문매병은 고려의 대표적인 문화유산이다.

389 ⑤	**390** ②	**391** ③	**392** ②	**393** ④	**394** ⑤
395 ⑤	**396** ③	**397** ⑤	**398** ①	**399** ①	**400** ③
401 ②	**402** ④	**403** ⑤			

1등급을 향한 서답형 문제

404 백제 금동대향로 **405** 예시 답안 백제 금동대향로는 불교를 상징하는 연꽃과 도교의 이상 세계가 모두 표현되어 있다.

406 『삼강행실도』 **407** 예시 답안 조선 정부는 성리학적 유교 윤리를 보급하기 위해 『삼강행실도』를 편찬하였다.

389

가난하고 무지한 사람들이 모두 나무아미타불을 칭하게 되었다는 내용을 통해 (가) 승려가 아미타 신앙을 내세워 통일 신라 시대 불교 대중화에 기여한 원효임을 알 수 있다. 원효는 화쟁 사상을 통해 불교계의 갈등을 해소하고자 하였다. 또한 모든 것은 한마음에서 나온다는 일심 사상을 내세웠다.

바로잡기 ㄱ. 9산 선문은 신라 말에 성립되었다. ㄴ. 신라는 법흥왕 때 이차돈의 순교를 계기로 불교를 공인하였다.

390

자료는 백제의 산수무늬 벽돌, 고구려 고분 벽화의 현무도이다. 두 문화유산은 모두 도교 사상이 반영되어 있다. 불로장생과 신선이 되기를 추구한 도교는 삼국에 전래되어 귀족을 중심으로 널리 유행하였다.

바로잡기 ①, ③ 자료는 불교, 풍수지리설과 큰 관련이 없다. ④ 남북국의 문화는 일본 하쿠호 문화의 발전에 기여하였다. ⑤ 황룡사 9층 목탑은 호국 불교의 성격이 반영되어 있다.

391

자료는 발해의 문화유산인 영광탑과 이불병좌상이다. 발해는 교육 기관으로 주자감을 세워 유학을 가르쳤다. 또한 발해의 유학생들은 당에 건너가 빈공과의 수석을 두고 신라 유학생과 경쟁하였다.

바로잡기 ㄱ. 고려 시대 요세가 천태종을 중심으로 백련사 결사를 조직하였다. ㄹ. 고구려의 담징이 일본에 종이, 먹 등의 제조 기술을 전해주었다.

392

ㄱ. 고구려의 수산리 벽화와 일본 다카마쓰 고분 벽화의 유사성, ㄷ. 가야 토기와 스에키의 유사성 등을 통해 삼국 문화가 아스카 문화 발달에 기여였음을 알 수 있다.

바로잡기 ㄴ. 고구려 사신으로 추정되는 인물이 그려진 아프라시아브 궁전 벽화로 우즈베키스탄 사마르칸트에 위치하고 있다. ㄹ. 발해의 석등이다.

393

자료는 최승로가 성종에게 제출한 시무 28조이다. 최승로의 시무 28조를 수용한 고려 성종은 개경과 지방에 학교를 세우고 유학 교육을 강화하였다.

바로잡기 ① 독서삼품과는 통일 신라의 원성왕이 실시하였다. ② 태학과 경당은 고구려의 교육 기관이다. ③ 아라비아 상인과의 교류는 유교 진흥과 큰 관련이 없다. ⑤ 발해에 해당한다.

394

사진은 고려 후기 인물인 안향의 초상으로, 안향은 성리학을 고려에 본격적으로 소개하였다.

바로잡기 ① 도참사상은 미래의 길흉화복을 예측하는 사상이다. ② 풍수지리설과 성리학은 큰 관련이 없다. ③ 왕즉불 사상은 불교를 바탕으로 왕의 권위를 높였다. ④ 고려 문벌 사회는 성리학이 전래되기 이전인 고려 전기에 해당한다.

395

수선사는 지눌이 결성하였으므로, (가) 승려는 지눌이다. 지눌은 정혜쌍수와 돈오점수를 내세워 선종을 중심으로 교종을 포용하려 하였다.

바로잡기 ① 묘청, ② 의상, ③ 일연, ④ 의천에 해당한다.

396

자료는 고려 시대에 제작된 관촉사 석조 미륵보살 입상, 청자상감 운학문매병이다. 따라서 (가)에는 고려 시대의 문화유산이 제시되어야 한다. 고려는 몽골의 침입을 격퇴하려는 의지를 담아 팔만대장경을 제작하였다.

바로잡기 ① 삼국 시대의 금동미륵보살반가사유상, ② 신라 말의 화순 쌍봉사 철감선사 승탑, ④ 조선 시대의 소수서원 현판, ⑤ 수원 화성 건설에 사용된 거중기이다.

397

(가) 행사는 팔관회이다. 팔관회는 여러 신을 섬기고 국가와 왕실의 태평을 기원하는 국가 행사로, 왕실부터 일반 서민에 이르기까지 모든 계층이 참여하였다. 여기에는 일본을 비롯하여 여러 나라의 사절단도 참여하였다.

바로잡기 ⑤ 가(加)들이 모여 국가 중대사를 결정한 것은 고구려의 제가 회의이다.

398

밑줄 친 ㉠은 세종 때 창제된 훈민정음이다. 조선은 훈민정음으로 『용비어천가』를 만들어 조선 건국의 정통성을 정당화하였고, 하급 관리 시험에 훈민정음을 활용하였다.

바로잡기 ㄷ. 『삼국사기』는 고려 중기 김부식이 유교적 합리주의를 바탕으로 편찬하였다. ㄹ. 임신서기석은 신라에서 유학을 공부하였음을 보여 주는 문화유산이다.

399

조선은 농업에 영향을 미치는 천문학을 강조하였다. 그 결과 해의 위치에 따라 변하는 그림자의 위치를 읽어 시간과 절기를 알 수 있게 하는 앙부일구를 제작하였고, 강우량을 측정할 수 있는 측우기를 발명하였다.

[바로잡기] ㄷ. 고려 시대의 월정사 팔각구층석탑이다. ㄹ. 고려 시대의 불화인 「수월관음도」이다.

400

자료는 일본 에도 막부의 성리학 발전에 영향을 미친 이황에 대한 것이다. 따라서 (가)는 이황이다. 이황은 인간 심성의 근원인 이(理)를 중시하며 수신과 도덕을 강조하였다.

[바로잡기] ① 정도전 등이 해당한다. ② 주세붕이 백운동 서원을 건립하였다. ④ 박지원 등이 연행사로 청을 왕래하였다. ⑤ 고려 시대 이제현이 대표적이다.

401

자료는 북학파 실학자인 박제가의 주장이다. 조선 후기에 청과 적극적으로 교류하며 선진 문물을 받아들이자고 주장한 학자들을 북학파라고 불렀다.

[바로잡기] ㄴ. 「성학십도」는 이황이 저술하였다. ㄹ. 경천사지 십층석탑은 고려 후기 원의 영향을 받아 건립되었다.

402

자료는 정약용이 주장한 여전론이다. 정약용 등은 농민의 어려운 생활이 토지 소유의 불균형에서 비롯된다고 보고 토지 제도를 개혁하여 자영농을 육성하고 그 바탕 위에서 국가 개혁을 모색하였다. 정약용은 「기기도설」을 참고하여 거중기를 만들었고, 이는 수원 화성 건축에 활용되었다.

[바로잡기] ① 박제가, 유득공, 이덕무 등에 해당한다. ② 「발해고」는 유득공이 저술하였다. ③ 「택리지」는 이중환의 저작이다. ⑤ 병자호란 후 소현 세자 등이 청에 포로로 끌려갔다.

403

자료는 각각 천주교와 동학에 대한 것이다. 서학으로 수용된 천주교는 남인 실학자에 의해 신앙으로 받아들여졌다. 한편 경주의 몰락 양반 최제우는 동학을 창시하였다. 두 사상은 모두 평등사상을 내세워 교세를 확장하였으나 조선 정부의 탄압을 받았다.

[바로잡기] ㄱ. 동학, ㄴ. 천주교에만 해당한다.

404

자료는 백제의 금동대향로이다.

405

백제 금동대향로는 날아오르는 용과 봉황 사이로 불교를 상징하는 연꽃과 도교의 신선들이 산다는 삼신산이 굽이치듯 펼쳐져 있다.

채점 기준	수준
도교와 불교가 모두 반영되었다고 서술한 경우	상
불교나 도교만 반영되었다고 서술한 경우	하

406

자료는 『삼강행실도』의 서문이다.

407

조선 정부는 성리학적 유교 윤리를 보급하기 위해 『삼강행실도』를 편찬하였다.

채점 기준	수준
성리학적 유교 윤리 보급을 서술한 경우	상
성리학적 유교 윤리 보급을 서술하지 못한 경우	하

적중 1등급 문제 ● 75쪽

408 ⑤ **409** ④ **410** ⑤ **411** ②

408 풍수지리설의 영향

> **1등급 자료 분석** 풍수지리설
>
> 선종 승려이자, 풍수지리설 보급에 크게 기여하였다.
> 도선이 당에 들어가 공부하고 돌아왔다. 백두산에 올랐다가 곡령에 이르러 세조(왕건의 아버지)가 새로 지은 집을 보고 "기장을 심을 땅에 어찌 마를 심었는가?"라고 하고 가버렸다. 부인이 이 말을 듣고 알리자 세조가 급히 쫓아갔는데, 만나 보니 마치 오래전부터 알던 사이 같았다. 드디어 함께 곡령에 올라 산수의 맥을 살펴보고 위로 천문을 살펴보았다.
> 지형적 요인을 살펴 도읍, 주거지, 묘지 등을 정하는 풍수지리설의 특징을 보여 준다.

자료는 풍수지리설에 대한 것이다. 신라 말 확산된 풍수지리설은 금성 중심의 국토관을 극복하고 호족 세력의 성장에 영향을 끼쳤다.

[바로잡기] ㄱ. 승려 의상이 신라에 화엄종이라는 불교 종파를 정립하였다. ㄴ. 연등회와 팔관회는 불교 행사이다.

> **선택지 더 보기**
>
> | | |
> | --- | --- |
> | ㅁ. 장수왕이 평양으로 천도하였다. | (×) |
> | ㅂ. 묘청이 서경 천도를 주장하였다. | (○) |
> | ㅅ. 한성이 새로운 수도로 정해졌다. | (×) |
> | ㅇ. 고구려 고분 벽화의 사신도가 그려졌다. | (○) |

409 고려 후기의 역사서

> **1등급 자료 분석** 『제왕운기』
>
> 환인에게 서자가 있었는데, 환웅이라고 하였다. 환인이 환웅에게 이르기를 "내려가서 삼위태백에 이르러 널리 인간을 이롭게 하라."라고 하였다. …… 아이를 낳아 이름을 단군이라 하였다. 단군은 조선 지역에 자리 잡고 왕이 되었다.
> 고조선의 건국을 우리 역사의 시작으로 기록

자료는 단군의 건국 이야기를 수록한 『제왕운기』의 일부이다. 고려에서는 무신 정변과 몽골의 침입을 겪은 뒤 민족의식이 높아졌고, 단군을 우리 민족의 시조로 서술한 『제왕운기』, 『삼국유사』 등이 편찬되었다.

바로잡기 ① 문벌 사회는 고려 전기에 해당한다. ② 국자감은 고려 전기에 설립되었다. ③ 최승로는 고려 성종 때에 시무 28조를 제출하였다. ⑤ 이제현은 고려 말에 활동한 신진 사대부이다.

410 조선의 서원

> **1등급 자료 분석** 백운동 서원
>
> 백운동 서원을 건립하였다. 고려에 본격적으로 성리학을 소개하였다.
> 이곳은 주세붕이 안향을 제사 지내기 위해 세운 ___(가)___ 입니다. 우리나라 최초의 ___(가)___ 이기도 합니다.

(가) 기관은 서원이다. 조선 시대에 세워진 서원은 선현을 제사 지내고 지방 인재에게 유학을 가르치는 기관으로 사족의 여론을 수렴하는 역할을 하였다.

바로잡기 ㄱ. 빈공과는 당에서 시행한 것으로 통일 신라와 발해의 유학생들이 다수 합격하였다. ㄴ. 성리학은 고려 후기에 수용되었다.

411 조선 후기의 사상적 특징

> **1등급 자료 분석** 윤휴의 주장
>
> 남송 때 성리학을 집대성하였다.
> 나는 주자가 미처 밝히지 못한 부분에 대한 내 생각을 밝혀 보려 한다.
> 주자와 다른 해석을 시도하였다.

조선 후기 성리학의 절대화에 맞서 새롭게 성리학을 해석하고자 하는 학자들을 송시열 등 집권 세력은 사문난적으로 몰아 공격하였다. 자료의 인물은 윤휴이다.

바로잡기 ① 고려의 김부식이다. ③ 고구려, ④ 발해, ⑤ 신라 6두품 등에 해당한다.

🍎 단원 마무리 문제

● 76쪽 ~ 81쪽

05 국제 관계와 대외 교류
412 ④ **413** ② **414** ① **415** ② **416** ④ **417** 신라
418 예시 답안 신라는 8세기 이후 당과의 관계를 회복하고 활발하게 교류하였다. 9세기 전반 장보고가 설치한 청해진을 통해 동아시아 해상 교역을 주도하였다. 울산항 등을 통해 아라비아 상인과도 교류하였다. 등

06 수취 체제와 경제생활
419 ③ **420** ③ **421** ② **422** ⑤ **423** ③ **424** 대동법
425 예시 답안 조선은 방납의 폐단을 해결하기 위해 대동법을 시행하였다. 대동법은 공물을 토산물 대신 토지 결수에 따라 쌀, 동전 등으로 징수하는 것이었다. 대동법이 시행된 결과 공인이 등장하였고 상품 화폐 경제가 발달하게 되었다.

07 신분제에 기반한 사회 구조
426 ③ **427** ① **428** ② **429** ② **430** ⑤ **431** 서얼

432 예시 답안 조선 시대 양반의 첩의 자식인 서얼은 중인과 같은 처우를 받았다. 이들은 재산 상속과 관직 진출에 차별을 받았고, 문과 응시가 금지되었다.

08 다양한 사상과 문화 교류
433 ④ **434** ② **435** ② **436** ① **437** ① **438** 풍수지리설
439 예시 답안 풍수지리설은 도참사상과 결합하여 땅의 형세나 모양이 국가 운명이나 개인의 삶에 영향을 준다는 풍수지리설의 이론이 묘청의 서경 천도 운동 등 정치적 사건에 영향을 끼쳤다.

412

동성왕은 백제, 무예는 발해의 왕이다. 자료는 백제와 발해가 주변국에게 조공을 받거나 연호를 사용했음을 보여 준다. 이는 고대 국가들이 독자적 천하관을 가지고 있었음을 알 수 있다.

바로잡기 ① 가야는 낙랑군과 왜 사이에서 중계 무역을 전개하였다. ② 자료는 고구려와는 큰 관련이 없다. ③ 삼국의 문화는 일본에 전파되어 아스카 문화 발전에 기여하였다. ⑤ 발해 초기에는 중국이 분열되지 않았다.

413

충렬왕은 원 간섭기의 국왕이고, 지정은 원의 연호이다. 따라서 (가) 시기는 원 간섭기이다. 원 간섭기에 원은 정동행성을 통해 고려의 내정을 간섭하였다.

바로잡기 ① 삼국 시대, ③ 고려 전기, ④ 발해 초기, ⑤ 조선 후기에 볼 수 있는 모습이다.

414

원은 철령 이북 지역에 쌍성총관부를 두어 다스렸다. 고려는 공민왕 때 원이 설치한 쌍성총관부를 되찾았으나 이후 명이 철령위를 설치하고 이 지역을 다스리려 하였다. 따라서 (가)는 명이다. 명의 철령위 설치에 반발한 고려는 요동 정벌을 시도하였다.

바로잡기 ② 고려는 거란 침입 이후 국경에 천리장성을 쌓았다. ③ 고구려는 안시성에서 당군을 격파하였다. ④ 신라는 당과 동맹을 맺고 백제를 무너뜨렸다. ⑤ 발해는 당의 압력에 맞서 요서 지방을 공격하였다.

415

조선 세종 때 최윤덕과 김종서는 여진을 몰아내고 6진을 개척하였다. 따라서 (가)는 여진이다. 고려는 별무반을 편성하여 여진을 토벌한 후 동북 9성을 쌓았다.

바로잡기 ㄴ, ㄹ. 조선 세종 때 이종무가 왜구의 근거지인 쓰시마섬을 토벌하였다. 이후 조선은 일본과 계해약조를 체결하여 부산포, 염포, 제포를 열고 제한된 무역을 허용하였다.

416

자료는 조선 후기 전래된 「곤여만국전도」로, 명대 활약한 선교사인 마테오 리치가 제작하였다. 「곤여만국전도」는 중국 중심의 세계관 극복에 기여하였다.

바로잡기 ① 백두산정계비는 조선 숙종 때 조선과 청이 국경선을 정하고 세웠다. ② 조선 중화주의는 명 멸망 후 조선이 중화를 계승하였다는 주장이다. ③ 통신사 파견은 「곤여만국전도」 전래와는 관련이 없다. ⑤ 청을 정벌하자는 북벌 운동에 해당한다.

417

자료의 태종은 태종 무열왕을, 북방의 강한 나라는 고구려를 의미한다. 따라서 (가)는 신라이다.

418

통일 신라는 당, 일본 등과 활발히 교류하였고 울산항을 통해 아라비아 상인과도 교류하였다.

채점 기준	수준
8세기 이후 당과 활발히 교류하였다는 것, 청해진을 통해 동아시아 해상 교역을 주도하였다는 것, 울산항 등을 통해 아라비아 상인과도 교류하였다는 것 등 신라의 대외 교류 내용 두 가지를 서술한 경우	상
위 내용 중 두 가지를 서술하지 못한 경우	하

419

금성은 신라의 수도이다. 따라서 자료는 신라 말 진골 귀족들이 많은 토지와 노비를 소유한 상황이다. 신라는 지증왕 때 금성에 동시를 두었고, 삼국 통일 이후 서시와 남시를 추가하였다.

바로잡기 ① 16세기 이후 군역을 지는 대신 군포를 납부하는 경향이 등장하였다. ② 고려 후기 이후 밭농사에 2년 3작의 돌려짓기가 확산되었다. ④ 벽란도는 고려의 대표적인 무역항이다. ⑤ 은병(활구)은 고려 시대의 화폐이다.

420

고려는 문무 관리에게 전지와 시지를 지급하고 수조권을 행사하게 하였다. 이를 전시과라고 한다.

바로잡기 ① 식읍은 삼국 시대에 지급되었다. ② 신문왕은 녹읍을 폐지하는 등 체제 정비를 하여 왕권 강화를 도모하였다. ④ 『농사직설』은 조선 시대에 편찬되었다. ⑤ 고려 태조 왕건은 3년간 조세를 면제하고 흑창을 설치하였다.

421

자료는 농민이 현직 관리에게 직접 조세를 내다가 관청으로 내게 되었음을 보여 준다. 조선 전기 수조권을 받은 관리가 수조권을 남용하는 문제가 계속되자, 성종은 지방 관청이 직접 조세를 거둔 후 관리에게 지급하는 관수관급제를 실시하였다.

바로잡기 ① 신라, ③ 고려 시대에 해당한다. ④ 직전법은 명종 때 폐지되었다. ⑤ 역분전은 고려 태조 왕건이 지급하였다.

422

자료는 조선 후기 상품 작물 재배의 확산을 나타낸 것이다. 조선 후기 상업적 농업이 발달하면서 일부 농민은 인삼, 면화, 담배 등 상품 작물 재배를 통해 높은 소득을 올리기도 하였다.

바로잡기 ① 우경은 신라 지증왕 때 널리 보급되었다. ② 인삼은 고려와 조선의 대표적인 수출품이었다. ③ 목화는 고려 시대에 원으로부터 도입되었다. ④ 조선 후기 정조 때 육의전을 제외한 시전 상인들의 금난전권이 폐지되어 상업 발달이 가속화되었다.

423

진대법은 고구려에서 시행되었고, 상평통보는 조선 시대에 널리 유통되었다. 또한 통일 신라 시대 때 녹읍이 폐지되었다가 부활하였다. 따라서 (가)에는 고려에 대한 내용이 제시되어야 한다. 고려는 하급 관리와 군인의 유가족에게 구분전을 지급하였다.

바로잡기 ① 통일 신라 성덕왕 때 백성에게 정전이 지급되었다. ② 삼국 시대에 15~60세 남성에게 역이 부과되었다. ④ 조선에서는 토지를 비옥도에 따라 6등급으로 나누는 전분6등법을 실시하였다. ⑤ 삼국 시대에 재산 정도에 따라 호를 나눠 조세를 거두었다.

424

공물의 부담을 고르게 하고 삼남 지방의 부호들이 좋아하지 않는다는 내용을 통해 자료가 대동법에 대한 것임을 알 수 있다.

425

조선은 방납의 폐단을 해결하기 위해 공물을 토산물 대신 토지 결수에 따라 쌀, 동전 등으로 징수하는 대동법을 실시하였다. 대동법의 영향으로 조선 후기 상품 화폐 경제가 발달하였다.

채점 기준	수준
방납의 폐단, 대동법의 내용, 상품 화폐 경제 발달이 모두 서술된 경우	상
위 내용 중 두 가지만 서술된 경우	중
위 내용 중 한 가지만 서술된 경우	하

1등급 정리 노트 조선 후기 수취 체제의 개편

구분	주요 내용
조세	공법의 복잡한 징수 절차 → 영정법(토지 1결당 4~6두 징수)
공납	방납의 폐단 → 대동법(토지 결수에 따라 쌀, 무명 등 징수)
역	• 대립과 방군수포 → 이중삼중의 군포 납부 • 균역법: 군포를 1년에 1필로 징수 → 결작과 선무군관포 징수

426

사람을 등용하는 데 골품을 따진다는 점에서 밑줄 친 '우리나라'가 신라임을 알 수 있다. 신라 말에는 지방에서 호족이라는 새로운 세력이 등장하였다.

바로잡기 ① 조선이 병자호란 이후 청에 연행사를 파견하였다. ② 조선이 연분9등법을 시행하여 풍흉에 따라 조세를 4~20두를 차등 징수하였다. ④ 조선 정조가 육의전을 제외한 시전 상인들의 금난전권을 폐지하였다. 이를 통공 정책이라고 한다. ⑤ 발해에 해당한다.

427

자료에서 김부식은 고려 시대의 대표적인 문벌이다. 고려 시대에는 5품 이상의 관리에게 공음전이 지급되었다. 또한 국가에 대한 직역이 없는 양인 농민을 백정으로 불렀다.

바로잡기 ㄷ. 고려 시대에는 무과가 거의 시행되지 않았다. ㄹ. 조선 후기에는 부산포에 왜관을 설치하고 제한된 범위에서 무역을 허용하였다.

428

정중부의 난, 부곡 등의 내용을 통해 자료가 고려 시대에 대한 것임을 알 수 있다. 고려는 향, 부곡, 소의 특수 행정 구역을 설치하였으며, 제한적이나마 지위와 신분의 상승이 가능하였다.

바로잡기 ① 부곡민은 중간 계층에 해당하지 않는다. ③ 신량역천은 조선 시대 양인이지만 천한 일을 하던 사람을 지칭한다. ④ 자료는 하층민의 봉기와는 관련이 없다. ⑤ 두 번째 자료는 원 간섭기에 해당한다.

429

『성종실록』은 조선 전기의 기록물이며, (개)는 사농공상 중 수공업자에 해당한다. 조선 전기 수공업자는 주로 관청에 소속되어 물품을 생산하고 납부하였다.

바로잡기 ① 소는 고려 시대의 특수 행정 구역이다. ③ 덕대는 조선 후기 민영 광산을 운영하던 전문 경영인이다. ④ 노비, ⑤ 보부상에 해당한다.

430

군역을 피하기 위해 부유한 자들이 스스로 양반 행세를 한다는 내용을 통해 자료가 조선 후기의 상황에 대한 것임을 알 수 있다. 조선 후기에는 새로 양반이 된 신향이 향촌 사회의 주도권을 두고 구향과 충돌하면서 향전이 발생하였다.

바로잡기 ① 『경국대전』은 조선 성종 때 완성되었다. ② 고려 말 이성계가 위화도 회군을 단행하여 정권을 장악하였고, 이후 조선을 건국하였다. ③ 통일 신라의 신문왕이 김흠돌의 난을 진압하였다. ④ 조선 전기 훈구와 대립하던 사림이 여러 차례의 사화로 피해를 입었다.

431

정조 때 이덕무 등 서얼들이 규장각 검서관에 등용되었다.

432

조선 시대 양반의 첩의 자식인 서얼은 중인과 같은 처우를 받았다.

채점 기준	수준
중인과 같은 대우를 받았다는 점, 재산 상속과 관직 진출에 차별을 받고 문과 응시가 금지되었다는 점을 서술한 경우	상
위 내용을 서술하지 못한 경우	하

433

자료는 통일 신라 원성왕 때 실시한 독서삼품과에 대한 것이다. 통일 신라는 경주 석굴암 본존불을 남겼다.

바로잡기 ① 백제 금동대향로, ② 발해의 영광탑, ③ 백제의 산수무늬 벽돌, ⑤ 고구려 고분 벽화의 현무도이다.

434

밑줄 친 '새로운 학문'은 성리학이다. 성리학은 안향에 의해 고려에 본격적으로 소개되었다. 성리학을 사상적 기반으로 삼은 신진 사대부는 이후 이성계와 함께 조선을 세웠다.

바로잡기 ㄴ. 독서삼품과는 통일 신라 시대에 실시되었다. ㄹ. 『삼국사기』는 성리학 소개 이전인 고려 전기 김부식이 편찬하였다.

435

자료는 고려 전기에 활동한 의천 무신 집권기에 활동한 지눌의 주장이다. 의천은 교종을 중심으로, 지눌은 선종을 중심으로 각각 선종과 교종을 포용하려 하는 불교 통합 운동을 벌였다.

바로잡기 ① 고려는 국가 주도로 연등회·팔관회 등 불교 행사를 치렀다. ③ 9산 선문은 신라 말 성립되었다. ④ 신라의 왕들은 불교식 왕명을 지어 왕실의 권위를 높였다. ⑤ 원효의 아미타 신앙은 불교의 대중화에 기여하였다.

436

16세기 이후 사림은 각 지방에 서원을 세우고 향약을 보급하여 향촌 사회에 성리학적 윤리를 확산시키고자 하였다.

437

밑줄 친 '그림'은 풍속화이다. 조선 후기에는 서민 문화가 발달하면서 당시 사람들의 일상생활 모습을 그린 풍속화가 유행하였다.

바로잡기 ① 고려 시대 농민의 모습을 담은 「미륵하생경변상도」이다.

438

자료는 고려 태조 왕건이 남긴 훈요 10조로, 풍수지리설 사상이 나타나 있다.

439

고려 시대 풍수지리설은 길흉화복을 예측하는 도참사상과 결합하여 크게 유행하였다.

채점 기준	수준
도참사상과 결합하여 묘청의 서경 천도 운동 등 정치적 사건에 영향을 끼쳤다는 내용을 서술한 경우.	상
위 내용을 서술하지 못한 경우	하

 Ⅲ 근대 국가 수립의 노력

09 개항과 근대적 개혁의 추진

기본 기출 문제
● 83쪽 ~ 84쪽

핵심 개념 문제

440 척화비	**441** 보빙사	**442** ○	**443** ○
444 ㉡	**445** ㉠	**446** ㉠	**447** ㉠	**448** ㄱ	**449** ㄴ

450 ② **451** ⑤ **452** ④ **453** ③ **454** ② **455** ①
456 ③

450

제시된 자료에서 청이 아편 단속을 강화하자 영국이 이를 빌미로 일으켰다는 내용을 통해 밑줄 친 '전쟁'은 제1차 아편 전쟁임을 알 수 있다. 제1차 아편 전쟁으로 맺은 난징 조약의 결과 상하이 등 5개 항구가 개항되었고, 청이 홍콩을 영국에 할양하였다.

바로잡기 ㄴ. 난징 조약으로 공행이 폐지되었다. ㄹ. 에도 막부가 무너지면서 1868년 일본에서 메이지 정부가 수립되었다.

451

제시된 자료에서 조선 국왕이 프랑스 신부를 잔인하게 살해하였다는 내용을 통해 밑줄 친 ㉠은 1866년에 있었던 병인박해임을 알 수 있다. 흥선 대원군은 프랑스 선교사를 통해 프랑스와 동맹을 맺고 러시아에 맞서려고 하였으나 실패하자, 천주교 신자와 프랑스 선교사를 처형하였다.

바로잡기 ① 임오군란의 결과 청군과 일본군이 한성에 주둔하고, 제물포 조약이 체결되었다. ② 갑신정변은 청프 전쟁으로 청군 일부 철수, 김옥균의 차관 도입 실패 등을 배경으로 일어났다. ③ 독립 협회는 대중 집회인 만민 공동회를 개최하였다. ④ 1866년 제너럴 셔먼호는 조선에 통상을 요구하였으나, 조선이 통상을 거부하자 불법으로 상륙하여 살인과 약탈을 저질렀다. 이에 분노한 평양 관민은 평안도 관찰사 박규수의 지휘 아래 제너럴 셔먼호를 침몰시켰다.

452

제시된 자료에서 한성근 부대가 문수산성에서, 양헌수 부대가 정족산성에서 프랑스군과 전투를 벌였다는 내용을 통해 병인양요(1866)임을 알 수 있다. 프랑스는 병인박해를 구실로 병인양요를 일으켰으나 조선군의 저항을 견디지 못하고 철수하였다. 프랑스

군은 퇴각 중에 외규장각 도서 등 문화유산과 재물을 약탈하였다. 이후 흥선 대원군은 통상 수교 거부 정책과 천주교 신자에 대한 박해를 강화하였다.

바로잡기 ㄱ. 병인양요(1866)는 척화비 건립(1871) 이전에 전개되었다. ㄷ. 제너럴 셔먼호 사건의 처리가 빌미가 되어 신미양요가 일어났다.

453

제시된 자료에서 덕산 묘지에서 저지른 사건은 사람으로서 차마 할 수 없는 일이라는 내용을 통해 독일 상인 오페르트가 1868년 흥선 대원군의 아버지 남연군의 묘를 도굴하려다 실패한 사건임을 알 수 있다. 병인박해는 1866년, 흥선 대원군 하야는 1873년에 있었던 일이다.

바로잡기 홍경래의 난은 1811년, 임술 농민 봉기는 1862년, 강화도 조약은 1876년, 임오군란은 1882년의 사실이다.

454

제시된 자료에서 어재연 등 조선군이 미군에 항전하였다는 내용을 통해 (가)는 1871년에 일어난 신미양요임을 알 수 있다. 미국은 제너럴 셔먼호 사건을 구실로 배상금 지불과 개항을 요구하였으나, 조선이 이를 거부하자 신미양요를 일으켰다.

바로잡기 ① 『조선책략』 유포는 신미양요 이후인 1880년대 초의 사실이다. ③ 신미양요 이후 전국 곳곳에 척화비가 건립되었다. ④ 신미양요 이후인 1882년 조미 수호 통상 조약이 체결되었다. ⑤ 프랑스군이 정족산성 전투에서 패한 사건은 병인양요 중에 일어났다.

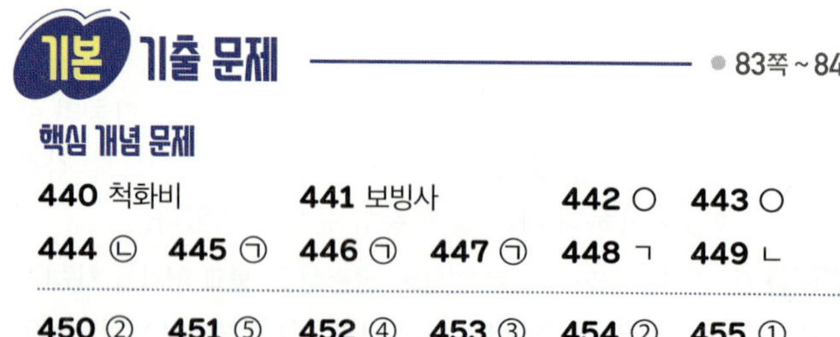

1등급 정리 노트 　외세의 침략과 저항

구분	주요 내용
제너럴 셔먼호 사건 (1866)	제너럴 셔먼호가 통상 요구, 요구 거부에 살인과 약탈 → 평양 관민이 제너럴 셔먼호를 침몰시킴
병인양요(1866)	프랑스군에 맞서 한성근(문수산성), 양헌수(정족산성)의 활약 → 프랑스군 퇴각(외규장각 도서 등 약탈)
오페르트의 남연군 묘 도굴 미수 사건 (1868)	독일 상인 오페르트가 남연군(흥선 대원군 아버지)의 묘 도굴 시도 → 흥선 대원군의 통상 수교 거부 의지 강화
신미양요(1871)	제너럴 셔먼호 사건을 구실로 침공 → 어재연의 수비대가 저항하였으나 패배
척화비 건립	통상 수교 거부 정책 널리 알리기 위함

455

자료의 사건은 1875년에 일어난 운요호 사건이다. 일본이 운요호 사건을 일으키고 문호 개방을 강요한 결과, 조선은 일본과 강화도 조약을 체결하였다.

바로잡기 ② 프랑스와의 수교로 천주교의 포교가 허용되었다. ③ 흥선 대원군은 일본이 보내온 외교 문서(서계)의 형식이 전통적 외교 질서에 어긋난다는 이유로 이를 거절하였고, 이에 일본에서 정한론이 등장하였다. ④ 임진왜란과 병자호란 때 조선 국왕이 도성을 떠나 피신하였다. ⑤ 임오군란으로 흥선 대원군이 실권을 다시 장악하였다.

456

부산과 두 곳의 항구를 개항한다는 것, 일본이 조선의 해안을 측량하도록 허가한다는 내용 등을 통해 자료가 강화도 조약에 해당함을 알 수 있다. 강화도 조약은 조선이 외국과 맺은 최초의 근대적 조약이자 일본에 유리한 불평등 조약이었다.

바로잡기 ① 조미 수호 통상 조약에서 최초로 최혜국 대우를 규정하였다. ② 제물포 조약 체결로 일본군의 한성 주둔을 허용하였다. ④ 조미 수호 통상 조약은 강화도 조약 체결 이후에 체결되었다. ⑤ 흥선 대원군 집권 시기에 외교 문서(서계)의 형식 문제로 갈등이 있었다.

실력 기출 문제

● 85쪽 ~ 88쪽

457 ⑤	458 ④	459 ⑤	460 ③	461 ④	462 ③
463 ④	464 ④	465 ⑤	466 ①	467 ②	468 ⑤
469 ②	470 ②	471 ③			

1등급을 향한 서답형 문제

472 흥선 대원군 **473** **예시 답안** 조선 정부가 병인박해를 일으켜 수많은 천주교 신자와 프랑스 선교사들을 처형하였다.

474 만국 공법 **475** **예시 답안** 조선은 일본과 강화도 조약(조일 수호 조규)을 체결하여 만국 공법에 기반한 근대적 조약 체제로 편입되었다.

457

제시된 자료에서 식민지를 차지하기 위한 대외 팽창 정책이라는 내용을 통해 (가)는 제국주의임을 알 수 있다. 제국주의는 사회 진화론을 근거로 침략 행위를 합리화하고, 백인 우월주의를 내세워 침략과 지배를 정당화하였다.

바로잡기 ⑤ 제국주의의 침략은 피지배 민족의 동의 없이 이루어졌다.

458

제시된 자료의 ㉠은 미일 화친 조약(1854)이다. 일본은 미국이 함대를 보내 무력시위를 벌이며 개항을 요구하자 미일 화친 조약을 맺어 개항하였다.

바로잡기 ① 베이징 조약 체결로 러시아가 연해주를 차지하였다. ② 태평천국 운동 등을 배경으로 중국이 양무운동을 추진하였다. ③ 미일 화친 조약 체결 이후 메이지 유신이 단행되었다. ⑤ 영국이 청과의 무역에서 차, 비단 등의 수입으로 적자가 커지자, 이를 만회하고자 인도산 아편을 중국에 밀수출하였다.

459

제시된 자료 (가)에서 홍콩을 영국에 할양한다는 내용, (나)에서 5개 항구를 개항하고, 미국의 영사 재판권을 인정한다는 내용을 통해 (가)는 난징 조약, (나)는 미일 수호 통상 조약임을 알 수 있다. 청은 난징 조약을 체결하여 개항한 이후 선진 기술 도입 등을 위해 양무운동을 추진하였다. 미일 수호 통상 조약 체결 이후 수립된 메이지 정부는 메이지 유신을 단행하여 근대적 개혁을 추진하였다.

바로잡기 ① 난징 조약, ② 미일 수호 통상 조약이다. ③ 제1차 아편 전쟁의 결과로 난징 조약이 체결되었다. ④ 난징 조약에 해당한다. 일본은 미일 화친 조약으로 서양 열강에 문호를 개방하였다.

460

제시된 자료에서 미국 상선이 평양에 들어와서 일으킨 사건이라는 것 등을 통해 제너럴 셔먼호 사건임을 알 수 있다. 제너럴 셔먼호 선원들이 살인과 약탈을 저지르자 분노한 평양 관민은 평안도 관찰사 박규수의 지휘 아래 제너럴 셔먼호를 불태워 침몰시켰다.

바로잡기 ① 병인양요, ② 신미양요이다. ④ 독일 상인 오페르트는 흥선 대원군 아버지의 묘를 도굴하려고 시도하였으나 실패하였다. ⑤ 병인양요 때 프랑스군은 외규장각에서 문화유산과 재물을 약탈하였다.

461

제시된 자료에서 양헌수, 한성근의 활약 등을 통해 해당 사건은 병인양요임을 알 수 있다. 조선군의 저항을 견디지 못한 프랑스군은 물러가면서 강화도의 주요 시설에 불을 지르고 외규장각 도서 등 귀중한 문화유산과 재물을 약탈하였다.

바로잡기 ① 척화비가 세워진 것은 신미양요 이후이다. ② 별기군은 병인양요 이후인 1881년에 창설되었다. ③ 운요호 사건은 병인양요 이후인 1875년에 일어났다. ⑤ 『조선책략』은 제2차 수신사 김홍집에 의해 1880년 이후 조선에 유포되었다.

462

제시된 자료에서 미국에 빼앗겼던 어재연 장군의 '수'자기를 통해 (가)는 1871년에 일어난 신미양요임을 알 수 있다. 미국은 제너럴 셔먼호 사건을 구실로 조선에 배상금 지불과 개항을 요구하였다. 흥선 대원군이 이를 거부하자 강화도를 침공하였다(신미양요).

바로잡기 ① 임오군란, 갑신정변 등에 청군이 개입하였다. ② 러일 전쟁 직전 고종이 국외 중립을 선언하였다. ④ 조미 수호 통상 조약 체결 이후 정부가 미국에 보빙사를 파견하였다. ⑤ 흥선 대원군은 프랑스 선교사를 통해 러시아를 견제하고자 하였으나 실패하자, 천주교 신자와 프랑스 선교사들을 처형하였다(병인박해).

463

(다) 제너럴 셔먼호 사건(1866), (가) 병인양요(1866), (라) 오페르트 남연군 묘 도굴 미수 사건(1868), (나) 신미양요(1871)의 순서로 일어났다.

464

제시된 자료의 비석은 척화비이다. 신미양요 이후 흥선 대원군은 서양의 통상 수교 요구를 거부하는 정책을 널리 알리기 위해 전국에 척화비를 세웠다.

바로잡기 ① 최익현은 왜양 일체론을 내세워 개항에 반대하였다. ② 흥선 대원군이 프랑스를 통해 러시아를 견제하려는 계획이 실패하면서 천주교 신자와 선교사들을 처형하는 병인박해가 일어났다. ③ 삼전도비는 병자호란 패배를 계기로 건립되었다. ⑤ 영조는 붕당 간 대립을 막기 위해 탕평비를 건립하였다.

465

제시된 자료에서 우리가 마지못해 일본의 서계를 받는다는 내용 등을 통해 메이지 유신 이후 일본이 우리에게 새로운 외교 관계를 요구하며 외교 문서(서계)를 보낸 상황임을 알 수 있다. 박규수는 흥선 대원군 집권 시기에 이러한 주장을 펼치며 자주적으로 개항해야 한다고 강조하였다.

바로잡기 ㄱ. 세도 정치는 흥선 대원군 집권 이전에 전개되었다. ㄴ. 고종은 조미 수호 통상 조약 이후 미국 공사 부임에 대한 답례로 1883년 보빙사를 파견하였다.

466

자료는 운요호 사건에 대한 것이다. 운요호 사건을 구실로 일본이 사과와 문호 개방을 요구하자 사건 이듬해에 조선은 강화도 조약(조일 수호 조규, 1876)을 체결하고 문호를 개방하였다.

바로잡기 ② 개화 정책에 반발하여 구식 군인들이 난을 일으킨 것은 임오군란이다. ③ 일본에서 정한론이 등장한 것은 운요호 사건 이전이다. ④ 운요호 사건 이전인 1866년 제너럴 셔먼호 사건이 발생하였다. ⑤ 운요호 사건 이전인 1868년 독일 상인 오페르트가 남연군 묘를 도굴하려다 실패한 사건이 일어났다.

467

제시된 자료에서 조선 최초의 근대적 조약이라는 것, 일본이 무력을 과시하며 조약을 체결하였다는 내용 등을 통해 강화도 조약에 해당하는 내용임을 알 수 있다. 조약에는 조선이 자주국으로 명시되어 있으나, 이는 조선에 대한 청의 간섭을 배제하려는 의도가 반영된 것이다. 또한 부산을 비롯한 3개 항구를 개항하고 일본의 조선 연안에 대한 측량권을 허용하였으며, 영사 재판권(치외 법권)도 인정하였다.

바로잡기 ② 강화도 조약(조일 수호 조규)에는 최혜국 대우 규정은 포함되지 않았다.

468

제시된 자료는 강화도 조약(조일 수호 조규)의 부속 조약으로 체결된 조일 수호 조규 부록과 조일 무역 규칙의 일부이다. 이를 통해 개항장에 일본인 조계(거류지)가 설정되고 일본 화폐의 유통이 허용되었다. 또한 일본으로 양곡의 무제한 유출이 가능해졌고, 일본 상품에 관세를 부과하지 않았다.

바로잡기 ㄱ. 척화비는 1871년에 건립되었다. ㄴ. 1883년에 체결된 조일 통상 장정에 관세 규정이 포함되었다.

469

제시된 자료에서 일본에 파견된 김기수의 행렬이라는 것, 강화도 조약을 체결한 후 일본에 보낸 사절단이라는 것을 통해 (가)는 수신사임을 알 수 있다.

바로잡기 ① 보빙사는 미국 공사 파견에 대한 답례로 1883년 미국에 파견되었다. ③ 통신사는 에도 막부 시기에 파견된 사절단이다. ④ 영선사는 청에 파견된 사절단이다. ⑤ 조사 사찰단은 1881년 일본의 정부 기관과 근대 시설을 살펴보고 귀국하여 보고서를 작성하였다.

470

조선에서 미국과 조약을 체결하자는 주장은 제2차 수신사 김홍집이 일본에서 가지고 온『조선책략』이 조선에 유포되면서 확산되었다.『조선책략』에는 러시아를 막기 위해 미국과 연합해야 한다는 내용이 담겨 있었다.

바로잡기 ① 조러 비밀 협약이 추진되자 1885년 영국이 거문도를 불법 점령하였다. ③ 흥선 대원군은 통치 체제 정비를 위해『대전회통』을 편찬하였다. ④ 임술 농민 봉기가 일어나자 정부는 삼정의 문란을 해결하기 위해 삼정이정청을 설치하였다. ⑤ 독일 상인 오페르트는 통상 수교를 요구하며 흥선 대원군의 아버지 남연군의 묘를 도굴하려고 시도하였으나 실패하였다.

471

제시된 자료에서 타국이 어떤 경멸하는 일을 일으켰을 때는 서로 돕는다는 거중 조정 조항, 본 조약에 부여되지 않은 특혜를 다른 나라에 허가할 때에는 미국 관민에게도 똑같이 주어진다는 내용을 통해 1882년 체결된 조미 수호 통상 조약임을 알 수 있다. 조미 수호 통상 조약은 청의 알선으로 체결되었고, 최혜국 대우와 영사 재판권을 인정한 불평등 조약이었다.

바로잡기 ㄷ. 조선 연안에 대한 측량권을 인정한 것은 강화도 조약이다.

472

제시된 자료는 병인박해에 대한 것이고, (가)는 흥선 대원군이다.

473

병인박해로 많은 천주교 신자와 프랑스 선교사들이 처형되었다.

채점 기준	수준
조선 정부가 병인박해를 일으켜 수많은 천주교 신자와 프랑스 선교사들을 처형하였다는 내용을 서술한 경우	상
위 내용을 서술하지 못한 경우	하

474

(가)는 만국 공법이다.

475

조선은 일본과 강화도 조약(조일 수호 조규)을 체결하여 만국 공법에 기반한 근대적 조약 체제로 편입되었다.

채점 기준	수준
조선이 일본과 강화도 조약(조일 수호 조규)를 체결하여 만국 공법 체제로 편입되었다는 내용을 서술한 경우	상
위 내용을 서술하지 못한 경우	하

적중 1등급 문제

● 89쪽

476 ④　**477** ①　**478** ①　**479** ②

476 신미양요

1등급 자료 분석　신미양요

조선군은 낡은 무기를 가지고 근대적인 미국 대포에 맞서 싸워 이기려 하였다. 그들은 제압당하기 전까지 결사적으로 싸웠고, 아무런 두려움 없이 진지에서 영웅적으로 전사하였다. 어재연과 아우 어재순 등 350여 명의 조선군은 최후를 맞이할 때까지 저항하였다. 살아남은 일부 군사도 자결하거나 바다에 몸을 던져 목숨을 끊었다.

제시된 자료에서 조선군이 미국 대포에 맞서 싸웠다는 것 등을 통해 신미양요에 해당함을 알 수 있다. 어재연 부대는 광성보 전투에서 미군에 맞서 치열하게 항전하였다.

바로잡기 ① 신미양요 이후 척화비가 건립되었다. ② 외규장각 도서는 병인양요를 일으킨 프랑스군에 의해 약탈되었다. ③ 미국 상선 제너럴 셔먼호가 평양에서 통상을 요구하였으나 거절당하자 상륙하여 살인과 약탈을 저질렀다. 그러자 평양 관민이 제너럴 셔먼호를 불태워 침몰시켰다. ⑤ 병인양요 때 양헌수 부대는 정족산성 전투에서 프랑스군에 맞서 활약하였다.

477 강화도 조약

1등급 자료 분석　강화도 조약

제시된 자료에서 운요호가 포격을 받았다는 것, 수비병이 운요호에 대해 발포하였다는 것 등을 통해 운요호 사건에 해당함을 알 수 있다. 운요호 사건을 계기로 조선과 일본 사이에 강화도 조약(조일 수호 조규)이 체결되었다. 강화도 조약에는 영사 재판권을 인정하는 조항이 포함되었다.

바로잡기 ② 일본이 보낸 외교 문서(서계)를 흥선 대원군이 거절하자 일본에서 정한론이 등장하였다. ③ 강화도 조약은 흥선 대원군이 하야한 이후

인 1876년에 체결되었다. ④ 강화도 조약에는 최혜국 대우 조항이 없다. ⑤ 이만손 등 영남 유생들은 『조선책략』 유포에 반발하여 만인소를 올렸다.

478 조미 수호 통상 조약

1등급 자료 분석　조미 수호 통상 조약

제시된 자료에서 청의 알선으로 서양 국가와 최초로 체결한 조약이라는 것 등을 통해 밑줄 친 '이 조약'은 조미 수호 통상 조약임을 알 수 있다. 조미 수호 통상 조약에는 한 나라가 다른 나라의 핍박을 받을 경우 서로 돕는다는 거중 조정 조항이 담겨 있었다.

바로잡기 ② 운요 사건을 계기로 체결된 조약은 강화도 조약이다. ③ 조미 수호 통상 조약에는 관세 조항이 포함되었다. ④ 평안도 지역 차별, 삼정의 문란 등은 홍경래의 난이 일어나는 배경이 되었다. ⑤ 강화도 조약 체결이 임박하자 최익현이 왜양 일체론을 내세우며 반대하였다.

선택지 더 보기

⑥ 영사 재판권을 인정하였다.	(○)
⑦ 무관세 규정을 포함하였다.	(×)
⑧ 최혜국 대우 조항을 포함하였다.	(○)

479 척화비 건립과 강화도 조약 체결 시기 사이 사실

1등급 자료 분석　척화비 건립과 강화도 조약

(가) 흥선 대원군은 서양의 통상 수교 요구를 거부하는 정책을 널리 알리기 위해 전국에 척화비를 세웠다. 부산, 원산, 인천을 개항하였다.
(나) 부산을 비롯한 3개 항구를 개항하고 조선 연안에 대한 측량권을 허용하는 내용의 조약을 체결하였다. 불평등한 성격을 갖고 있다.

제시된 자료 (가)는 1871년, (나)는 강화도 조약 체결인 1876년이다. 1873년 흥선 대원군이 물러나고 고종이 직접 정치에 나서면서 통상 수교 거부 정책이 완화되었다.

바로잡기 ① 『만국 공법』은 1864년에 출간되었다. ③ 『조선책략』은 1880년 제2차 수신사 김홍집에 의해 유포되었다. ④ 1882년 조미 수호 통상 조약 체결 이후 미국 특명 전권 공사가 한성에 부임하였다. ⑤ 1882년 조미 수호 통상 체결 이후 조선이 독일과 수호 통상 조약을 체결하였다.

기본 기출 문제
● 91쪽 ~ 92쪽

핵심 개념 문제

480 통리기무아문	**481** 만민 공동회	**482** 구본신참

483 지계 **484** × **485** ○ **486** ○ **487** ㉠ **488** ㉡

489 ㉡ **490** ㉡ **491** ㄷ **492** ㄱ

493 ⑤ **494** ② **495** ④ **496** ① **497** ③ **498** ④

499 ⑤ **500** ②

493

제시된 자료에서 정부가 근대 문물을 수용하기 위해 개화 정책을 총괄하는 기구로 설치하였다는 내용을 통해 ⑺는 통리기무아문임을 알 수 있다.

바로잡기 ① 비변사는 여진, 왜구 등의 침입에 대비하여 조선 전기에 설치된 기구이다. ② 동학 농민군은 전주 화약 체결 이후 전라도 지역에 집강소를 설치하여 폐정 개혁을 실시하였다. ③ 군국기무처는 제1차 갑오개혁을 주도하였다. ④ 삼정이정청은 임술 농민 봉기 이후 삼정의 문란을 해결하기 위해 설치되었다.

494

자료에서 저들이 비록 왜인이라고 하나 실은 양적(서양 오랑캐)이라는 내용을 통해 최익현이 제시한 왜양 일체론임을 알 수 있다. 강화도 조약 체결이 추진되자 최익현은 왜양 일체론을 내세워 개항 반대 운동을 전개하였다.

바로잡기 ① 제2차 수신사 김홍집은 일본에서 돌아와 『조선책략』을 유포하였다. ③ 보빙사는 공사 파견에 대한 답례로 미국에 사절단으로 파견되었다. ④ 흥선 대원군은 임오군란 때 청으로 압송되었다. ⑤ 박규수는 평안도 관찰사로 평양 관민과 함께 제너럴 셔먼호를 불태워 침몰시켰다.

495

제시된 자료에서 정부가 1881년에 창설한 신식 군대라는 내용을 통해 밑줄 친 '이 군대'가 별기군임을 알 수 있다. 별기군은 신식 군대로 일본인 교관의 군사 훈련을 받았다.

바로잡기 ① 갑신정변은 청군에 의해 진압되었다. ② 임진왜란 중 만들어진 훈련도감은 포수, 사수, 살수로 구성되었다. ③ 어재연이 이끄는 조선군은 신미양요 때 항전하였다. ⑤ 조선 후기의 지방군인 속오군은 양반에서 노비까지 모든 신분으로 편성되었다.

496

자료에서 일본 공사관에 군인 약간을 두어 경비한다는 내용을 통해 제물포 조약임을 알 수 있다. 별기군에 비해 열악한 대우를 받던 구식 군인이 봉기하여 임오군란을 일으켰다. 구식 군인은 궁궐과 일본 공사관을 공격하였고, 일본은 일본인에게 피해를 입힌 군란의 책임을 물어 제물포 조약을 체결하였다.

바로잡기 ② 조선 후기에 삼정의 문란 등으로 인해 일어났다. ③ 『조선책략』이 유포되고 미국과 수교가 추진되자 이만손 등이 만인소를 제기하였다. ④ 흥선 대원군은 비변사를 약화하기 위해 비변사의 기능을 의정부와 삼군부로 분산하였다. ⑤ 동학 농민군이 공주 우금치에서 일본군과 관군에 패하고, 전봉준이 체포되면서 동학 농민 운동이 실패하였다.

497

제시된 자료에서 급진 개화파의 이동 경로, 우정총국 등을 통해 ⑺는 갑신정변을 일으킨 급진 개화파임을 알 수 있다. 급진 개화파는 청의 간섭에서 벗어나고자 갑신정변을 일으켰다.

바로잡기 ① 을미개혁 때 '건양' 연호를 제정하였다. ② 임오군란 때 다시 집권한 흥선 대원군은 통리기무아문을 폐지하였다. ④ 김윤식, 김홍집 등은 온건 개화파의 대표적 인물이다. ⑤ 홍경래의 난은 평안도 지역에 대한 차별에 반발하여 일어났다.

498

제시된 자료에서 경복궁을 점령한 일본의 강요로 개혁을 추진하였다는 내용을 통해 밑줄 친 '이 기구'는 군국기무처임을 알 수 있다. 군국기무처는 제1차 갑오개혁 때 공사 노비 제도를 철폐하였다.

바로잡기 ① 광무개혁 때 원수부 설치를 추진하였다. ② 을미개혁 때 단발령이 내려졌다. ③ 을미개혁 때 태양력이 채택되었다. ⑤ 제2차 갑오개혁 때 교육 입국 조서를 반포하였다.

499

제시된 자료는 동학 농민군이 백산에서 발표한 4대 강령이다. 동학 농민군은 '제폭구민', '보국안민' 등의 구호를 내세웠고, 전주 화약이 체결된 후 전라도 지역에 집강소를 설치하여 폐정 개혁안을 실천하였다.

바로잡기 ㄱ. 임오군란, 갑신정변은 청군의 개입으로 진압되었다. ㄴ. 병인양요 때 양헌수 등의 활약으로 정족산성에서 프랑스군을 몰아냈다.

500

제시된 자료에서 독립문을 세워 조선의 자주와 독립을 추구하였다는 내용을 통해 밑줄 친 '이 단체'가 독립 협회임을 알 수 있다. 독립 협회는 근대적 민중 집회인 만민 공동회를 열어 열강의 이권 침탈을 규탄하는 자주 국권 운동 등을 전개하였다.

바로잡기 ① 대한 제국 시기에 근대적 토지 소유 증명서인 지계를 발급하였다. ③ 제1차 갑오개혁 때 개국 기년을 사용하였다. ④ 동학 농민 운동 과정에서 농민군은 정부와 전주 화약을 체결하였다. ⑤ 이만손 등 영남 지역의 유생은 미국과의 수교에 반대하여 만인소를 올렸다.

501 ①	**502** ②	**503** ①	**504** ④	**505** ⑤	**506** ③
507 ③	**508** ③	**509** ⑤	**510** ②	**511** ③	**512** ⑤
513 ④	**514** ③				

1등급을 향한 서답형 문제

515 갑신정변 **516** 예시 답안 갑신정변은 소수의 개화파 인사가 급진적인 방식으로 근대화를 추진한 위로부터의 개혁이었다. 또한 일본의 군사 지원 약속에 지나치게 의존하였고, 민중의 지지를 이끌어 내지 못하였다.

517 갑오개혁 **518** 예시 답안 조선의 개화파 관료들에 의해 자주적으로 추진되었으며, 개화파의 개혁 의지와 동학 농민군의 사회 변혁 요구가 반영된 근대적 개혁이었다.

501

정부는 신식 군대인 별기군을 설치하고, 5군영을 무위영과 장어영으로 통합하였다. 또한 근대적 무기 제작 관청인 기기국을 설치하고 그 아래에 기기창과 번사창 등을 세웠다.

바로잡기 ㄷ. 정조는 이덕무 등에게 지시하여 『무예도보통지』를 간행하였다. ㄹ. 흥선 대원군은 비변사를 약화하기 위해 비변사 기능을 삼군부로 이관하였다.

502

제시된 자료는 이만손 등 영남 유생들이 올린 만인소로 1880년대 초에 작성되었다. 정부가 개화 정책을 추진하고 『조선책략』을 유포하며 미국과 수교하려 하자, 영남 유생들이 반발하였다.

바로잡기 ① 운요호 사건을 계기로 1876년 강화도 조약이 체결되었다. ③ 병인양요 때인 1866년 외규장각 도서가 약탈되었다. ④ 신미양요 이후 흥선 대원군은 통상 수교 거부 의지를 알리기 위해 1871년 전국 각지에 척화비를 세웠다. ⑤ 1868년 독일 상인 오페르트가 흥선 대원군의 아버지 남연군의 묘를 도굴하려다가 실패한 사건이 일어났다.

503

제시된 자료에서 구식 군인들에게 몇 달째 급료를 지급하지 못하였다는 것 등을 통해 1882년에 일어난 임오군란임을 알 수 있다. 임오군란으로 흥선 대원군이 재집권하였고, 제물포 조약이 체결되어 일본 공사관에 경비병이 주둔하게 되었다. 청은 군란을 진압한 후에 군대를 주둔시키면서 조·청 상민 수륙 무역 장정을 체결하였다. 또한 마건상과 독일인 묄렌도르프를 외교 고문으로 파견하였다.

바로잡기 ① 일본은 친러 정책을 견제할 목적으로 명성 황후를 시해하였다(을미사변, 1895).

504

제시된 자료에서 빈손으로 귀국하면 사대당이 나를 궁지에 몰아넣을 것이라는 것, 김옥균이 청의 간섭을 벗어나기 위해 일으켰다

는 내용을 통해 (가)는 갑신정변임을 알 수 있다. 갑신정변을 일으킨 급진 개화파는 문벌 폐지, 인민 평등권 등의 내용을 담은 개혁 정강을 반포하였다.

바로잡기 ① 임오군란의 영향으로 제물포 조약이 체결되었다. ② 동학 농민 운동 중 황룡촌 전투에서 농민군이 승리하였다. ③ 흥선 대원군 집권 시기 세도 가문이 축출되었다. ⑤ 갑신정변 직전 청프 전쟁이 일어나자 청이 조선에 주둔하던 병력의 절반을 철수하였다.

505

제시된 자료에서 우리나라가 아시아의 중립국이 되어야 한다는 내용 등을 통해 1885년 유길준이 집필한 「중립론」임을 알 수 있다. 조선을 둘러싸고 열강이 각축을 벌이는 상황에서 부들러, 유길준에 의해 조선 중립화론이 제기되었다. 당시 영국은 러시아 견제를 목적으로 거문도를 불법 점령하였다.

바로잡기 ① 동학 농민 운동의 전개 과정에서 집강소가 설치되었다. ② 을미개혁 때 단발령이 실시되었다. ③ 병인박해가 일어나 프랑스 선교사들이 처형되었다. ④ 메이지 유신 이후 일본이 조선에 새로운 외교 관계를 요구하였으나 조선이 거부하자 일본에서 정한론이 등장하였다.

506

(가)는 동학 농민군의 1차 봉기, (나)는 전주 화약 체결이다. 전봉준은 손화중과 함께 농민군을 조직하여 무장에서 봉기하였다(1차 봉기). 동학 농민군은 황토현에서 관군을 물리치고 황룡촌 전투에서 큰 승리를 거두고, 기세를 몰아 전주성을 점령하였다.

바로잡기 ① 청군이 임오군란을 진압하였다. ② 전주 화약 체결 이후 공주 우금치에서 농민군은 일본군과 관군의 연합군에 패배하였다. ④ 고부 농민 봉기를 수습하기 위해 안핵사로 이용태가 파견되었다. ⑤ 1898년 관민 공동회가 개최되어 열강의 이권 침탈을 규탄하는 활동이 이루어졌다.

507

무명잡세를 일체 거두지 않는다는 것, 왜와 통하는 자는 엄중히 징벌한다는 것을 통해 제시된 자료는 동학 농민군의 폐정 개혁안임을 알 수 있다. 동학 농민 운동은 양반 중심의 지배 질서를 타파하고, 반침략를 내세웠던 민족 운동이었다. 농민군은 전주 화약 체결 이후 집강소를 설치하여 폐정 개혁안을 실천하였다.

바로잡기 ㄱ. 갑신정변 이후 체결된 톈진 조약으로 일본군이 조선에서 철수하였다. ㄹ. 갑신정변은 급진적인 방식의 위로부터의 개혁이었다.

508

제시된 자료에서 전주 화약 이후 다시 군대를 일으켰다는 내용을 통해 동학 농민군의 2차 봉기에 해당함을 알 수 있다. 농민군이 전주성을 함락하자 정부는 청에 원병을 요청하였다. 톈진 조약에 따라 청군과 함께 상륙한 일본군이 조선의 철군 요구를 거부하고 경복궁을 점령하자 농민군은 반침략를 내세우며 재봉기하였다.

바로잡기 ① 일본은 1875년 운요호 사건을 일으켰다. ② 흥선 대원군이 경복궁을 중건하며 당백전을 발행한 결과 물가가 폭등하였다. ④ 임오군란

때 청군이 군란을 진압하고 흥선 대원군을 청으로 끌고 갔다. ⑤ 흥선 대원군은 양반에게도 군포를 부과하는 호포제를 실시하여 양반 유생의 반발을 불러왔다.

봉기	전개 과정
1차 (1894. 3.)	안핵사 이용태의 탄압 → 무장 봉기 → 황토현과 황룡촌 전투에서 관군 격파 후 전주성 점령 → 청군과 일본군의 조선 출병 → 전주 화약 체결 → 전라도 각지에 집강소 설치(폐정 개혁안 실시)
2차 (1894. 9.)	일본군의 경복궁 점령 → 농민군 재봉기 → 북접과 남접 논산 집결 → 공주 우금치에서 농민군이 패배 → 전봉준 체포

509

제시된 자료에서 박영효가 중심이 된 정부라는 것, 홍범 14조를 발표하였다는 것 등을 통해 밑줄 친 '정부'가 제2차 갑오개혁을 추진하였음을 알 수 있다. 제2차 갑오개혁에서는 지방 제도를 8도에서 23부로 바꾸었다.

바로잡기 ① 제1차 갑오개혁 때 과거제를 폐지하였다. ② 을미개혁 때 '건양' 연호를 사용하였다. ③ 제1차 갑오개혁 때 과부의 재가를 허용하였다. ④ 제1차 갑오개혁 때 고문과 연좌제를 폐지하였다.

510

제시된 자료에서 개국 기년 사용 등을 통해 (가)는 제1차 갑오개혁, 태양력 사용 등을 통해 (나)는 을미개혁임을 알 수 있다. 청일 전쟁에서 승세를 잡은 일본은 군국기무처를 폐지하고 박영효 등을 내세워 제2차 갑오개혁을 추진하였다.

바로잡기 ① 『독립신문』은 서재필 등이 1896년 창간하였다. ③ 정부는 자주적인 개혁을 추진하기 위해 1894년 교정청을 설치하였다. ④ 동학교도는 1893년 교조 신원 운동을 벌였다. ⑤ 고종은 1896년 러시아 공사관으로 거처를 옮긴 아관 파천을 단행하였다.

511

제시된 자료는 1898년에 개최된 관민 공동회에서 결의된 헌의 6조의 일부이다. 헌의 6조를 결의한 단체는 독립 협회이다. 독립 협회는 독립문 건설을 명목으로 창립되었다.

바로잡기 ① 김홍집 내각은 아관 파천으로 붕괴되었다. ② 황국 협회는 보부상 중심으로 구성되었다. ④ 위정척사 사상을 가진 이만손을 중심으로 한 영남 유생들은 미국과의 수교에 반대하여 만인소를 올렸다. ⑤ 정미 의병은 의병 연합 부대를 결성하고 서울 진공 작전을 펼쳤다.

512

제시된 자료에서 독립 협회에서 개최하였다는 것, 각계각층의 사람들이 기부금을 내놓았다는 것 등을 통해 밑줄 친 '집회'는 만민 공동회임을 알 수 있다. 만민 공동회는 러시아의 이권 침탈을 규탄하고, 절영도 조차 요구를 저지하였다.

바로잡기 ① 최익현은 왜양 일체론을 내세우며 개항을 반대하였다. ② 만민 공동회 개최 이전인 제1차 갑오개혁 때 신분제가 폐지되었다. ③ 온건 개화파는 동도서기론에 따른 점진적인 개혁을 추구하였다. ④ 동학 농민군은 제폭구민, 보국안민을 구호로 내세웠다.

513

제시된 자료는 대한국 국제로 대한 제국에서 발표하였다. 대한 제국은 구본신참의 원칙에 따라 점진적 개혁을 추구하여 상공업 진흥에 힘쓰고, 전차 등 근대적 시설을 확충하였다.

바로잡기 ㄴ. 제2차 갑오개혁 때 교육 입국 조서가 반포되었다.

514

제시된 자료에서 연호를 '광무'로 정하였다는 것, 환구단에서 황제 즉위식을 하였다는 것을 통해 밑줄 친 '개혁'은 대한 제국이 추진한 광무개혁임을 알 수 있다. 대한 제국은 원수부를 설치하여 황제가 군대를 통솔하게 하였다.

바로잡기 ① 흥선 대원군은 경복궁 중건에 필요한 자금을 마련하기 위해 고액 화폐인 당백전을 발행하였다. ② 흥선 대원군은 호포제를 실시하여 양반에게도 군포를 징수하였다. ④ 제1차 갑오개혁 때 공사 노비제를 폐지하였다. ⑤ 『독립신문』 창간은 대한 제국 수립 이전이다.

515

(가)는 갑신정변이다.

516

갑신정변은 위로부터의 개혁이었으며, 일본의 군사 지원 약속에 지나치게 의존하였고, 민중의 지지를 이끌어 내지 못한 한계가 있다.

채점 기준	수준
위로부터의 개혁이었고, 일본의 군사 지원 약속에 지나치게 의존하였으며, 민중의 지지를 이끌어 내지 못한 한계가 있다는 내용 중 두 가지를 서술한 경우	상
위 내용 중 한 가지만 서술한 경우	하

517

스스로 개혁하지 못하고 일본의 강요를 받았다는 점을 통해 밑줄 친 '개혁'은 갑오개혁임을 알 수 있다.

518

갑오개혁은 조선의 개화파 관료들에 의해 자주적으로 추진되었으며, 개화파의 개혁 의지와 동학 농민군의 사회 변혁 요구가 반영된 근대적 개혁이었다.

채점 기준	수준
자주적으로 추진되었으며, 동학 농민군의 사회 변혁 요구가 반영된 근대적 개혁이었다는 내용을 모두 서술한 경우	상
위 내용 중 한 가지만 서술한 경우	하

519 ④　**520** ④　**521** ③　**522** ①

519　조사 시찰단, 영선사

1등급 자료 분석　사절단 파견

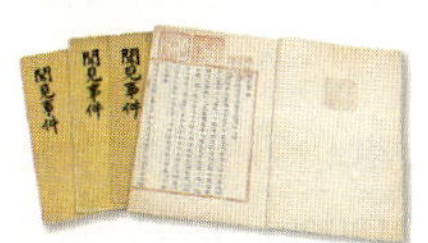

▲ (가) 이/가 귀국 후 작성한
보고서인 『문견사건』

▲ (나) 의 파견을 계기로 설치된
기기국 산하 번사창

조사 사찰단은 1881년 개화 반대 여론 속에서 비밀리에 일본으로 건너가 4개월 이상 시찰하며 정보를 수집하였다. 이들이 작성한 『문견사건』은 개화 정책 추진에 활용되었다.

번사창은 근대식 무기를 제조하고 저장하던 곳이다. 영선사가 청에 다녀와 1883년 근대적 무기 제작 관청인 기기국이 설치되었고, 그 아래 기기창과 번사창이 세워졌다.

제시된 자료에서 『문견사건』을 작성하였다는 것을 통해 (가)는 조사 시찰단, 기기국 산하 번사창 설치를 통해 (나)는 영선사임을 알 수 있다. 영선사는 청에 파견된 사절단으로 유학생과 기술자로 구성되었으며, 근대적 무기 제조 기술과 군사 훈련법을 배워왔다.

바로잡기 ① 제2차 수신사는 『조선책략』을 갖고 돌아왔다. ② 조사 시찰단은 1881년에 파견되었다. ③ 보빙사는 미국 공사 파견에 대한 답례로 파견되었다. ⑤ 비밀리에 파견된 사절단은 조사 시찰단이다.

520　동학 농민 운동

1등급 자료 분석　동학 농민 운동

프랑스 파리에서 열린 제216차 유네스코 집행 이사회는 (가) 기록물의 세계 기록 유산 등재를 최종적으로 결정하였다. 총 183점으로 이루어진 이 기록물은 1894~1895년 당시 농민군의 각종 문서와 개인 기록, 지도자 전봉준에 대한 심문 기록 등을 아우른다. 이 기록물은 조선 백성이 주체가 되어 <u>전봉준은 동학 농민 운동을 이끈 지도자로 그의 재판 기록(공초)을 통해 당시 봉기의 이유와 농민들의 인식을 엿볼 수 있다.</u> <u>자유·평등·인권의 보편적 가치를 지향했던</u> 내용을 담고 있다는 점에서 세계사적 중요성을 인정받았다. <u>동학 농민 운동은 우리 역사상 최대 규모의 농민 운동으로 제기된 개혁 요구는 갑오개혁 등에 영향을 주기도 하였다. 하지만 근대 사회 건설을 위한 구체적 방안까지는 제시하지 못하였다.</u>

제시된 자료에서 농민군의 각종 문서, 지도자 전봉준에 대한 심문 등의 내용을 통해 (가)는 동학 농민 운동임을 알 수 있다. 동학 농민군은 정치의 개혁을 요구하면서 정부와 전주 화약을 맺었다.

바로잡기 ① 임오군란, 갑신정변은 청군의 개입으로 실패하였다. ② 독일 영사관 부들러와 유길준은 조선 중립화안을 정부에 건의하였다. ③ 위정척사 사상을 가진 이만손 등 영남 유생들이 주도하여 만인소를 올렸다. ⑤ 갑신정변은 우정총국 낙성 축하연을 기회로 시작되었다.

선택지 더 보기

⑥ 집강소를 설치하였다. 　　　　　　　　(○)
⑦ 청프 전쟁을 틈타 일어났다. 　　　　　　(×)
⑧ 영국이 거문도를 불법 점령하는 계기가 되었다. (×)

521　을미사변과 고종 환궁 시기 사이 사실

1등급 자료 분석　을미사변, 고종 환궁

청일 전쟁에서 승리한 일본이 시모노세키 조약을 맺어 랴오둥반도를 할양받자, 러시아가 프랑스, 독일을 끌어들여 이를 저지한 사건이다.

- (가) 삼국 간섭으로 조선에서의 영향력이 약화된 일본은 친러 정책을 주도하던 명성 황후를 무참히 시해하였다. 을미사변
- (나) 러시아 공사관에 머물던 고종은 환궁을 요구하는 여론 등을 고려하여 경운궁으로 환궁하였다. 고종은 신변의 안전을 꾀하고 일본의 영향력을 약화하기 위해 러시아 공사관으로 피신하는 아관 파천을 단행하였다.

(가)는 을미사변으로 1895년, (나)는 고종이 러시아 공사관에서 경운궁으로 환궁한 1897년의 사실이다. 『독립신문』은 미국에서 귀국한 서재필이 1896년 정부의 지원을 받아 창간하였다.

바로잡기 ① 한성 전기 회사가 1899년 서대문~청량리 노선에 전차를 가설하였다. ② 정부는 독자적인 개혁을 추진하기 위해 1894년 교정청을 설치하였다. ④ 1899년 황제의 전제 정치를 명문화한 대한국 국제가 반포되었다. ⑤ 남접과 북접이 1894년 논산에서 연합하였다.

522　독립 협회

1등급 자료 분석　독립 협회의 토론회 주제

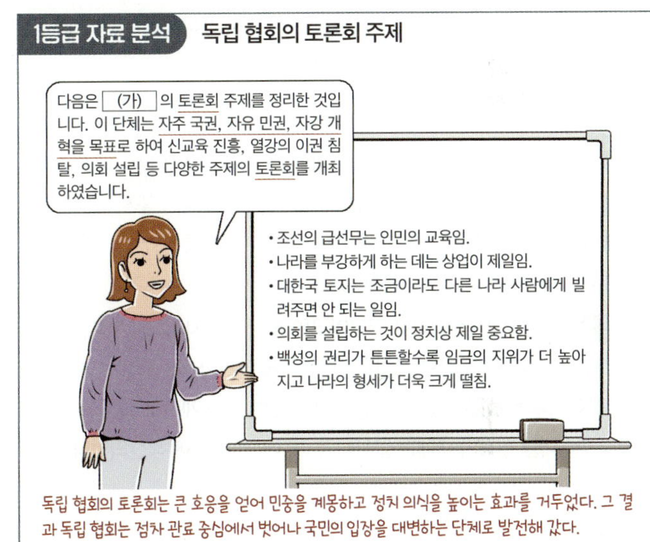

독립 협회의 토론회는 큰 호응을 얻어 민중을 계몽하고 정치 의식을 높이는 효과를 거두었다. 그 결과 독립 협회는 점차 관료 중심에서 벗어나 국민의 입장을 대변하는 단체로 발전해 갔다.

제시된 자료에서 자주 국권, 자유 민권, 자강 개혁을 목표로 한다는 것 등을 통해 (가)는 독립 협회임을 알 수 있다. 독립 협회는 근대적 민중 집회인 만민 공동회를 열어 러시아의 내정 간섭과 이권 요구를 규탄하는 자주 국권 운동을 전개하였다.

바로잡기 ② 갑신정변 때 발표한 개혁 정강에는 지조법 개혁이 포함되었다. ③ 갑신정변 이후 청의 내정 간섭이 심화되자 고종은 조러 비밀 협약을 추진하였다. ④ 제2차 갑오개혁을 추진한 정부는 1895년 교육 입국 조서를 반포하였다. ⑤ 임오군란이 일어나자 고종은 사태 수습을 위해 흥선 대원군에게 다시 정권을 맡겼다.

기본 기출 문제 ● 99쪽 ~ 100쪽

핵심 개념 문제

523 한일 의정서	**524** 기유각서	**525** 13도 창의군
526 ×	**527** ○	**528** ○ **529** ㉡ **530** ㉠ **531** ㉠
532 ㉡	**533** ㉠	**534** ㄱ **535** ㄷ

536 ④ **537** ⑤ **538** ① **539** ② **540** ⑤ **541** ①
542 ③

536

제시된 자료에서 일본이 전략상 필요한 지점을 수시로 이용할 수 있다는 내용을 통해 한일 의정서임을 알 수 있다. 러일 전쟁 발발 직전 고종이 국외 중립을 선언하였지만 전쟁을 일으킨 일본은 이를 무시하고 한일 의정서(1904)를 강제로 체결하여 한국 내에서 필요한 지역을 군사 기지로 마음대로 사용하였다.

537

제시된 자료에서 이 조약으로 통감부가 설치되었다는 내용을 통해 밑줄 친 '이 조약'은 을사늑약임을 알 수 있다. 을사늑약 체결로 대한 제국은 외교권을 강탈당하였다. 이후 통감부가 설치되고 통감이 내정 전반을 간섭하였다.

바로잡기 ① 청일 전쟁 승리로 일본이 랴오둥반도를 차지하자 러시아는 프랑스, 독일을 끌어들여 랴오둥반도를 반환하게 하였다. ② 을사늑약은 독립 협회 폐지 이후에 체결되었다. ③ 을미사변, 단발령을 계기로 을미의병이 일어났다. ④ 대한 제국의 군대는 을사늑약 이후인 1907년에 해산되었다.

538

제시된 자료의 경로를 통해 헤이그 특사에 대한 것임을 알 수 있다. 1907년 고종은 네덜란드 헤이그에서 열린 만국 평화 회의에 이상설, 이준, 이위종을 특사로 파견하여 을사늑약의 불법성을 폭로하고자 하였으나 열강의 방해로 성과를 거두지 못하였다.

바로잡기 ② 을미사변을 배경으로 유인석, 이소응 등 유생들이 의병을 일으켰다(을미의병). ③ 삼정의 문란에 반발하여 임술 농민 봉기가 일어났다. ④ 러일 전쟁 발발 직전 대한 제국이 국외 중립을 선언하였으나 일본은 이를 무시하고 강제로 한일 의정서를 체결하였다. ⑤ 갑신정변의 결과 청과 일본이 톈진 조약을 체결하여 조선에서 함께 군대를 철수하고, 추후 조선에 출병 시 상대국에 알릴 것을 약속하였다.

539

제시된 자료는 고종의 의병 해산 권고 조칙으로, 이에 따라 을미의병이 대부분 해산하였다. 을미의병은 단발령 시행 등에 반발하여 유인석 등 위정척사 사상을 지닌 유생들의 주도로 일어났다.

바로잡기 ㄴ. 정미의병 시기 해산 군인이 가담하면서 의병의 전투력이 높아졌다. ㄷ. 을사의병 시기 신돌석 등 평민 출신 의병장이 활약하였다.

540

제시된 자료 (가)에서 해산 군인이 가담하였다는 내용을 통해 정미의병이 성립된 1907년의 사실임을, (나)에서 일본군이 '남한 대토벌 작전'을 전개하였다는 내용을 통해 1909년의 사실임을 알 수 있다. 1908년에는 의병 연합 부대인 13도 창의군이 서울 진공 작전을 전개하였다.

바로잡기 ① 1899년 대한국 국제가 반포되었다. ② 을사늑약에 반발하여 1906년 최익현이 태인에서 봉기하였다. ③ 1898년 고종은 보부상으로 구성된 황국 협회를 이용하여 독립 협회를 탄압하였다. ④ 1894년 전봉준 등이 고부 관아를 습격하여 고부 농민 봉기가 시작되었다.

541

제시된 자료는 민영환이 을사늑약의 체결에 항의하여 자결한 사건에 대한 것이다. 을사늑약이 체결되자 민영환, 조병세 등은 을사늑약의 무효를 주장하며 자결하였다.

바로잡기 ② 운요호 사건을 배경으로 강화도 조약이 체결되었다. ③ 개화 정책에 대한 반발과 구식 군인들에 대한 차별로 1882년 임오군란이 일어났다. ④ 1907년 정미 7조약 체결로 대한 제국의 군대가 강제로 해산되었다. ⑤ 일본은 헤이그 특사 파견을 빌미로 1907년 고종을 강제 퇴위시켰다.

542

제시된 자료에서 독립은 자강에 달려있다는 것, 교육과 산업의 발달이 자강의 방도라는 것을 통해 대한 자강회가 발표한 취지문임을 알 수 있다. 대한 자강회는 전국에 지회를 설치하고, 입헌 군주제 수립을 주장하며, 실력 양성을 통한 국권 수호 운동을 펼쳤다. 그러나 고종의 강제 퇴위를 반대하다가 강제 해산되었다.

바로잡기 ③ 보안회는 1904년 일제의 황무지 개간권 요구를 철회시켰다.

실력 기출 문제 ● 101쪽 ~ 104쪽

543 ③ **544** ③ **545** ② **546** ④ **547** ① **548** ①
549 ⑤ **550** ⑤ **551** ② **552** ③ **553** ② **554** ①
555 ⑤ **556** ① **557** ① **558** ③

1등급을 향한 서답형 문제

559 을사늑약 **560** **예시 답안** 고종은 조미 수호 통상 조약의 거중 조정 조항에 근거하여 미국에 도움을 호소하였다. 또한 헤이그 만국 평화 회의에 특사를 파견하여 을사늑약의 불법성을 알리려 하였다.

561 을미사변 **562** **예시 답안** 유인석, 이소응 등 위정척사 사상을 지닌 유생이 의병을 일으켰다.

543

제시된 자료에서 고종 황제를 위협하여 강압적으로 체결되었다는 것 등을 통해 밑줄 친 '조약'은 을사늑약임을 알 수 있다. 을사늑약으로 대한 제국은 외교권을 강탈당하였다. 이후 통감부가 설치되고 이토 히로부미가 초대 통감으로 부임하였다.

바로잡기 ① 을사늑약은 러일 전쟁 이후인 1905년 체결되었다. ② 만민 공동회는 1898년에 개최되어 열강의 이권 침탈을 규탄하였다. ④ 제1차 한일 협약이 체결되면서 일본인 메가타가 재정 고문으로, 친일 미국인 스티븐스가 외교 고문으로 파견되었다. ⑤ 제물포 조약 체결로 일본 공사관에 일본군이 주둔하게 되었다.

544

제시된 자료에서 러일 전쟁을 일으킨 일본이 고종의 국외 중립 선언을 무시하고 강제로 체결하였다는 것과 필요한 지역을 군사 기지로 마음대로 사용하였다는 내용을 통해 (개)는 한일 의정서(1904)임을 알 수 있다.

바로잡기 ① 톈진 조약은 갑신정변의 결과 청과 일본 사이에 체결되었다. ② 임오군란의 결과 제물포 조약이 체결되어 일본군이 공사관 경비 명목으로 한성에 주둔하게 되었다. ④ 일본은 고종을 강제로 퇴위시킨 후 한일 신협약(1907)을 강요하여 통감의 내정 간섭 권한을 강화하고, 각 부서에 일본인 차관을 임명하였다. ⑤ 조선은 1876년 강화도 조약을 체결하여 문호를 개방하였다.

545

제시된 자료에서 일본 정부가 대한 제국의 외교권을 박탈하는 (개)의 체결을 강요하였다는 내용 등을 통해 (개)는 을사늑약임을 알 수 있다. 고종은 헤이그에서 열린 만국 평화 회의에 이상설, 이위종 등을 특사로 파견하여 을사늑약의 불법성을 폭로하고자 하였다.

바로잡기 ① 독립 협회는 청의 사신을 맞이하던 영은문 부근에 독립문을 건립하였다. ③ 삼정의 문란으로 1862년 임술 농민 봉기가 일어났다. ④ 임오군란 이후 청은 독일인 묄렌도르프를 조선의 외교 고문으로 임명하였다. ⑤ 일제는 고종을 강제 퇴위시킨 후 한일 신협약을 강요하여 각 부서에 일본인 차관을 임명하였다.

546

제시된 자료에서 고종 황제가 이 조약을 인정하지 않았고, 통감의 주재도 허용하지 않았다는 내용을 통해 밑줄 친 '이 조약'은 을사늑약임을 알 수 있다. 고종은 헐버트 등을 통해 미국에 을사늑약의 무효를 알리고자 하였다. 또한 민종식은 을사늑약이 체결되자 의병을 일으켜 홍주성을 점령하였다.

바로잡기 ㄱ. 대한 자강회는 고종의 강제 퇴위 반대 운동을 주도하다가 해산되었다. ㄷ. 제1차 한일 협약이 체결되면서 1904년 메가타가 대한 제국의 재정 고문으로 파견되었다.

547

제시된 자료에서 네덜란드에서 개최된 회의에 특사로 파견되었다는 내용을 통해 밑줄 친 '이 회의'는 1907년에 헤이그에서 개최된 만국 평화 회의임을 알 수 있다. 을사늑약 체결로 부임한 통감은 대한 제국의 외교와 내정 전반에 간섭하였다.

바로잡기 ② 대한국 국제는 1899년 반포되었다. ③ 임오군란 이후 다시 집권한 흥선 대원군은 별기군 해산을 명령하는 등 개화 정책을 폐지하였다. ④ 일제는 호남 의병을 진압하기 위해서 1909년 이른바 '남한 대토벌 작전'을 전개하였다. ⑤ 급진 개화파는 1884년 우정총국 낙성 축하연을 기회로 갑신정변을 일으켰다.

548

군대 해산 명령이 포함한 조약은 한일 신협약이다. 한일 신협약 체결로 각 부에 일본인 차관이 임명되었다.

바로잡기 ② 강화도 조약 체결로 부산 등 3개 항구가 개항되었다. ③ 제1차 한일 협약으로 미국인 스티븐스가 외교 고문이 되었다. ④ 1883년 조일 통상 장정이 체결되면서 일본 상인이 한성에 상점을 개설하였다. ⑤ 1876년 조일 무역 규칙 체결로 개항장에서 일본 화폐를 사용할 수 있게 되었다.

549

대한 제국은 「칙령 제41호」(1900)를 통해 대한 제국의 독도 영유를 명확히 하였으나 일제는 러일 전쟁 중 독도를 불법적으로 자국 영토에 편입시켰다.

바로잡기 ① 동학 농민군은 관군을 격파한 후 전주성을 점령한 후 정부와 전주 화약을 체결하였다. ② 임오군란의 결과 일본과 제물포 조약을 체결하였다. ③ 1876년 강화도 조약 체결로 부산 등 3개 항구가 개항하였다. ④ 1905년 일제가 독도를 불법 편입한 후 1907년 한일 신협약이 체결되었다.

550

제시된 자료에서 일본 정부의 중재 없이 국제적 성질의 조약이나 약속을 금지한다는 것을 통해 (개)는 을사늑약(1905), 한국 전체에 대한 지배권을 일본 황제에게 양여한다는 것을 통해 (내)는 한국 병합에 관한 조약(1910)임을 알 수 있다. 일제는 1909년 기유각서를 체결하여 한국의 사법권을 빼앗았다.

바로잡기 ① 1895년 을미개혁으로 태양력이 채택되었다. ② 1894년 군국기무처가 설치되어 제1차 갑오개혁을 주도하였다. ③ 1896년 고종은 러시아 공사관으로 피신하는 아관 파천을 단행하였다. ④ 1905년 포츠머스 강화 조약 체결로 일본은 러시아로부터 한국에 대한 독점적 지배권을 인정받았다.

551

제시된 자료에서 청과 일본이 도문강(두만강)을 청국과 한국의 국경으로 정한다는 내용을 통해 (개)는 간도임을 알 수 있다. 대한 제국은 이범윤을 간도 관리사로 임명하여 토지와 호구를 조사하는 등 간도를 적극적으로 관리하였다.

바로잡기 ① 묘청은 서경(평양)에서 난을 일으켰다. ③ 동학의 남접군과 북접군은 논산에서 연합하였다. ④ 1875년 운요호는 영종도에 상륙하여 살인 등을 저질렀다. ⑤ 임오군란 때 청은 군란의 책임자로 흥선 대원군을 지목하고, 청으로 납치하여 톈진에 머물게 하였다.

552

제시된 자료에서 유인석 등 유생들이 주도하였다는 것, 고종의 해산 권고 조칙으로 대부분 해산하였다는 것을 통해 을미의병과 관련된 내용임을 알 수 있다. 을미사변이 일어나고 단발령이 시행되자 전국 각지에서 의병 항쟁이 일어났다(을미의병, 1895).

바로잡기 ① 고종은 황국 협회를 동원하여 독립 협회를 강제 해산시키려 하였다. ② 임오군란과 갑신정변은 청군의 개입으로 실패하였다. ④ 동학 농민군은 황토현과 황룡촌에서 관군을 격파하고 전주성을 점령하였다. ⑤ 임오군란은 구식 군인에 대한 차별이 원인이 되었다.

553

개항에 반대하며 왜양 일체론을 주장하였다는 것, 쓰시마섬에서 순국하였다는 것을 통해 자료의 인물은 최익현에 해당함을 알 수 있다. 최익현은 을사늑약이 체결되자 제자들과 함께 태인에서 의병을 일으켜 정읍, 순창, 곡성 등을 장악하였다.

바로잡기 ① 김홍집은 총리대신으로 갑오개혁을 주도하였다. ③ 장지연은 을사늑약이 체결되자 『황성신문』에 이를 비판하는 항일 논설인 「시일야방성대곡」을 게재하였다. ④ 나철 등은 자신회를 조직하여 을사오적 처단을 준비하였다. ⑤ 박규수는 평안도 관찰사로 제너럴 셔먼호 사건을 처리하였다.

554

제시된 자료에서 (가)는 신돌석이 일으킨 을사의병으로 1906년, (나)는 13도 창의군이 전개한 서울 진공 작전으로 1908년이다. 일본은 1907년 헤이그 특사 파견을 빌미로 고종을 강제 퇴위시켰다.

바로잡기 ② 1898년 고종은 독립 협회를 강제 해산하였다. ③ 제1차 한일 협약 체결로 1904년 메가타가 재정 고문으로 임명되었다. ④ 1909년 일제가 '남한 대토벌' 작전을 전개하였다. ⑤ 1896년 아관 파천이 단행되었다.

1등급 정리 노트	항일 의병 운동
을미의병(1895)	을미사변, 단발령 → 위정척사 사상 유생층 주도
을사의병(1905)	을사늑약 → 유생 의병장, 평민 의병장(신돌석)
정미의병(1907)	해산된 군대 합류로 전투력 향상, 의병 연합 부대(13도 창의군) 결성 → 서울 진공 작전(1908)

555

제시된 자료에서 해산 군인, 어린 소년 등 다양한 계층이 항일 의병에 참여하였다는 내용을 통해 정미의병에 해당함을 알 수 있다. 정미의병은 각국의 외교 사절단에게 의병을 국제법상의 교전 단체로 승인해 달라고 요청하였다.

바로잡기 ① 평민 의병장이 처음으로 등장한 의병은 을사의병이다. ② 동학 농민군은 황토현 전투에서 관군을 격파하였다. ③ 을미의병은 명성 황후 시해(을미사변), 단발령 시행에 반발하여 일어났다. ④ 을사늑약이 체결되자 민종식이 이끄는 부대가 홍주성을 점령하였다.

556

제시된 자료에서 조병세, 민영환 등이 무효를 요구하며 자결하였

다는 것, 나철 등이 매국노를 처단하고자 하였다는 것을 통해 밑줄 친 '조약'은 을사늑약임을 알 수 있다.

바로잡기 ② 일제는 한일 의정서를 체결하여 한국 내에서 필요한 지역을 군사 기지로 사용하였다. ③ 1883년 체결된 조일 통상 장정은 관세, 방곡령, 최혜국 대우 규정을 포함하였다. ④ 1910년 한국 병합에 관한 조약이 체결되어 대한 제국의 국권이 피탈되었다. ⑤ 청은 임오군란을 진압한 후 1882년 조·청 상민 수륙 무역 장정을 체결하였다.

557

제시된 자료에서 (가)는 헌정 연구회이다. 헌정 연구회는 의회를 설립하고 입헌 정치 체제를 수립하려는 활동을 펼쳤다.

바로잡기 ② 대한 자강회는 전국에 지회를 설치하였다. ③ 신민회는 105인 사건으로 타격을 입어 사실상 해체되었다. ④ 보안회는 일본의 황무지 개간권 요구를 철회시켰다. ⑤ 대한 자강회는 고종 강제 퇴위 반대 운동을 벌이다가 해산되었다.

558

자료에서 태극 서관을 설립하였다는 것을 통해 이 단체는 신민회에 해당함을 알 수 있다. 신민회는 오산 학교와 대성 학교를 설립하였으며, 남만주 삼원보에서 독립 전쟁을 준비하였다.

바로잡기 ㄱ. 헌정 연구회를 계승한 단체는 대한 자강회이다. ㄹ. 독립 협회는 러시아의 절영도 조차 요구를 저지하였다.

559

통감을 두고, 외교에 관한 사항을 관리한다는 내용을 통해 제시된 자료의 조약은 을사늑약임을 알 수 있다.

560

고종은 외교 활동을 전개하여 을사늑약의 부당함을 알리기 위해 노력하였다.

채점 기준	수준
미국에 도움 호소, 헤이그 특사 파견 등 고종의 외교적 노력 두 가지를 서술한 경우	상
위 내용을 서술하지 못한 경우	하

561

밑줄 친 ㉠와 관련 있는 사건은 을미사변이다.

562

위정척사 사상을 지닌 유생이 을미사변, 단발령에 반발하여 의병을 일으켰다.

채점 기준	수준
위정척사 사상을 지닌 유생이 의병을 일으켰다는 내용을 서술한 경우	상
위 내용을 서술하지 못한 경우	하

적중 1등급 문제 ● 105쪽

563 ⑤   **564** ③   **565** ③   **566** ③

---

563 일제의 침략에 대한 저항

제시된 자료에서 장인환과 전명운이 처단한 의거라는 것, 일제의 한국 침략이 정당하다고 선전하였다는 것을 통해 (가)는 스티븐스임을 알 수 있다. 스티븐스는 제1차 한일 협약에 따라 외교 고문으로 임명되어 한국의 내정과 외교를 간섭하였다.

바로잡기 ① 이토 히로부미는 초대 통감을 맡았다. ② 이완용, 이지용 등 을사 5적은 자신회의 암살 대상이었다. ③ 이완용은 명동 성당 앞에서 이재명의 습격을 받아 중상을 입었다. ④ 임오군란 이후 마건상은 묄렌도르프와 함께 고문에 임명되었다.

---

564 정미의병

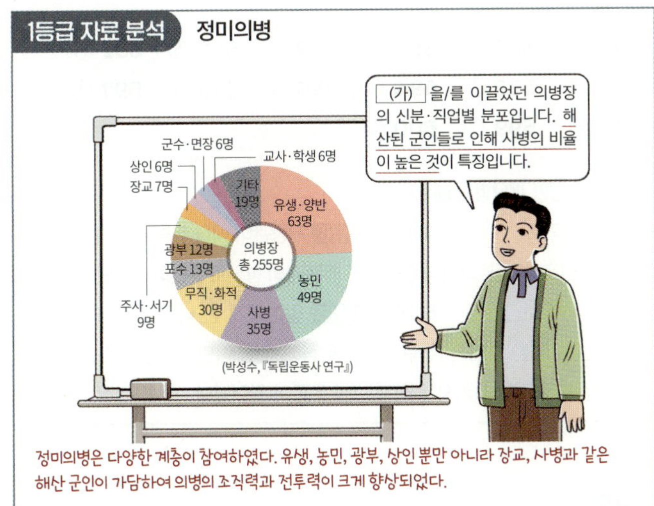

제시된 자료에서 해산된 군인들이 의병에 참여하였다는 내용을 통해 (가)는 정미의병임을 알 수 있다. 정미의병 시기 13도 창의군이 결성되었고, 13도 창의군은 1908년 서울 진공 작전을 전개하였다.

바로잡기 ① 관민 공동회는 1898년에 개최되었다. ② 고종은 아관 파천 단행 후 1896년 의병 해산 권고 조칙을 내렸다. ④ 제1차 한일 협약 체결로 1904년 메가타가 재정 고문으로 부임하였다. ⑤ 보안회는 1904년 황무지 개간권 요구를 철회시켰다.

---

565 신민회

남만주로 집단 이주하려고 기도하고, 조선 본토에서 재력이 상당한 사람들을 그곳에 이주시켜 토지를 사들이고 촌락을 세워 새 영토로 삼고, 다수의 청년 동지를 모집·파견하여 한인 단체를 일으키며, 학교를 세워 민족 교육을 실시하고, 무관 학교를 설립하여 문무를 겸하는 교육을 실시하면서, 기회를 엿보아 독립 전쟁을 일으켜 구한국의 국권을 회복하려고 하였다.
신민회는 실력 양성 운동만으로는 국권을 회복하기 어렵다고 판단하였다. 이에 따라 무장 독립 투쟁을 준비하여 국외에 장기적인 독립운동의 기반을 닦고자 하였다.

제시된 자료에서 남만주로 이주하려고 하였다는 것, 학교를 세워 민족 교육을 실시하였다는 것 등을 통해 밑줄 친 '이 단체'가 신민회임을 알 수 있다. 신민회는 항일 비밀 결사로 공화 정체의 근대 국민 국가를 지향하였다.

바로잡기 ① 독립 협회는 독립문 건립 기금을 모집하였다. ② 을미의병은 유인석, 이소응 등 위정척사 사상을 가진 양반 유생 의병장이 주도하였다. ④ 신민회는 한일 병합 조약 체결 이전인 1907년에 결성되었다. ⑤ 대한 자강회는 전국에 지회를 설치하고 월보를 간행하였다.

선택지 더 보기

⑥ 태극 서관과 자기 회사를 운영하였다. (○)
⑦ 105인 사건으로 사실상 해체되었다. (○)
⑧ 고종 강제 퇴위 반대 운동을 주도하였다. (×)

---

566 보안회

제시된 자료에서 보안회가 주관하는 대중 집회가 열리고 있다는 것 등을 통해 보안회가 일본의 황무지 개간권 요구를 반대하는 운동을 전개하는 상황임을 알 수 있다.

바로잡기 ① 독립 협회는 고종이 1898년 강제 해산하였다. ② 신민회는 대성 학교와 오산 학교를 세웠다. ④ 일제는 민족 교육을 탄압하고자 1908년 사립 학교령과 학회령을 제정하였다. ⑤ 1905년 을사늑약이 체결되자 『황성신문』에서 이를 비판하는 「시일야방성대곡」을 게재하였다.

12 사회·경제의 변화와 문화 변동

핵심 개념 문제

567 조·청 상민 수륙 무역 장정　　**568** 화폐 정리 사업

569 황국 중앙 총상회　　**570** ○　**571** ○　**572** ×

573 ㉡　**574** ㉠　**575** ㉡　**576** ㉠　**577** ㉡　**578** ㄷ

579 ㄱ

580 ⑤　**581** ⑤　**582** ②　**583** ①　**584** ⑤　**585** ④

580

제시된 자료는 1876년 체결된 조일 수호 조규 부록으로 ㉠은 거류지이다. 개항 초 일본 상인은 허용된 지역 안에서만 무역을 할 수 있었다. 거류지에서는 일본 화폐가 사용되었고, 영사 재판권을 악용한 무역이 이루어지기도 하였다. 당시 일본 상인은 주로 영국산 면직물을 싸게 사서 조선에 비싸게 파는 중계 무역으로 큰 수익을 얻었다.

바로잡기 ⑤ 방곡령은 1883년 체결된 조일 통상 장정에 규정되었다.

581

제시된 자료에서 중국 상인이 조선의 양화진과 한성에 들어가 영업소를 개설하였다는 것을 통해 자료의 조약은 조·청 상민 수륙 무역 장정임을 알 수 있다. 조·청 상민 수륙 무역 장정 체결로 외국 상인이 한성에 진출할 수 있게 되면서 시전 상인이 타격을 입었다.

바로잡기 ① 제1차 한일 협약에 따라 일본인 재정 고문 메가타가 파견되었다. ② 조일 통상 장정으로 일본 상품에 대해 관세가 부과되었다. ③ 동학 농민군은 전라도 지역에 집강소를 설치하여 폐정 개혁안을 실천하였다. ④ 조미 수호 통상 조약 체결로 외국에 최혜국 대우를 처음으로 인정하였다.

582

제시된 자료에서 질이 나쁜 백동화를 바꿔주지 않는다는 것 등을 통해 자료의 정책은 화폐 정리 사업임을 알 수 있다. 화폐 정리 사업은 대한 제국에 재정 고문으로 파견된 메가타가 주도하였다.

바로잡기 ① 화폐 정리 사업은 독립 협회 해산 이후에 실시되었다. ③ 제1차 갑오개혁은 군국기무처를 중심으로 실시되었다. ④ 거류지 무역이 이루어지면서 조선의 객주 등이 외국 상인과 내륙의 조선 상인을 연결한 중개 무역으로 부를 축적하였다. ⑤ 동양 척식 주식회사는 일본인이 한국에 농업 이민을 오도록 지원하였다.

583

제시된 자료는 회사 설립의 필요성을 강조한 것이다. 외국 상인이 국내 시장에 들어오면서 회사를 설립해야 한다는 주장이 제기되었고 1880년대 외국 상인의 내륙 침투에 맞서 개항장의 객주를 비롯해 자본 축적에 성공한 일부 상인은 대동 상회, 장통 상회 등의 상회사를 설립하였다.

바로잡기 ㄷ. 러일 전쟁 중 일본은 대한 제국 정부에 황무지 개간권을 양도하라고 요구하였다. 이에 맞서 정부 관리와 기업가들은 농광 회사를 설립하여 직접 황무지를 개간하고자 하였다. ㄹ. 한성 전기 회사는 1898년 설립된 우리나라 최초의 전기 회사이다.

584

제시된 자료에서 국채 1,300만원은 제국의 존망에 직결된 것이라는 것 등의 내용을 통해 국채 보상 운동 취지서임을 알 수 있다. 『대한매일신보』, 『황성신문』 등 언론 기관은 국채 보상 운동을 지원하여 모금 운동에 앞장섰다.

바로잡기 ① 만민 공동회, 관민 공동회는 독립 협회의 주도로 시작되었다. ② 국채 보상 운동은 통감부의 탄압을 받아 실패하였다. ③ 대한 천일 은행은 국채 보상 운동(1907) 이전인 1899년에 설립되었다. ④ 동학 농민군은 정부와 전주 화약 체결 후 집강소를 설치하여 폐정 개혁안을 실천하였다.

585

제시된 자료에서 정부가 설립한 학교라는 것, 미국인 강사를 초빙하여 상류층 자제들에게 근대 학문을 가르쳤다는 내용을 통해 (가)에 들어갈 교육 기관은 육영 공원임을 알 수 있다.

바로잡기 ① 동문학은 정부가 세운 외국어 교육 기관이다. ② 원산 학사는 1883년에 함경도 덕원의 관리와 주민이 세운 최초의 근대식 학교이다. ③ 배재 학당은 개신교 선교사가 설립하였다. ⑤ 갑오개혁 때 반포된 교육 입국 조서에 따라 한성 사범 학교가 설립되었다.

586 ②　**587** ④　**588** ②　**589** ③　**590** ⑤　**591** ②

592 ②　**593** ③　**594** ①　**595** ③　**596** ⑤　**597** ③

598 ③　**599** ②　**600** ⑤

1등급을 향한 서답형 문제

601 방곡령

602 **예시 답안** 지방관이 곡물 유출을 막기 위해 방곡령을 선포하였다. 그러나 방곡령은 일본 측의 항의로 빈번하게 중단되었다.

603 국채 보상 운동

604 **예시 답안** 일본에게 진 나랏빚이 크게 늘어나 일본에 대한 경제적 예속이 갈수록 심해지자, 국민의 성금을 모아 나랏빚을 갚고 국권을 지키자는 국채 보상 운동이 일어났다.

586

제시된 자료에서 개항 초 일본 상인이 허용된 지역 안에서 무역을 할 수 있었다는 사실을 통해 거류지 무역이 이루어지는 상황임을 알 수 있다. 강화도 조약과 그 부속 조약이 체결되면서 거류지 무역이 이루어졌다.

바로잡기 ① 조선 전기에 3포 왜란과 을묘왜변이 일어났다. ③ 정조 때 통공 정책으로 시전 상인이 타격을 입었다. ④ 1898년 조직된 황국 중앙 총상회가 상권 수호 운동을 벌였다. ⑤ 조·청 상민 수륙 무역 장정 체결로 허가받은 청 상인은 개항장 밖에서 활동할 수 있었다.

587

제시된 자료에서 1881년 조선의 대일본 수출 및 수입액은 1878년의 액수에 비해 급증하였다. 1878년 조일 수호 조규 부록 체결로 거류지 무역이 이루어지면서, 일본 상인은 영국산 면직물을 싸게 사서 조선에 비싸게 파는 중계 무역으로 큰 수익을 얻었고 그 자금으로 곡물을 대량으로 유출하였다. 이로 인해 조선 농촌의 가내 수공업이 타격을 받았고, 쌀값도 폭등하였다.

바로잡기 ① 삼정이정청은 1862년에 설치되었다. ② 동양 척식 주식회사는 1908년에 설치되었다. ③ 조일 통상 장정은 1883년에 체결되었다. ⑤ 통상 수교 거부 정책은 개항 이전의 사실이다.

588

제시된 그래프는 조선이 청과 일본으로부터 수입한 액수를 비교하고 있다. 임오군란 이후 조선에 대한 청의 정치적 영향력이 강화된 가운데 조·청 상민 수륙 무역 장정이 체결되면서 청 상인이 본격적으로 조선에 진출하였고, 이후 조선의 상권을 둘러싼 청과 일본 상인의 경쟁이 치열하게 전개되었다.

바로잡기 ① 아관 파천은 1896년에 일어났다. 청일 전쟁과 아관 파천을 거치며 열강의 경제적 침탈은 더욱 심해졌다. ③ 1876년 강화도 조약과 그 부속 조약이 체결되면서 일본 상인의 경제 침투가 본격화되었다. ④ 청일 전쟁에서 일본이 승리하면서 일본 상인이 조선과의 교역을 주도하였다. 청일 전쟁은 1894년부터 1895년 사이에 벌어졌다. ⑤ 개항 초 객주, 보부상 등 일부 상인은 일본 상인과 내륙 상인을 중개하며 부를 축적하였다.

589

제시된 자료에서 청·일의 상인들이 큰 거리에 노점을 개설하는 자가 늘어났다는 것 등을 통해 청과 일본 상인의 경제적 침투가 심화되었음을 알 수 있다. 그들의 활동으로 중개 무역으로 이득을 얻던 개항장 객주들이 타격을 입었고 시전 상인도 상권을 침해받았다.

바로잡기 ㄱ. 개항 초에는 거류지 무역이 이루어졌다. ㄹ. 군수 조병갑의 수탈에 반발하여 사발통문을 통해 모인 농민들이 고부 관아를 습격하는 고부 농민 봉기가 발생하였다.

590

제시된 자료에서 새로 부임한 재정 고문이 일본 제일 은행권을 법정 통화로 삼았다는 내용 등을 통해 자료의 사업은 화폐 정리 사업임을 알 수 있다. 일본은 화폐 정리 사업 등에 드는 비용을 충당한다는 명목으로 대한 제국에 대규모 차관을 제공하였다.

바로잡기 ① 일제는 1908년에 동양 척식 주식회사를 세워 토지를 대규모로 약탈하였다. ② 조·청 상민 수륙 무역 장정의 체결로 청 상인의 한성 진출이 가능해졌다. ③ 최익현은 왜양 일체론을 제기하며 개항에 반대하였다. ④ 흥선 대원군은 군정의 문란을 해결하기 위해 호포제를 실시하였다.

591

제시된 자료는 열강의 이권 침탈을 보여 준다. 청일 전쟁과 아관 파천을 거치면서 열강의 경제적 침탈은 더욱 심해졌다.

바로잡기 ① 갑신정변 이후 일본은 한성 조약 체결을 강요하였다. ③ 을사늑약 체결로 대한 제국은 외교권을 박탈당하였다. ④ 일제는 한일 의정서를 강제로 체결하여 한국 내에서 군사 기지로 필요한 지역을 마음대로 사용하였다. ⑤ 동학 농민 운동은 반봉건, 반침략을 기치로 일어났다.

592

제시된 자료에서 외국 자본 침략에 대응하기 위하여 세워졌고, 하늘 아래 첫째 은행이라는 의미로 지어졌다는 내용을 통해 (가)는 대한 천일 은행임을 알 수 있다. 대한 천일 은행은 대한 제국 시기인 1899년에 세워졌다.

바로잡기 ① 조선 은행은 최초의 민간 은행이었다. ③ 한러 은행은 독립 협회의 반발로 폐쇄되었다. ④ 동양 척식 주식회사는 관청이나 역에 딸린 토지 등을 약탈하였다. ⑤ 대동 상회는 전국 각지에서 쌀이나 쇠가죽 등을 사고 팔았다.

593

제시된 자료에서 청과 일본 상인이 한성에 진출하자, 외국 상점의 퇴거를 요구하며 철시 투쟁을 벌였다는 내용을 통해 밑줄 친 '이들'이 시전 상인임을 알 수 있다. 시전 상인은 황국 중앙 총상회를 조직하여 외국 상인의 불법적인 상업 활동을 막고 상권을 수호하는 운동에 나섰다.

바로잡기 ① 대한 제국은 양전 사업을 실시하고, 일부 지역에서 지계를 발급하였다. ② 신민회는 출판물 보급 등을 위해 태극 서관을 설립하였다. ④ 독립 협회는 국권 수호 운동을 통해 러시아의 절영도 조차를 저지하였다. ⑤ 보안회는 일본의 황무지 개간권 요구를 철회시켰다.

594

제시된 자료에서 조선에서 일시 쌀 수출을 금지하려고 할 때에는 1개월 전에 지방관이 일본 영사관에 통지한다는 내용을 통해 방곡령 규정이 포함된 조일 통상 장정(1883)임을 알 수 있다.

바로잡기 ② 청과 일본은 톈진 조약을 체결하여(1885) 조선에 군대를 파견할 때 서로에게 미리 알리도록 합의하였다. ③ 독립 협회는 만민 공동회를 개최하여 이권 수호 운동을 전개하였다. ④ 조일 무역 규칙 체결로 일본으로 양곡의 무제한 유출이 가능해졌다. ⑤ 개혁에 필요한 자금을 확보하기 차관을 도입하려던 김옥균의 계획이 실패하면서 급진 개화파의 입지가 좁아졌다. 이는 갑신정변의 원인이 되었다.

595

제시된 자료에서 나라가 지고 있는 빚 1,300만원을 보상하는 것, 대구에서 금연회를 만들어 모금 활동을 한다는 내용 등을 통해 밑줄 친 '운동'은 1907년에 시작된 국채 보상 운동임을 알 수 있다. 『대한매일신보』, 『황성신문』등 언론 기관은 모금 운동에 앞장서는 등 국채 보상 운동을 지원하였다.

바로잡기 ① 삼정의 문란에 반발하여 1862년 임술 농민 봉기가 일어났다. ② 독립 협회는 러시아 재정 고문을 철수시켰다. ④ 동학 농민군은 백산에서 제폭구민, 보국안민 등의 구호를 내세웠다. ⑤ 국채 보상 운동 시작은 1907년, 동양 척식 주식회사는 1908년에 설립되었다.

1등급 정리 노트　경제적 구국 운동

열강의 경제 침탈	우리 민족의 대응
일본 상인의 곡물 유출	방곡령 실시
상권 침탈	철시 투쟁, 상권 수호 운동(황국 중앙 총상회)
이권 침탈	• 독립 협회의 이권 수호 운동 • 보안회의 황무지 개간권 요구 반대 운동
일본의 차관 제공	국채 보상 운동(모금 운동 방식)

596

(개)는 시전 상인의 상권 수호 운동, (내)는 국채 보상 운동에 대한 내용이다. 상권 수호 운동과 국채 보상 운동은 모두 외국의 경제적 침략에 저항하여 일어났다.

바로잡기 ① 자본 축적에 성공한 일부 상인은 동업자를 모아 상회사를 설립하였다. ② 동학 농민군은 폐정 개혁안을 발표하였다. ③ 함경도, 황해도, 충청도 등지에서 지방관이 곡물 유출을 막기 위해 조일 통상 장정에 근거하여 여러 차례 방곡령을 선포하였다. ④ 임오군란으로 흥선 대원군이 다시 집권하여 통리기무아문을 폐지하는 등 개화 정책을 중단시켰다.

597

제시된 자료에서 인력거 대신 황토집과 초가지붕 사이를 타고 다녔다는 것, 서대문과 청량리를 연결하였다는 것 등을 통해 (개)는 전차임을 알 수 있다. 1899년 한성 전기 회사가 설립되어 전차와 전등을 가설하였다.

바로잡기 ① 1883년 박문국에서 『한성순보』가 발간되었다. ② 1896년 설립된 독립 협회는 독립문 건립 기금을 내면 누구나 회원이 될 수 있었다. ④ 1883년 함경도 덕원의 관리와 주민은 최초의 근대식 학교인 원산 학사를 세웠다. ⑤ 영선사의 영향을 받아 기기창이 만들어졌다.

598

제시된 자료는 「독사신론」으로 신채호가 썼다. 신채호는 『을지문덕전』, 『이순신전』 등 위인전을 써서 애국심을 일깨웠다.

바로잡기 ① 안창호는 민족 교육을 위해 평양에 대성 학교를 설립하였다. ② 나철은 단군 신앙을 부활시켜 대종교를 창시하였다. ④ 주시경은 국어 문법 체계에 대한 『국어문법』을 간행하였다. ⑤ 『대한매일신보』를 창간한 양기탁은 국채 보상금을 횡령하였다는 누명으로 구속되었다.

599

손병희가 동학을 개칭한 종교로, 교육과 언론 활동을 통해 민족의식을 고취한 것은 천도교이다. 손병희는 동학을 천도교로 개칭한 후 교단에서 친일 세력을 몰아냈다.

600

1903년에 첫발을 내디딘 미주 지역의 하와이 이민은 대한 제국 정부가 공인한 최초의 합법적 이민으로, 이주민은 하와이 사탕수수 농장의 노동자로 일하였다. 한인들은 이후 멕시코로도 이주하였다. 이들은 고된 노동에 시달렸으나 한인 사회를 형성하고 성금을 모아 독립운동을 지원하기도 하였다.

바로잡기 ⑤ 일제는 동양 척식 주식회사를 통해 확보한 토지를 일본인이 한국으로 이주할 때 저렴하게 제공하였다.

601

제시된 자료의 ㉠ 명령은 방곡령이다.

602

지방관이 곡물 유출을 막기 위해 방곡령을 선포하였으나 일본 측의 항의로 빈번하게 중단되었다.

채점 기준	수준
지방관이 곡물 유출을 막기 위해 방곡령을 선포하였다는 내용과 방곡령이 일본 측의 항의로 중단되었다는 내용을 모두 서술한 경우	상
위 내용을 서술하지 못한 경우	하

603

제시된 자료는 국채 보상 취지서이다.

604

일본에 대한 경제적 예속이 갈수록 심해지자, 국채 보상 운동이 일어났다.

채점 기준	수준
일본에게 진 나랏빚이 크게 늘어나 일본에 대한 경제적 예속이 갈수록 심해졌다는 내용을 서술한 경우	상
위 내용을 서술하지 못한 경우	하

● 113쪽

605 ③　**606** ④　**607** ②　**608** ④

605　근대 의식의 성장

1등급 자료 분석　여권통문

우리보다 먼저 문명 개화한 나라들을 보면 남녀가 동등한 권리가 있는지라.
개항 이후 근대 교육이 실시되고 여러 단체의 활동으로 민권 의식이 성장하였다. 또한 평등사상이 확산되면서 여성의 사회적 지위와 활동에 대한 인식도 점차 변화하였다.
어려서부터 학교에서 공부하여 이목을 넓히니, 장성하여 사나이와 결혼하여 평생을 살더라도 억압당하지 않고 좋은 대접을 받는 것은 학문과 지식이 사나이 못지 않은 까닭이다.
－「여권통문」－

제시된 자료는 「여권통문」이다. 1898년 한성의 양반 부인 수백 명이 여성도 교육을 받고 경제적 능력을 갖추어야 한다는 내용의 「여권통문」을 발표하였다. 독립 협회는 1898년 만민 공동회를 개최하여 자주 국권 운동 등을 전개하였다.

바로잡기 ① 고종은 1897년 환구단에서 황제에 즉위하였다. ② 경인선 철도는 1899년에 개통하였다. ④ 동학 농민군은 1894년 정부와 전주 화약을 체결하였다. ⑤ 한인 이주민들은 1905년 멕시코의 농장에 처음 도착하였다.

606 근대 문물 수용

1등급 자료 분석 교육 입국 조서

세계의 정세를 보면 부강하고 독립하여 사는 모든 나라는 다 국민의 지식이 밝기 때문이다. 이제 짐은 정부에 명하여 널리 학교를 세우고 인재를 길러 새로운 국민의 학식으로써 국가 중흥의 큰 공을 세우고자 하니, 국민은 나라를 위하는 마음으로 덕과 체와 지를 기를지어다.
제2차 갑오개혁 때 고종은 교육 입국 조서를 발표하여 국가의 보존과 중흥을 위해 교육이 중요함을 밝혔다. 이후 정부는 한성 사범 학교 관제, 외국어 학교 관제 등을 발표하였다.
왕실의 안전이 국민의 교육에 있고, 국가의 부강도 국민의 교육에 있도다.

제시된 자료에서 정부에 명하여 널리 학교를 세우고 인재를 길러 국가 중흥을 하려 한다는 것 등을 통해 1895년에 반포한 교육 입국 조서임을 알 수 있다. 교육 입국 조서를 계기로 정부는 한성 사범 학교를 세워 교원을 양성하고, 소학교와 외국어 학교 등 관립 학교를 세웠다.

바로잡기 ㄱ. 정부는 1883년 통역관 양성을 위해 동문학을 세웠다. ㄷ. 정부는 1886년 육영 공원에 미국인 강사를 초빙하였다.

607 상권 수호 운동

1등급 자료 분석 황국 중앙 총상회

한성에 외국 상인이 진출하면서 타격을 입은 시전 상인들은 1898년 황국 중앙 총상회를 조직하여 상권 수호 운동을 벌였다.
요새 외국 상인은 발전하고 우리나라 상인의 생업은 쇠락하여 심지어 점포 자리를 외국 사람에게 팔아 버리는 지경에 이르렀다. …… 우리가 충심으로 본회를 설치하고 규칙을 만들었으니 우리와 뜻이 같은 이는 서로 권하여 충애하는 마음으로 상업을 일으킬 기초를 튼튼하게 하고 국가를 부강하게 할 방침을 찾아 억만 년 이어지길 바란다.

제시된 자료에서 외국 상인의 퇴거를 요구하며 철시 투쟁을 전개하였다는 것 등을 통해 시전 상인의 상권 수호 운동과 관련 있음을 알 수 있다. 시전 상인들은 1898년 황국 중앙 총상회를 조직하여 외국 상인의 불법적인 상업 활동을 막고 상권을 수호하는 운동에 나섰다.

바로잡기 ① 만민 공동회는 이권 수호 운동을 펼쳐 한러 은행 폐쇄를 관철시켰다. ③ 신민회는 출판물 보급을 위해 태극 서관을 설립하였다. ④ 객주, 보부상 등은 거류지의 일본 상인과 내륙의 조선 상인 사이에서 상품을 중개하며 부를 축적하였다. ⑤ 지방관들은 조일 통상 장정에 근거하여 방곡령을 선포하였다.

608 열강의 이권 침탈

1등급 자료 분석 화폐 정리 사업

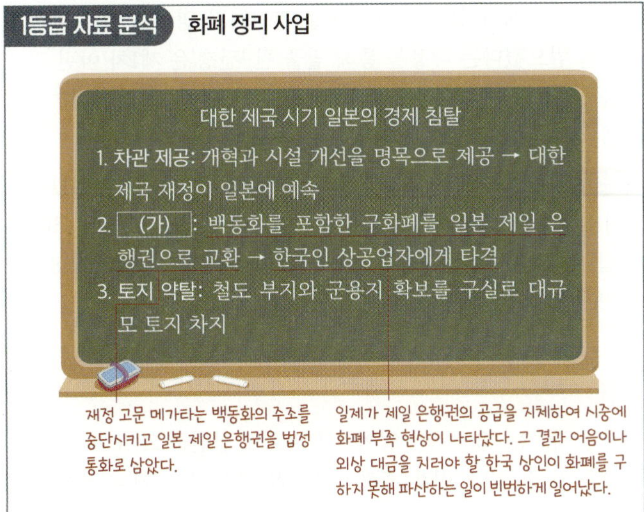

재정 고문 메가타는 백동화의 주조를 중단시키고 일본 제일 은행권을 법정 통화로 삼았다.

일제가 제일 은행권의 공급을 지체하여 시중에 화폐 부족 현상이 나타났다. 그 결과 어음이나 외상 대금을 치러야 할 한국 상인이 화폐를 구하지 못해 파산하는 일이 빈번하게 일어났다.

제시된 자료에서 백동화를 포함한 구화폐를 일본 제일 은행권으로 교환한다는 내용을 통해 (가)는 화폐 정리 사업임을 알 수 있다. 재정 고문 메가타가 주도한 화폐 정리 사업으로 한국인 자본가와 상인 등의 자산이 크게 줄어 타격을 입었다.

바로잡기 ① 흥선 대원군은 경복궁 공사비 마련을 위해 원납전을 강제로 징수하였다. ② 삼정의 문란 등이 원인이 되어 1862년 임술 농민 봉기가 일어났다. ③ 제1차 갑오개혁 때 조세의 금납화가 실시되었다. ⑤ 개화 정책 추진 등으로 재정이 부족하자 임오군란 이후 묄렌도르프가 당오전 발행을 추진하였다.

단원 마무리 문제 ● 114쪽~119쪽

09 개항과 근대적 개혁의 추진
609 ② **610** ② **611** ② **612** ③ **613** ④

10 근대 국가 수립을 위한 노력
614 ① **615** ② **616** ④ **617** 급진 개화파 **618** 예시 답안 청프 전쟁이 일어나 청군의 절반이 철수하였고, 급진 개화파는 일본군의 지원을 약속받았다. 또한 김옥균이 차관을 도입하려던 계획이 실패하였다. **619** ④
620 ② **621** ① **622** ③ **623** ⑤

11 국권 침탈과 국권 수호 운동
624 ⑤ **625** ① **626** ③ **627** 대한 자강회
628 예시 답안 대한 자강회는 고종의 강제 퇴위에 반대하는 운동을 벌이다가 통감부의 탄압을 받아 강제 해산되었다. **629** ①

12 사회·경제의 변화와 문화 변동
630 화폐 정리 사업 **631** 예시 답안 소유한 백동화의 가치가 제대로 인정되지 않아 자산이 크게 줄어들었고, 일제가 제일 은행권의 공급을 지체하여 한국 상인이 대금을 지불하지 못하는 경우가 많아 파산하는 일이 빈번하게 일어났다.
632 ③ **633** ③ **634** ① **635** ③

609

제시된 자료에서 청이 아편 단속을 강화하자 영국이 이를 빌미로 전쟁을 일으켰다는 내용을 통해 밑줄 친 '전쟁'은 제1차 아편 전쟁임을 알 수 있다. 제1차 아편 전쟁의 결과 난징 조약이 체결되어 공행 무역이 폐지되고, 청이 홍콩을 영국에 할양하였다.

바로잡기 ㄴ. 1882년 조·청 상민 수륙 무역 장정이 체결되어 청 상인이 한성에 진출할 수 있게 되었다. ㄹ. 조선 정부는 청을 견제하기 위해 조러 비밀 협약을 추진하였다. 그러자 영국이 러시아를 견제할 목적으로 1885년 거문도를 불법 점령하였다(거문도 사건).

610

제시된 자료는 1868년에 일어난 오페르트 남연군 묘 도굴 미수 사건임을 알 수 있다. 이후 흥선 대원군은 통상 수교 거부 정책을 널리 알리기 위해 1871년 전국에 척화비를 세웠다.

바로잡기 ① 1866년 병인박해로 수많은 천주교 신자와 프랑스 선교사들이 처형되었다. ③ 1866년 미국 상선 제너럴 셔먼호가 평양에서 불타서 침몰한 제너럴 셔먼호 사건이 일어났다. ④ 일본은 1854년 미일 화친 조약 체결로 미국에 문호를 개방하였다. ⑤ 1866년 병인양요를 일으킨 프랑스군은 철수하면서 외규장각 도서 등 귀중한 문화유산과 재물을 약탈하였다.

611

제시된 자료는 운요호 사건(1875), 통리기무아문의 설치(1880)에 관련된 내용이다. 1876년에 강화도 조약(조일 수호 조규)이 체결되었다.

바로잡기 ① 1895년 명성 황후가 시해된 을미사변이 일어났다. ③ 정미의병은 의병 연합 부대 결성을 추진하여 1907년 13도 창의군을 창설하였다. ④ 정부는 1880년 개화 정책을 총괄하는 기구로 통리기무아문을 설치하였다. ⑤ 1889년 함경도 관찰사 조병식이 방곡령을 선포하였다.

612

제시된 자료에서 서양 국가에 공식적 첫발을 디딘 외교 사절단이라는 것, 미국 대통령에게 고종의 신임장을 전달하였다는 것 등을 통해 보빙사에 관련된 내용임을 알 수 있다. 보빙사는 조미 수호 통상 조약 체결 후 미국 공사 파견에 대한 답례로 파견되었다.

바로잡기 ① 구식 군대에 대한 차별로 인해 임오군란이 일어났다. ② 제너럴 셔먼호 사건이 원인이 되어 신미양요가 일어났다. ④ 일본이 보낸 외교 문서(서계)의 형식 문제로 갈등이 생겨 정한론이 등장하였다. ⑤ 운요호 사건 이후 강화도 조약이 체결되었다.

613

제시된 자료에서 구식 군인이 민씨의 일족을 살해하고 궁궐과 일본 공사관을 공격하였다는 것 등을 통해 밑줄 친 '봉기'는 1882년에 일어난 임오군란임을 알 수 있다. 임오군란이 일어나자, 고종은 사태 수습을 위해 흥선 대원군에게 정권을 맡겼다.

바로잡기 ① 제2차 수신사는 임오군란 발생 전인 1880년에 파견되었다.

② 이만손 등 영남 유생들은 미국과의 수교 추진에 반발하여 만인소를 올렸다. ③ 갑신정변 이후 청의 내정 간섭이 심화되자 정부는 청을 견제하고자 조러 비밀 협약을 추진하였다. 이에 영국이 러시아의 남하를 견제한다는 구실로 거문도를 불법 점령하였다. ⑤ 청프 전쟁으로 청군 절반이 철수한 상황에서 일본의 지원을 약속받은 급진 개화파는 갑신정변을 일으켰다.

614

제시된 자료에서 저들이 비록 왜인이라고 하나 실은 양적(서양 오랑캐)라는 것 등을 통해 왜양 일체론임을 알 수 있다. 정부가 개항을 추진하자 최익현은 왜양 일체론을 제기하며 개항 반대 운동을 전개하였다.

바로잡기 ② 미국의 헨리 휘튼이 저술한 책이 청에서 번역되어 『만국 공법』이란 이름으로 1864년에 출간되었다. ③ 제1차 갑오개혁 때인 1894년 청의 연호 대신 개국 기년이 사용되었다. ④ 제2차 수신사로 일본에 다녀온 김홍집이 가져온 『조선책략』이 1880년에 유포되었다. ⑤ 일본은 러일 전쟁을 일으킨 후 대한 제국과 한일 의정서를 강제로 체결하였다.

615

제시된 자료에서 본 조약에 부여되지 않은 권리나 특혜를 다른 나라에 허가할 때는 자동으로 미국 관민에게도 똑같이 주어진다는 것을 통해 1882년 체결된 조미 수호 통상 조약임을 알 수 있다. 조미 수호 통상 조약은 거중 조정 조항과 최혜국 대우 조항을 포함하였다.

바로잡기 신미양요는 1871년, 강화도 조약은 1876년, 갑신정변은 1884년, 동학 농민 운동은 1894년, 대한 제국 수립은 1897년, 을사늑약은 1905년이다.

616

제시된 자료에서 정(正)[성리학을 지키고], 사(邪)[천주교를 배척]한 세력은 보수적 유생층이다. 보수적 유생들은 서양과 일본을 오랑캐로 인식하고 위정척사 운동으로 맞섰다.

바로잡기 ① 갑신정변을 주도한 세력은 급진 개화파이다. ② 만민 공동회를 개최한 단체는 독립 협회이다. ③ 정부는 개화 정책에 대한 정보를 얻기 위해 조사 시찰단을 파견하였다. ⑤ 동학교도들은 교조 최제우의 신원을 주장하는 교조 신원 운동을 벌였다.

617

㈎는 급진 개화파에 해당한다.

618

청프 전쟁이 일어나 청군의 절반이 철수하였고, 급진 개화파는 일본군의 지원을 약속받았다. 또한 김옥균이 차관을 도입하려던 계획이 실패하자, 급진 개화파는 갑신정변을 일으켰다.

채점 기준	수준
청프 전쟁이 일어나 청군의 절반이 철수하였다는 내용, 급진 개화파가 일본군의 지원을 약속받았다는 내용, 김옥균이 차관을 도입하려던 계획이 실패하였다는 내용 중 두 가지를 서술한 경우	상
위 내용 중 한 가지만 서술한 경우	중
위 내용을 서술하지 못한 경우	하

619

동학 농민군의 1차 봉기 때 무장에서 봉기한 농민군은 백산에 집결하여 4대 강령과 격문을 발표하였다. 농민군이 황토현, 황룡촌 전투에서 승리를 거두고 전주성을 점령하자, 정부는 동학 농민군과 전주 화약을 맺었다.

바로잡기 ① 고부 농민 봉기 처리를 위해 파견된 안핵사 이용태가 농민을 탄압하자 이에 반발한 전봉준 등이 무장에서 봉기하였다. ② 전주 화약 이후 농민군은 집강소를 중심으로 폐정 개혁안을 실천하였다. ③ 전주 화약 이후 일어난 동학 농민군의 2차 봉기 때 우금치 전투에서 농민군이 일본군에 패하였다. ⑤ 동학 농민군의 2차 봉기에서 남접과 북접이 논산에서 연합 부대를 형성하였다.

620

제시된 자료에서 청에 의존하는 생각을 버리고 자주독립의 기초를 세운다는 내용 등을 통해 홍범 14조임을 알 수 있다. 정부는 제2차 갑오개혁을 추진하면서 홍범 14조를 발표하였다. 지방 제도가 8도에서 23부로 바뀌었고, 재판소가 설치되어 사법권의 독립이 이루어졌다.

바로잡기 ㄴ. 공사 노비제 폐지는 제1차 갑오개혁 때 이루어졌다. ㄷ. 군국기무처는 제1차 갑오개혁을 주도하였다.

621

제시된 자료에서 왜와 화친을 주장, 을미년 8월의 사변에 흉적의 우두머리, 유길준 등이 그를 옹호하였다는 내용을 통해 밑줄 친 '그'가 을미개혁을 주도한 김홍집임을 알 수 있다. 김홍집은 일본에서 『조선책략』을 가지고 돌아와 조선에 유포하였다.

바로잡기 ② 이승훈은 평안북도 정주에 오산 학교를 설립하였다. ③ 박정양 등은 조사 시찰단의 일원으로 일본에 다녀와 보고서를 작성하였다. ④ 급진 개화파는 우정총국 낙성 축하연을 기회로 갑신정변을 일으켰다. ⑤ 김윤식은 영선사를 이끌며 청에서 근대 무기 제조 기술 등을 배워왔다.

622

제시된 자료에서 모두 한글로 썼다는 것, 영문으로 조금 기록한다는 것 등을 통해 밑줄 친 '이 신문'은 『독립신문』임을 알 수 있다. 『독립신문』은 서재필 등이 정부의 지원을 받아 창간하였다.

바로잡기 ① 일제는 『독립신문』 폐간 이후 신문지법을 제정하여 신문을 탄압하였다. ② 영국인 베델은 『대한매일신보』의 발행인으로 참여하였다. ④ 우리나라 최초의 신문인 『한성순보』는 박문국에서 간행하였다. ⑤ 『황성신문』은 「시일야방성대곡」을 실어 을사늑약 체결에 항의하였다.

623

제시된 자료에서 이 시기에 국방력을 강화하기 위해 원수부를 설치하여 황제가 군대를 통솔하였다는 내용을 통해 (가)는 고종 황제임을 알 수 있다. 고종은 광무개혁을 실시하여 지계를 발급하고, 상공업을 진흥하였다. 1899년 대한 천일 은행이 설립되었고, 1905년 경부선 철도가 개통되고, 을사늑약이 체결되어 통감부가 설치되었다.

바로잡기 ⑤ 간도 협약은 고종 퇴위 이후인 1909년에 체결되었다.

624

제시된 자료 (가)에서 일본이 전략상 필요한 지점을 수시로 이용할 수 있다는 것을 통해 한일 의정서(1904)임을, (나)에서 통감의 지도를 받는다는 내용을 통해 한일 신협약(정미 7조약, 1907)임을 알 수 있다. 고종은 1907년 네덜란드 헤이그에서 열린 만국 평화 회의에 이상설, 이준, 이위종을 특사로 파견하여 을사늑약의 불법성을 알리려고 하였으나 실패하였다.

바로잡기 ① 러일 전쟁 발발 직전 고종이 국외 중립을 선언하였으나 이후 한일 의정서가 체결되었다. ② 일제는 호남 의병을 진압하기 위해 1909년 '남한 대토벌' 작전을 전개하였다. ③ 1909년 기유각서가 체결되어 대한 제국의 사법권이 박탈되었다. ④ 1896년 단발령이 취소되고 의병 해산 권고 조칙이 내려졌다.

625

제시된 자료에서 최익현이 태인에서 봉기하였다는 것 등을 통해 을사의병에 해당함을 알 수 있다. 을사늑약이 체결되자, 의병이 다시 봉기하여 항일 구국 투쟁을 전개하였다(을사의병).

바로잡기 ② 단발령 시행에 반발하여 일어난 것은 을미의병이다. ③ 정미의병은 해산 군인의 가담으로 전투력이 향상되었다. ④ 정미의병은 의병 연합 부대인 13도 창의군을 결성하여 1908년 서울 진공 작전을 전개하였다. ⑤ 을미의병은 고종의 해산 권고 조칙으로 대부분 해산하였다.

626

제시된 자료는 을사늑약 체결에 반발하여 자결한 민영환의 유서 내용이다. 을사늑약 체결 이후 나철, 오기호 등이 을사 5적을 암살할 목적으로 자신회를 조직하였다. 이재명은 1909년 매국노 이완용을 명동 성당 앞에서 습격하여 중상을 입혔고, 안중근은 1909년 하얼빈 역에서 침략의 원흉 이토 히로부미를 처단하였다.

바로잡기 ㄹ. 보안회가 1904년 일제의 황무지 개간권을 철회시켰다.

627

제시된 자료는 대한 자강회가 발표한 취지서이다.

628

대한 자강회는 고종의 강제 퇴위에 반대하는 운동을 벌이다가 통감부의 탄압을 받아 강제 해산되었다.

채점 기준	수준
고종의 강제 퇴위에 반대하는 운동을 벌이다가 강제 해산되었다는 내용을 서술한 경우	상
위 내용을 서술하지 못한 경우	하

629

제시된 자료에서 국민을 새롭게 하여, 새로운 자유 문명국을 성립하게 하는 것이 설립 목적이라는 것, 독립 전쟁을 준비하였다는 것 등을 통해 신민회와 관련된 내용임을 알 수 있다. 신민회는 비밀 결사로 조직되어 각계각층의 애국지사가 참여하였다.

바로잡기 ② 독립 협회는 재정·군사·인사권을 자주적으로 행사하여 자주 독립을 지켜야 한다는 구국 운동 상소문을 올렸다. ③ 헌정 연구회는 입헌 정치 체제를 수립하고자 하였다. ④ 일제는 학회령을 제정하여 서북 학회, 기호 흥학회 등의 학회를 탄압하였다. ⑤ 독립 협회는 기관지로 『대조선 독립 협회 회보』를 간행하였다.

630

자료의 정책은 화폐 정리 사업이다.

631

화폐 정리 사업의 결과 소유한 백동화의 가치가 제대로 인정되지 않아 자산이 크게 줄어들었고, 일제가 제일 은행권의 공급을 지체하여 한국 상인이 대금을 지불하지 못하는 경우가 많아 파산하는 일이 빈번하게 일어났다.

채점 기준	수준
소유한 백동화의 가치가 제대로 인정되지 않아 자산이 크게 줄어들었다는 내용, 일제가 제일 은행권의 공급을 지체하여 한국 상인이 대금을 지불하지 못하는 경우가 많았다는 내용 두 가지를 모두 서술한 경우	상
위 내용 중 한 가지만 서술한 경우	하

632

열강의 이권 침탈을 막기 위해 독립 협회는 만민 공동회를 개최하여 러시아의 절영도 조차 요구를 저지하였고, 러시아 재정 고문의 철수와 한러 은행 폐쇄를 요구하여 관철시켰다.

바로잡기 ① 위정척사 사상을 지닌 보수적 유생들은 위정척사 운동을 전개하였다. ② 시전 상인은 철시 투쟁을 벌이고, 황국 중앙 총상회를 조직하여 상권 수호 운동을 벌였다. ④ 동학교도들은 교조 최제우의 누명을 벗겨 주고, 포교의 자유를 보장받으려는 교조 신원 운동을 벌였다. ⑤ 을사늑약을 전후하여 실력 양성을 강조하는 애국 계몽 운동이 전개되었다.

633

제시된 자료에서 110주년이 되던 2017년에 세계 기록유산에 등재되었다는 내용을 통해 (가)는 1907년에 전개된 국채 보상 운동임을 알 수 있다. 국채 보상 운동은 서상돈 등을 중심으로 1907년 대구에서 시작되었다.

바로잡기 ① 독립 협회는 독립문 건립을 주도하였다. ② 보안회는 1904년 일본의 황무지 개간권 요구를 철회시켰다. ④ 조러 비밀 협약이 추진되자 영국은 1885년 러시아를 견제한다는 명분으로 거문도를 불법으로 점령하였다. ⑤ 시전 상인은 외국 상점의 퇴거를 요구하며 철시 투쟁을 전개하는 등 상권 수호 운동을 벌였다.

634

제시된 자료에서 지방관이 곡물 유출을 막기 위해 여러 차례 선포하였다는 것을 통해 (가)는 방곡령임을 알 수 있다. 방곡령은 함경도, 황해도 등지에서 지방관이 곡물 유출을 막기 위해 내린 명령으로 조일 통상 장정에 근거하여 실시되었다.

바로잡기 ② 시전 상인은 황국 중앙 총상회를 설립하였다. ③ 강화도 조약 이후 통리기무아문이 설치되어 개화 정책을 추진하였다. ④ 갑신정변 이후 한성 조약이 체결되어 조선이 일본 공사관 신축 비용을 부담하게 되었다. ⑤ 군수 조병갑의 비리와 폭정에 반발하여 고부 농민 봉기가 일어났다.

635

자료의 종교는 대종교이다. 단군 신앙을 부활시켜 창시된 대종교는 일제 강점 이후 종단의 중앙 기구를 간도로 옮겼으며, 무장 독립 전쟁에도 크게 기여하였다.

바로잡기 ① 박은식은 「유교 구신론」을 내세워 유교의 개혁 방향을 내세웠다. ② 천주교, 개신교는 서양 의료 보급에 기여하였다. ④ 한용운은 『조선 불교유신론』을 통해 조선 불교의 자주성을 회복하고자 하였다. ⑤ 손병희는 동학을 천도교로 개칭하고 교단에서 친일 세력을 몰아냈다.

www.mirae-n.com

학습하다가 이해되지 않는 부분이나 정오표 등의 궁금한 사항이 있나요?
미래엔 홈페이지에서 해결해 드립니다.

교재 내용 문의
나의 교재 문의 | 자주하는 질문 | 기타 문의

교재 정답 및 정오표
정답과 해설 | 정오표

교재 학습 자료
MP3

Contact Mirae-N
www.mirae-n.com
(우)06532 서울시 서초구 신반포로 321
1800-8890

실력 상승 문제집

파사쥬

대표 유형과 실전 문제로 내신과 수능을
동시에 대비하는 실력 상승 실전서

국어　국어, 문학, 독서
영어　기본영어, 유형구문, 유형독해, 20회 듣기모의고사,
　　　25회 듣기 기본 모의고사
수학　수학Ⅰ, 수학Ⅱ, 확률과 통계, 미적분

수능 완성 문제집

수능
주도권

핵심 전략으로 수능의 기선을 제압하는
수능 완성 실전서

국어영역　문학, 독서, 언어와 매체, 화법과 작문
영어영역　독해편, 듣기편
수학영역　수학Ⅰ, 수학Ⅱ, 확률과 통계, 미적분

수능 기출 문제집

N기출

수능N 기출이 답이다!

국어영역　공통과목_문학,
　　　공통과목_독서,
　　　선택과목_화법과 작문,
　　　선택과목_언어와 매체
영어영역　고난도 독해 LEVEL 1,
　　　고난도 독해 LEVEL 2,
　　　고난도 독해 LEVEL 3
수학영역　공통과목_수학Ⅰ+수학Ⅱ 3점 집중,
　　　공통과목_수학Ⅰ+수학Ⅱ 4점 집중,
　　　선택과목_확률과 통계 3점/4점 집중,
　　　선택과목_미적분 3점/4점 집중,
　　　선택과목_기하 3점/4점 집중

N기출
모의고사

수능의 답을 찾는 우수 문항 기출 모의고사

수학영역　공통과목_수학Ⅰ+수학Ⅱ
　　　선택과목_확률과 통계,
　　　선택과목_미적분

미래엔 교과서 연계 도서

미래엔 교과서
자습서

교과서 예습 복습과 학교 시험 대비까지
한 권으로 완성하는 자율학습서

[2022 개정]
국어　　공통국어1, 공통국어2*
영어　　공통영어1, 공통영어2
수학　　공통수학1, 공통수학2,
　　　기본수학1, 기본수학2
사회　　통합사회1, 통합사회2*, 한국사1, 한국사2*
과학　　통합과학1, 통합과학2
제2외국어　중국어, 일본어
한문　　한문

　　　*2025년 상반기 출간 예정

[2015 개정]
국어　　문학, 독서, 언어와 매체, 화법과 작문,
　　　실용 국어
수학　　수학Ⅰ, 수학Ⅱ, 확률과 통계,
　　　미적분, 기하
한문　　한문Ⅰ

미래엔 교과서
평가 문제집

학교 시험에서 자신 있게
1등급의 문을 여는 실전 유형서

[2022 개정]
국어　공통국어1, 공통국어2*
사회　통합사회1, 통합사회2*, 한국사1, 한국사2*
과학　통합과학1, 통합과학2

　　　*2025년 상반기 출간 예정

[2015 개정]
국어　문학, 독서, 언어와 매체

MiraeN 에듀

가슴엔·듯·눈엔·듯·또·피줄엔·
듯·마음이·도른도른·숨어·있는·곳·
내·마음의·어딘·듯·한편에·끝없는·
강물이·흐르네

손쉬운

문학은 감상입니다. 감상을 통한 손쉬운 공부 비법을 배웁니다.

고등학교 문학 입문서

손쉬운

손쉬운 학습 각종 국어 교과서 대표 작품으로 익힙니다.
손쉬운 이해 문학 개념부터 작품 핵심까지 술술 읽으며 터득합니다.
손쉬운 대비 자주 출제되는 문제 유형으로 내신과 수능을 준비합니다.

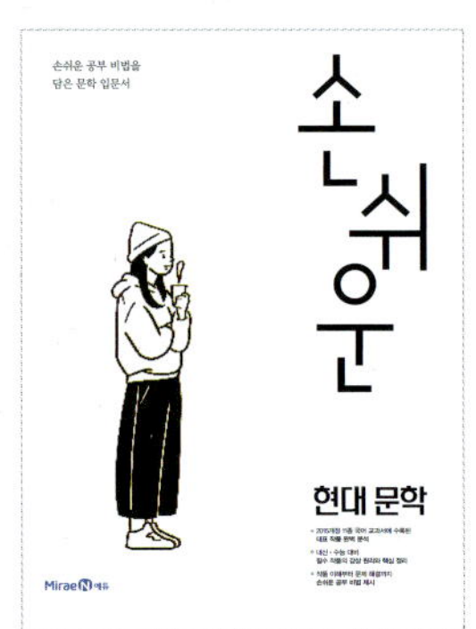